中央大学政策文化総合研究所研究叢書 19

近現代東アジアの文化と政治

土田哲夫 編著

中央大学出版部

まえがき

　東アジア地域では古くからさまざまな交流が積み重ねられ，今日では経済的相互依存が進み，人々の行き来も盛んであるが，近現代における戦争と植民地支配に関わる問題は，相互間にわだかまりや障害をもたらしている．

　中央大学政策文化総合研究所は，「政策と文化の総合的・多角的な研究方法を開発することにより，国際社会における全人類の調和的共存の達成に寄与すること」を目的として設立され，これまで各種の研究活動を展開してきた．2012 年度から 3 年間行われた本研究所のプロジェクト「21 世紀の東アジア ―日・中・韓を中心に―」では，東アジア地域において歴史的葛藤や障害を乗り越え，相互の理解と平和的発展をいかに探るべきかという共通の問題関心をもとに，東アジア域内での学術交流と相互討論を進め，また各自の専門をふまえた研究を続けてきた．チームの主査は，李廷江（2012 年度），土田哲夫（2013-14 年度）がつとめ，共同研究の推進と成果の集約にあたった．

　本書は，上記のプロジェクト・チームの共同研究の成果をとりまとめたものであり，近現代東アジアにおける文化交流と政治変容，そして国際関係等についての 10 篇の論文より構成されている．執筆者には本研究所の研究員 5 名・客員研究員 3 名のほか，チームの研究会でも報告を担当するなど研究交流を続けてきた海外の著名研究者 2 名も含まれる．

　ここに，各章の内容を紹介しよう．

　第 1 章　張啓雄「伝統的天下共同体の地域統合概念の新発見 ――歴史経験と文化価値の分析」は，伝統的に東洋には西洋式の主権独立国家観ではなく，超国家的な天下観があり，華夷分治論を通して天下共同体を構成していた，と論じる．それは〈華＋夷＝上国＋属藩＝皇帝＋国王＝宗藩共同体＝天下〉と図式化できる．天下は国家を包みこみ，包括的・階層的な五倫国際関

係を形成し，「中華世界秩序原理」とりわけ「倫理」観念を通じて天下の秩序に規範を与えた．文化の高低により華夷の位置が決まるゆえ，中華による夷狄支配論が生まれたが，華夷は可変的なもので，夷狄はまた中華に進入してこれを支配することができたので，「華夷変態」，天下争いの論が形成された．さらに，伝統的な東アジアの秩序原理から，今日の東アジア，ひいては地球社会の統合を展望することができる．すなわち，今日の「華夷変態」とは，武力を用いず，条約によって順番に共同体の主となることであり，経済統合を活用して，多数の国が加わるという天下発展の図式（1＋1＋1＋1＋N）を通じて，巨大な波のように絶え間なく拡大して，東アジア共同体へ，さらにはアジア・アフリカ・ヨーロッパ・アメリカ共同体，すなわち天下共同体に進むことができるだろう．その時には，中国は王道政治，「天下を公とする」等の普遍的価値を提供して共同体の公共財とし，地球全体で世界大同の理想を完成させるだろう，と壮大な展望を行っている．

ついで，第2章 上別府正信「韓国の民衆宗教・甑山教（チュンサンギョ）に現れた恨（ハン）——天地公事（チョンチコンサ），解冤思想（ヘウォンササン）の概念と『大巡典經（デスンジョンギョン）』のテキスト分析を中心に」は，韓国，韓国人を理解するための鍵概念として恨（ハン）という概念に着目する．恨という言葉が歴史的にどのように使用されていたかを明らかにするための文献資料は限られているが，甑山教の経典である『大巡典經』には，天地公事，解冤思想の概念と同時に恨の記述もされており，当時，恨がどのように捉えられているのかを明らかにしていく貴重な資料となっている．本章では，『大巡典經』のテキスト分析を行っていくことで，恨の意味の原型（archetype）を明らかにしている．

続く3つの章は，近代の日中交流史の諸側面を分析している．

まず，第3章 馮青「張之洞の「湖北海軍」建設と日本モデル」は，清末の中国海軍再建における日本の影響を論じる．中国近代海軍の歴史には本格的な建設の時期が2回あり，最初は日清戦争前の1870〜80年代，日本を仮想敵国とした海軍建設時期であり，次は宣統年間（1909〜11年），日本モデルを導入して海軍再建を図った時期である．この清末の海軍再建期，日本モデ

ル導入の先駆となったのは張之洞であった．張は湖広総督在任中の1904年に長江防衛のための近代的艦隊・湖北海軍を創立し，艦艇建造，装備から海軍軍人養成に至るまですべて日本海軍の経験を利用しようとした．本章は，日中双方の軍文書・外交文書等を活用し，張之洞が日本モデルを導入して創立した湖北海軍の歴史を精査し，清末に地方的な海軍建設，国防強化が行われた動機，その建設方針と具体的プロセスなどを明らかにしている．

また，第4章　原正人「もうひとつの「日本留学」——張君勱の日本留学を例として」は，主に中華民国期に活躍した憲法学者・思想家，張君勱（1887～1969）の日本留学をとりあげる．本章は，文献資料のみならず，その留学先大学所蔵の史料をも発掘し，これまで明らかにされていなかった張君勱の日本留学時代を詳細に解明するとともに，彼のように政治活動と学術をともに精力的に行った留学生を「並行型」留学生と位置づける．そのうえで，本章は，民国以降の学術界や言論界，さらには政界で活躍したこうした留学生の行動や言論を清末留学生研究のなかで位置付ける必要性を指摘している．

第5章　子安加余子「周作人の郷土をめぐる葛藤——柳田国男「郷土研究」と江馬修の『ひだびと』」は，周作人と日本民俗学受容をめぐる考察の一環として，柳田国男の郷土研究から，『ひだびと』（戦時下，約10年継続された地方民俗誌．柳田ら中央から高く評価された）受容のあり方を検討している．周作人は柳田の郷土観と折り合いをつけながら，なぜ柳田を評価し続けたのか，その理由を探るにあたり，『ひだびと』の主宰者だった江馬修・三枝子夫妻の活動にも注目する．合わせて，日中間の緊張関係が厳しさを増す中で，日中双方で『ひだびと』を媒介にそれぞれが民俗学研究に携わったことの意味（戦争と民俗学の問題）を検討している．

続く2章は，日中戦争期及び戦後期の中国の対外関係を扱う．

第6章　土田哲夫「近代中国の民間団体と国際関係——国際反侵略運動大会中国分会の事例研究」は，日中戦争期中国の民間団体「国際反侵略運動大会中国分会」を事例として，近代中国の民間組織と国際社会の関係について検討を試みる．同団体は，もともとヨーロッパを中心とした国際平和運動の

民間組織「世界平和連合」の中国支部として設立された．本章は，このような国際的な背景を持つ民間組織がいかに中国に定着し，中国の民間団体として発展したのか，その担い手はどのような人たちか，政権との関係はどうであったか，その中国における発展の過程で組織の性質はどう変化したのか，そして日中戦争時期，いかなる役割を果たしたか，等の問題を検討している．

次に，第7章　齋藤道彦「中華民国の対「琉球」政策と沖縄史概略」は，日中戦争期からさらに戦後にかけて中華民国政府が，「琉球」についていかなる認識を持ち，いかなる政策を追求していたのか，を検討している．中華民国の対「琉球」政策は，一方で「領土」要求を行い，他方で「委任（信託）統治」要求をするというものであり，「委任統治」要求には，4つの選択肢があった．本章は，中華民国の「琉球＝中国領」認識とカイロ会議・カイロ宣言，戦後中華民国による対「琉球」政策，沖縄史の概略を取り上げている．

続いて，第8章　杜崎群傑「中国における権威主義体制を確立する手段としての「人民代表会議」制度」は，中華人民共和国の統治体制確立過程に関する政治学的分析である．本章は，筆者のこれまでの研究成果と，さらに代議機関を分析する上でのいくつかの重要な視角を提示した上で，中国共産党が当時の「人民代表会議」制度にどのような機能を持たせようとしていたのか，また結果としてどのような政治体制が完成していったのかを総合的に検討する．その際，中国共産党の目指した政治体制をより明確化するために，党結成以来の中国共産党の代議機関に関する議論の歴史的淵源をも検討する．そしてこれらの議論を踏まえた上で，「人民代表会議」制度が最終的に，中国共産党による正統性の獲得，および「選挙権威主義」体制の成立にとって重要な手段となっていったことを確認し，当時の中国共産党の権力の「強靭性」と「脆弱性」を明らかにしている．

続く2章は，近年の日中関係，日韓関係の変化と関連して，中国と韓国から日本がどう観察，研究されているかが提示される．

第9章　李廷江「近年の中国における日本外交研究」は，近年の中国における日本外交研究の動向を検討する．本章は，はじめに中国で最も権威あ

る日本研究学術誌『日本学刊』（1990年以前の誌名は『日本問題』）をとりあげ，そこに掲載された1985年から2005年までの20年間に発表された日本外交研究の論稿を分析し，その変化や特徴を摘出する．ついで，上記の考察と筆者歴年の考察を踏まえつつ，中国の日本外交研究と日中関係の変化との関連性について論じている．

　本書の最後を飾るのは，第10章　張寅性「東アジア国際社会と葛藤の力学——ポスト冷戦期の日韓関係と日本社会」である．本章は，ポスト冷戦期の東アジアに見られる歴史問題の政治化と日韓関係の葛藤，そして安倍政権の対応を考察している．筆者は，東アジア諸国の経済発展とポスト冷戦・グローバル化によって東アジアで真の主権国家システムが成立し，新たな地域国際社会が形成されつつあるという観点から，日韓の葛藤を起こした歴史問題は認定闘争の現れであると捉え，両国間の平等性や相互性を高めるには日本の国家-社会関係が変わるべきだと論じている．

　本書執筆者は，はじめに述べたような共通の問題関心を抱きつつも，それぞれ各分野で確とした業績をもつ独立した研究者であり，各章の論文は共同研究の一部をなすとともに，各執筆者の研究成果として見るべきものでもある．このため，本書では各章の表記等，形式面の統一化を行ったほかは，論文内容についての規制や統一化は行っていない．

　本プロジェクトの掲げた課題の大きさに比べて，本書が提示する研究の成果はまだまだ小さなものかもしれない．だが，着実な学術研究を積み重ね，歴史的な事実を明らかにし，解釈を提示すること，さらに国境を超えた研究交流を積み上げることは，東アジア地域において相互理解を深め，将来における平和で協調的な地域社会を生成するための基礎となるだろうと確信している．

　読者のみなさんのご理解とご指導を賜れば幸いである．

土田哲夫

目　　次

まえがき

第 1 章　伝統的天下共同体の地域統合概念の新発見
　　　　――歴史経験と文化価値の分析―― ……………1

　　　　　　　　　　　　　　　　　　張　　啓　　雄
　　　　　　　　　　　　　　　　　　花井みわ訳

　　　　はじめに　1
　1．主権観から天下観へ　3
　2．天下共同体の地域統合：東洋のカギ概念　4
　3．中国の天下共同体統合の歴史と文化　6
　4．伝統的天下共同体の概念と国際秩序原理　9
　5．韓国の天下共同体統合の文化理念　11
　6．日本の天下共同体統合の歴史的経験　18
　7．華夷変態型地域統合の新解釈　23
　8．台湾の東アジア共同体参加の可能性　27
　9．伝統的共同体の経験による難関の突破　33
　10．「大をもって小に事う」と「華夷変態」　40
　　　おわりに　42

第 2 章　韓国の民衆宗教・甑山教に現れた恨
　　　——天地公事，解冤思想の概念と
　　　『大巡典經』のテキスト分析を中心に—— …… 49

　　　　　　　　　　　　　　　　　　　上別府 正信

　　序　　論——恨の概念と『大巡典經』の文献的価値　49
　1．甑山教の歴史　51
　2．甑山教の思想——天地公事と解冤思想　54
　3．『大巡典經』に記述された恨　57
　　結　　論　74

第 3 章　張之洞の「湖北海軍」建設と日本モデル
　　　　　　　　　　　　　　　　……………………………… 81

　　　　　　　　　　　　　　　　　　　馮　　青

　　はじめに　81
　1．張之洞の湖北海軍創設の経緯　82
　2．湖北海軍艦艇の対日発注　86
　3．日本モデルの海軍人材養成　91
　　おわりに　99

第 4 章　もうひとつの「日本留学」
　　　　——張君勱の日本留学を例として—— …………105

　　　　　　　　　　　　　　　　　　　原　　正人

　　はじめに　105
　1．「並行型」留学生とは　106

2．張君勱の日本留学　109
　　3．学術，政治と留学　119
　　　おわりに　122

第 5 章　周作人の郷土をめぐる葛藤
　　　　──柳田国男「郷土研究」と江馬修の『ひだびと』──
　　　　　　　　………………………………………131
　　　　　　　　　　　　　　　　　　　子安 加余子

　　　はじめに　131
　　1．柳田国男の「郷土研究」に対する評価　134
　　2．『ひだびと』と江馬修，そして周作人　140
　　3．江馬修『山の民』と三枝子『飛騨の女たち』　147
　　　おわりに　152

第 6 章　近代中国の民間団体と国際関係
　　　　──国際反侵略運動大会中国分会の事例研究──
　　　　　　　　………………………………………159
　　　　　　　　　　　　　　　　　　　土 田 哲 夫

　　　はじめに　159
　　1．世界平和連合の成立と中国　160
　　2．日中戦争勃発と中国分会の結成　165
　　3．中国分会の主要な活動（武漢時期）　175
　　4．中国分会の発展と変容（重慶時期）　185
　　　おわりに　190

第 7 章　中華民国の対「琉球」政策と沖縄史概略
　　　　　　　　　　　　　　　　　　……………………………………… 199
　　　　　　　　　　　　　　　　　　　　　　　齋 藤 道 彦

　　はじめに　199
　1．中華民国の「琉球＝中国領」認識とカイロ会議・カイロ宣言　201
　2．戦後中華民国による対「琉球」政策　224
　3．沖縄（琉球）史概略　253
　　おわりに　260

第 8 章　中国における権威主義体制を確立する
　　　　手段としての「人民代表会議」制度
　　　　　　　　　　　　　　　　　　……………………………………… 265
　　　　　　　　　　　　　　　　　　　　　　　杜 崎 群 傑

　　はじめに　265
　1．分析の視角――近年の権威主義体制研究と立法機関分析の
　　7つの要素　267
　2．中国共産党による立法機関・職能代表制に関する議論の系譜
　　　　　　　　　　　　　　　　　　　　　　　　　　　　　272
　3．7つの手段に見る中国共産党政権下における立法機関構想の特質
　　　　　　　　　　　　　　　　　　　　　　　　　　　　　278
　　おわりに　281

第 9 章　近年の中国における日本外交研究 ……… 291

李　廷　江

　　はじめに　291
　1．中国の日本外交研究の特徴　291
　2．中国の日本外交研究と日中関係の変容　303
　　おわりに　311

第 10 章　東アジア国際社会と葛藤の力学
――ポスト冷戦期の日韓関係と日本社会――
……………………………………………… 315

張　寅　性

　　はじめに――東アジアの協力と葛藤　315
　1．「歴史のはじまり」　317
　2．「社会」と葛藤　321
　3．ネジレの力学――東アジア国際社会と日本　324
　4．葛藤の日韓関係と日本社会　329
　　おわりに――葛藤と記憶の空間学　335

あとがき

第 1 章

伝統的天下共同体の地域統合概念の新発見
——歴史経験と文化価値の分析——

張　啓　雄
花井みわ訳

は じ め に

　未来を展望すると，今日の国際思潮を主宰する世界観は「主権国家観」であるが，これからの国際思潮を主宰でき，それを推進する世界観は，「国＋国」が結合して「共同体」となった「天下国家観」であろう．その原因は，主権国家観は主権が最高至上でありかつ唯一無二であると主張するがゆえに排他性を持っているからである．主権国家は互いに結合して経済・貿易共同体になるとしても，主権を譲り渡すことにはなお極めて限定的だ．これに対して，天下国家観は「国家」はただ「天下」を構成する構成部分にすぎないため，包容性を持つと主張する．そして，天下がどのようにして「国家」を包容し，「国家」はどのように天下に服し，国家間がどのようにして相互に一体となり融合し，国家と天下はいかにして柔軟で実行可能な階層体制として融合するか，どのように古典的で適切な「天下秩序原理」を利用し，新たな「国際秩序原理」を加えて「天下共同体」の規範となし，それから共通の歴史文化価値に基づき，相互に影響し合うメカニズムを生み出し，機能を発揮するか，特に「天下」をどのようにして構成し，どのようにして運営する

かは，今後中華世界が「古くて新しい」「天下共同体」を構成する重要なカギとなる，と主張するのである．

本章の目的は，過去の教訓を戒めとして，いかに未来に向かうかを考えることである．21世紀の今日，われわれは広い視野でこれまでの東洋の歴史的経験を参考にして歴史的発展の軌跡を探し尋ね，未来の発展方向を開拓することができる．今日，時代はすでに新たな道標に直面している．いまは正に歴史的経験を総括し，東洋の未来はどのように新たに出発すべきかについて考え，それに相応した地球規模の戦略的企画を立てるよい時期だ．従って，東洋共同体の歴史的経験と文化価値形成を検討するのが本章の趣旨である．

東洋共同体を形成するためには，西洋社会のなしとげた成果を借用することを免れない．だが，東洋の歴史発展の道のりは確かに西洋と明らかに異なること，また東洋のすぐれた文化価値は欧米と異なることを表すためにも，東洋諸国は必ず共同の国際秩序原理すなわち中華世界秩序原理の角度に従って「東洋共同体」の発展の方向を構想し，かつ「東洋共同体」として先行しなければならず，特に第1段階の「東アジア共同体」をすぐれた東洋的特色をもって企画することによって，その意義ある礎を築き上げなければならない．

「東アジア共同体」を促進して更に「天下共同体」へと進むために，われわれはまず伝統的東洋共同体の地域統合概念の検討を行い，伝統中国が「天下」に創建した「宗藩体制」〔宗主＝中華と属藩＝周辺諸国の関係〕を参考にして，その経験と歴史・文化価値を借用することから始めなければならない．なぜなら，「宗藩体制」が伝統的「天下共同体」であるからである．同様に，われわれは「天下共同体」における韓国と日本の歴史的経験と文化価値も参考にしなければならないし，更に重要なこととして，遼・金・元・清等異民族の「入主中国」〔中国に進入して支配する〕＝「入主天下」の歴史的経験と，構築された「宗藩体制」の文化価値が中国とその近隣に及ぼした地域統合の役割についても，参考にしなければならない．

「天下共同体」の領域とは，歴史的に見てまさに宗藩関係の領域を示すも

のである．ただ今日の国際関係から言うと，「東アジア共同体」は主に「東南アジア＋東北アジア」を指し，この両者は似ていて重なるところが多い．しかし，台湾・北朝鮮が加わらない「東アジア共同体」は当然完全であるとは言えない．従って，これらの国の「東アジア共同体」参加の様態ないし経路について検討することも必要である．

その他，われわれが「東アジア共同体」ないし「天下共同体」を形成するにあたって，中国が取る態度も検討せざるを得ない．なぜならそれは成否のカギとなる要因だからだ．言い換えれば，現代の「華夷変態」，すなわち周辺が「東洋共同体」に入ってその主となるという情勢を中国がどのようにみるかである．これは「東アジア共同体」の成立を促進する時，軽視できない重大な問題である．最後に，「東洋共同体」の形成の際に，いかにしてそれに持続可能な「普遍的価値」を付与し，持続可能な「倫理秩序」を建てるかが，まさに共同体が長く安定できるか否か，メンバーが安身立命〔安定して心のより所を得る〕して，共存共栄できるか否かの真のカギとなるのである．

1. 主権観から天下観へ

天下観と主権観の最も異なるところは，西洋の国家主権観が主権を唯一至高であると強調し，排他性を持つのに対し，東洋の天下観は倫理秩序を強調するため万国を包容する力を持つことである．前者は唯一至高で排他的な特性を持っているため，他国とともに享受することはできない．それに対して，後者は昔から天下をもって国家を包括し，国家は「天下」の中と「天下」の概念の中に生存し，国家はただ天下を構成する部分に過ぎず，王朝交代の「争天下論」〔天下を争うの論〕では「漢人中国」と「非漢人中国」の歴代王朝とも天下の共主＝天子になることができ，中国とその四方の隣国は「融合」して「一体」化し，また「中華世界帝国」＝天下となり得るのである．言い換えると，天下は複数の国家の融合によって成っている．逆に言

うと，複数の国家は融合を経て天下に昇華することもできる．このような天下こそが「天下と国家」によって共同で構成される共同体であり，いわゆる「宗藩共同体」でもある．理解の便のため今日の国際関係の概念から言うと，「東洋型国際連合」にたとえることができる．

この意義の下では，「中華世界帝国」こそが「東洋国際連合」であり，「中国」は「国家」であると同時に「天下」でもあるという二重の身分を持つため，構成諸国に対して軽重の弾力性と限りなき包容力を持つことによって，東洋型の「国際連合」の初歩的条件を備えることができる．具体的に言うと，この伝統的「天下」の成員は，「中国」と「四方の隣国」を包括し，その統合のカギ概念は，必ず「共同」（共通）の歴史と文化価値の前提の上で，「融合」・「一体」化した意識を生み出さねばならず，「一体」性を自然に「東亜共同体」に転換させ，最後には「天下共同体」に成長させることである．

中国は，有為の大国として虚心坦懐に同志を広く集めて東亜共同体の構成に努力すべきであり，一時的な領土紛争のために四方の隣国を千里の外に拒み，小事のために大事を失い，東アジアを団結する機会を失い，ひいては東アジア共同体の停滞をもたらすべきではない．有為の者は考えを突破して，紛争解決の方法を見いだし[1]，勢力配置を強大にし，時代の潮流に合致すべきである．

2. 天下共同体の地域統合：東洋のカギ概念

天下共同体の「地域統合概念」は，簡単に言えば，「1 + 1 + 1 + 1 + N」[2]の形式をもって，その範囲を決め，対外的な生存発展の競争力を強化し，「亡びたものを復興し」「王を尊び覇を卑しむ」を大義名分とし，外来の侵略に対抗し，共同で対処することであり，内側に対しては「倫理」をもって規範とし，「共同体」成員の「名分」と「秩序」を決め，それから「名によって分を定める→分によって順序を定める→順序に従って展開」し，「天下共

同体」の秩序をして「礼制によって争いなく展開」させることである．「天下を公とする」〔原文「天下為公」〕という普遍的な価値を根本に持して，平等参加の原則を確立し，ともに「大同世界」の理想を図るのである．

　また，「統合形式」とはすなわち統合の方法を示す．第２次世界大戦前の「共同体」形成のほとんどは「武力」併合の結果であったが，今日では「合意」によって「条約」を締結し，それからともに新たな領域に結合する．その内，武力による統合は条約によるものに比べると，人々に「共同体」的感覚を与え難く，むしろ「弱肉強食」ないし「大国による小国併合」という国際イメージを与えやすい．

　基礎概念から見ると，まず明らかなのは，共同体は「共同」性に基づいて建てられて「一体」となるという観念である．いわゆる「共同」とは，簡単にいえば，「わたしのものはあなたのものであり，あなたのものはわたしのものである，あなた・わたしのものは彼のものでもある，彼のものはあなた・わたしのものでもある」．概括すると，あなた・わたし・彼のものはいずれも公共所有のものであり，公共所有のものはあなた・わたし・彼のものでもある．「共同」を見つけ出してこそ結合して「体」となり，分け隔てをしないからこそ，あなた・わたし・彼は「一体」に融合でき，また，あなた・わたし・彼すべてが「一体」に融合してこそ「共同体」と称することができる．それゆえ，「求同存異〔共通点を見つけ出し，相違を残す〕」ことが「共同」を通して「一体」に転換する近道である．あなたとわたしが融合して「わたしの中にあなたがいて，あなたの中にわたしがいる」ようになることが，「共同」して「一体」に融合するための典範である．最後に，「天下共同体」の最高の理想の境地は，貧富をともにし，栄誉と恥辱をもともにし，常に離れず，その上で福があればともに享受し，困難があればともにそれに当たるような生死をともにする「生命共同体」を創造することにある．

　このほか，共同体の成立にはなお客観的要因と主観的要因がある．客観的要因は，国家と国家，地方と地方あるいは国家と地方，「集団と国家」等「領域結合」の要因以外にまた「人と人」，「民族と民族」の結合があり，そ

れによって，「体制と体制」あるいは「政府と政府」の組織の結合を推進する．最後に，「領土と領土」，「人民と人民」，「主権と主権」における共同体のより高いレベルでの権力の結合がある．その主観的要因は，共同体アイデンティティーに対する心理的要因である．アイデンティティーなしで，あるいは帰属感なしでは共同体は形成できず，あるいは形成されたとしても，崩壊に向かうのを免れないのである．

3. 中国の天下共同体統合の歴史と文化

　伝統中国の歴史文化価値において，共同体は形式の上では，王朝体制の平和的統合に基づいていた．たとえば王朝時代，堯・舜は「徳治」で諸侯を感化し，禹は会稽で諸侯と会盟し，明初洪武帝は周辺諸国に対して中華に朝貢するように詔勅を出し，冊封を加え，「宗藩体制」を通して「中華世界帝国」を再現した．その他，王朝体制の武力統合を借りて，例えば中国歴代王朝は易姓革命を行って天下を統一した．この外，夷狄は中原戦乱の際にはすぐれた武力によって，華夷変態〔夷＝周辺民族による中華征服〕を行い，中華の天下の主人となった．一般的に言って，称賛される理想の時代はすべて，民衆を困難から救うために王道に訴え，武力で暴政を覆し，広範な民衆から推戴され，「天下は大いに悦び」，再び「中華世界帝国」を作りだしたものである．この時，宗藩体制＝「中華世界帝国」≒「東亜共同体」はすなわち東洋の歴史伝統型の地域統合であり，それは今日の西洋型の条約による地域統合と比べると，地域統合の実質的意義ではほぼ同じであるが，その形式的意義においてはっきりと異なる．

　武力による地域統合は，条約による地域統合に比べてわだかまりないし怨念が残りやすい．だが，例外があるかもしれず，例えば，「王道思想」のもとの武力併合はおそらくそうだろう．例えば，孟子はこう言う．「湯王の桀に対する征伐は葛より始まった．天下はこれ〔湯の武力征討の正義〕を信じた．

湯が東を征伐すると西の夷は怨み，彼が南を征伐すると北の夷が怨み，なぜわれわれを後まわしにするのかと言った．民衆は，まるで大旱の穀物の苗が雨雲や虹を渇望するのと同様に湯を待ち望んだ．〔戦になっても〕行商は止むことなく，耕すものも変わらなかった．暴君を討ち，苦難の民を慰めたので，民衆は大いに喜んだ」[3]．

これを「中華世界秩序原理」の「争天下論」によって簡単に分析すると，革命には，先ず理想に反する情況，すなわち残虐な政治があるべきで，これに対して賢く有徳の者は民を憐み，民衆を根本とし，天下に対し，「華夷」各族が立ち上がって暴政に抵抗し，「罪ある者を討ち，庶民を救う」大義名分を高らかに掲げ，「天理人心に違い」，「民を慰め，罪ある治者を討つ」義挙をおこなうよう呼びかける．こうして，民心の向背と天下の帰趨を掌握し，ついに「適時にふる雨のように民衆は大いに喜ぶ」という革命の効果を創造し，最後に天下を安定させ，「徳をもって政治を行い」，「〔あたかも北極星を中心に〕もろもろの星が回り敬意を表するかの如き」政治局面を達成した〔最後の部分は，『論語』「為政第二」による——訳注〕[4]．さらに「地域統合」の概念をもって，革命の結果を見ると，中原に位置した商の湯王は革命情勢を利用して「その君を誅して，その民を慰む」という暴虐を除き，人々を安定させる任務を完成し，「適時にふる雨のように民衆は大いに喜ぶ」という革命の効果を創り出し，中原・東夷・西戎・南蛮・北狄を統合して新たな「中華世界帝国」＝天下となすことに成功したのである．

これこそが湯が王業をなした道であり，儒家が称賛する典型的な王道思想でもある．このような儒家思想は「中華世界秩序原理」の「争天下論」・「名分秩序論」・「正統論」，特に「大一統論」〔統一重視〕・「徳治論」等を通して，中心に対しても周辺に対しても，伝統中国の地域統合に直接的・間接的に影響を及ぼしてきた．これは中心をもって周辺を統合し，それから文化の凝結作用を通して中心と周辺を一体化し，宗藩の相依り相助ける「共同体」を形成するものである．従って，伝統的「中華世界帝国」は実は「天下共同体」であり，まさに今日東洋各国が推し進めている「東アジア共同体」の原始的

雛形なのである.

　また，古代中国の実例から言うと，秦が戦国の六か国を滅ぼして天下を統一した武力型地域統合では，アイデンティティーの問題によって中国が分裂することはなく，むしろそれから天下統一は常態となり，「中華世界秩序原理」の「大一統論」により称揚されることとなった．また，明の成祖〔永楽帝〕らは鄭和に七回艦隊を率いて「西洋下り」〔マラッカ海峡以西の大洋，インド洋航海〕をさせたことで一時国威を発揚させたが，それ以外にさまざまなレベルの地域統合，とりわけ文化的な地域統合及び共同体への帰属意識を発展させられなかったため，その死とともに政策も消えるのを免れなかった．今日では，海外に名目の立たない出兵をして威力を示そうとすることは国際的に重大な批判を生み出す．例えば，イラクはクウェートを侵略して湾岸戦争を引き起こしたが，更に強国アメリカは国際秩序維持の名目を借りてアフガニスタンに兵を送り，イラクに重い打撃を与え，イスラム国を空爆し，やはり国際的に重大な批判を受け，自国本意の侵略だと指弾されているが，今なお事態は収拾できず，まことに殷鑑〔戒め〕とするべきである．このように，王道と侵略は明確に異なるのである．

　中国の歴史を振り返ると，封建時代の地域統合は常に「天下を争う」形を借りて王道を理想として武力統合を行った．例えば，中国の歴代王朝の「易姓革命」と「華夷変態」の中国統合はまさに伝統型の地域統合であり，「漢」と「非漢」（人）の王朝のいずれかを問わず，ひとたび中華世界の中核に進入して中国本部に王朝を設立すると，「中国」と「周辺国家」との関係＝天下＝「宗藩体制」を継承し，華夷雑居の中華世界を新たに統合して「中華世界帝国」となるのであった．例えば，契丹人が華北を征服・樹立した「遼朝」や，女真人が華北を征服・樹立した「金朝」，またモンゴル人が全中国にうち立てた「元朝」，満洲人が中国全体にうち立てた「清朝」，といった諸王朝が新たに統合して作りだした「新中華世界帝国」＝「中華世界共同体」＝「環中国共同体」＞「東アジア共同体」は，歴代の「旧中華世界帝国」と比べて，「地域統合」の範囲ないし構成においても優るとも劣らず，文化面では

いずれも儒教を中心思想とし，新たな文明の盛世を切り開いた．〔清代に編纂された〕『四庫全書』が〔明代の〕『永楽大典』より偉大であることはその明証である．「中華世界帝国」では華夷諸民族が絶えず混血し，領土を絶えず統合し，文化・思想を絶えず融合・刷新し，発展させ，最後には漢族の中原を中心に拡大した国家版図での地域統合を進め，「以華治夷論」〔中華による周辺民族統治論〕の下，「華」が「夷」を同化し，「夷」が「華」を征服するという絶え間ない統合の下で，ついに中国を巨大な人口と土地の大国に発展させたのである．更に貴重なのは，それが古来今日に至るまで，いかなるものでも包括する世界主義＝天下共同体思想を有してきたことである．このように「華夷」を「一体」に統合する「天下を公とする」精神と「世界大同」の理想は，まさに中華文化の精髄なのである．

4. 伝統的天下共同体の概念と国際秩序原理

「天下共同体」の理想と「中華世界帝国」の概念を結びつけて簡単にまとめると，古今の歴史と東洋の文化価値は一脈相通じ，多くの共通の特徴を有する．その要点を説明すると，以下の図式になる．

天下≒中華世界＝周辺＝華＋夷＝我族＋他族＝漢＋非漢＝王畿＋属藩＝帝国＋王国＝皇帝＋国王＝宗主国＋朝貢国＝「宗藩共同体」＝「中華世界帝国」＝「環中国共同体」≒「アジア共同体」＞「東アジア共同体」≒中央政府＋自治地方政府＝「天下国家共同体」≒東洋国際連合[5]．

上述の「中華世界帝国」概念の外延から解るように，天下は「国家＋国家」〔さまざまな諸国家〕で構成された政治実体で，共同体も「国家」＋「国家」で構成された政治実体である．よって，共同体は国家の上位組織となるため，「共同体≒天下」である．もし，「共同体」が管轄の国家に対しても「不

治の治」を実行し，特に「中華世界秩序原理」の中で，合意を経て実行可能なことを行うならば，概念の上では「共同体」は「天下」と同じである．このほか漢民族と非漢民族あるいは漢・非漢の国々は何れも「華夷可変論」を通して中華を征服し，中国で王朝を開き，天下の共同の主宰者となることができる．それは「共同体」≒「天下」の最高統治機構であり，それをどのように構成するか，どのように順番に共同体の指導者を担当するか，どのようにして「1＋1＋1＋1＋N」の共同体メンバーに幸せをもたらし，「天下全体」の幸福をもたらすか，どのようにして特色ある決定と理想をうち出すかは，いずれも非常に啓発性に富んでいる．

「中華世界帝国」は民族構成が複雑で領土広大な「天下国家」であったため，「天下」の下にある多くの「国家」（邦国）に規範を与えるためには一連の国際秩序原理による必要がある．この国際秩序原理はすでに2000年の永きに渡り行われたものであり，本章では「中華世界秩序原理」とよぶ．それは天下の国際秩序原理に規範を与えるものであるため，「天下秩序原理」とも称し，以下のような下位原理を有する．

(1) 天朝定制論，(2) 王権帝授論，(3) 正統論，(4) 名分秩序論，(5) 事大交隣論，(6) 封貢体制論，(7) 奉正朔論，(8) 大一統論，(9) 興滅継絶〔亡国復興〕論，(10) 王化論，(11) 重層アイデンティティー論，(12) 争天下論，(13) 華夷分治論，(14) 徳治論，(15) 義利の辨論，(16) 非治の治論，(17) 重層政体論，(18) 華夷可変論，(19) 五倫国際関係論，(20) 王道政治論，(21) 内聖外王論，(22) 世界大同論[6]．

このように華夷の混住する複雑多様な世界帝国は，なぜヨーロッパのように分解しなかったのだろうか．それは，「天下の大勢，合久しければ必ず分かれ，分久しければ必ず合す」[7]という「大一統論」の文化価値以外に，歴代の努力の下で，対内的には「王道政治」の普遍的な価値を築き，民をもって根本とし，暴を除き良を安んじる「民本」「徳治」思想を打ちたて，対外

的には宗藩関係を体制化し，共同体を共に守る共同防衛体系を作ったためである．また，「中華世界秩序原理」では，「尊王攘夷論」と「興滅継絶論」等の強者をくじき，弱者を助ける原理が構築されているため[8]，宗藩がともにユートピアの理想を模索し，ともに手を繋いで「天下を公とする」「大同世界」に向かって歩むことができるからなのである．

5．韓国の天下共同体統合の文化理念

　朝鮮王国〔李朝〕は太祖〔李成圭〕による建国以来，文を重んじ武を軽んじる政策をとり，朱子学を尊ぶ儒教の国であり，科挙の試験で人材を採用する文治の国であった．朝鮮が儒学を尊ぶ歴史は古く，中・韓の文献に拠れば箕子朝鮮から始まる．箕子統治下の朝鮮は大同の世界に等しかった．すなわち，朝鮮の大儒 李珥によれば，箕子は中国を避け，東に行き朝鮮に入ったという．箕子に随行した中国人は5,000人で，詩書礼楽医巫陰陽卜筮など百工技芸皆ついて行った．〔周の〕武王はそれを聞き，朝鮮に封じ平壌を都とした．初めはことばが通じず，通訳によって理解した．民に礼儀，農業，養蚕，織物を教え，井田制を実施し，禁八条を設けたが，その内容は，殺人は命で酬い，傷害は穀物をもって賠償する．盗みを犯した場合，男は家奴とし，女は婢とし，罪を償おうとする人は〔銭〕50万とした．罪を免れて民になっても，なお皆これを恥とし，結婚もできない．このため人々は盗みをせず，門戸を閉じる家はなく，女性は貞節を守り，浮わついたことはなかった．田野を開墾して都・邑とし，食事には竹編みの高杯(たかつき)を用いる．儒教を厚く信じ，中国の風教を養っている．戦いをせず，徳をもって強暴を従わせるので，隣国はみなその義を慕って服従した．衣冠制度はすべて中国と同じである，と[9]．

　これは朝鮮が中華世界に立脚する起点であり，すなわち文治の国であり，華であって夷ではなく，あたかも陶淵明の「桃花源の記」のように，人々の

称賛・羨望する理想の国であった．その後，朝鮮は中継地としての地理的便宜から儒家文化と文明を日本に伝え，儒家文化・文明体系下での先進国となり，それによって「中華世界帝国」における国際的地位を創り上げた．

　朝鮮朱子学の大家である宋時烈はこう言う．「孟子は，舜は東夷の人であり，文王は西夷の人だと言う〔『孟子』離婁章句下・一〕．だが，彼らが中華の聖人賢人となるのなら，わが東の朝鮮が将来，孔子のふるさと鄒魯のようにならないと憂える必要はない．昔は七閩〔福建など古代中国東南の「蛮夷」の称〕は南夷の住みかだったが，朱子がこの地で台頭して以後，〔古くからの〕中華礼楽文物の地をしのぐほどに文化が栄えた．従って，ある土地は昔は夷狄，今は中華と，ただ〔文化によって〕変わり得るのである」[10]，と．これを「中華世界秩序原理」の「華夷可変論」に基づいて見ると[11]，宋時烈は朝鮮の文化性に基づく「争天下論（天下を争うの論）」の端を初めて切り開いたのである．その意味を例を挙げて説明すると，朱子は八閩〔宋代福建の呼称〕を教化して夷を華に変え，朝鮮は箕子が華をさけて入韓してから，一躍，東夷から「衣冠制度，中国とことごとく同じ」の小中華に変じ，更には中華に比肩するほどになった．また，箕子朝鮮は武王の冊封を受けたため，中韓の宗藩関係を打ちたて，朝鮮は「中華世界帝国」の一員となり，そこから「天下を争う」資格を得た．だが，文治の国の天下争いは，武力を用いず，文化の力で勝負を決めるというものであった．「昔の夷は今日の夏〔華〕で，変化するのみだ」という夏変夷観が朝鮮の「文化をもって天下を争う」「華夷可変論」の理論的基礎である．

　伝統的な「華夷観」に基づくと，朝鮮は儒家文化の発祥地である中原を中華とし，儒家文化を最も深く受けた四方近隣を小中華とし，儒家文化の影響が比較的に薄い辺境を夷狄とし，儒家文化が何かを知らない，あるいは儒家の礼教に反する異域を禽獣として見た．李成桂の朝鮮王朝樹立の前後，鄭夢周と鄭道伝は大いに程朱の学〔程顥・程頤・朱熹の教え．宋代理学〕を提唱し，儒学は大いに盛んになった[12]．太祖元年（1392年），科挙の法を制定し，科挙試験を実施して人材を選んで登用し，「内に国学，外に郷校を置き，生徒

を増やし，厚く勉学を促し，人材を育成した」[13]．かくして儒学は正式に国家統治の理念となり，科挙による人材登用により，程朱の学は官学となり，儒家の文化思想は全国隅々まで浸透し，朝鮮王朝の思想・文化的基礎となったのみならず，東アジア儒学界における朝鮮の高い文化的地位をうち立てた．

　満洲の清が明を滅ぼした後，朝鮮は，中国は韃靼によって滅ぼされた，夷狄が中華に入って支配したので中華はすでに夷狄に堕したとみなした．そして周囲を見渡し，中国がすでに夷狄の下に陥ったほか，その他の周辺諸国はみな小華であるので，〔自己の〕小華を中華とすべく努め，みずからを中華文化の継承者，唯一の中華だと任じ，中華の復興を任務とした．儒家の天下観を奉じ，「天下をもって己の任となす」志を持したため，朝鮮は儒家文化の復興を志し，一躍，身をもって体験，実行に努める儒教大国へと変じ，儒教文化はこのため一時非常に栄えた．文化性に基づく「中華世界秩序原理」の「争天下論」の観点からみると，朝鮮は当時の儒教文化圏内で，とりわけ朱子学においては中華本土に匹敵する地位を得ており，朝鮮の儒者・士大夫はみなそれを誇っていた．

　明末には，豊臣秀吉が明朝の衰退に乗じて朝鮮を侵略し，朝鮮は国土が蹂躙された．だが，中国は「中華世界秩序原理」の「興滅継絶論」に基づき，中朝の宗藩関係の「復興・継続」のために朝鮮に出兵・援助し，朝鮮王朝を存続させた．明清交代後，朝鮮は明朝の再生の恩を記念するために，大報壇を建て，〔明朝最後の〕崇禎の年号を紀元とし，儒家文化の実行に努め，朱子学の官学としての地位を強め，中華文化の中心はすでに清朝から東の朝鮮に移ったと深く信じた．朝鮮の名儒 李種徽は，天下の中でどこが中華文化を伝承しているかの論争を念頭に，次のように強調した．朝鮮は箕子の封土，文物礼楽を兼ね備え，天下に知られた「古君子国」であり，「満人が中国に侵入，支配してから，中国の教えは全く失われてしまった．〔そして「夷狄」のように〕頭髪を剃り服を左前に着ており，中国なるものを求めようとしてももう得ることはできない．……今，中国を求めようとするならば，ここ朝

鮮でそうすべきであり，かの地ではないのだ」[14]．これは，朝鮮が「文化により天下を争う」ことの理論的先駆であり，朝鮮が「華夷可変論」を通して文化によって天下を争い，機会を待って中華に進入・支配しようという思想となったのである．

朝鮮は儒家文化の観点から，自らが〔夏殷周〕三代から明までの中華文化を継承して中国となったことを強調し，この儒家文化により構築された「争天下論」に基づき，「華夷変態」型の「文化的」な中華支配を提起した．同時に，朝鮮は満洲が建てた清朝に対しても，「文化的正統」＝「道統」を争った．このような見方は，「中華世界帝国」に対して相当に高い戦略性を有するものであり，異民族の中国征服の別の形式とすべきであり，「華夷変態型」「争天下論」構築の新形態でもある．これを「文化型の争天下論」あるいは「道統型の争天下論」と呼ぼう．

従って，これは武力による地域統合ではなく，儒家文化を主とし，「文化の伝承」を自認して中華文化の覇権を争奪しようとする「文化型」あるいは「道統型」の「争天下論」なのである．このように文化覇権の争奪から地域統合を進める共同体は，「文化型地域統合」ないし「文化型天下共同体」と呼べるだろう．清朝時代の朝鮮はまさに典型的な事例である．

1674年7月，朝鮮の尹鑴は顕宗に〔満洲・清朝への〕北伐を上奏して次のように言った．

> 現在北辺の状況は詳らかではありませんが，醜類〔満洲〕が政権を握って久しく，中華の怨み，怒りが高まっており，呉〔三桂〕が西で決起すると，孔〔四貞〕は南方で呼応し，耿〔精忠〕は北を伺い，鄭〔経．鄭成功の子〕は東を窺っています．薙髪の遺民は憤りを抑えつつも，漢を思う心をなくしていません．情勢を側から観察しますと，天下の形勢は予測できます．わが国は隣国であり，要衝の地，天下の後方に位置し，全盛の形を有しています．もし，この時にあたって兵を出し，檄を発し，天下のために唱えて人心を鼓舞し，天下の憂いを分かち合い，天

下の正義を助けないとしたら，それは手に刀を持っても切らず，機を持して撃たないように遺憾なことであり，陛下が継承された列祖列宗に申し訳がたたず，天下万世に引け目を残すことになります[15]．

彼は，天下の民衆が清朝に抗する情勢に乗じて，天下を重んじ，天下のために挙兵，北伐し，天下を正すように建議した．文化の先進的な朝鮮は，華夷思想に基づき夷を排する文化観，厳密には「尊華攘夷論」を有していた．要するに朝鮮の儒者は，「夷が中華を支配し，野蛮を以て文明を治める」ので，それは天下共通の敵だとみなしたのだった[16]．

この他，韓元震もつぎのように言った．「中国が蛮臭に被われたのに，〔朝鮮が〕辺鄙な国でありながら独り中華の治を保ち，昔の聖人の伝統を継ぐことができているのは，昔の閩越とほとんど変わりません．ここから中国に進み，王道を行って天下を有することも，できなくはないのです」[17]．「中国に進み，王道を行って天下を有することも，またできなくはない」という論は，朝鮮が中華の「文化的伝承」を継承しているという自己認識とその「天下共同体」願望を表すものであり，まさに朝鮮の「中華世界帝国」の「文化的地域統合」ないし「天下文化共同体」の典型的な表れである．従って，「挙兵・北伐」するにせよ，「中国に進み，王道を行って天下を有する」にせよ，いずれも朝鮮が，天下「文治」――天下は文明によって治められなければならない――という歴史文化価値に忠実なるゆえんなのである．まとめると，朝鮮王国の歴史文化価値は「天下」であって「国家」ではなく，その民族観念は「華夷思想」に基づくものであって「民族主義」ではなかったのである．

一般的に言えば，「華夷変態型」の「争天下論」は，文化，「道統」，「正統」，更には「大義名分」を通じて，武力で天下統一を行うことの様々な角度からの分析にほかならず，「夷が中華を支配し，野蛮を以て文を治める」現象が起きたのは，まさにいずれも「天下共同体」の基本的構成員であったからである．従って，「天下」・「共同体」は尽きることのない研究上の魅力

を持っている．その魅力は，「王国」と「天下」への二重の帰属意識に基づく[18]．宗主国も外藩も「王国」と「天下」への二重の帰属意識を持っていたため，「異文化が中華を支配」あるいは「異族が中国を支配」した際に，文化統合・民族統合・国家統合及び天下統合などの問題に直面する．統合の概念を通して，このような異常な時代には，「中華」あるいは「中国」の征服者は，中国本部を統括できるのみならず，その上，歴代の前王朝が周辺に建てた「宗藩体制」を通して，当然のものとしてその「宗藩関係」を継承し，中国と〔周辺〕諸王国＝宗主国＋朝貢国を統括し，「天下共同体」となるのである．

　詳しく見ると，2010年前後に東アジア諸国で大流行した韓国ドラマで，高麗の太祖王建と前朝の弓裔は，中原の混乱に乗じて北伐し，これを支配するように主張している．もし高麗王朝が中華世界を支配したとしたら，それはある種の地域統合になったのではないだろうか．高麗王朝を開いた太祖王権の映像化は，一見単なる歴史ドラマの放送にすぎないようであるが，実は今日韓国が「東アジア共同体」の樹立を遠大な抱負としていることを表すのであり，更に韓国の東北アジアにおける複雑な位置と歴史的意識・心理を反映するものなのだ．文化面から見て，漢以外の周辺民族の中で中華の歴史文化価値あるいは「中華世界秩序原理」への理解が最も深いのは，朝鮮民族である．従って，文化型の「争天下論」から見た時，伝統時代，朝鮮民族は「天下を争う」資格をもっていたのみならず，今日においても最も「東アジア共同体」の指導者に値するものの一つなのである．

　実際，純粋に「争天下論」の理論の枠組みから見ると，おおよそ「中華世界帝国」の構成員は，政治的王朝交替を志すか，あるいは文化的王朝交替を志すかを問わず，ただ革命情勢の展開に適応して，「中華世界秩序原理」の共通認識を守り，「中華の道統」護持の志をもち，王道思想の下で「徳をもって政治を行い」「天下を大いに悦ばしむる」ならば，いかなる構成員だろうとも天下を争う＝中華・中国を支配する＝「中華世界帝国」＝伝統型「東アジア共同体」を支配することができたのである[19]．これこそが，中国が

歴史的に大国となりえた理由である．しかし，「中華世界秩序原理」の「争天下論」・「王朝交替論」・「封貢体制論」・「名分秩序論」・「五倫国際関係論」，更には「大一統論」等の「天下一家」概念が進めた共同体統合は，いずれも今日一般的な西洋型の地域統合とは異なり，東洋共通の歴史文化価値と共通の歴史的経験に基づいて組み立てられた，別のタイプの伝統型共同体地域統合なのである．

　今日韓国は，電子産業・科学技術・映像・音楽・メディア等諸領域において強大となり，日米をゆるがし，軽視できない巨大な国際的パワーとなった．だが，あまりにも強烈な民族主義にはばまれて，グローバル化＝世界主義＝天下概念の前に，国力の強大さに相応する開放体制と力量を提示できないため，国際政治経済領域における「地域統合」＝経済貿易の一体化あるいは共同体への統合＝天下統合再編という新たな時代を切り開く段階において，牽引者の役割をはたせないでいる．ある角度から見ると，現在はあたかも戦国時代であり，座して「天下を争う」機会を失うならば，ただ統合，編入されるのみである．もっとも根本的なのは観念の転換である．韓国は西洋式の狭隘な民族主義を抑え，東洋式の「四海皆兄弟」の寛大な天下の心を押し広げ，西洋の利己的なグローバル化の受け入れにあたっても，「吾こそがなし得る」という精神をもって，その文化の有する天下観念を発揚すべきである．そうしてこそ，世界情勢転換の時にあたって，不敗の地に立つことができるのである．

　朴槿恵・韓国大統領は機会を捉え，2013年6月，率先して「中韓自由貿易協定」締結を提案し，まさに韓国を重要な転換へとリードした．このような国際関係における進取の姿勢は，今後韓国が東アジア地域統合において牽引車の役割をはたす始まりとなるだろう．

6. 日本の天下共同体統合の歴史的経験

　日本は「武士道」を尊び，その後儒教文化を受け入れた，「武をもって国を治める」尚武の強国である．日中宗藩関係は，『前漢書』では，「楽浪海中に倭人あり，分かれて百余国をなす．歳時をもって献見す〔定期的に礼物をもって謁見に来た〕」[20] と記されている．『後漢書』では，倭奴国が中元2年（57年）に奉貢朝賀し，光武帝が「漢委奴国王印」をもって倭王を封じたと記す[21]．それ以後，日本は冊封を受けたため「中華世界帝国」の構成員となり，先進的な中華文化を吸収し，「華夷可変論」を利用して野蛮から文化国となることができ，さらに「争天下論」によって「華夷変態」の形をもって「中華世界帝国」に入ってこれを支配し，東アジア地域統合を行う資格を獲得した．このことから言えば，もし日本が「中華世界秩序原理」をうまく用いるならば，天下——地域統合をなしとげ，「中華世界帝国」の人々に幸せをもたらすことができるが，もし悪用すれば，「中華世界帝国」の国際秩序は揺らぐことになり，「宗藩共同体」は極めて困難な境地に堕ち，社会の根底を揺さぶり国が敗れ，家が滅びる悲惨な状況を作り出すのである．

　16世紀に豊臣秀吉は日本を統一した．彼は武家政権であったが，倭王時代以来の公家外交の思想を引き継ぎ，万暦15年（1587年）朝鮮に入貢を命じたところ，拒否された．そこで豊臣秀吉は兵を起こして大挙朝鮮に侵攻し，「三国国割」，すなわち日本・朝鮮・中国を統一する構想を実現しようとした．その構想は，おおむね「道を借りて唐に入る」，すなわちまず朝鮮を征服し，ついで朝鮮を拠点として中国を征服し，そして北京に遷都し，日本の後陽成天皇を北京で皇帝に即位させ，もって天下を統一するというものであった．根拠地を強固にするため，日本本土の天皇の位は皇太子に継がせようという計画もあった．豊臣秀吉自身は，関白を子の秀次に譲って日本を統括させ，自分自身は室町時代の日本の中国朝貢の港であり，南洋に通じる要

衝である寧波府に住み，機会を見つけて東南アジアに進入，支配し，天竺〔インド〕を攻略して雄大な帝国を建てようとした．そこでは天皇の政権は二重のものとなり，北京で即位した後陽成天皇が最上位として「中華世界帝国」を統括し，他方，日本本土の天皇及び領域は北京の皇帝の統括下に包括されるのは言うまでもない[22]．

　豊臣秀吉の「中華世界帝国」構想は，「争天下論」の革命情勢の原則に反していたため，結局，中韓連合軍の反撃によって幻と消えた．豊臣秀吉は身のほど知らずに威張り，「中華世界帝国」＝宗藩共同体の「中華世界秩序原理」を規範する「興滅継絶論」も，宗藩の共同防衛義務もまったく知らなかった．まして当時天下はけっして革命の情勢ではなく，天命変革の時ではなかったので，その失敗は時間の問題にすぎなかったのである．

　1644年，明清交替の際，満洲族の清は北狄であったが，中華に進入し，これを支配した．当時，来航した唐船からこの情報を得た江戸の儒者林鵞峰は，韃靼が中国に進入，支配するという，明清の「不完全な王朝交替」＝「不完全な政府継承」に対して，こう述べた．「崇禎〔帝〕天に登り，弘光〔明滅亡後，建てられた南明の皇帝〕韃虜に堕ち，唐・魯わずかに南隅を保つも，韃虜中原を横行す．これ華の夷に変ずるの態なり」[23]．これはまさしく当時の東アジア共通の「華夷思想」であり，林鵞峰が「夷狄が中華に進入，支配する」情勢を「華夷変態」と称したのは，「華をもって夷を治める」＝「文をもって野蛮を治める」ことこそ，「中華世界秩序原理」「争天下論」の常態であり，その逆はみな変態，すなわち正常ならざる状態だったからである．またしばらくして，林鵞峰は〔呉三桂，尚之信，耿精忠の〕三藩と鄭成功が清に反抗して立ち上がったと聞くと，こう述べた．「呉・鄭各省に檄し，〔中華〕恢復の挙を有す．其の勝敗これを知るべからず．若しそれ夷の華に変ぜらるるの態あらば，縦い異方の域なれども，また快ならずや」[24]．林鵞峰は，呉・耿・尚の三藩と鄭成功等の反清反明の動きに対して，天下の大勢はいまだに明らかでないので勝敗の帰趨は予測できないとしつつも，中原で「夷の華に変ずる」状態が現れ，中華が再興することを心から期待すると表明し

た．われわれは，ここから，日本の歴史文化の中にも「華をもって夷を治める」華夷思想があったことを確認することができる．

このような「華をもって夷を治める」華夷思想としては，明治時代，福沢諭吉の「文明―半文明・半野蛮―野蛮」という見方がある．福沢は，この華夷・文野〔文明・野蛮〕の構造により，日本の「脱亜入欧」「文明開化」の過程をもって，日本をして「半文明・半野蛮」から「文明」国に進化させる過程に改め，そして中国・朝鮮等衰弱した東亜の「悪友」を「半文明・半野蛮」，さらにはそれ以下の退化した国だとおとしめた一方，日本を進んだ「文明」国に持ち上げたが，これもまた「西洋式の華夷思想」だと言えよう．そして，さらに「夷狄―小中華―中華」の「東洋華夷思想」の転化の過程を通して，日本に武力で雄を競うことができるようにしたのみならず，思想的にも日本を武装させ，さらに「アジア主義」を通して，日本が「中華世界」に対して「華をもって夷を治める」，「天下を争う」資格を有することを世界に明示したのである．

近代以来，日本は明治維新によって富国強兵を行い，再び中国に対して「中華世界帝国」の指導権を奪おうと謀り，豊臣秀吉に続き朝鮮は再びその攻撃の災禍を受け，かくして日本は領土併合による地域統合を始めた．露骨に言えば，日本の明治維新以後の行いは，「中華世界帝国」≒「東アジア共同体」の天下を争奪するものであると同時に，共存共栄の「大東亜共栄圏」の理想建設をも提起するものであった．結局，日本は挫折したが，その「大東亜共栄圏」の目標は伝統型「中華世界帝国」の地域統合と見なすことができるのであり，失敗した地域統合の事例だったのである．

近代の東アジアを振り返ると，西洋勢力の東洋進出によって中国は最初にその矢面に立たされ，そこで清末には洋務運動が起こり，日本では明治維新が行われた．洋務運動は結局失敗したが，明治維新は日本の富国強兵をもたらし，東アジア内部で日本が中国に挑戦し始め，一挙に勝敗を決する機会を求めたため，「中華世界帝国」内部の天下争奪をもたらした．そこで日本は琉球を併合し，朝鮮に手を付けたが，日清戦争が勝敗を決する分水嶺であっ

た．日本の勝利，中国の敗北の結果，日本は「中華世界帝国」＝天下の指導国家である中国から，北は朝鮮を取り，南は台湾を割き，そして朝鮮を通って北上して北京を取る北進政策と琉球・台湾から南進して南京を取る政策を確立し，左右挟撃の対中国サソリ型戦略を完成した．これが日中両国のその後100年の興隆と衰退を決したのである．

日清戦争後，伝統天下型国家を代表する中国は，徐々に崩壊したため世界主義（cosmopolitism）から民族国家（nation-state）へと歩んだ．これとは逆に，近代民族国家である新興日本は強烈な民族主義（nationalism）から世界主義の発展に転じた．そして，日本が提唱する世界主義＝アジア主義は，中国の天下主義に取って代わり，徐々に近代以前の旧中華世界＝天下の障壁・藩属国を崩し，日本を中心とした東アジアの地域統合＝大東亜共栄圏を創り出した[25]．しかし，このような伝統型の東アジア地域統合は依然として「中華世界帝国」の翻刻である．

第2次世界大戦前の日本による「中華世界帝国」≒「東北アジア＋東南アジア」の天下争奪は敗戦により終わったが，戦後日本は朝鮮戦争（1950.6〜53.7）で特需景気に恵まれて以来，経済復興が始まり，神武景気（1955〜57），岩戸景気（1959〜61）は更に日本経済を徹底的に改造し，さらにオリンピック景気（1963〜64），「いざなぎ景気」（1965〜70年）に進んだため，1950〜70年の約20年間にわたって大型の好景気が続いたのだった．この期間，欧米先進国の名目経済成長率は約6〜9％であったが，日本は15％の高さで，実質成長率でもずっと約10％であった（この間，1955〜60年は8.4％，1960〜65年は10％，1965〜70年は11.3％）．言い換えれば，1955〜73年の18年間，日本の経済規模は5.8倍に拡大し，日本の国民総生産（GNP）は1967年にはイギリス，1969年には西ドイツを超えて，アジアで1位，資本主義世界で2位の経済大国となったのである．

次に国際収支の構造からみよう．日本は敗戦後の廃墟の中からその経済を復興させた．1950年代中期から1960年代中期まで，日本は経常収支が赤字である資本輸入国の段階を経て，そして1960年代中期から1970年の時期に

は経常収支黒字の資本輸出国の段階に達した[26]．この段階で，日本はその国際経済戦略を始め，日本を中心とする雁行経済体制を創り出した．まず精密な計画の下で，産業投資・技術移転の方式によって近隣から遠方へと南方地域を開拓し，産業の垂直分業体系を構築する．ついで新興工業国 NICs（後に新興工業地域 NIEs に改称）を通って ASEAN 原加盟 5 か国に至り，ついで中国に進み，最後は ASEAN 新加盟 5 か国に達した．こうして日本がリーダーとして先頭で雁のように群れを率い，資本投資と技術移転によって各産業の分業・協力の経済的階層秩序を配置し，その設定した経済・貿易秩序体制をうち立て，追随する諸国は日本の定めた秩序に従って進む．このような経済・貿易秩序は雁行体制と呼ばれた．

当時日本は，すでに正真正銘の経済大国に成長したばかりでなく，貿易面では日本を中心とする東アジア経済体制という国際経済戦略を完成した[27]．これは，日本が政治的依拠の喪失という条件下で構築を図った経済的「東アジア共同体」であった．だが，戦後日本の雁行型の地域統合は，まもなく「世界の工場」の勢いを頼み，「平和的台頭」を宣する中国の挑戦を受けた[28]．2010 年，急速に発展する巨大な中国はついに日本に替わって世界第 2 の経済大国となった．

安倍晋三首相は数年のうちに日本を再び強国化し，より強大な軍隊を作ると宣言し，「戦後体制」から「普通の国」に変えようとしているが，それは自衛隊に対する戦後の様々な束縛を取り除くためである．このため，彼は就任以来，中国の領土的野心と北朝鮮の好戦主義に強硬に対処することを常に強調し，国防予算を引き上げ，アメリカとインド等の同盟国と国防協力を強化すると発表した[29]．安倍の期待が実現するかどうかはわからないが，確実なのは，安倍政権の間は日中間では敵対化が進み，日中韓「東北アジア自由貿易地域（FTA）」の地域統合を妨げるだろうことだ．そして，最後は中韓両国が先に「東北アジア FTA」で統合し，日本の加入を待つが，結局，日本は不利な状況下で情勢に強いられて強いて加入はするが，〔地域統合は〕同床異夢になる，ということになるだろう．日本は明治時代から「脱亜入欧」，

戦後は「脱亜入米」で，東アジアに復帰したことがないので，すぐに「東北アジアFTA」あるいは「東北アジア共同体」等の地域統合に参加することを期待するのは難しいであろう．

7. 華夷変態型地域統合の新解釈

　過去を参考に未来を知ることができる．歴史の経験から見て，「中華世界帝国」に「華夷変態型」の「王朝交替」が起きた時は，すべて「東洋共同体」が発展または拡大し続けた時代であった．伝統的な「中華世界帝国」が偉大なところは，まさに夷狄を排除しないばかりか，「華夷可変論」のメカニズムを発展させ，四夷〔東夷，西戎，南蛮，北狄．周辺異民族〕を華に変えた後，「華夷変態型」の「王朝交替」の機会を提供することができたことにある．従って，「夷狄と華夏」は同様に，歴史理論上のみならず，歴史の実際においても，「中華世界帝国」に統括されたため，自ずと帝国の構成員の資格をもち，当然「中華世界帝国」=「天下共同体」を支配する機会と可能性を持ったのである．

　四夷は「華夷変態」を通して「王朝交替」を行い，諸夏〔中華の諸邦〕とともに「易姓革命」を通して「王朝交替」を行った．同等の機会を有するため，華夷が共同で構築した「中華世界帝国」は絶えず拡大した．これに基づいて言えば，「四夷＋華夏」＝「四隣＋中国」の歴史的経験は，今後「東洋共同体」が発展を続けるかどうかは，かなりの程度「東洋共同体」が「華夷変態型」の「王朝交替」メカニズムを有するかどうかによって決まるということを表明している．これと同じ理屈で，「東洋共同体」を「東アジア共同体」の段階的任務の発展を通して「アジア共同体」に拡大した後，共同体はなお「入主〔中枢地域に入り，支配する〕」のメカニズムを通して，構成諸国が絶えず順番に「アジア共同体」の盟主となることを必要とする．共同体の運営メカニズムが順調であればあるほど多様性が高まり，多様性に富むほど帰属心

が強く，帰属心が強ければ強いほど共同体の構成員はより多く，かつますます強固になる．こうして，「東アジア共同体」ないし「アジア共同体」の発展はさらに限りないものとなる．「アジア共同体」が順調に進み，実現できるかどうかは，「東アジア共同体」の段階的目標と任務が円満に達成できるかどうかにかかっているのである．

歴史的経験によれば，「中華世界帝国」の時代，帝国の四隣諸国から来る賀正使〔新年祝賀使節〕，朝貢使が一堂に会する時，彼等の任務は「利益交換」によってではなく，主として「詩文唱和」によってその国の地位を決めることであった．というのも，当時は文化程度を基準として国の文明・野蛮の別を定めたからである．従って，天下と国家の最大の違いは，天下は自己の利益のために他国を犠牲にすることを禁じ，共同体の共通利益を追求したのに対し，国家は排他的主権を追求し，そのために他国を犠牲にするのもいとわないことである．とりわけ西洋近代国家（nation state）は主権の排他性をより強調しており，東洋の「共同体」（天下）の多くが「礼儀の邦」をもって誇りとし，「宗藩和諧〔宗主・藩属間の調和〕」「対等交隣」を志向したのに対し，西洋植民地国家はほとんど例外なく，一方的な「経済利益」を追求した．東洋にも「朝貢貿易」があったが，「回賜」〔周辺国の貢ぎ物に対する中華の皇帝からの返礼〕と「免税」があり，その国際関係は調和を志向し，文化価値を闡明することを追求した．他方，「経済利益」を志向する西洋の国際関係は，富の絶えまない蓄積を追求し，容赦なく搾取したため，先には「30年戦争」，「100年戦争」が，後には「第1次世界大戦」，「第2次世界大戦」及び様々な規模の局地戦争が起きたのである．

従って，文化価値の発揚を追求し，文化的一体感をより高いレベルにあげることによって，共同体の優れた一体性を達成することができる．これに対して，一途に富の蓄積を追求して常に搾取を手段とするならば，ついには力と力の対決の帝国主義に変わるのであり，その結果アジア・アフリカ及びラテンアメリカは次々と西洋の植民地，準植民地に転落することになった．正にここにこそ，「非治の治論」の下での「宗藩体制」が「実効支配領有論」

の「植民地体制」に比べてはるかに勝る，その原理的相違と体制的優劣が存するのである[30]．そのため，内政面から見ると，天下の中心にある王朝はその周辺諸王国に対して「共同体」の見方を取ったため，帝国は最高かつ最終的な決定権力を持ちながらも，ほとんどは「非治の治論」の内政不干渉主義を取り，よって「時に応じて，場所に応じて，人に応じて，民俗に応じて適宜処理する」政策を採った．これこそが，伝統文化価値によって育んだ「中華世界帝国」概念の下の「宗藩共同体」の，今日で言うところの民族自治・地方自治・国家自治なのである．これに対して，近代西洋「主権国家」は排他的主権を強調し，「実効支配領有論」を取るので，その植民地に対して「官（植民地総督）を設け，政（直接統治）を行い，税を徴す（搾取）」という干渉主義を行う．このため，植民者と被植民者は常に「圧迫と被圧迫」の対立関係にあるので，実際，「共同体」関係にはならず，逆に搾取者と被搾取者という矛盾，対立の関係になるのである．

　東洋において「東アジア共同体」がもし順調に成立するとすれば，その構成国は必ずや西洋近代国家の古い思考の枠組を次第に脱し，東洋固有の「天下共同体」思想に戻り，「天下国家型共同体」の合理的組織枠組を考え，理に即して「天下」に「国家」を包摂させ，「国家」は「天下」の中に融合し，どの「国家」もみな同等に「天下」に「入り支配する」機会を持つこととなるだろう．ただし，「天下共同体」の構成諸国による随時の監督と重要国による随時のアドバイスを受けなければならない．つまり，「国家」は「内政自主権」を留保するが，漸次「外政共同体」を分けて「天下」に与え，生存発展の必要に備える．「名は属藩とはいえ，内政は自主である」というのが，伝統的「宗藩関係」の最良の解釈である．最終的には，「天下共同体」のみが「唯一の主権」を持ち，「国家」はただ「民族自治，国家自治」の「地方自治」の権利のみを持って，「天下国家」体制の円滑な運行を完成させるのである．しかし，忘れてはならないのは，なぜ「天下国家」が必要であるかである．われわれが広大かつ調和的な生存発展環境を必要とするがゆえに，「天下国家」は「天下共同体」に転換し，天下を率いて「天下を公とする」

ことを無限に追求し,「世界大同」に向かって進まなければならないのである.

このようにして,第1段階の「東アジア共同体国家」の「典範」〔模範,モデル〕がようやく誕生の機会を得るのであり,そうでなければ,ただ烏合の衆を抱え,「天下」=「共同体」の共同意識を共有せず,共同体組織がありながらも何もできないことになるだろう.今日,ヨーロッパは「共同体」(EC) を捨てて「連合」(EU) となったが,欧州各「主権国家」は互いに競合するため,欧州連合は対内的には主権の移譲が限られ,対外的には「排他的高次権力」の競合関係によって制限され,「天下を公とする」広大な気概と「天下一家」の倫理精神及び「世界大同」の理想に欠け,このため終に停滞してしまった.このような見方から言うと,将来,伝統的「中華世界秩序原理」の「非治の治論」を堅持し,「天下共同体」の基本体制として「東アジア共同体」を形成するならば,必ずや西洋式の排他的主権をもつ近代国家体制を乗りこえ,成功の機会を持つに至るだろう.東洋は東洋の歴史経験と文化価値を通してこそ,「欧州連合」体制の限定性の失敗の繰り返しを避けることができ,東洋の「天下国家共同体」の西洋に対する優位を突出させ,西洋の「主権国家」に基く歴史的経験と文化価値とは異なる東洋共同体の道を歩ませ,東洋をして自らの自信を回復させ,東洋国家の「天下共同体」の第1歩を勇敢に踏み出させることができるだろう.

「東アジア共同体」,さらには将来の「天下共同体」の形成は,今日の西洋の「主権国家」の主権対等の原則に基き再構成されるのであり,平和・平等・尊厳・尊重の精神を持ち,かつ相手方の同意に基づき協定を締結して初めて現実的意義と,とりわけ成立の基礎を持つ.しかし,それも必ず西洋の欠陥を教訓にして,主権国家が排他性を持って,強者が弱者の上に立ち,多数者が少数者を迫害し,先進国が後進国を搾取する帝国主義的侵略の考え方と自己本位のやり方を避け,「中華世界秩序原理」,とりわけ「五倫国際関係論」が東洋で伝統的に有する「倫理秩序」精神の国際関係を実施することで,兄弟間の倫理規範を「東アジア共同体」あるいは「天下共同体」に浸

透させ,「天下は一家の如く,世界は皆兄弟」とし,西洋の「自己利益」追求の観念＝「国益」追求の国際関係を,東洋の追求する「共同福利」観念の「義利の辨」〔義・利の別.道義を重んじ私利を軽んじること〕に基づく国際倫理秩序に復させなければならない.なぜならば,「義利の辨」を出発点とする伝統的東洋国際秩序は,「何が自国の利益となるか」のみを考える西洋国際秩序よりはるかに優れているからである.従って,かつて「天下共同体」の内では天子は罪無き者を討たず,懲罰に大義名分はあれども侵略にはなく,罪ある者を罰してもその国を滅ぼさなかった.その判断基準は全く「是非・曲直」と「倫理・秩序」という文化価値に置かれており,「土地・財産」等の資源の収奪や「貪欲」にあるのではなかった.従って,いにしえの「天下共同体」の歴史的経験は,今日の「東アジア共同体」「天下共同体」をして,「弱小国を護持して罪ある者を懲らしめ」,「滅びた国を興してその祭祀を継続させる」王道世界に変えることができるのである.

8. 台湾の東アジア共同体参加の可能性

今日の国際的勢力配置から言うと,No.2 の中国は[31],全力で世界戦略に着眼すべきであり,両岸関係〔台湾海峡を挟む中国大陸と台湾の関係〕という小事にこだわって大事を失うべきではない.しかし,両岸関係は中国の国家統一という核心的利益にも関わり,またアメリカのアジア太平洋の第1列島線の戦略配置に影響を及ぼすので,現在はただ平和交渉のメカニズムを打ち建て,両岸関係を深化させることが必要なのであり,その上で中国が「利を譲る」政策を行うならば,両岸は暫く平和を保つことができよう.だが,今日の国際関係は,なおアメリカを中心とする西洋主導の権力政治であり,「国益」確保を最高の原則とする極めて現実的なものであり,夢や理論の余地はない.まして,中国は深く西洋の侵略と束縛を受けてきたため,台湾は国家統一面において安心できる状況ではない.

原則上，国際組織に参加するのは国際法上の主体である主権国家である．国際法主体に準じる政治実体もまた国際社会の組織と活動に参加できるが，その参加資格は一定の条件の下で制限される．中華民国（以下台湾と略称）は20余りの国と国交を結んでいるが，その数はきわめて少ない．更に重要なのは，台湾は国際連合加盟国ではないため，主権国家ではなく単に政治実体に分類され得るだけだ，ということである．とりわけ，「唯一正統な」中国としての代表権問題に関わると，地方政権に分類されるので，せいぜい非政府組織（NGO）や国際オリンピック委員会（IOC）等に参加できるだけである．台湾の正式の政府間の国際組織（IGO）参加は，アジア開発銀行（ADB），アジア太平洋経済協力（APEC），世界貿易機関（WTO）等のような機能的・地域的な国際組織に限られ，さらにある程度従属的意味合いになる．このため，もし「東アジア共同体」を東アジア地域の主権国家の統合をめざす国際関係と定義するならば，台湾は「主権国家」の資格に縁がなく，せいぜい「政治実体」あるいは「オブザーバー」の身分で東アジア統合の動きに参加できるだけなので，北京の認可・制約を得て始めて参加できることになるのである．

　海峡両岸は相互の争いを棚上げして，1992年に辜・汪会談〔台湾側代表の辜振甫 海峡交流基金会理事長と中国側代表の汪道涵 海峡両岸関係協会会長の会談〕を行い，「九二共識〔1992年コンセンサス〕」を打ち建てた．「九二共識」では「一つの中国」〔原則〕と「一つの中国，各自表明〔一つの中国だが，各政府がその解釈権を留保〕」の争いはあったが，最大公約数はなお「一つの中国」だけであった．疑いもなく，正に北京が「一つの中国」を原則と定めているため，「九二共識」の「一つの中国原則」に基づいてのみ，北京は台北との交流を望むのであり，他方，台北は「一つの中国原則」の下でただ「各自が表明」の主張を保持してこそ，北京との交流の立場にたてる．こうしてのみ，両岸は実務交渉の基礎を築くことができるのである．

　「中華世界秩序原理」の「正統論」から言うと，「一つの中国，各自表明」の言い方は北京側の期待に全く合っているわけではないが，「一つの中国」

原則の下で「大一統論」が優位に立ったという点から見ると，北京が提唱する「平和統一，一国両制」の国家統一の長期的戦略目標を満足させ得るものである．ただ，「二つの中国」，「一つの中国，一つの台湾」，あるいは「台湾独立」等の紛糾を生じるのを避けるため，北京は創造的な曖昧戦略に改めた．原則的には，北京は両岸各政府が〔「一つの中国」の内容を〕「各自表明」すればよいと認めることはないが，台湾の「一方的主張」に対しては，相手の面子に配慮して，低調ないし沈黙保持の態度を取った．これによって，両岸はついに実務交渉のルートと相互交流のポイントを作りだした．あるいは，敏感で決定的な時に，暫定的だが効果的な曖昧さの余地を作ったのは，新たな状況を切り開き，既定の戦略的目標を達成する上で有益であったのだろう．

泰山は細石を選ばず，ゆえにその大をなす〔『史記』李斯列伝「泰山不譲土壌，故能成其大．河海不擇細流，故能就其深」をふまえる．立派な指導者は異質なものをも包摂する大きな度量をもつ意——訳注〕．台湾・北朝鮮が加わらない「東アジア共同体」は，完全とは言えない．ただ，北朝鮮の参加問題は台湾とは異なり，その国家体制，政治経済的発展，外交戦略，とりわけ既存の国際秩序，国際規則を遵守するかどうかという問題に関わる．朝鮮半島の南北の力は互角なので，もし「平和統一，一国両制」の共通認識と立場がなければ，対話の窓口は開かないだろう．また，かりに朝鮮半島の南北が「大一統論」の共通認識があるとしても，なおそれぞれが「正統論」を堅持するならば，対立は変わらない．総じて言えば，朝鮮半島は南北対立・互角の形勢・大一統論・平和統一・一国両制・正統論争・安全保障・国際規範遵守及び国際政治等の多くの複雑な問題にかかわるがゆえ，南北が同時に「東アジア共同体」に招請されるか，あるいは一方のみが参加することになるかは，未知数である．この問題は本章では省略する．だが思うに，「東アジア共同体」はさまざまな加入の困難を抱える諸国，地域のために柔軟に対応し，さまざまな加盟の資格，加盟順序，異なる加盟段階，参加の度合いの相違があっても最終目標において一致するようなメカニズムを考え出すべきである．そして，ま

だ統合参加が間に合わない国や地域が，一つ一つその超国家的共同体に加わり，さらにいっそう考えを広げて，将来「アジア共同体」に発展するのに役立て，その準備とするべきである．

　台湾から見ると，また実務的観点に立って見ると，「東アジア共同体」の成立に際して，少なくとも台湾を「海峡両岸経済協力枠組協議」（略称「両岸経済協議」．Economic Cooperation Framework Agreement, ECFA）を通して加盟させることができよう．こうすれば，海峡両岸の統合において，少なくとも「両岸経済協議」を通して戦争による国家統一を回避できるとともに，朝鮮半島にとっても参考になるだろう．だが，真の両岸統合は「経済協議」だけ，「枠組」協議だけで達成できるものではない．ここから解るように，経済統合は発端にすぎない．このほか，両岸の「国際組織参加」に関する協議，文化協議，科学技術協議，社会協議，政治協議，軍事協議などさまざまなものがある．朝鮮の南北統合も同様である．

　両岸間の「協議」[32]は，まず最も緊急でかつ最も敏感ではない，低レベルの政治的議題から始め，少し成果が出た後に少しずつより敏感な，あるいは急を要しない，しかし全般的意義のある重要な議題に取り組まなければならない．その中では，特に両岸の国際機関への参加や文化に関する協議は，最も緊急でかつ最も敏感ではない議題である．その効用は，消極的には国土を創造することにより，砲火の惨，人民の困苦流亡を防ぎ，平和的統合の態勢を作ることができることであり，積極的には，兄弟相争ってもまた和解でき，互いに有無を通じ，長短相補い，資源を統合して共に開発し，共に利益を得る新たな局面を創り出すことである．海峡両岸も半島南北も「平和的統合」の態勢下でのみ，新たに「共に利益を得る」局面を切り開くことができるのである．

　しかし，問題の核心は，台湾がどのようなメカニズムを通して「東アジア共同体」の国際組織に参加するかである．（国際関係ではない）「両岸関係」の中で最も切実な議題は「両岸の国際組織参加に関する協議」にほかならない．それは，台湾にとってはその生存と発展に深く関わる重大な議題であ

り，大陸にとっては「中国統一」という核心的利益に関わる問題である．このうち，両岸の国際組織への同時加入というのは，「二つの中国」，「一つの中国・一つの台湾」，あるいは「台湾独立」の可能性という疑惑を招くので，台北政府あるいは国際組織が一方的に希望を達成できない目標，単独で解決できない厄介な問題である．一言で言うと，北京を通って国際へ，というのが台北の国際社会参加の近道である．文化価値から見ると，両岸の「一国・二政権」の政治的現実の下，北京の提起する「一つの中国」原則は，実は「大一統論」に基づき，国家統合の推進を主張するものであり，「唯一合法」〔の政府〕論は「正統論」に基づくもので，自らの政府だけが中国の正統政府であるとの見解を主張するものである．両岸の「国際参加」の問題では，要するにいかにして「名分秩序論」[33] に従うかという問題のみが残るのである．

このことは「一つの中国」と「中国代表権」論争に関わる問題であるので，「名分秩序論」の視角から分析し，解決しなければならない．筆者は両岸の国際組織加入に関する自らの研究に基づき[34]，特に世界貿易機関（WTO）における中国代表権論争に関して，台湾の国際組織「加盟モデル」を作りあげたが[35]，これは台湾の「東アジア共同体」参加申請を助けるのに参考となるだろう．

「加盟モデル」は，一つの原則，三つの一般的条件，及び一つの特殊条件よりなる．言い換えれば，「一つの中国」の原則の下に，四つの面がある．すなわち，参加資格（加盟主体），参加名称（構成員名），参加レベル（構成員の待遇），参加時期（加盟順序）である．前三者は一般的条件であり，最後のものは特殊条件である．一般的条件は普遍性を持つが，特殊条件は，両岸がある国際組織に加入する前の情況でのみ発生する，「両岸同時」の加盟か，あるいは「中国が先，台湾が後」に加盟かという時間の前後の問題である．

「原則」は先決条件の意味であり，時間的・空間的に変形があるかも知れないが，代替不可能な性質をもつ．そのため，ある角度から見ると，「一つの中国原則」は法理論述の目的と化し，「加盟モデル」は事実論述の手段に

変じるが，手段は目的達成のための方法となる[36]．従って，WTO「加盟モデル」によると，台湾が「東アジア共同体」に加入しようとするならば，必ずや「一つの中国原則」の下で，〔「中華民国」ではなく〕例えば台湾あるいはTPKM〔台湾・澎湖・金門・馬祖〕代表といった北京の認める参加資格を用いなければならない．また，参加名称はChinese Taipei（中華台北あるいは中国台北）となり，参加レベルは大使館ではなく事務所，大使ではなく東アジア共同体駐在代表となり，参加時期は最も早くて北京と同じ，さらには北京の加盟時期より後でなければならない．以上は，「加盟モデル」に基づき，両岸の「東アジア共同体」加盟に対して行った「合理的」分析である．

国際政治の名言「弱国に外交なし」は，一言で「権力政治」の現実を言い尽くしている．実際は小国にも外交はない．大国と小国があるのは，ちょうど人の五本の指の長さが異なるのと同じで，ましてや外交は国力を競い，高度に国力を消耗する強国固有の現象であり，強国と大国の特許品であるのだ．そのため，「弱小国」が国際政治の勢力争いに参加すれば，「武力を乱用して必ず亡びる」ことになろう．従って，弱小国は強国と戦う必要はなく，さらに大国と力を競う必要もない．この視点から見ると，弱小国は大国が他国との勢力競争に多忙な時機に，全力で経済を発展させ，技術力を急速に高め，科学技術の商品化能力を高め，人材の質を高め，尊敬される高い質の社会を持ち，国際社会から尊重されるようになることこそが上策である．

両岸と東アジア諸国がいずれも超国家的な「東アジア共同体」に統合された時には，志ある者は，もう古いタイプの主権国家や狭い地域ではなく，広大無比の天下≒「東アジア共同体」→「アジア共同体」→「天下共同体」の実現を抱負とするべきである．これこそが，「泰山に登れば天下小なり」〔識見を広げ，より高遠宏大な見地に立つこと．『孟子』「尽心章句上」に基づく〕の道理である．

9. 伝統的共同体の経験による難関の突破

「中華世界帝国」の歴史において領土争いは少なかった．これに対して，「主権国家」の時代では領土紛争が頻繁に発生し，領土争奪のためには戦争さえ惜しまないのは，すべて主権国家が領土の排他的領有権を主張することから生じている．だが，「共同体」は「天下を公とする」ことを提唱するので，共同の物を自分が蔵する必要はなく，自分の為に力を使う必要もないと主張する．東アジアが共同体になれば，日中間の釣魚島（尖閣諸島），日韓間の竹島（独島），さらには日露間の北方四島をめぐる紛争は，相互的，全体的な共同体の共有観念に基づき，すべては共同体の共有物になるので，すべての構成員の「共有・共治・共受」に帰すため，争う必要がなくなる．こうして，排他的主権に基づく領土問題は，自然に容易に解決できる．これぞ「天下観」が「主観論」よりはるかに優れているゆえんである．

今日，われわれが既存の科学技術の成果の上に立って，資本主義が需要に基づき作りあげた生産力と，社会主義が提起する「各々能力を尽くし，必要に応じて取る」という分配原則，そして儒家が追求する「天下を公とする」社会観とを結合するならば，「大同世界」の理想は決して実現不可能ではない．現在，この理想実現の可能性は日増しに高くなっており，中国−ASEAN自由貿易協定（10+1 FTA），韓国−ASEAN自由貿易協定（10+1 FTA），日本−ASEAN自由貿易協定（7+1 CEP〔包括的経済連携協定〕．もともと2012年に10+1 FTA成立取り決め）の３つの10+1 FTAがすでに発効したか，部分的に成立し，（10+1 FTA）×3 ＝ 東北アジア＋東南アジア自由貿易地域に変わった．（10+1 FTA）×3の完成後，少し力を前に推し進めれば，「東アジア共同体」（EAC）が成立する可能性がある．ましてASEANは今年（2015年），東南アジア〔経済〕共同体に変わる予定であり，きっと「東アジア共同体」の媒体となるだろう．この外，ASEANとその貿易協定を締結した国や地域との間

の「東アジア地域包括的経済連携」（RCEP）も 2015 年に交渉が始まる予定である．さらに東北アジア 3 か国も 2013 年 3 月 26 日，ソウルで正式に日・中・韓三者 FTA 交渉を始めている[37]．しかし，次第に保守・右傾化する日本が中国の平和的台頭に懐疑の目を向けているため，東北アジア自由貿易地域の推進はより難しくなっている．

2013 年 6 月，中国を訪問した韓国大統領の朴槿恵は，これを機会に「まず友達になり，ついで商売をする」という東洋文化の知恵を提起し，大勢を重んじて「日中韓の協力は極めて重要だ」と主張する一方，中韓両国は急いで「中韓自由貿易協定」[38]を結ぶべきだと強調した．韓国は明らかにイニシアティブを握り，東アジアの前進を推し進める勢力となったのであり，将来の「東北アジア自由貿易地域」，さらには「東北アジア共同体」の構築，発展は，「中韓 FTA」が先頭に立ち，一足遅れた日本を吸収して「中韓日 FTA」を形成し，ついで「東北アジア共同体」＝「NEAC」に向かって進むことになるだろう．その時には，まさに韓国が次第に日本に替わって牽引車の役割を果たすようになり，中国とともに東アジア統合を推進し始めるであろう．

中国台頭への懸念から主導権を失った日本は，台頭する中国の力とバランスを取り，その影響力を薄めるために，10＋6 RCEP＝ASEAN＋中日韓＋ニュージーランド・オーストラリア・インドネシア＝「東アジア地域包括的経済連携」を提唱し，中国も気前よくこれを受け入れ，かつ現在も漸次拡大している．明らかに東アジアの FTA 統合は，現在 ASEAN を通して，徐々に拡大してアジア FTA に向かい，あるいは APEC を通して徐々にアジア太平洋自由貿易圏（FTAAP）の地域統合へと発展している．また，東アジア地域の経済統合の流れから言うと，現在中国はまさに「一帯一路」〔中国西部からヨーロッパに至る「シルクロード経済帯」と，中国沿岸部から東南アジアを経てインド洋，アフリカ東部に至る「21 世紀海上シルクロード」〕の陸海のシルクロード・プラン[39]を通して，高速鉄道と海洋ルートを利用してユーラシア大陸の連結をさらに強めようとしている．その気勢はわき上がるかのように猛烈

で，はるか昔の盛世を想い起こさせずにはおかず，抑えられない時代の流れと見ることができよう．従って，東アジア共同体は，もはや成立できるかどうかが問題なのではなく，いつ成立できるかが問題なのであり，よって実現間近であると楽観的に言うことができる．なぜ，実現間近であることが，前進せず，今日まで停滞し，成立していないのであろうか．

　今日まで，東アジア共同体が正式に成立できない主な原因は，中国は「東アジア共同体」(EAC) を主張し，日本は「東アジア・サミット」(EAS) を主張するという，両者の立場の相違によるものである．その主たる違いは，EAC は内部を団結・融合させる組織であり，段階的に発展すべきものだが，EAS は対外交流・交渉のフォーラムの役割をはたすものであり，組織的実体ではないことであるので，両者は矛盾がないばかりでなく，相互補完的でもある．従って，本当の矛盾，対立の理由は日中の競合関係にある．そこで，日本はアメリカの力を引き入れて，これに頼って自分を守ろうとしている．一方，アメリカは中国が「東アジア共同体」の設立と発展を全面的に支持することを疑い始め，懸念を抱き，東アジアの列島線が中国によって浸蝕，破壊されるのではと恐れ，再三「アジア回帰」を声明するに至った．そして米国は「環太平洋パートナーシップ協定」(Trans-Pacific Partnership TPP) 構築に着手し，列島線による政治・軍事的包囲のほか，さらに太平洋の経済・貿易協定による中国封じ込めを図っている．すでに十分政治・軍事的封じ込めを受けてきた中国は，TPPへの加入招請を受けていないが，やむなく加入の意向を表明し，他方 RCEP〔東アジア地域包括的経済連携〕，「一帯一路」，FTAAP〔アジア太平洋自由貿易圏〕及びその他の FTA によって対抗し，アメリカが太平洋沿岸で作りだした「TPP封じ込め」[40] を突破しようとしている．

　歴史を遡れば，日本は明治時代には「脱亜入欧」，戦後は今日まで「脱亜入米」で，一貫して欧米に追随してきたため，本当にアジアの故郷に戻ったことがない．言い換えると，日本のアジア地域意識はなお希薄であり，孤立している．日中両国は地域統合が時代の潮流であることを知りつつも，依然

として歴史的怨念に固執し，資源を争奪し，更に「主権国家」の領域利害観に束縛されている．解決の道は，あるいは「中華世界秩序原理」の「争天下論」と「天下国家観」にこそあり，そうしてようやく日本をアジアに回帰させることができるだろう．未来において「天下国家観」は，日々に時代遅れとなっている「主権国家観」を日本が長期的に守る必要をなくすことができるかもしれない．異民族が中国に入り，支配した「華夷変態」の経験から見ると，東アジア共同体のリーダーの地位は，東アジアのすべての国が順番に担当する機会をもたせるべきであり，特に日本に最も優先的な機会を持たせるならば，日本を「脱米帰亜」させる契機となるかもしれず，中国が日本に「礼をもって譲る」あるいは「禅譲」することが突破のカギとなる可能性がある．突破がなされた後は，東アジア「世界主義」すなわち「中華世界秩序原理」が「民族主義」思想あるいは「主権国家論」に取って代わり，東アジア共同体を支配することになるだろう．こうすれば，東アジアは軌道を外れたものを復帰させ，新たな共同体時代の段階に歩みだすことができるのである．

　また，近代以降の東アジア地域統合を見渡すと，もし「伝統」的な東アジア地域統合を模範とするならば，「中華世界帝国」を原型として東洋モデルを西洋モデルと結びつけることができる．また，時期的に，東アジアはすでに近代から現代へ歩み，戦前から戦後に変わり，かつ現在は西洋型の共同体概念が加わった．いままでの東アジア地域統合をまとめて整理すると，その流れは次のようである．

　　前近代中国「宗藩共同体」＝「中華世界帝国」→戦前日本の「大東亜共栄圏」→戦後日本の「雁行体系」→現代「東アジア自由貿易地域」→未来の「東アジア共同体」→東アジア地域包括的経済連携＋一帯一路＋アジア太平洋自由貿易圏

　だが，戦後70年にわたってアジア第1の経済を擁した日本は，日米関係

を基軸とする全くの対米追随外交を続け，政治・外交・軍事・安全・経済面で過度にアメリカに依存，協力してきた．このため，日本はアメリカに従属し，何でもその言いなりだという国際的イメージがあり，大国が持つべき主体性と独立の風格，東アジア諸国の指導者にふさわしい権威や識見，気迫を欠く．このため，今日の東アジア諸国が分散的で共同体にならないのである．

　実際，戦後の日本は，世界第2・アジア第1の経済強国ないし大国としての責任をはたし，故郷東アジアの立場から，その経済共同体への統合のために積極的に取り組むことはほとんどなかった．東アジアの地域統合を進め，バラバラの状態を共同体にすることへの取り組みはいうまでもない．これに対して，中国大陸は眠れる獅子のようだが，夢から醒めると急に2010年には日本の国内総生産（GDP）を超え，アジア第1位，アメリカに次ぎ世界第2位の経済大国となった．中国が日本と比べて根本的に異なるのは，中国は主体性を持ち，外交ではずっと国家の権威を保持して世界戦略を展開し，唯一の超大国アメリカ及びヨーロッパの強国とも協調はするが，アメリカ外交に追随することは決してない．本来の面目を失わないので，唯一指導国の気質を備えている．

　アメリカの指導への日本の完全な服従は，実は「武士道」と「朱子学」に基づく．朱子学の「名分秩序論」は，日本に厳密な階層倫理を与え，武士道は日本に「尚武の精神」，主従関係，上位に忠実に仕え，下位に厳格な精神をもたらし，規律をさらに厳格化し，強弱・勝敗を決定的とみる思考様式を生み出し，強者は弱者を思うように駆使でき，敗者は無条件に勝者に服従，追随すべきだという考え方をうち立てた．第2次世界大戦での日米決戦は，まさに宮本武蔵対佐々木小次郎といった日本の武術流派の試合のようなもので，生死の間，真剣勝負で力の優劣を分け，勝負が決まったら勝者は上に立ち，敗者はこれに屈服する．勝者は名誉を勝ち取り，敗者は完全に心服する．ゆえに敗者は勝者に従い，勝者は敗者を駆使する．この「勝者理論」の下，勝者は敗者を支配するため，敗者は刀の下に死に，死をもって志を明

かにするか，さもなければ勝者に従う．これにより，日本は武士道の「栄辱観」をうち立てた．すなわち，勝者は尊敬と栄光を享受し，死者は尊敬されるが，敗者は支配を受け，投降者は屈辱を受ける．このような刀の勝負にすべてをかけ，生死を問わず全身全力をもって勝負に臨むという「勝者理論」こそが，日本の武士道の精神と歴史文化価値であった．武士道の「勝者理論」は苦しい練習を通して栄光を勝ち取る面があるが，その強い者を尊敬する見方は，弱きを侮り強きを恐れるものだと東アジアでは非難された．このように，武士道の文化価値では強くはなれても大きくはなれず，儒家の王道思想によって補われてはじめて強くかつ大きくなり得るのである．

　筆者の見方は，東アジアの共同体に至る地域統合の問題を解決するためには，まず日中・日韓の間の歴史的怨念をなくすか，そうでなければ日米戦争のように敗者が負けを認めて完全に強者に服するしかない，というものである．こうしてのみ日本は勝者に追随する．そうでなければ，中国は寛容と度量をもって異国を懐柔し，徳を以て天下を治め，「脱亜入米」の日本をして故郷「アジアに回帰」させなければならない．日本の国土はおよそ中国の一省ほどの広さだが，その発揮する実力は今日，中国に比べて優劣はない．淵に魚を追い込む〔ように日本を孤立させる〕べきでないだけでなく，これを改心させて，脱亜を棄てて再びアジアの懐に復帰させることによってこそ，東アジアを「10＋3」〔ASEAN10か国＋日中韓3国〕の生命共同体に統合する機会を持てるのであり，日本の力を中国に対する「抵抗力」から「助力」に変え，さらに中韓の友好を強め，日中韓がともに東アジア共同体を形成し，ともに世界大同に進むべきである，と考える．

　現在，中国の平和的発展は大きな成果を上げ，世界No.2とNo.1の経済規模は日々に接近しているが，中国は謙虚を旨とし，産業の発展，技術革新に全力を注ぎ，国民の教育水準を引き上げ，国際的地位を高めるべきである．その中で，とりわけ機会をみて帝国主義時代から発展してきた西洋の国際法と国際秩序を改め，中国の主体性を打ち立てるために中国の国際法哲学を探求し，東洋の歴史文化価値体系に適合する「中華世界秩序原理」を新た

に構築し，中国の国際法体系と国際秩序を再建し，未来の国際社会に普遍的価値を構築し，国際公共財を提供し，覇権主義を国際正義を守る力に変え，強きをくじき弱きを助け，滅びた国を救い，復興させ，王道思想を推し進めるべきである．中国がまだ圧倒的な優勢を得て天下独尊となれない間は，いっそう革新的な思考で観念を転換し，従来の西洋近代の国際法により日本の東アジア侵略を説明した国際法理に変えて，東洋の歴史事実より抽出し，東洋の歴史文化の中で練り上げた「中華世界秩序原理」を用い，天下に広く恩恵を施し，そして「争天下論」で日中関係を再解釈し，日本をアジアに回帰させるべく努め，日中間の歴史的怨念及び双方の抱く国家・民族的危機感を除去，緩和し，日本に東アジアの胸懐の温かみを感じさせるべきである．

　今日，東北アジア・東南アジア・南アジア・中央アジア・西アジア・北アジアを問わず，いずれも地域統合の関門に直面している．未来のアジアでは，すべての人はみな東アジアあるいはアジアに包合されて国際人になり，国家の概念も地域統合によって吸収される．「天下国家」の共同体の下で，国家が必然的に消失することはないが，主権の観念は日々に薄れ，国境も次第に曖昧になり，消失する．この時，共同体の境界は日々に膨脹し，活動空間も日々に拡大するだろう．そのことから，恐らくわれわれは将来みな東アジア人，アジア人になるだろうことが確かだ．まさにそれゆえに，東アジア人は東アジアの心理を持ち，アジア人はアジア意識を持つことが必要であり，ただそうであってこそ，人は東アジアないしアジア共同体の地域統合の波に飲み込まれずにすむのだ．

　最後に，東アジアないしアジア共同体の形成には，平和・平等・尊厳と尊重の精神に基づき，また契約者間の同意に基づき協定を結ぶことが不可欠である．共同体はそれ自体，最終的には共通の文化を養い，尊厳と敬意のある高い質の社会を創り出すことによって，安定的進歩的な力を存続させ，苦楽・栄辱をともにする意識を通して生命共同体を形成し，東アジアないしアジアにおける各国の主権の排他性，相互の領土紛争，権力闘争をいずれも消失させる．共同体構成員に主権国家の排他的意識を捨てて，東アジアの倫理

秩序に復帰させるならば，人々をして広大無辺の生命共同体の中で自由に活躍させることができる．この時，個々の国の指導者の急務は，国家主権にとらわれず，国家間の権力闘争はただ共同体の最高レベルの主導権争いに限り，人々に安全・平和で快適な暮らしを享受させることである．

　総じて言うと，今日東洋国家が再建すべき生命共同体は，東洋共同の伝統文化を基礎とすべきことのほか，東アジアの主体性，指導者気質そして天下意識を抱く国を探して，未来の東アジアの「天下国家共同体」を指導させるべきであり，東洋国際秩序原理を通して地域統合を行い，「東洋普遍の価値」を提起して天下共同体の形成を呼びかけ，かつ多くの「共同体公共財」を提供することによって，はじめて東洋共同体を緊密に一体化し，活性化して利害を共にする共同体にすることができるのであり，そうしてこそ，統合の意義がある．従って，その過程で共同体の第一歩を踏み出すためには，すべての東アジア諸国を同時にまたは何度かにわけて統合すべく，まず「経済統合」から始め，ついで「東アジア共同体」を構成する．これは，主権国家中心の「東アジア共同体」であるため，なお次第に融合していく必要がある．その後，各国各民族はなおその特色を保持しつつ，次第に脱境界化し，そして次第に地方自治を有する中央政府へと発展し，あらゆる構成員が華夷変態ができ，法定手続きを経て順番に支配できるようにし，さらに「天下国家共同体」に発展する．それが歓迎されかつ成果を明示した後は，さらに一歩を踏み出し，「天下国家共同体」を基盤に，アジア諸国をさらに統合して東洋的特色を持つ「天下共同体」に統合するのである．

10．「大をもって小に事う」と「華夷変態」

　中国のチャンスについて言えば，「東アジア共同体」が遅々として成立できず，だが東アジアに国際競争が日々に迫りくる時にあたり，もし中国が領袖の気質と王道の心をもつならば，勇敢に立ち向かうべきである．ま

ず「1＋1＋1＋1＋N」[41)]の地域統合について，歴史的経験に基づいて具体的で実効可能なプランを提起し，それから「C＋1＋1＋1＋1＋N」〔中国と各国〕の方式に向い，かつ「10＋1」〔ASEAN10か国と中国〕を基礎として「10＋3」〔ASEANプラス日・中・韓〕に進み，さらに「10＋6」〔ASEANと日・中・韓・オーストラリア・ニュージーランド・インド〕→「10＋N」となり，それから「中国＋東＋西＋南＋北＋N」の環中国共同体に転化させるべきである．同様に，中国は「東洋の普遍的価値」を提起して天下に呼びかけ，さらに「共同体の公共財」を気前よく提供することにより，共同体を活性化して生命共同体に転換させ，それから「新しい長城」である安全保障共同体を推進することにより，「強きをくじき弱きを助け，亡びた国を復興させ」て共同体の安全を確保し，さらに東アジアないしアジアの共同防衛体制をうち立てて，外敵の侵略に対抗，懲罰し，東アジアひいてはアジア生命共同体の安全を確保すべきである．「天下共同体」には中央政府があるが，各国同等の機会で順番にリーダーとなるべきである．「天下共同体」は，その構成員である諸国に対して，地方自治・民族自治的色彩の「不治の治」の体制を取るのがよく，最後に「天下を公となす」論を提起して呼びかけ，かつ理想に至る段階的な発展を企画し，天下国家から「大同世界」の理想に向けて邁進させるべきである．

「東アジア共同体」ないし「アジア共同体」を段階的に建設できるかどうかは，伝統的なエスニシティと国家との結合原理から見ると，「漢」と「非漢」＝「華＋夷」が構築してきた中国と周辺諸国が同心協力できるかどうか，にかかっている．「周辺対中心」関係ではもとより「小が大に事える」ことができねばならないが，更に重要なのは，「中心対周辺」関係でも「大が小に事える」ことができなければならないということである．東アジア共同体の成立は，まずASEANのような弱小国を主体として逐次，その媒体を構築し，ついで東北アジアのような強大な諸国を結びつけて共同体を形成すべきである．このようにしてこそ弱小な国家体も安全感が持てる．反対に中国が前面に出て，東北アジア・東南アジア諸国に対して中国中心の共同体への加

入を呼びかけるならば，現在の情勢から見て，諸小国は国力弱小のゆえに，吸収されることを懸念し，恐怖の余り生きた心地もしないことになり，そうなると，「天下共同体」の第1段階である「東アジア共同体」＝東南アジア＋東北アジアの共同体の実現は，到底期待できなくなってしまうだろう．

　この戦国時代にあたり，中国は政治的知恵をもって思考し，能力を包み隠し〔韜光養晦〕，謙虚を旨とし，近隣諸国との善隣友好政策を取るべきであり，ただ東アジア共同体の推進者となるのみで，当面は指導権に与るべきでない．まさに「華夷変態型」の天下争いのように，中国は広大な領土，巨大な人口を提供して，共同体に統合される時の主体となるのであり，普遍的価値を持つ中華文化を解釈して共同体の思想的主体となし，「義利の辨」をもって，「利を譲る」精神を実行し，力をもって助け，「行いに報いを求めない」のだ．この中で，「無為の治」の思想は「争わざるをもって争う」の奥義を発揮して，構成諸国を安心させる役割を果たすことができる．一見，中国はまず損をするように見えるが，最後には必ず「大をもって小をいつくしむ」ことによって東アジアないしアジアを団結させ，衆望を得て，自然に治めることができる．要するに，まず「名を捨てて実を求め」てこそ「名実共にする」時が来るのだ．共同体の指導権については，もし東アジアないしアジアの構成国がみな「華夷変態」によって交互に共同体の主となり，指導権を握ることができるならば，「東アジア共同体」ないし「天下共同体」は必ずや融合して一体化することができ，そしてこのような共同体こそが生命共同体となって，役割を果たすことができるだろう．

おわりに

　世界各方面の予測，例えばIMFの2011年4月の予測によれば，中国経済は2016年にはアメリカを抜いて，世界第2位から第1位になる[42]．『エコノミスト』誌も，中国大陸のGDPは2018年にアメリカを超えるとする[43]．

さらに，アメリカ国家情報会議（National Intelligence Council, NIC）さえも2012年12月発表の報告書『グローバル・トレンド2030：異なる世界』において，中国経済は2030年の数年前にはアメリカを超えるだろうと述べた[44]．また，プライスウォーターハウスクーパース〔PricewaterhouseCoopers, PWC　世界最大級の会計監査法人，ビジネス総合企業．中国名「普華永道」〕が2013年2月4日に発表した報告によると，中国のGDPは最も早ければ2017年にアメリカを超えるという[45]．IMFが中国経済は2016年にアメリカを抜くと予測した時，中国のGDPはまだアメリカの半分にも満たなかったが，その後わずか数年間の間，アメリカのGDPはなお15兆強のレベルに留まったのに，中国は急速に追いかけてすでに12兆強に達した．もし単純に経済成長率がアメリカ2.2％：中国7.8％　であることから比較すると，中国がアメリカに代わって世界第1となる日はもう遠いことではない．さらに，カナダ・イギリス・ドイツ・フランスも中国経済はもうアメリカよりも強いと認めているのである[46]．従って，IMF，『エコノミスト』，プライスウォーターハウスクーパースの予測は，アメリカ国家情報会議のものよりもはるかに正確だ．これらのデータは，各国指導者が国家の政策・方針を決定する時，参考になる．このように，中国の急速な経済発展は，「東洋共同体」の地域統合をスタートさせる上で大いに有益である．

　まとめて言えば，急速な経済発展の中，中国の経済的体質は日々に健全になり，日進月歩の発展を遂げており，近い将来，アメリカに代わって世界1になる勢いである．その時には，中国を中心とした「東洋共同体」の成立は目前に迫るだろう．現在の国際情勢が明示するところからすると，東アジア諸国，とりわけ島嶼国家は，「経済は中国に頼り，政治はアメリカに頼っている」が，将来，経済力，そして総合国力において世界1位，2位が逆転した時には，東アジア諸国そして環太平洋の島嶼国家は必ずや新たな選択に直面することになるだろう．

　歴史的に，中国は経済面の成果だけではなく，さまざまな分野，方面において天下随一，最大，最強であった．対外的には「不治の治」の政治哲学を

取り，「中華世界帝国」≒「東アジア共同体」を指導した．今日，中国は更に過去の歴史的経験と東洋固有の歴史文化を固く継承することによって，「東アジア共同体」の成立を推進し，まず「大をもって小に事う」指導態勢を取って，日・韓をともに「脱米入亜」させ，懸念を抱く両国に礼を厚くして譲歩し，機会があれば「華夷変態」を行って「東アジア共同体」を完成させ，「天下共同体」へと進むべきである．

「天下共同体」の成立後，中国は「中華世界秩序原理」の下位諸原理を持して進むべきである．すなわち，「王道政治論」に基づき，「王の天下」等の普遍的価値を説明し，共同体のために紛糾を解決し憂いを解かなければならない．また，「五倫国際関係論」に基づき，「天下は一家，四海はみな兄弟」の精神を採り，共同体のために「兄弟国」間の共同倫理秩序をうち立てる．「興滅継絶論」の原則に基づき，共同体の長期的安定のために常に「天下の安全公共財」を提供する．「尊王賤覇〔徳望ある王者を尊び，武力に頼る覇者を卑しむ〕」理念に基づき，いっそう「強きをくじき，弱きを助け」，共同体のために，「一致協力」「共存共栄」の社会を建設しなければならない．最後に，もちろん「天下を公とする」の精神に基づき，「天下共同体」を率いて「大同世界」の理想に向かって歩むべきであり，その過渡段階においては，さらに「東アジア共同体」が「天下国家共同体」に昇華するのを助けなければならない．

総括すると，中国は商の湯が王業をなした道にならって，周囲の人民の願いを果たし，文化的な普遍的価値を進めることから出発し，さらに進んで，共同体を「人々の温飽〔衣食満ち足りた〕生活→安楽な小康〔まずまず裕福な〕社会→天下太平の均富の社会→天下を公とする大同世界」と進めるという段階的使命を達成し，「共同」性によって融合させ，「天下共同体」の融和・一体化を完成させ，「世界大同」に向かうべきである．従って，王道が台頭し，天下が心を帰する時こそが，大国が天下の人心の敬慕に応えて，広く慈愛を施し，万民に恵を与え，「共同体」＝「天下」を尊び，中華を再現し，世界大同を実現する時なのである．

最後に，「東アジア共同体」が生まれる前，「天下共同体」に向かって進む時，重大な局面で最後のゴールを決める役割を果たすのは，中国を措いて他はない．中国は局外に身を置くことは難しく，またそうしてはならないのである．

1) 張啓雄（2013）「建構"共享共治共有"概念的"航線共同体"―以天下観取代主権観的紛争解決之道」，「上海論壇」国際学術研討会，（上海：復旦大学，2013年5月25～27日），1-13頁，参照．
2) 「1＋1＋1＋1」は，東西南北の四方に共同体が発展する意味を表し，「N」は構成員が絶えず増減することを表す．
3) 『孟子』，巻2，「梁恵王章句下」．
4) 張啓雄（1992）「「中華世界帝国」與近代中日紛争―中華世界秩序原理之一」（蔣永敬，譚汝謙，張玉法，呉天威編，『近百年中日関係論文集』台北：中華民国史料研究中心）13-43頁．張啓雄（2010）「中華世界秩序原理的源起―近代中国外交紛争中的先秦古典文化価値」（呉志攀，李玉，包茂紅編，『東亜的価値』北京：北京大学出版社）117-120頁．張啓雄（伊東貴之訳）（2009）「中華世界秩序原理の起源―先秦古典の文化的価値」（『中国―社会と文化』第24号）80-82頁．
5) 張啓雄（1995）『外蒙主権帰属交渉，1911-1916』台北：中央研究院近代史研究所，9-19頁．張啓雄（2001）『海峡両岸在亜洲開発銀行的中国代表権之争―名分秩序論観点的分析』台北：中央研究院東北亜区域研究，3-18頁．
6) 張啓雄，前掲「中華世界秩序原理的源起―近代中国外交紛争中的古典文化価値」，105-146頁．
7) 羅貫中『三国演義』第1回，巻首語．
8) 張啓雄（伊東貴之訳），前掲「中華世界秩序原理の起源―先秦古典の文化的価値」71-101頁．張啓雄，前掲「中華世界秩序原理的源起」105-146頁．張啓雄（1989）「論清朝中国重建琉球王国的興滅継絶観―中華世界秩序原理之一」（『第二回琉中歴史関係国際学術会議報告』那覇：琉中歴史関係国際学術会議実行委員会）495-520頁．
9) 『後漢書』，「東夷伝」．李珥（1988）『栗谷全書』巻14，「雑著」1「箕子実記」（民族文化促進会編『韓国文集叢刊』ソウル：景仁文化社）第44冊，292頁．
10) 『宋子大全』巻131，「雑著」，「雑録」，（『韓国文集叢刊』）第112冊，438頁．
11) 張啓雄，「中華世界秩序原理的源起―近代中国外交紛争中的先秦古典文化価値」，132-133頁．伊東貴之訳，張啓雄「中華世界秩序原理の起源―先秦古典の文化的価値」93-96頁．
12) 鄭麟趾等編纂（2012）『高麗史』冊4，巻117，「列伝第三十 鄭夢周」，同巻119，「列伝第32 鄭道伝」（『域外漢籍珍本文庫．第3輯，史部』重慶：西南師範

13) 国史編纂委員会編印『朝鮮王朝実録』冊 1,「太祖大王実録」巻 1, 太祖元年壬申七月, 43 頁 (総 22 頁).
14) 李種徽 (2000)『修山集』巻 10,「題後」,「題東国輿地勝覽後」(『韓国文集叢刊』) 第 247 冊, 499 頁.
15) 尹鑴 (1974)「甲寅封事疏」甲寅七月初一 (『白湖全書』大邱:慶北大学出版部) 巻 5, 157 頁.
16) 姜智恩 (2014)「東亜学術史観的殖民扭曲與重塑—以韓国「朝鮮儒学創見模式」的経学論述為核心」(『中央研究院中国文哲研究集刊』第 44 期) 181-182 頁.
17) 韓元震『南塘集』拾遺巻 6「拙修齋説辨」448 頁.
18) 張啓雄 (2001)「琉球棄明投清的認同転換」(『琉球認同與帰属論争』台北:中央研究院東北亜区域研究) 1-62 頁.
19) 張啓雄, 前掲「「中華世界帝国」與近代中日紛争—中華世界秩序原理之一」20-26 頁. 張啓雄, 前掲「中華世界秩序原理的源起」117-120 頁.
20) 班固,『前漢書』,「地理志」,「燕地」条.
21) 范曄,『後漢書』,「倭列伝」,「中元二年」条.「漢委奴国王印」は現在, 福岡県立美術館所蔵.
22) 東京大学史料編纂所蔵, 前田家所蔵文書,「事林明証」(二) 影写本, 組屋文書影写本. 三鬼清一郎 (1987)「関白外交体制の特質をめぐって」(田中健夫編『日本前近代の国家と対外関係』東京:吉川弘文館) 81-83 頁.
23) 林春勝・林信篤編, 浦廉一解説 (1958)『華夷変態』(東京:東洋文庫)「序」, 1-2 頁.
24) 林春勝・林信篤編, 浦廉一解説 (1958)『華夷変態』「序」, 1-2 頁.
25) 張啓雄 (2015)「専題演講:百年來東亜国際政治格局的変遷」(『通識教育與歴史専業:東亜研究的微観與宏観学術研討会論文集』桃園:万能科技大学通識教育中心) 1 頁.
26) 黒坂佳央 (1997)「国際化のなかの日本」(武蔵大学公開講座委員会編『戦後五十年, 日本の選択』東京:御茶の水書房) 34-36 頁.
27) 張啓雄, 前掲「専題演講:百年來東亜国際政治格局的変遷」13-14 頁.
28) 張啓雄 (2006)「日本第一 vs. 和平崛起—冷戦前後東北亜国際秩序的衝突與整合」(『興大歴史学報』, 第 17 期) 599-640 頁.
29) 「華爾街日報:参院改選後 日本走向強兵」『聯合報』, 2013 年 7 月 19 日.
http://udn.com/NEWS/WORLD/WOR3/8038192.shtml
30) 張啓雄 (2013)「東西国際秩序原理的差異—「宗藩体系」対「殖民体系」」(『中央研究院近代史研究所集刊』第 79 期) 47-86 頁.
31) 「大陸 GDP 超日 世界第二」,『聯合報』, 2011 年 1 月 21 日.「統計局:中国要冷静対待 GDP 世界第二」『新聞 NEWS』,
http://news.hebei.com.cn/system/2011/02/14/010724895.shtml (2011 年 2 月 14 日

アクセス).

32) 協議は台湾海峡両岸の共同認識または協商によるものであり，国際的性質の agreement は「協定」，両岸間の性質の agreement は「協議」とよぶ．このような考え方は，まさに「中華世界秩序原理」の中の典型的な「名分秩序論」の表れである．

33) 張啓雄（2009）「両岸関係理論的建構―「名分秩序論」的研究途経」（包宗和，呉玉山編『重新検視争辯中的両岸関係理論』台北：五南図書出版公司）115-138頁．

34) 張啓雄，前掲『海峡両岸在亜洲開発銀行的中国代表権之争―名分秩序論観点的分析』．張啓雄（2002）「東方型国際秩序原理之型模建構與分析：1956年墨爾本奥運会前後中国代表権之争」（張啓雄編『戦後東北亜国際関係』台北：中央研究院亜太研究計画）85-146頁．張啓雄（2004）「1960年前後中華民国対国際奥委会的会籍名称之争」（『中央研究院近代史研究所集刊』第44期）103-153頁．張啓雄（2005）「峡両岸在 APEC 的名分秩序紛争，1991-1995：北京定位下台湾参與非正式領袖会議的「出席模式」」，『「世局変化下的 APEC 與我国参與」学術研討会論文集』台北：中華台北 APEC 研究中心），170-231頁．張啓雄，鄭家慶（2009）「中華民国（台湾）参與 WHO/WHA 会籍的「国際名分」認定―「加盟模式」観点的分析」（『中央研究院近代史研究所集刊』第66期）143-194頁．

35) 張啓雄（2004）「台海両岸加入 GATT / WTO 的政治紛争―従「名分秩序」論「加盟模式」的建構」（『興大歴史学報』第15期）96-97頁．

36) 張啓雄，前掲「台海両岸加入 GATT / WTO 的政治紛争―従「名分秩序」論「加盟模式」的建構」61-104頁．張啓雄，前掲「両岸関係理論的建構―「名分秩序論」的研究途経」122-123頁．

37) 「中日韓啓動三辺 FTA 談判」『聯合報』2013年3月27日．

38) 「朴槿恵秀中文：先做朋友後做生意」『聯合報』2013年6月29日．

39) 「一帯一路：中国的劇烈転身」『聯合報』2014年11月17日．

40) 「雁棲湖風雲：経済競合與政治交鋒」『聯合報』2014年11月21日．

41) 「1＋1＋1＋1」及び「N」の意味については，注2参照．

42) 「IMF 数拠顕示：大陸経済2016年超過美国」『聯合報』2011年4月27日．

43) "How to get a day," *The Economist*, December 31, 2011, http://www.economist.com/node/21542155（March 7, 2013, access）．

44) 「美預測2030年中国成"全球第一"」『新華網』（2012年12月12日）．http://news.xinhuanet.com/world/2012-12/12/c_124081343.htm

45) 「普華永道：中美印将領跑全球経済」『一財網』（2013年3月21日）．http://www.yicai.com/news/2013/02/2474514.html

46) 「加英徳法：大陸経済已比美強」『聯合報』，2013年7月19日．

第2章

韓国の民衆宗教・甑山教(チュンサンギョ)に現れた恨(ハン)
——天地公事(チョンチコンサ)，解冤思想(ヘウォンササン)の概念と『大巡典經(デスンジョンギョン)』のテキスト分析を中心に——

上別府 正信

序　論—恨(ハン)の概念と『大巡典經(デスンジョンギョン)』の文献的価値

　韓国，韓国人を理解するための鍵概念として恨(ハン)という概念がある．恨は極めて「韓国的なもの」として理解されており，朴異汶(パク・イムン)が，「恨という概念が韓国文化一般を理解するための鍵であると主張されて強調された」[1]と述べるように，恨は長い歴史の中で韓国人に生まれた精神文化であり，それは韓国人の日常生活の中，芸能，音楽，文学，宗教などに込められているとされている．また，学問的研究としても，哲学，宗教学，文学，文化人類学，美学，音楽，社会学，心理学，医学など非常に幅広い分野で研究の対象とされている概念である．

　一般的に，恨は発散できず，内にこもってしこりをなす情緒の状態をさすものであり，日常的な言葉としては悲哀と重なるものと定義[2]され，自虐的・内向指向的な感情であり，恨みの対象が必要となる他虐的・外向指向的な怨(ウォン)・冤(ウォン)とは異なる概念とされている．また，結ばれた恨は，それを解くことで文化的な新たな価値観を生み出すとされ，韓国の1970年代の軍事独裁政権によって弾圧されていた民衆の政府に対する抵抗運動を正当化する理

論的支柱となった．

　しかし，韓民族の歴史とともに存在したかのように語られる恨が，韓国の精神文化の重要なタームとして現われてきたのは1960-70年代のことである．恨に関する学問的領域での記述の多くは70年代以降によるもので，日本植民地支配下で書かれた小説や詩，あるいはそれより古い小説や詩，詩歌，辞説などの文学に現われた恨でも，その内容や歌意が恨をモチーフにしていたり，恨の情緒を含んでいたりするもの—正確に言えば，1960-70年代に内容や歌意が恨をモチーフにしていると解説が加えられたもの—はあるが，その小説や詩自体に'恨'と言う言葉を直接，記述しているものは稀である．

　例を挙げれば，恨の文学として知られている韓国人の誰もが知っている金素月（キム・ソウォル）の詩「チンダルレコッ（つつじの花）」（1922年）においても恨は直接，記述されておらず，金素月自身が恨について言及したという記録も残っていない．金素月の「チンダルレコッ」のテーマが恨の情緒と結びつけられて広く議論され定着したのは1960-70年代になってからといった具合である[3]．

　また，さらに古典に属するものは，原典が韓国国文（韓国語/漢字ハングル混合，もしくはハングルのみ）でなく，漢文で書かれているものであり，現在使われている意味を含んだ'恨'と単に漢文の意味で使われているものを分類して考察することは困難であり，当時の韓国人が日常使う生きた言葉，'自分たちの言葉'として表現することのできた言葉としての'恨'の意味で使用していたのかということを分析するための文献資料としては適切ではないと思われる．

　このように恨は重要な概念と認識されているのにも関わらず，恨という言葉が韓国で歴史的にどのように使用されていたかを明らかにするための文献資料は非常に限られたものとなっている．

　本稿で取り扱う，甑山教（チュンサンギョ）の経典である『大巡典經（デスンジョンギョン）』（初版は1929年）には，教理の天地公事（チョンヂコンサ），解冤思想（ヘウォンササン）という概念が記述されており，そこには冤とともに恨の記述も存在する．この意味で1929年に出版され，'恨'という文

字を国漢文混用体で明確に‘自分たちの言葉’として記述している『大巡典經』は，甑山教の思想的な面を理解する重要な資料であるのと同時に，恨がどのように使用されているのかを確認でき，さらに恨と冤と差異をテキスト的に分析するための重要な資料となるものである[4]．

したがって，本稿では，甑山教の歴史，甑山教の中心的な思想である天地公事と解冤思想を概観することで，甑山教において恨や冤がどのように捉えられているのかを明らかにしていくと同時に，甑山教の経典である『大巡典經』に記述された恨のテキスト分析を行い，恨という言葉が，韓国で当時，どのような意味で使用されていたのかということを詳細に検証していくことで，恨の意味の原型（archetype）を明らかにしていく．

1. 甑山教(チュンサンギョ)の歴史

(1) 甑山教の成立過程——東学から甑山教へ

甑山教は1860年に発生した崔済愚(チェ・ジェウ)の東学(トンハク)の失敗を受けて，その受け皿となり東学の思想を独自に深化させ，民衆の支持を拡大してきた民族宗教である．

崔済愚の東学は，西洋のキリスト教，つまり西学に対決する東方の学，朝鮮の学を意味し，欧米人の侵入に対抗するため朝鮮の創世神話の中心である壇君を基盤とした民間信仰を基礎に儒教・仏教・仙教を取り入れて成立した民族宗教である．後に天道教と呼ばれるようになる東学は，「人乃天」(インネチョン)（人すなわち天）の思想を持ち，朝鮮時代の儒教の影響下で虐げられてきた民衆に人間の平等と主体的に行動することを説いた．また同時に，支配体制に歪みをきたしていた朝鮮朝の批判する予言書『鄭鑑録』(チョンガムノク)の運命観とも結びつき，現王朝を倒し，新しい世界，つまり後天の世に天霊が直接降臨し，天心一如が実現し，すべての人間が神仙となる世界を開くという後天開闢思想を持っていた[5]．この「人乃天」思想と後天開闢思想は，朝鮮朝末期には東学革命

（東学農民戦争1894年）という形で民衆の力として顕在化した．朝鮮はこの事態を収拾するために清国に援軍を要請したが，半島への足掛かりを伺っていた日本は，これに反応して朝鮮への軍隊の派遣を決定した．これが契機となって日清戦争に突入することとなり，日本は事実上，朝鮮を占領下においた．すると東学は再度，大規模な農民軍を組織して日本軍と対峙するが，日本軍の近代兵器の前に敗退し，指導者の全 琫 準（チョン・ボンジュン）も捕らえられ処刑された．このように東学革命が失敗に終わると，東学は日本の管理の下で'親日'[6]的な団体へと再編された．

そこで東学の従来の思想を受け継ぎながら独自に発展してきたのが甑山教である．

(2) 姜 甑 山（カン・ジュンサン）の生涯

甑山教の創設者，姜 甑 山（カン・ジュンサン）（本名：一淳，字：士玉，号：甑山）は1871年陰暦9月19日に全羅北道古阜郡で生まれた[7]．甑山は幼いころから利発であったが，家が貧しかったため，14-15歳の頃には書塾での学業を辞めざるをえなくなり，家を出てあちこちを放浪しながら暮したと伝えられている[8]．21歳の時に鄭治順（チョン・チスン）と結婚したが，結婚後も甑山の放浪は変わらず，結婚生活はそれほど幸福なものではなかったようである[9]．

甑山が24歳の時，全琫準が率いる東学革命が起こり，甑山も農民軍に従軍したが，甑山は東学革命の敗北を予測し人々に妄動しないように諭したと言う[10]．また戦場で知り合った金亨烈，安弼成などを助けるために何度も戦場に赴き，彼らに従軍しないように勧めた．この間も甑山は危険を予期しこれを避けた．結局，東学革命は甑山の予言通りにその年の12月には終結した[11]．甑山が25歳の時，東学革命の失敗によって，日本の近代的な装備を備えた軍隊を前に甑山は武力などの闘争の無謀さと限界を悟ると同時に，東学の思想的な限界を悟り，自らの思想を現実化するための思索を始め，甑山が31歳の1901年，甑山教の思想に到達し，天地大道を悟って神人，天地を主宰する上宰となったとしている[12]．そして，甑山はこの年の冬に本宅

で初めて後天開闢,解寃済世のための行法である天地公事を行なったと伝えられている[13]。
　このように,甑山は信者に解寃相生（寃を断ち切り共に生きる）の教えを実践することを求め布教を開始したが[14],甑山の布教は1909年の8月9日（陽暦）,甑山が天地大道を会得し布教開始からわずか9年で甑山が死亡したことによって終わりを告げることになった[15]。

(3) 教団の成立と分派

　甑山が1901年（明治34年）に大道天地を会得してから甑山が死亡するまでの9年間に東学信徒などの受け皿となって発展してきた甑山教は,その従徒の数が増えるに連れ,教団の体制を整えようと努力した。甑山は,全羅北道井邑郡大興里の車京石宅に「布政所」を創設し,井邑郡白岩里の金京學宅を「大学校」と定めた。その後,泰仁の辛京元宅を「福録所」に,古阜の辛京洙宅を「寿命所」とした。そして,朴公又を「万国大将」に任命し,24名の中心的な従徒をはじめとした多くの従徒を従えて各地を巡回し集団修行を行った。しかし,1907年12月には義兵の疑いで古阜警務庁に拘束されたことによって,自分の危険も予知できなかったということで,従徒たちの信頼を失い甑山教団は非常に厳しい状態に陥った。さらに,1909年6月には39歳で甑山が亡くなったが,甑山は自らの死に際しても自分を引き継ぐ適材がいないと述べるなど[16],明確に後継者を指名しないまま亡くなってしまった[17]。

　甑山亡き後の1911年9月には,甑山の高弟の車京石の姨従妹で,甑山との宗教的結婚により第二夫人になっていた高判禮の下に信者たちが集まり始め太乙教（または仙道教）という名称で布教を開始した。これが甑山教派の最初の出現であった[18]。しかし,まもなく車京石が高判禮の居所を「禮門」と名づけて,その出入りを制限して教権を掌握し,1916年には車京石が高判禮を退け独自に布教を開始し普化教（1922年,普天教に改称）を創立した。車京石に退けられた高判禮は1918年には大興里を離れ金堤郡白山面祖

宗里へ移住しそこを拠点として太乙教を創設した．甑山教はそれぞれ自らの正統性を主張して，1930年代のうちに既に十教派を超えて分裂した[19]．こうして教派の分裂を繰り返し消滅してしまったものまで含めると100を越える教派が存在し，現在でも50余りの教派が活動しており，比較的教団の体制が整っているものだけでも20派余りの教派が活動している[20]．

2．甑山教の思想――天地公事(チョンチコンサ)と解冤思想(ヘウォンササン)

(1) 天地公事(チョンチコンサ)

甑山教の核心は天地公事にあり[21]，天地公事という特殊理念は解冤思想の土台の上に成り立っている[22]．

天地公事は，甑山が主宰し天地の万古神明を召集，真法を規定後，施行するものであり，その内容は天地宇宙の発展する度数の調整，すなわち自然界と神明・人間界の諸般事を処理剔決する事業のことである[23]．換言すれば，先天時代の不合理な秩序あるいは法理など打ち破り，後天時代の仙境を開き新たな秩序と法を制定すること[24]，つまり，後天開闢を開くことを意味するものであると言う．

天地公事は，具体的には紙に奇妙な文句や霊符を書いてそれを焼き払うという焼紙という儀礼によって行われる[25]．この焼紙という儀礼は，巫俗をはじめとする多くの民間信仰の中で広く行われる儀礼であり，様々な民間信仰に関心を持っていた甑山がそれを援用したということが覗えるものとなっている[26]．

しかし，この天地公事の具体的な儀礼からは，天地公事の思想的な内容は窺い知ることはできない．天地公事は，勿論，甑山の言行，表現によるものであるが，その不可思議な言行を収集して整理し，『大巡典經』にまとめ上げたのは李祥昊(イ・サンホ)と李正立(イ・ションリプ)であり，その理論を体系化したのは李正立である[27]．

天地公事は，神政整理公事，世運公事，教運公事の3つに分類される[28]．

神政整理公事は，冤を抱いて死んだ神明・冤鬼の冤を解いて（解冤して）平和をもたらす解冤公事，各地方と各民族及び各文明[29]の異なる神明を相互交流させることで争いをなくし大錬力を中心として統一神団をつくるとする神団統一公事，大地に存在する万物に宿っている気霊の地域性のために争いが起こっていたが，その気霊を統一して争いをなくすという気霊抜収統一公事などによって構成される．

世運公事は，甑山が人類の未来の政治，経済，文化などに対する変遷と発展の過程と様相をあらかじめ設計し，朝鮮の地が新たな大運の発生起点になるようにしておくという公事である．これは3段階に分けられ，第1段階は西洋の蹂躙からアジア，特に朝鮮を救う公事であり，これは能力のある日本に朝鮮を保護させる段階を言う[30]．第2段階は一旦東洋から退けた西欧の捲土重来の危険があるため，朝鮮の地方神を西洋に送り込み西洋列強の中に内紛と大乱を起こさせ，その間に中国や朝鮮などの民族の覚醒を促すという段階を言う[31]．第3段階は，日本に委託した朝鮮が残酷に踏みにじられたため，これを救い出すという段階とされている[32]．

教運公事は，甑山の思想と教えにより後天仙境を導く新しい宗教集団が出現することを計画したものである．教運公事は4段階に分けられており，第1段階は，「まず乱法の時代を造り，終わりに真法を造ろう」[33]と述べた甑山の言葉通り，乱法の時代であり，27年間の乱法度数を定めた．これが1909年から1936年までの27年間の甑山教系の分裂を意味するとされている．第2段階は，このような乱法の中でも後日のための作業が進行する段階で，書伝序文などが読まれたり，『大巡典經』が発刊されることなどがそれにあたるとされている．第3段階は，1936年には乱法度数が終わり，10年間の兵禍と苦難の時代が来る段階で，日本からの弾圧などがそれにあたると考えられている．第4段階は，最後の医統によって，世界の大劫厄が克服され，真法度数が現れる時代である．すなわち，後天開闢がなされ理想的な仙境を導くための新たな宗教集団が誕生することと理解されている．このよう

に仙境を導くための新たな宗教集団が誕生するためには，様々な困難を経なければならないと述べているのである[34]．

また天地公事に現われる理念は，万古冤神，万古逆神に結ばれた冤恨の気運を解く解冤理念，全ての与えられた恩恵，神明の恩恵に報いる報恩理念，対立と葛藤を怨望を捨てて相互に協力し和合するという相生理念，後天の新しい理念，新しい規範，新しい秩序を創造し，新しい世界に転換するという造化理念と言った4つ，すなわち，解冤，報恩，相生，造化の理念に要約することができるとされている[35]．

このように甑山の天地公事は，焼紙という儀礼によって行われたものであるが，それは，この世の様々な対立・葛藤の問題が人々，霊，神などの冤の連鎖にあると考え，これを解冤することにより，対立・葛藤をなくし，新たな世界，つまり後天の世界へ踏み出すことができると考えに基づき，その実践として，それぞれの公事が存在し，それを達成することで後天開闢がなされると言う論理構造をもつものである．

(2) 解冤思想（ヘウォンササン）

甑山教の最も特徴的なものは解冤思想と言われている．これは解冤相生思想，解冤公事などという用語も使用されているが，すべて，'冤を解いて共に生きる'ための思想とその実践的な儀礼を意味するものである．

解冤は天地公事を達成し，後天開闢の世界を迎えるためになさなければならない前提条件，かつ必要条件と言えるものである．

甑山教では，現在の世の中は天の理に合わず，それが冤恨を生み，それが多くの悲惨な災いを引き起こす原因となっていると捉える．そして，天地度数を作り直し神道を正すことによって，万古の冤を解き，相生の道に仙境，つまり，後天の時代を創り上げる解冤が必要であるとの立場に立っているのである[36]．また，この世の冤の起源について，中国の神話に登場する君主唐堯が息子の丹朱に王位を譲らずに他のものに与えてしまったことにより丹朱が抱いた冤がその起源であるとし[37]，さらにこのように結ばれた冤を解

くことが後天時代を迎えるための最初の事業であるとしている[38]．

このような歴史上の人物に結ばれた冤，またそれがもたらした冤鬼における冤だけでなく，個人における冤についてもそれを解くことが重要であるとして，その実践を求めた[39]．

また，甑山は，「この時代は解冤時代である故，人もこれまで名もない人が気勢を得て，地も無名の地に吉運が宿るようになる」[40]と現代が解冤時代であると言う認識の下，解冤＝後天開闢がなされれば，先天時代の賤民，女性，奴隷などの名もない人々に吉運がもたらされると主張している．このように当時の社会状況から，甑山教は対象としていた貧しい人々への強いメッセージ性が含まれている人本思想，階級打破思想，（男女）平等思想などの平和思想を早いうちから確立し，布教していたことが窺える[41]．

3.『大巡典經(デスンジョンギョン)』に記述された恨

(1)『大巡典經(デスンジョンギョン)』の成立

甑山が直接記述したものとしては唯一『玄武經(ヒョンムギョン)』が残っているが，これは甑山が1909年1月2日に記述して，従徒の車京石宅に保存していたものであると言う．『玄武經』は簡単な文句や挿絵のような24章の符識と「病勢文」，「呪文」などから構成されているもので，現在は張基準の複写本と李正立の複写本の2つが存在している．また，近年になって李重盛によって書かれたとされる甑山の活動と教訓を年代的に記した『天地開闢經』が公開され1992年に発行された．しかし，甑山教派において最も重要な位置を占める経典は，甑山の生涯と活動及び教訓を記した『大巡典經』である．『大巡典經』は1926年に李祥昊(イ・サンホ)が書いた『甑山天師公事記』を元に，李祥昊が自ら書き換えたものであり，『大巡典經』初版は1929年に発行された．しかし，朝鮮総督府の検閲によってその原稿は大幅に削られた．

1929年に発行された『大巡典經』初版は13章499節からなる国漢文混用

体（ハングル，漢字を併用）で書かれており，1933年に発行された2版では10章611節と112節増補され純ハングル体となった．日本の植民地からの解放後の1947年に発行された3版では，朝鮮総督府の検閲によって削除された部分が補われており，2版よりさらに120節増補された．また，章立ては9章となり9章731節となり，文体は漢字縣訳国文体とし，ハングルに漢字が併記されるようになった．その後はこの3版の9章立てと漢字縣訳国文体が定式化されて発刊されることになる．1949年に発刊の4版には変化がなく，1960年の5版では17節増補されて9章748節となった．1965年に発刊された6版は130節増補されて，9章861節となった．以降，1975年の7版，1979年の8版，1982年の9版，1987年の10版，1991年の11版，2001年の12版まで9章861節の形式が維持されている[42]．

『大巡典經』は，版を重ねるのに伴い，宗教的な色彩が濃くなり，たとえば甑山に対する呼称が，初版では「先生」，2版では「あなた」，3版からは「天師」と変遷してきている[43]．また増補とともに内容もかなり書き換えられており，教団での甑山の神格化，主要な従徒の神格化が行われたものと考えることができる[44]．

(2)『大巡典經（デスンジョンギョン）』に記述された恨

先に述べたように，1929年に出版され'恨'という文字を明確に記述している『大巡典經』は，その思想的な面と同時に，恨が具体的にどのように使われているのかを確認できるものとして，恨の意味の原型（archetype）を明らかにしていく上で極めて重要な文献である．

『大巡典經』は，版における記述の変化から，特に初版（1929年），朝鮮総督府に削除された部分が増補された3版（1947年），大幅に増補された6版（1965年）以降の記述について注意する必要がある．

各版における'恨'と言う文字の記述—漢字の恨，ハングルでの'한'，その他の漢字熟語（冤恨など）を含む—があるものをまとめてみると図1「『大巡典經』における恨の記述」のようになる．

第 2 章　韓国の民衆宗教・甑山教に現れた恨　59

図1　『大巡典經』における恨の記述

初版　1929 年	3 版　1947 年	6 版　1965 年
第一章 先生の誕降と幼年時代 6 節	第一章 天師の誕降と幼年時代 30 節	第一章 天師の誕降と幼年時代 33 節
第二章 先生の遊歴 6 節	第二章 天師の成道と寄行異蹟 120 節　　44[49], 95[106]	第二章 天師の成道と寄行異蹟 134 節　　49, 106
第三章 先生の成道と寄行異蹟 108 節　　44[49], 95[106]	第三章 門徒の従遊と訓誨 136 節　　8[10], 57[78], 　　　　89[116], 119[151]	第三章 門徒の従遊と訓誨 205 節　　10, *24*, 78, 116, 　　　　151, *186*
第四章 門徒の従遊と訓誨 76 節　　4[-], 8[10], 　　　71[151]	第四章 天地公事 148 節　　10[10], 19[20], 　　　　27[30], 42[48], 　　　　66[77], 73[88], 　　　　88[105]	第四章 天地公事 175 節　　10, 20, 30, 　　　　48, 77, 88, 105
第五章 治病 43 節(-1)　12[12]	第五章 開闢と仙境 42 節　　4[4], 5[5], 　　　　16[16]	第五章 開闢と仙境 44 節　　4, 5, 16
第六章 天地公事 82 節(-1)　7[10], 36[77], 43[88]	第六章 法言 145 節　　44[45], 91[92], 　　　　103[104]	第六章 法言 154 節　　45, 92, 104
第七章 傳教 12 節	第七章 教範 21 節	第七章 教範 22 節
第八章 法言 72 節　　50[45]	第八章 治病 58 節　　12[12]	第八章 治病 60 節　　12
第九章 開闢と仙境 24 節　　4[4], 5[5], 12[16]	第九章 化天 31 節　　25[25]	第九章 化天 32 節　　25
第十章 文明 32 節		
第十一章 引古文明 4 節		
第十二章 化天 30 節　　24 [25]		
第十三章 先生の異表 6 節		
13 章　501 節（499 2 項欠落） 恨に関する記述　14 (8)	9 章　731 節 恨に関する記述　21 (12)	9 章　859 節 恨に関する記述　23 (13)

＊6 版以降は変更なし．本文の確認は 6 版ではなく，7 版（1975 年）と 12 版（2001 年）の両方にて行った．
＊左の網掛けの数字は章の節の総数を表す．右の数字は恨の記述（冤恨などを含む）がある節の番号．
＊右の数字の初版，3 版の［ ］の中の数字は 6 版以降の同一章における同一節の番号．12 版にて確認．イタリックは同一の記述が他の版にないもの．右の数字の網掛けは「恨」が単独で使用されている節を表す．

恨に関する記述—恨だけでなく，冤恨などの記述も含む—は，初版では14節，3版では21節，6版では23節に記載されている．このうち，'恨'と言う単語を単独で使っているのは初版で8節，3版で12節，6版で13節である．初版の14節は1節を除き，すべて3版以降に引き継がれている．3版が朝鮮総督府の検閲によって削除されたものを本来の形に戻したものと考えるなら，当初の恨に関する記述も21節あったと考えられる．最後の大幅な増補がなされた6版では，2つの節で恨が追記された．

『大巡典經』において，恨の他に恨と似た語義の言葉としては，冤，怨，感などがあるが，もっとも多い記述は冤である．このことは，甑山教の思想の中心的思想の一つは解冤思想であり，その「解冤思想は恨プリを含むものではあるが，基本的なコードは解冤であり，それは全てのものを変えるという意味を持っている」[45)]という甑山教の立場からも，甑山教におけるプリ（解く・解き）の中心的な関心は恨よりも冤に向いていることの現われと言える．また，文淳太(ムン・スンテ)は，「意味上では，恨よりも怨が，怨より，冤がより強い．しかし，恨が情と結合するときは，涙や，悲しみに近い情緒になり，恨歎になるときはすべて諦念とため息に弱められる．一番強いニュアンスは怨恨と冤恨以外にはない」[46)]と述べている．これは甑山教のコードが，恨より悪化した冤に向いていて，それを解くこと，つまり，解冤することで，すべてのものを変えること＝天地公事をなすという甑山教の教理における恨，怨(ウォン)，冤(ウォン)と同様の意味，位置を的確に表わしている．

以下，『大巡典經』における恨に関する記述を見ていく．

　　……孝淳の死亡を報告して言った．「この人は我が手によって殺さなければならないのに病死による自然死とは恨めしい(ハンスロウン)ことだ．」先生曰く，「それは何と言うことであろうか．亡くなった人は可哀相ではないか．」とおっしゃった．

（『大巡典經』初版4-4）

……元来，秉旭は子息のないことが恨となっていたが，……

(『大巡典經』12 版 2-49)

上の２つの例，「残念なことだ（恨스러운）」と子供がいないことによる恨は，攻撃的なものではなく自分に対する嘆きであり，内向指向的なものであると言える．ただし，「自然死とは恨めしい」とは，復讐すべき人間が病死してしまったので残念であるということなので，精神的な状態，全体的な文意において内向指向的であるとは言えないが，この「〜は恨めしい」を純粋に文法的に分析した場合は，「〜」に対して自分の心の中で行き場のない無念さとして「恨」が結ばれているので，内向指向的なものと考えるべきであろう．

……従徒たちに聞いて言われるに，こうすれば日本人に見えるかと．皆がそっくりですと答えると再び脱がれて，私が幼くして書堂に通った時に墨でいたずらをしていて，或る子供が負けて泣きながら帰り，二度と来るかと他の書堂に通ったが，その後，病にかかり死んでしまった．その神明が冤恨を抱いて，今となって出て来て私に解冤を求めるので，どうすれば解冤できるかと聞くと，その神明は私が日本人の衣服を嫌うのを知っていて，日本の衣服を着なさいと言うので今そうしたのだと言われた．

(『大巡典經』12 版 2-106)

……「今の時勢をみるとまさに，大人輔国正知身 磨洗塵天運気新 遺恨警深終聖意 一刀分在万方心[47]」であると唱えられ，……

(『大巡典經』12 版 3-10)

……京石に問われるに，この家で去る甲午年冬に三人の人が同盟したことがあるかと．対してありますと申し上げた．又言われるに，このことから謀反者の密告で君の父親が害を受けたかと．京石が泣いてそうで

すと言った．又言われるに，君の兄弟たちがその謀反者に大きな冤恨を抱いて復讐しようと図っているかと，対して申し上げ，子息の道理でどうして復讐を思い立たないでしょうかと，言われるに，君たちが復讐心を持っているのを君の父親が大変心配して，今私にそのことを告げているから，君たちは思い止まる可きである．今は悪を善によって報いる時である．万一，悪を悪で報いれば，繰り返し，繰り返しで後天に悪の種をまくことになるので，君たちが私に従おうとするならばその意志をまず捨てるべきなので，よく考えなさいと．京石がこのため三人の弟と共に別室に入り，互いに慰労しその冤恨を解くことにし，その旨を告げると，では庭の上にわらを敷いて清水一甕を汲んで来て，その清水に向って，君の父親に対するように，心を変えたと告白しなさいと言われた．……

(『大巡典經』12版 3-24)

漢詩による「遺恨」を除けば，「冤恨」という単語が使われている．密告によって父が殺された子供たちはその密告者に復讐することを心に決めている（『大巡典經』12版 3-24）．このことから，ここでは外向指向的・他虐的な意味で冤恨を使用しており，冤恨と恨は意味上，明確な違いをもって使用されていることが確認できる．

また，言われるに，去る壬辰の乱に日本人が朝鮮に来て，成功しなかったのに対し，三つの恨を抱き，三恨堂があるといわれるが，先ず都城に入れなかったのが一恨であり，人命を多く失ったのが二恨であり，稔らない労役を教えこまれたことが三恨である．故に今，解冤時代に当たり，先ず都城に入って一恨を解き，人命を多く奪わないようにしたので二恨が解け，枯旱三年，白地江山に民撫秋收[48]するようになり，三恨が解けるだろうと．

(『大巡典經』12版 3-78)

この前の節では，日本が朝鮮に来ていることは戦乱を回避するために必要なことで，日本をよく接待しなければならないとし，刺激しなければ何も悪いことは起こらない，いずれ日本も朝鮮の地から出て行くことになると語られている[49]．そして，この節において，秀吉の朝鮮出兵の挫折によって日本人が抱いていた3つの恨が，今回の日本の朝鮮への進出によって解かれると述べられている．

　日本の「3つの恨」と記述されているが，これを'冤'と書かれていないのは，朝鮮出兵の挫折の責任を戦った相手国という外に向けるのではなく，日本の問題として内に向けられていると考えているからであろう[50]．また，「解冤時代に当たり」，「三恨が解ける」との記述のように「解冤」と「恨プリ（恨が解ける）」に対して別の単語を使って記述しているのは，これを同一の意味としてあまり区別していないとも解釈することもできるし，また異なる意味で見ていると解釈することも可能である．しかし，他の節などを見ると'冤'と'恨'は重なる部分も持ちながらも，やはり別の意味で使っていると考えるのがよいように思われる．

　　……ある大人が国の公事に奔走して遠く旅立つ時，その父母，妻子について留守の面倒を依託する所がなかった．行く先先でその人が留守宅を案じ，いろいろと思案したが，力が及ばないのを恨嘆していたところ，……

　　　　　　　　　　　　　　　　　　　　　　　（『大巡典經』12版 3-116）

「恨嘆」は，やはり自分の能力が及ばないことに対する自責によるものであり内向指向的な性格をもつものと理解できるであろう．

　　……ある時，ふと考えて，自分の一生に此と言って成し遂げたものがなく，今，年老いてみてどうして恨がなかろうか．これからは心を入れ替えて神仙を訪ね，仙学を学ぼうといい，静かに坐って瞑想している

と，……

(『大巡典經』12 版 3-151)

　……ある婚期を失って恨になっている処女が徳を磨こうと隣に修道する老夫妻を訪ねて，……

(『大巡典經』12 版 3-186)

　上の2つの節における恨は，自分の一生に何も成し得たものがなく，年老いてそれを振り返った時に「恨がなかろうか」という意味，「婚期を逃し恨が結ばれた女性」と言う意味であり，自虐的・内向指向的な恨の記述であると言える．

　……毎日公事を行なわれ，四十九日を一区切りとして東南風を吹かせていたところ，未だ期限まで数日充たないうちに一人の人が来て，病を癒してくれること哀願した．天師は公事に専心しておられ，暫時，返答出来ないでいると，その人が恨を抱いて帰ってしまった．ところが急に東南風が止んでしまい，天師はその時になって始めて来訪者に気づき，急いでその病人に人を送り，公事の専心によって未だ返答出来なかった事実を告げ，病人を安心させてからすぐ病を治してあげて，一人の人が冤恨を抱くと，どうしても天地間の気運を妨げるものであると言われた．……

(『大巡典經』12 版 4-10)

　最初の「恨」は，甑山に病を治してもらおうと訪ねて来た人が，甑山に会えなかったことで恨が結ばれたもので，これは甑山に対して怨みを抱くといった攻撃的なものではなく，やはり内向指向的なもの，会えなかった未練と諦念を意味するものである．次の「冤恨」は恨と置き換えることも可能であり，冤と置き換えることも可能な，非常に微妙な使われ方をしている．訪

ねて来た人は恨を抱いたのであるが，その結ばれた恨で天地公事を中断するような気運となったと考えるべきか，恨が悪化した冤恨になり中断するような気運となったと考えるべきであろうか．文字通り'冤恨'であるならば，最初に書かれた「恨」をなぜ'冤'，'冤恨'と記述しなかったのか．あるいは，最初の「恨」は訪ねて来た人に関する記述であるが，その後の「冤恨」は一般的なことを述べているのだろうか．しかし，実際に天地の間の気運を妨げたことになっているので，前者を個人的，後者を一般的と考えることは難しいであろう．また時間的な経過を考えても，それほどの期間が経過したと読むことは難しい．それほどの時間の経過がなく恨が冤恨に悪化したと考えるのも難しい．したがって，この記述に関しては，「恨」は内向指向的な方向性を持っている典型的なものであるが，「冤恨」は'恨'と'冤'の両義的な意味を持っていると考えるのが妥当であると考える．

　……この度の崔益鉉の動乱については天地神明が大きく動こうとしたが，これはその血誠に感動したためである．しかしその才能が大事をまかない切れず，ただ生民を死地に追い込むだけであり，いくら救援しても無益な事は目に見えて居る．ましてこの度の旱害を克服出来ず飢饉が続けば生民を救済する方法は皆無になるので，実に両方を解決することは不可能であった．何と恨めしい事であろうかと言われ，……

（『大巡典經』12 版 4-20）

崔益鉉の動乱による人命の損害と干害の被害による人命の損害の両方の問題を同時に解決することは不可能であるという，運命と自分の能力の及ばなかったことに関しての嘆きであり，自虐的・内向指向的な恨と言うことができるであろう．

　……全明淑がここで捕えられた時に司命旗がないので抱恨したのであるが，今，旗を立て，解冤したものである．また，犬汁は人間の世

界で食する飲食物であるが，道家でこれを食べなかったため，これまた恨がついているので，今この汁を食することは解冤し祭政を改めようとするものであると言われ，分けて食された後に，南基に命じて金三十両を祭庭の机上に置かせた後，公信のみを残して他の従徒たちを皆帰された．

(『大巡典經』12 版 4-30)

　敵に捕らわれたことを怨むのではなく，敵に捕らわれた時に司令旗がないという自分の境遇に関して「抱恨した」，つまり，恨が結ばれたのであり，内向指向的なものである．また食べたかったものを食べられなかったという「恨」も自分の境遇を嘆くものであり自虐的・内向指向的なものと言うことが出来るだろう．しかし，この恨を解く時には，'恨プリ'，'解恨' でなく，「解冤」という言葉を使っている．一方，先に見た『大巡典經』12 版 3-78 の「三恨が解けるだろう」という記述は，結ばれた「恨」に対して「恨を解く」と言う使い方をしている．このことから『大巡典經』の中では，解くことに関しては，'恨プリ'，'解恨' と「解冤」言う言葉を認識，区別しながらも，重なる部分もあると言う使用がなされていることがわかる．

　　……元来，東學は輔國安民を主唱したけれども，時が時であるので内には不毛であり，外面だけを取り繕う事になったので，後天の事を単に叫んでいるに過ぎないと，又言われるに，古来，心でそれぞれ王候將相を望みながら意を成さず，無駄死にした者が数万名に及び，冤恨が漲天しているが，その神明を解冤しなければ後天には逆作用を及ぼし，政治を成し得なくなるだろう．故に今その神明たちを解冤させるのにその頭領を定めようとしているが，京石が十二諸国を言うのは，これは自請しているものであり，彼の父親が東學頭目として無駄死にし，彼も又東學総代であったので，今日からは東學神明たちを全部彼につけて過させる事にした．この場で王候將相の解冤できるだろうと言われ，周紙に字

を書いて他人の出入りを禁じられた．又，言われるに，東學神明が全部この場で解冤されるだろうから後日判るであろう．そのため金銭も無数に消費するだろうし，人の犠牲も甲午年よりずっと多くなるだろう．このように解いてこそ後天に何事もないだろうと．

(『大巡典經』12 版 4-48)

　ある日，従徒たちに言われるに，中天神は後嗣を設け得なかった神明であり，黄泉神は後嗣を設けた神明である．中天神は依る所がなくて黄泉神によりかかり水飯をもらって食べて来たため，そのことに冤恨を含んでいたが，今，私に懇願するので今後は中天神に福を任かせ，「私心」のない平等な良い世にしようとおっしゃられた．

(『大巡典經』12 版 4-77)

上の 2 つの節に関しては，「冤恨」との記述であり，やはり外向指向的なものと理解する方が自然である．

　……西の空を眺めて万修と大声で叫ばせ，言われるに，この中に水雲歌詞を持っている者が居れば持って来なさいと．一人が歌詞を出して差し上げるとその本の中間を開いて持たれ，一節を読まれたが，次の如くであった．「詩に言う伐柯よ，伐柯はその見本が遠くにはあらずと，自分の目前の事は誤らぬが，人間の事となれば将来のことも目前の事と思い込み，安易に構えて深慮を欠き，未来の大事を間違えるとすればその恨を如何にするべきか」と……

(『大巡典經』12 版 4-88)

未来の大事を間違えるのは自分であり，他の誰の責任でもない．したがって，結ばれる「恨」は自虐的なものになり，内向指向的なものである．

ある日，元一と徳兼に命じて言われるに，君たち二人で徳贊の部屋を片付けて，七日間を一度数として門外に出ずに中国を最も公平に裁判しなさい．この裁判で中国の事が決定されるだろうと．……（中略）……徳兼に尋ねて言われるに，君はいかように裁判したかと．徳兼は七日間研究しても要領を得なかったが，問われた言葉によい考えが浮かばないまま，中国は土地が広大なことでは世界に類がなく，また礼儀や娯楽などの文物が大きく発達した大明帝国の山河と人民が，夷狄の呼称を受けた清国に征服されたので，どうして冤恨がないことがありましょう．今，その国土と主権を回復させるのが正しいかと存じますと答えると，膝を叩いて称賛して言われるに，君の行なった裁判が公正である．この裁判に因って中国が復権するようになるだろうと言われた．元一が不満顔で今，明の国の民百姓の解冤公事を優先させれば，我国のことはどうなさるおつもりですか，と尋ねると，言われるに，中国人民が復興してこそ我国も引き続いて復興するだろうと．中国が長い間，朝鮮の朝貢を受けて来たので，今後二十五年目には中国から報恩神が来るであろうと．

（『大巡典經』12 版 4-105）

文明国である明国が辺境の蛮族である清国に征服されるということは，非常に屈辱的で許しがたい暴挙であり[51]，それは漢民族の冤恨となっていると言う．このような暴挙に対して，女真族に対する攻撃性，復讐性をもつものとして捉えていると考えるべきであろう．しかし，先の日本人の場合（『大巡典經』12 版 3-78）は類似した例を恨としていることから，この「冤恨」を'恨'と記述しても，大きな問題はないように思われる[52]．しかし，ここでは「冤恨」と言う記述となっている．

　　先天世界では相克の理が人間の万事を治めていたので，全てのことが道義に合わなくなり，冤恨が重なり積って三界に溢れ，遂に殺気が溢れ出して，世上にあらゆる惨酷な災を引き起すことになった．……（中

略）……それ故，丹朱解冤を手始めにして，すべての天下を救済しようと大志を抱いて，時勢が不利なため，かえって九族を滅ぼす惨禍を受けて，依る所がない恨を抱いた千古に彷徨う万古逆神を次にして，古来の冤痛と抑鬱とを解きほぐし，あるいは行為を正しく調べて曲解を正し，あるいは依託を永遠に安定させるようにすることが，まさに仙境を建設する第一歩である．

(『大巡典經』12版 5-4)

「冤恨」とは恨が最も悪化した状態であるから，それは外向指向的なものであり，「世上にあらゆる惨酷な災を引き起す」ことになったと考えることができる．また，
「恨」との記述は，「依る所がない」が「恨」に掛かる．「依る所がない」と言う漠然と方向感を失った諦念的なイメージは，何らかの対象を持ちそれに向かってぶつかっていくという外向指向的なものとは異質なものである．したがって，「依る所がない」を受けるのは「冤恨」ではなく，内向指向的で浮遊感，虚無感と結びつく「恨」を使用しているのは正しいと思われる．

元来，逆神は時代と環境により生まれるもので，世に容れられない場合，冤恨が空まで届くと，世間の人たちは事理をよく知らないのにそれらを嫌ってひどい悪評を浴びせ，日常用語にあらゆる罪悪の頭と称するから，逆神はそれを強く嫌うのである．

(『大巡典經』12版 5-5)

逆神は，冤鬼などと同様で，非常に悪化した冤を持って気運を乱すものとされているので，「冤恨」という記述は外向指向的なものとして表わされていると考えられる．

後天には，天下が一家の如くなって威武と刑罰を用いることなく，造

化政府は衆生を治めるようになり，官僚は職権の範囲で奉仕を事とし，分義を越える弊害は無くなるだろう．又，庶民は冤痛，恨，相克，粗野，貪欲，淫蕩と憤怒，すべての煩悩に悩まされる事なく笑顔で和やかに融和し……（中略）……清和明麗な楽園となるであろう．

(『大巡典經』12版 5-16)

庶民の様々な感情の一つとして「恨」が挙げられている．また別に「冤痛」と記述されているので，それぞれが別の概念と属性を持つものとして理解されていることがわかる．

一人の冤恨が能く天地の気運を塞ぐものである．

(『大巡典經』12版 6-45)

「天地の気運を塞ぐ」ほどのものは，非常に悪化した恨，冤である「冤恨」であり，「冤恨」との記述は適切であると思われる．

今，万事がよく上達しないのは，一心を持つ者がいないせいである．万一，一心だけ堅持すれば，出来ない事はない．だから何事に対しても一心になれないのを恨とすべきである．できる，できないと言う二心は抱く可きでない．

(『大巡典經』12版 6-92)

何事にも上達しないのは，一つのことに集中できないことにある．これは自分自身の問題であり，その方向性は外ではなく内に向くものである．したがって，内向指向的なものとして使用されているものと考えられる．

今，天下の事に志す者が難関を突破し，辛苦に耐え，精誠と力を尽くして，なおかつ成功出来なくても，死後，天上に上がると会って天下事

に従事したが，時勢が不利なため成功に至らず，死後よくなった神明らが互いに慰撫し上座に座らせて，多くの苦労を味わったと慰労して，色々珍奇なもてなしで天上の諸栄華を享受させるから，どんな恨も消えるものである．

(『大巡典經』12版 6-104)

　天下の事に志す者が，自分の全身全霊をかけて，事を成そうとして失敗した場合，それは誰を怨むことができず，その空虚な無力感は内にこもるであろう．そして，それは内向指向的な恨を結ぶことになるであろう．しかし，天上ではそのような努力と意思は賞賛され，その結ばれた恨は解かれるといった文脈である．

　　金溝郡水流面クミルアンの崔雲益の息子が病になり，死境に近付いたので，雲益が来てどうか生かして下さるようにと頼み込むと，言われるに，病者の顔が甚だ見えにくいが，これは今生への恨が原因であって，彼の霊魂が今，清国瀋陽に留まって帰って来たくないと言うので仕方ないと．雲益が息子の顔を見るが如くスラスラと話されるのを不思議に思い，また，生きられないとの言葉のため，なお悲しんで，是非，薬でも下さるようにと頼んだところ，天師は四物湯一貼を作って，薬包紙に九月飲と書いて下さったが，雲益が薬を持って家に帰った時には，彼の息子は既に死んでいた．雲益が帰った後に従徒たちが九月飲の意味を問うと，言われるに，「九月 葬始皇於驪山下」と古書にあり，己に生きられない意を表示したのである．万一，強いて薬を求めて得られなければ恨を抱くようになるので，彼の心を慰労する為に薬をあげたと．

(『大巡典經』12版 8-12)

　この節に記述されている二つの「恨」は，今の人生への未練，後悔が原因という意味と，薬が手に入らなければ無念な気持ちになるという意味である

また，亨烈に向かって言われるに，すべてのことを控えめにし，無恨有司之不明．

(『大巡典經』12版 9-25)

漢詩の中に，恨という文字が組み込まれているが，その意味は，「与えられたことを処理できないと言って恨をもってはならない」という意味である．やはり，自分の能力の不足に対して恨を抱かないようにと言うことであり，自虐的・内向指向的なものである．

(3) 甑山教における恨・冤・怨・慼 の概念的境界線
　甑山教―正確を期すならば甑山教系―の主要な経典となっている『大巡典經』には前節で取り上げたように恨の記述が存在し，恨（한）以外にも，冤（원）・怨（원）・慼（척）などとの記述が見られる．ここでは，恨との差異をさらに明確化するために恨以外の類似の記述に関して検証してみる．

　……過去の道理を広く眺め人倫記録の始初であり，冤の歴史の初めである唐堯の息子，丹朱の深い冤を解けば，その後に数千年の間積み重ねてきたすべての冤の節と苦痛を解きほぐすことが出来る．大体，唐堯が丹朱の人物を不肖であると思い，二人の娘を虞舜に嫁がせて天下を譲り渡して以来，丹朱は深い冤を抱き，その憤鬱した気運からなる衝動は虞舜を蒼梧で殺し，二人の王妃が渕湘に沈んだという滲酷な変事を起こしたのである．その時から冤の根が深くおろされ，時代の推移に従ってすべての冤が加わり，勢を得て発達し，遂に天地に満ち溢れて世上を爆破するに至った．……

(『大巡典經』12版 5-4)

……天師は吊り太鼓の上に向かって二言三言聞き取れぬよう言葉を交された後，言われるに，朝鮮を西洋に渡せば人種が異なる故，差別と虐待が甚しく，生きる事が不可能であり，また清国に与えればその民衆が愚鈍な故，手におえないであろう．日本は壬辰乱の後に道術神明たちの間に 恨 が結ばれているので，彼らに与えてこそその 恨 が解かれるだろう．……

(『大巡典經』12 版 4-28)

　……又，神明をして人間のお腹の中を徘徊するようにし，その体質と性格を改め，たとえ無能者であっても，気勢を付けると能力が生じ，世間の用を成すので，愚者，弱者であっても現状に満足して言行を慎み，罪を心得て人から 恨 を受けないようにしなさい．また富貴な上に智慧と強権を持つ者は皆， 恨 を受け，元の木阿弥になるだろう．貯めるばかりで施すことを知らない家は，大きな運数を維持することが難しいのである．そのような金持ちの家の床下と部屋と蔵には殺気と災の種が満ち満ちているのである．

(『大巡典經』12 版 5-10)

　大軍を引率して敵を降すことが栄華であり，壮快であるといっても，人命を奪うことであるから， 悪恨 になって前を塞ぐものである事に変わりはない．

(『大巡典經』12 版 6-43)

　死んだ蝿の鬼神であっても，それが 怨望 に取りつかれれば，天地公事から外れるものである．

(『大巡典經』12 版 6-44)[53]

　 怨讐 を解いて恩人のように様に愛すれば，徳になって福を成すもの

である.

(『大巡典經』12 版 6-48)

　以上のように冤，怨，憾などの記述があり，その他にも，冤抑，呼冤，冤痛，含冤などの記述がなされている.
　冤，怨については，『大巡典經』においても，これまで見てきた通り他虐的，外向指向的，攻撃的な概念として使用されていることがわかる．憾はどうであろうか．甑山教派の一つである大巡真理會[54]の『大巡真理會要覽』によると「憾は我に対する他の怨恨」と解説されている[55]．つまり，自分に対する他者からの怨恨であり，怨恨を受けることを意味している．
　上に挙げた例を見ても，それぞれ，「日本（我）に対する道術神明（他）の怨恨」であり，「人（他）から怨恨」，「富貴な上に智慧と強権を持つ者は皆（我），（他から）怨恨を受け」，「（大軍を引率して敵を撃つ者＝我は）人命を奪うことであるから，（他から）悪い怨恨になって（＝受けて）」と言う意味であり，憾と記述されているのは「我に対する他の怨恨」という分析が正しいと言うことを示している．

結　　論

　これまで見てきたように，これだけ様々な形で，'恨'と言う言葉が実際に使用されている文献は『大巡典經』以外にはほとんど存在しないだろう．そして，その中で恨が単独で使用されている場合は，すべてのケースにおいて自虐的な属性と内向指向的な属性を持ったものとして使われていた．これに対し，冤・怨・憾・冤恨などは，恨との両義性をもつと解釈できるものもあるが，基本的なコードとしては恨がより悪化したものとして気運を妨げるなど，その毒気は非常に強く，対象に対して攻撃的な側面を見せる他虐的な属性と外向指向的な属性を持つものとして恨とは区分されて使用されていたこ

とがわかる.

 また,恨は基調としては,自虐的,内向指向的,対象を持たないという属性を持つものであるが,恨と冤,怨[56]は二元対立的なものではなく,一元的・時系列的なものであり,その時系列的な流れの中のどこに位置するかという問題でもある.つまり,恨として結ばれたものが悪化すれば冤,怨などの属性を持つことになり,また逆に冤,怨として結ばれたものが和らいでいけば,それは恨になる.しがたって,その恨と冤,怨との境界線はある時は絶対的なものとして現われるが,ある時は非常に曖昧なものとして現われてくるのである.

 以上のように1929年に'恨'という文字が,漢文でなく韓国国文(国漢文混用体,純ハングル,漢字縣訳国文体)によって記述された数少ない資料である『大巡典經』において,恨が自虐的,内向指向的,対象を持たないという属性を持つものとして記述されているのに対し,冤・怨・感・冤恨は他虐的,外向指向的,対象に対して攻撃的な属性を持つものとして記述されていることが確認できた.それは,その当時に恨という概念が日常的な意味でどのように使用されていたのかということが明らかになったと言う点で重要であり,また同時に1960-70年代に恨が学問的なタームとして浮上してきたとき,恨の定義においてその概念を正確に把握していたことを示す'証拠'としても重要である.

 このような意味からも,『大巡典經』は,1929年当時の甑山教の宗教状況やその思想を知る上で重要なだけでなく,恨が1970年代以降に韓国を理解するための鍵概念として,さらには,韓国の精神文化の象徴,文化的なキーワードとして浮上し,様々な付加的な意味を付与される以前の恨の原型(archetype)をローデーターとして記録している文献として極めて重要な資料となっているのである.

1) 朴異汶(1991)「恨의 문화」1991.11.21 서울:동아일보.
2) 伊藤亜人他(1986)『朝鮮を知る事典』東京:平凡社 355頁金学鉉の「恨」の

定義を参照．
3) 金素月の詩が恨と結びつけて語られたのは，1948年に出版された金東里の評論集「文学と人間」の中の「青山と距離—金素月」という論文が最初であったと言う．その論文の中で詩人金素月の詩人的情緒はいわゆる情恨の感情であり，「他のいかなる物に依っても埋めつくす事のできない思慕の感情」と述べている．千二斗（1989）「韓国的"恨"について—特に日本のもののあわれとの比較を中心に—」（『朝鮮学報』131輯）天理：朝鮮学会 96-97頁を参照．しかし，本格的に金素月の詩と恨を結びつけた議論が開始されたのは1960-70年代にかけてその議論の中心にいた呉世榮まで待たなければならなかった．
4) 甑山教の教学の学問研究の基盤が整備されるようになったのは，『甑山思想研究』（1975年より），『大巡思想論叢』（1995年より）などの教学研究の論文集などが刊行されるようになった1970年代中盤からであり，解冤思想などの純粋な教学研究は継続されていが，恨と冤といった概念的な差異についての研究は行われていなかった．また，教学そのものの学問的な研究が1900年代から継続してなされていたわけではなかった．
5) 伊藤亜人他 前掲書，313頁を参照．
6) 通常の親日とは，外国人が日本に対して好意をもつことを意味するが，韓国において親日とは，日本の植民地政策に協力，追従した者などを指す．現在では，日本贔屓の韓国人に対する裏切り者の意味を含む．
7) 李祥昊（2001）『大巡典經』12版 金堤郡：甑山教會本部 第1章1節（以下『大巡典經』12版 1-1と記す．）趙載国は『韓国の民衆宗教とキリスト教』において，『甑山天師公事記』に従って，「全羅北道古阜郡馬項面西山里」と記述している．
8) 김홍철（2000）『증산교사상연구』익산：원광대학교 출판국 11頁，趙載国（1998）『韓国の民衆宗教とキリスト教』東京：新教出版社 118-119頁を参照．趙載国は金洪喆の『韓国宗教思想史Ⅳ』（1992年）から引用している部分があるが，金洪喆の『증산교사상연구』（2000年）には，『韓国宗教思想史Ⅳ』と同一の論文が再収録されているため同じ表現がある．
9) 김홍철 前掲書 11頁，趙載国 前掲書，118-119頁を参照．
10) 『大巡典經』12版 1-14を参照．
11) 『大巡典經』12版 1-15-23を参照．
12) 全州母嶽山大願寺に入り，七月五日に至って大雨の中，五龍嘘風を操る天地大道を会得し，また貪淫瞋癡の四つの煩悩を克服した．『大巡典經』12版 2-1を参照．
13) 『大巡典經』12版 2-2を参照．
14) 甑山は初めて入信する者には必ず，これ迄に犯した過失を一々思い出して，心から赦されるように願う懺悔祈祷をすることを求め，甑山はその者の感神とすべての病故を取り除くよう祈った（『大巡典經』12版 7-19を参照）．また，人を怨んで（怨望して）はならないとし，万一，非が自分にある時にはその非がすべて

解消し，非が自分にない時にはその毒気が本拠に帰ると論じ，人を怨む前に自らを反省することを求めた（『大巡典經』12版 3-53 を参照）．

15) 『大巡典經』12版 9-30 を参照．
16) 『大巡典經』12版 9-19 を参照．
17) 甑山は高判禮を「首婦」と呼び，「天地大業を君に任す」と述べていたため，甑山の後継者と考えられていた（『大巡典經』12版 3-30-31）．ただし，「首婦」と言う呼称は，初版では見られず，3版から見られる記述である．「天地大業を君に任す」は6版以降の記述である．それまでは，「巫度」（『大巡典經』初版 6-60），「巫堂度数」（『大巡典經』3版 4-103）を任せると言う記述のみが存在していた．また，甑山は車京石にも同様に「誠敬信が至極であり」「東学総代であったので，今日からは東学神明を全て彼に任せる」（『大巡典經』12版 4-48）と述べており必ずしも後継候補が一人であったとは考えられていなかったようである．実際，甑山は死の際には明確な後継者を指名していない（『大巡典經』初版 12-1-30，12版 9-1-32）．
18) 김홍철 前掲書，344頁，趙載国 前掲書，154頁を参照．尚，趙載国は「高判禮の声が甑山の声に似ていた」としている．また一般の人々は太乙教，吽哆教と呼ぶことが多かった．
19) 1913年には安乃成が仙道教を，1917年には趙哲済は无極道（1925年に无極大道，1945年に太極道と改称）を，1918年には金亨烈が弥勒佛教（弥勒佛教法相宗，大韓佛教法相宗），1920年には許昱が三徳教，1922年には蔡慶大が同志14人と共に車京石から別れて人道教，1928年には李祥昊と李正立の兄弟が東華教（1945年に大法社，1948年に甑山教本部に改称），1930年には金煥玉が普化教，1931年には徐白一が龍華教（大韓佛教龍華宗），1934年に鄭寅杓が泰仁弥勒佛教，1936年には姜昇泰が東道法宗金剛道，1937年には甑山の娘姜舜人が甑山法宗教，1937年には余處子が母岳教，1942年には金桂朱が戊乙教をそれぞれ創設した．김홍철 前掲書，333-459頁，趙載国 前掲書，154-170頁を参照．趙載国は各派の創立年度と名称については正式に教団名を掲げて布教したときのもの．本稿では，より詳細に各宗派について記述してある金洪喆の年号に合わせた．
20) 甑山は，世運公事（宗教の改編・統一の動き）を通じて乱法度数（乱れた時代の運勢）を定めていたため，次数にわたって教団的な苦難と分裂が起こることが既に予言された出来事であったため，従徒の多くはこのような教派の分裂を当然のことと考えていた．김홍철 前掲書，343頁，趙載国 前掲書，156頁を参照．
21) 洪凡草（甑山思想研究会会長）がソウル大学校宗教学科大学院で2001年前期に開講されていた講義「民族宗教」のゲストスピーカーとして2001年5月16日に来訪した時の発言より．
22) 李正立（1977）「解寃思想」（甑山思想研究會『甑山思想研究』第3輯）서울：甑山思想研究會 168頁．
23) 『大巡典經』初版 6-補注，裵容德 林泳暢 共著（1982）『甑山神學概論 上』서

24) 趙載国 前掲書，135 頁を参照．
25) 『大巡典經』12 版 4-5, 4-15, 4-25 などに天地公事の様子が具体的に記述されている．
26) これは甑山が土俗的な民間信仰に強い関心と共感を持っていたことの事例と言える．甑山はクッを行いに来た巫堂と共に踊った後で，この堂あの堂みな捨てて巫堂の家に行って祈っていれば救われると述べたり（『大巡典經』12 版 4-65 を参照），「佛之形體 仙之造化 儒之凡節（佛教は形体を主張し，仙教は調和を主張し，儒教は生活を主張する）」（『大巡典經』12 版 5-142 を参照）として，仙教の造化が最も優れていると指摘するなど土俗的な民間信仰に対して肯定的な態度を見せている．
27) 김홍철 前掲書，343 頁を参照．
28) 前掲書，43-58 頁，290-299 頁を参照．
29) 仏教神団・儒教神団・基督教神団など文明神団にあたる．また，甑山はこれらの神明の交流にあたってマテオ・リッチが大きな役割を果たしたと評価している．김홍철 前掲書，43-58 頁，290-299 頁を参照．
30) 『大巡典經』12 版 4-9-10 を参照．
31) 『大巡典經』12 版 4-4 を参照．
32) 日中戦争を起こさせ，世界大戦を拡大させて，日本を敗北させて朝鮮を救い出したことを言うと言う．『大巡典經』12 版 5-26 を参考．勿論，1929 年に発刊された『大巡典經』初版にはそのような'予言'の記述はない．辻褄合わせ，神格化のための増補と考えるべきであろう．
33) 『大巡典經』12 版 5-15 を参照．
34) 김홍철 前掲書，43-58 頁を参照．
35) 김홍철 前掲書，43-58 頁，290-299 頁，趙載国 前掲書，182-183 頁を参照．
36) 『大巡典經』12 版 5-4 を参照．
37) 『大巡典經』12 版 5-4 を参照．
38) 『大巡典經』12 版 5-4 を参照．
39) 「一人の冤恨が能く天地の気運を塞ぐものである」（『大巡典經』12 版 6-45），「昔から処女（未婚の女性）とか寡婦とかの私生児と，その他諸々の不義の児の壓死神と窒死神が通天の冤になって，弾丸と爆薬に化して世上を殱滅せんとしているのである」（『大巡典經』12 版 6-46），「万一，自分を打つ人がいれば，彼の手をとって慰労するのがよい」（『大巡典經』12 版 6-47），「怨讐を解いて恩人のように愛すれば，徳になって福を成すものである」（『大巡典經』12 版 6-48），「悪を悪で報いるのは血で血を洗うのと同じである」（『大巡典經』12 版 6-49），「自分を知らない者が自分を中傷した場合，中傷で報いるとすれば，自分はもっと愚かしい者になる」（『大巡典經』12 版 6-50）など．
40) 『大巡典經』12 版 6-5．

41) 具体的に，人本思想は「人報は神報に優るものである」(『大巡典經』12版 6-70)，「天尊と地尊より人尊が大きい，これからは人尊時代である」(『大巡典經』12版 6-119)に，階級打破思想は，「どんな人に対しても皆を尊敬しなさい．今後は嫡庶の名分と班常（貴族と平民）の区別もなくなる」(『大巡典經』12版 3-5)，「両班の生活を望むのは，その人の先祖の骨を拔くのと同じように身を滅ぼすもとである．それ故，両班の気風習慣を早く除いて賤人を優遇しなければよい時代は来ない」(『大巡典經』12版 6-6)に，平等思想は，「福貴な者は貧困者を嫌い，また強い者は弱い者を嫌い，智者は愚者を嫌う．だから私は富者を遠ざけて，專ら貧乏人や病弱な者や愚鈍な者を近づけるのである．彼らが即ち私の人である」(『大巡典經』12版 6-14)，「この時代は解冤時代である．何千年の間，深く深く捕らえられていて男性の玩弄と使役を受けるだけであった女性の冤痛を解放する時代である．正陰正賜を乾坤で定立させ，天地の筋道を通すために今後は礼法を正して，女性の主張を聞かなければ，むやみに男子の権利を行使出来なくなるだろう」(『大巡典經』12版 6-134)，「今まで男尊女卑となっているが，古くから陰陽と言って，陽より陰を先に言っているのは如何にも奇異な感じがする．今後は陰陽と言うその通りに事実が正されるだろう」(『大巡典經』12版 6-135)などによく表わされている．
42) 金鐸（1992）『증산교학』서울：미래향 문화 156 頁を一部参照．
43) 趙載国 前掲書：134 頁を参照．但し，『大巡典經』の基となった『甑山天師公事記』(1926年)に既に「天師」と言う呼称が使われているため「天師」の呼称のことをもって宗教的な色彩が濃くなったとは言えない可能性もある．しかし，全般的に増補改正された部分において，神聖化する記述が増えているのは事実である．
44) 『大巡典經』の版による記述の変化は金鐸 前掲書，150-248 頁で詳細に検討されている．
45) 洪凡草（甑山思想研究会会長）がソウル大学校宗教学科大学院で 2001 年前期に開講されていた講義「民族宗教」(2001 年 5 月 16 日)のゲストスピーカーとして来訪した時の発言より．
46) 문순태（1988）「한이란 무엇인가」(서광선 엮음『한의 이야기』) 서울：보리 144 頁．
47) 「大人，国輔を正に身を知る．塵天を磨洗し運気新たなり．遺恨なり警深聖意を終ふ．一刀分在す万方の心」訳＝閔泳煥がこの度の国難に身を処し，正に自分が何者かを知らせることができた．祖国を包んでいた塵芥を洗い流し，国体を鮮明にすることができたので運気が新たになった．ただ遺恨となることは近側の中に国王の意を裏切るものがあり，至上に絶望に陷れたことだ．このことは人民の心を一刀のもとに可否何れかに区別するだろう．
48) 「民が治まり取り入れがよい」の意．
49) 『大巡典經』12版 3-77 を参照．つまり，世運公事の第一段階にあたる能力が

あった日本を利用してとりあえず西洋の侵略を防ぐことが重要であると言うことをなぞるものである．

50) もしくは，これから日本を利用すると言う意識を持っていたので，朝鮮に向けた'冤'と記述し，日本と朝鮮との対立軸を明確にするのを避けたのかもしれない．また，出版にあたり総督府の検閲を避けようとしためにそのように記述された可能性も考えられる．実際，3版には載っているが，初版にはこの節は収録されていない．また，植民地時代に発刊された2版（1933年）では，この章に72節増補されているが，原本を確認できなかった．韓国国立国会図書館，韓国国立図書館，ソウル大学図書館には2版の蔵書はなかった．

51) この考え方は，儒教世界での秩序体系では当然の考え方である．日本に対しても同様な秩序意識が存在し，清国の女真族と同様に，辺境の蛮族程度に考えられていた日本民族に植民地化された事実は韓民族にとって受け入れがたいものであった．現在の反日にもこのような優越意識があると言われている．また，ここで重要なことは，甑山自身もそれに同意し賞賛していることからわかるように，儒教的な秩序体系，秩序意識から完全に自由であったとは言えないことである．

52) 儒教的な秩序意識から，明国が蛮族である女真族に征服されたのは許せないと考えているため「冤恨」となっている可能性はある．

53) 同様に「微少な昆虫といえども怨望がつけば天地公事ではなくなる．」（『大巡典經』12版4-49）との記述も存在する．

54) 大巡真理會は，朴漢慶が1968年に太極道から別れ，1969年に創立された団体．『大巡典經』を独自に編集した『典經』を経典としているが，内容的には多くの逸話を『大巡典經』と共有し，その教えは大きく異なることはない．

55) 『大巡真理會要覽』19頁．朴龍哲（1996）「典經에 나타난 冤의 本質과 構造」（大巡思想學術院『大巡思想論叢』제1집）경기: 大眞大學敎 附設 大巡思想學術院 406頁を参照．

56) ここでは憾は怨，冤，怨恨，冤恨と同一なものである．つまり，例えば「A」を我→他の方向性を持って見れば怨などの呼称が与えられるのであり，他→我の方向性を持って見れば憾という呼称が与えられるだけであるからである．

第 3 章

張之洞の「湖北海軍」建設と日本モデル

馮　青

はじめに

　清朝は，その最後の宣統帝時期（1909～11 年），一連の中央集権化政策の一環として，中央直轄の下，近代海軍の再建に取り組み[1]，西欧諸国海軍の制度，技術（西欧モデル）を基本としつつも，日本海軍のやり方（日本モデル）を手近な模範として導入しようと努めた．近代中国海軍の建設において日本モデルに注目した先駆者は，湖広総督[2] 張之洞であった[3]．

　19 世紀半ば以降，中国では太平天国とその鎮圧の激動の中で，地方官僚の勢力が台頭し，清朝中央の統制力は衰退していった．彼ら地方官僚は中国の伝統的秩序を護持しつつ，一部西洋の軍事技術や近代産業を取り入れようとしたことで，洋務派官僚などと呼ばれる．中でも張之洞（1837～1909 年）は，長江流域など南部諸省の総督（軍・政長官）を歴任した清朝屈指の大官僚であり，日清戦争から義和団事件，そして清朝最末期に至る激動の時代において，王朝の存続を支えつつ，任地における軍事，工業，教育等の諸改革を推進し，その統治基盤を強化しようと種々の努力を行った．張之洞が日本留学の提唱者であるのはよく知られているが，このほか彼は 1904 年より，

日本と提携し，その海軍の制度，技術を用いて，長江流域の防衛を任務とする近代的な艦隊「湖北海軍」[4]の構築を図った．これは，長江最初の近代的艦隊であり，また中国で最初に日本モデルを導入した海軍艦隊であった．

湖北海軍は1908年に正式発足を見たが，翌年，宣統朝の中央集権政策により中央政府海軍の一部に収編された．従って湖北海軍の歴史はごく短いものではあるが，中国近代海軍の発展及び日中関係の歴史を検討する場合，大きな意味を持つと言える．

本章は張之洞の創立した湖北海軍の歴史から，清末に地方的な海軍建設，国防強化が行われたのはどういう動機によるのか，その建設方針と具体的プロセスはどうか，また日本の海軍モデルの中国導入の過程とその歴史的影響などにつき，探求しようとするものである．これらの問題の検討は，以下のような目的を持つ．第1に，張之洞研究における空白を埋めること[5]．すなわち，張之洞が中国軍事近代化においてなした貢献は陸軍だけでなく，海軍にもあること，また日本海軍の建設モデル導入の先駆者として，その近代中国海軍建設，長江防衛力増強にはたした努力を再評価すべきことを明らかにする．第2に，地方レベルの海軍建設の産物である湖北海軍の誕生が清朝中央政府の海軍再建政策や新たな日本観に及ぼした影響を検討すること．第3に，中国近代海軍の発展と日本との関係について，改めて位置づけること，である．

1. 張之洞の湖北海軍創設の経緯

張之洞は清末，李鴻章についで台頭した地方実力派官僚であり，いわゆる「洋務自強」——軍事・工業・交通等の近代化政策を推進したことで著名であるが，張が近代海軍の建設，管理にはたした役割についてはこれまでほとんど注目されていない．

だが，張之洞が近代海軍に関わった時間はかなり長い．1884年，張は山

西巡撫から両広総督（広東・広西両省の軍・政最高長官）に昇任し，はじめて海軍業務に触れるようになった．同年，清仏戦争の馬江海戦で，当時全国最強の福建海軍主力は一日で壊滅し，東南沿海の海防は空白状態となった．張之洞が総督として管轄する広東の海軍は多くが旧式の中小型木造汽船であり，外洋作戦はもとより沿岸防衛にも力が足りなかった．張之洞は管轄地域の財政状況，造船能力及び所要期間等を仔細に検討した後，現段階では浅水砲艦を製造，配置することこそが沿岸防衛力増強の最も有効な手段であると考えた．ついで，広東黄埔港に造船廠を建設し，香港華洋船廠の技術を利用し，砲艦建造を図った．1885 年冬，同造船廠は 4 隻の砲艦を建造し，これを進水させた．すなわち国産砲艦「広元」，「広亨」，「広利」，「広貞」である[6]．これは，張之洞が海軍艦艇建造に関わった最初であり，この経験を起点に，その後海軍に引き続き参与することとなったのである．このほか，張は両広総督在任中，東南アジアの華人保護のために護商艦隊の創設を提案したが，これは実現しなかった[7]．

　1889 年に張之洞は湖広総督に転じ，長江の防衛を管轄するようになった．日清・下関条約締結前，長江の主要港湾である重慶，沙市等はまだ外国に開放されておらず，外国商船，軍艦等も任意に遡航できず，従って長江防衛の主要目的も地方の治安維持に限られた．張之洞の武昌着任時，長江水師（海軍）の装備はなお 1860 年代に曾国藩が創設した際の舢板（サンパン，小舟），長龍船のレベルに留まっており，20 数年来ほとんど変化はなかった．だが沿江防衛の規模は以前よりも縮小したのに，毎年大量の経費を費していた．梟犯（私塩密売人）逮捕，反乱鎮圧などの重大事件時には，近代的艦船をもってしなければ対応できなかった．張之洞は広東海軍と南洋海軍からそれぞれ「楚材」，「飛霆」等の比較的大型の汽船を調達し，応急措置としたのだった．

　1897 年 11 月，ドイツは山東省曹州で起きた鉅野教案を口実に膠州湾を占領し，列強による中国分割競争の先駆けとなる．これにより，長江の形勢も一変した．当時，張之洞はこの情勢を，「この時，露は大連，旅順を占領せ

んと謀り，独は膠州に踞り，英は長江の利を恣にせんとし，各国軍艦は海口に雲集した」と理解した[8]．とりわけイギリスは商業保護を口実に，「長江に入り鎮江，金陵〔南京〕まで駐兵せん」と欲した．イギリスの長江での勢力拡張の動きに対して，張之洞は制英策略3か条を起草した．第1条にいう．「借款して海軍を練成すること．中国に海軍がなければ国を立てることができず，海軍がなければ海を失う．中国が長江を失えば各省はたちどころに乱れる．英兵が金陵，鎮江に駐すれば，中国は長江を失う」[9]．張は，現在各国は中国分割の野心を表しているが，もしわが国が海軍振興に努めるならば，その妄念を抑え，海上・港湾の安全を守り，商業を保護することができると論じた．これは，張之洞が長江海軍の建設を公に唱えた初めである．

ついで義和団事件の間，長江流域各省では排外主義が盛んで，各地で教会破壊，宣教師襲撃等の事件が頻発し，これに応じて外国軍艦の長江遊弋，駐留も増加した．日本海軍の1900年の長江視察時に得た情報によれば，鎮江から漢口に至る各港にはすべて英艦が停泊していた[10]．英独仏等列強は連合軍を結成し，1901年3月に北京より西安に入り，さらに長江を経て上海より北に戻る遠征計画を作った．この情報に湖広総督張之洞は「強硬ノ処置ヲ断行シテ此ニ対抗セン」と反発した[11]．このように，この時期の張之洞は長江防衛に留意し，列強，なかでもイギリスの進出を懸念していた．

1902年10月，劉坤一の逝去により張之洞は両江総督〔江蘇・安徽・江西3省管轄〕代理を任じられ，同時に南洋海軍を管轄した．これは，前に両広総督として広東海軍を管轄して以来，2度目の海軍管轄となる．長江河口及び沿江各港停泊の南洋海軍各艦艇は，多くが1870〜80年代製造の旧式艦であり，長江流域に進出した外国軍艦に比べて全体的に古さと遅れが目立っていた．このため，新任総督張之洞は直ちに南洋海軍の艦船更新の計画に取りかかった．

具体的には，南洋海軍所有の老朽艦7隻を廃艦とし，これで浮いた年間約20万両(テール)の経費をもって3年以内に新式浅水砲艦を6，7隻完成させ，長江の巡視や沿海防衛に当たるという計画であった．だが，旧艦の廃棄は容易

だが，日清敗戦後の巨額の賠償金支払いに続き，義和団事件後さらに政府歳入を数倍上回る4億5,000万両（利息を含まず）の賠償金支払いを抱え，清朝は中央，地方財政とも極度に困難に陥っており，その中で限りある資金を投じて新式艦を購入することは慎重を要した．そこで張之洞は，最新技術に基づき，高速，強力，かつ船価低廉の艦船を求めて，英・独・日各国の造船所に打診し，最終的に日本の川崎造船所（神戸）[12]に4隻の砲艦建造を発注することを決めた．当時，両江総督代理という臨時の身分であったためであろう，南京における張と川崎造船所側との交渉は僅か1か月余りで妥結したのであった．

張之洞はまもなく北京に移り，ついで湖広総督に帰任したため，右記契約の調印は後任の両江総督魏光燾が引き継いだ．1904年11月，同契約による最初の砲艦「江元」（565トン）が竣工し，翌年7月南京に回航し両江総督の検閲を受け，南洋艦隊に編入された．同艦はさらに長江を遡航し，本来管轄外であるはずの湖広総督張之洞の検閲をも受けたのであった．

「江元」は，張之洞による最初の外国艦艇購入であり，また中国にとって最初の日本からの艦艇購入であり，交渉の方式，契約締結，完成引渡し，回航手続き等に関し，その後の手本となった．

以上の時代背景と結びつけると，張之洞が1904年より湖北海軍建設に取りかかった理由は容易に理解できる．すなわち，第1に，張之洞は長年の海軍管理の経験を有し，地方総督在任期間，広東沿海でも長江流域でも海軍建設の考えを保ち続けた．両広総督在任中に清仏戦争，湖広・両江総督在任中に日清戦争が起き，軍備増強による東洋平和維持の考えを形成した．たとえば，彼は，こう言う．「もし戦いをやめようと求めるならば軍を訓練するのが一番である．海に戦艦50隻，陸に精兵30万あり，日々に兵が強く，船が多く，砲台が堅固で，武器が豊富で，鉄道が敷設されるならば，各国はこの情勢を見て先に手を出そうとはせず，……東洋太平の局面が成るのだ」[13]．第2に，長江流域のイギリス勢力の拡大とその地方統治への危機，さらに清朝の独立と安全にもたらす影響を認識したことである．イギリスは長江流域

を勢力範囲とし，居留民保護を口実にますます頻繁に軍艦を遡航させており，英軍艦の行動を抑える効果的手段というと，これに実力の匹敵する海軍を有することであった．張之洞が国防と海軍の関係について述べた「国家は国防なき能わず，国防は海軍なき能わず」[14] という語から，その海軍重視を窺い知ることができよう．第3に，義和団事件時の「東南互保」の経験から，長江海軍の早期建設の重要性と必要性を理解したことである．1900年，西太后ら清朝保守派が義和団を利用して西洋諸国に宣戦し，各省に排外を命じていた中，張之洞は両江総督劉坤一ら東南各省の総督と連携し，同年6月26日，上海で列強側と講和協定を結び，列国の利権を保護しつつ中国東南部を堅め，これを戦乱から守った．また，同年8月，8ヶ国連合軍に北京を攻略され，西太后が光緒帝を連れて西安に「蒙塵」するという非常事態が生じると，一時は南京での新政府樹立も極秘に計画されたが，西太后の健在，朝廷の安泰が確認されたため，まもなく取り消しとなった[15]．

政局が転変流転し，なお不穏極まるこの時期，張之洞にとっては地方統治の安定を図る上で，陸海軍ともに重要であり，とりわけ長江沿岸及び河口地域の防衛と秩序維持には海軍力は不可欠であったと考えられる．

長江防衛艦隊の創立に取りかかるにあたって，中国従来の慣例からすると英独等西欧諸国の海軍こそが模範であったが，張之洞は日本との協力を選んだ．これこそが，中国最初の日本モデルの海軍の出現を可能としたのである．以下，具体的に湖北海軍誕生の情況を分析しよう．

2. 湖北海軍艦艇の対日発注

(1) 艦艇購入交渉

日露戦争の起きた1904年，列強の艦船は頻りに長江を出入りし，緊張が高まり，長江防衛の任務は日々に重大となっていた．

1904年春，日本各紙は張之洞が水雷艇購入の意図ありと報じ，川崎造船

所もこれに売り込むべくアプローチを開始した[16]．同年8月14日，漢口日本領事館は委託を受けて中畑書記生を派遣して張之洞の幕僚汪鳳瀛と面会させ，川崎造船所の水雷艇の写真，図案等の資料を渡し，再度の購入を勧めた．汪との談話から，中畑は経費調達問題が解決すれば，張之洞はできるだけ速く必要な艦艇の建造に取りかかるだろうことを理解した．同月22日，汪鳳瀛は張の命により，中畑に密書を送り，総督署に来て小砲艦建造につき内密に商議するよう請うた．これにより，23日，中畑が訪ねたところ，汪は，「張総督ハ両江総督定造ノモノト同一構造ノ江河用小砲艦四隻ヲ成ル可ク速ニ出来スル様吾カ川崎造船所ニ依頼シタク」，取り次ぎを請うた[17]．

同時に，汪鳳瀛は日本側に以下の点を要望した．第1に，公平な価格で取り計らうこと，第2に，秘密裏に交渉を行うことである．前者については，かつて張之洞の両江総督代理在任中，川崎造船所と砲艦建造発注商議の際，将来同様の小型砲艦を発注する場合は，特別に公平な価格で取り計らうとの言質を得ていたため，今回もそれに基づき，適当な代表を派して商議を行いたいと述べた．後者に関し，汪は，本件は全く張之洞単独の計画により，湖北の他の官員は誰一人関知しないものであるので，契約締結までは「極メテ秘密ニ取計ハレ」[18]るようにと強調した．それは，情報漏洩により思わぬ妨碍がなされるのを懸念していたからであった．当時，福建船政局船政大臣は，国内造船業発展のため今後各省購入の大小艦船は必ず同局に建造発注すべきことを求める上奏を行っており，反対する可能性があった．また，前年川崎造船所より砲艦購入の際は，布政使等の反対により遅延が発生していた．

張之洞が日本側に守秘を求めたもう一つの理由は，当時の中央・地方関係及び経費上の問題に基づいていた．実際，今回の造船費用は従来と違って中央政府戸部の支出にも海関税・各省の拠出にも頼らず，完全に管下湖広地区の財政収入から取るものであり，その目的は湖広地区の自己財源に基づき，完全に湖広総督の支配に属する艦隊を建造することにあった．より具体的には，本艦隊建設経費は主として当地商人の寄付，塩税及び借款によっていた．

表1　湖北海軍艦船の性能

	長さ	幅	船室深さ	喫水	排水量	馬力	速力
浅水砲艦	200（英尺）	29.5（英尺）	14（英尺）	8（英尺）	750（トン）	1350（匹）	13（浬）
水雷艇	40法尺100	4法尺940	2法尺50	1法尺100	89（トン）	1200（匹）	23（浬）

出典：「訂定合同」,『各国ヨリ帝国ヘ艦船建造方依頼並ニ同引受計畫関係雑件（清国ノ部二）』, 外務省外交史料館所蔵, 5.1.8.30-1. なお, 1法尺は約32.5cm.

こうして張之洞と川崎造船所間の2度目の艦船建造交渉は順調に, そして秘密裏に進み, 1904年11月, 双方の代表は武昌で長江用浅水砲艦6隻, 2等水雷艇4隻建造の契約を締結した. この契約は, 清国総辦湖北善後総局代表湖北候補道札勒哈哩(ザレハリ), 湖北布政使李岷琛(リビンチン)等7名の官員が湖広総督張之洞の命により, 日本側漢口領事永瀧久吉及び神戸川崎造船所の特派委員四本万二と武昌で締結したものであり, 本文全15条に艦船構造図等を付したものだった.

上述の契約は, 建造予定の艦艇は日本及び各国の同型艦艇と形式, 装備とも同様であるべきこととし, また, その構造, 性能は上記の通りと定めた（表1参照）.

艤装については, 上記砲艦に取り付ける大砲・機関・弾薬及び, 水雷艇に取り付ける水雷発射管・魚形水雷などの武装装備はすべて川崎造船所が完備させるものと定められた. だが, 同所は民間造船所であり, 武装装備を生産しておらず, 海軍省の裁決も得て, 呉海軍工廠にこれを求めた[19].

製造, 引渡については, 契約は以下のように明確に定めた. 以上10隻の艦艇の製造期間中, 湖広総督は1人以上の監督委員を同造船所内に常住させ, 責任を持って各工程の進展状況の監督, 検査, 使用材料監督等をさせる. 饒懐文がこの監督委員に任じた. 艦船引渡は2期に分け, 第1期は契約調印後26ヶ月以内に砲艦3隻, 水雷艇2隻を竣工, 引渡し, 第2期はその後9ヶ月内に他の5隻を完成させる, とした. このほか, 清国側は, 全10隻の建造価格計393万円（浅水砲艦各45万5,000円, 水雷艇各30万円）を5期

分割で各期限内に支払う義務を負った．なお，砲艦一隻に付き16万円の大砲配備費を含む上記各艦艇の艤装費用は別払いであった．

この契約により，この後2年以内に長江に浅水砲艦等最新式艦船を展開することが期待された．

(2) 湖北海軍の編成

川崎造船所での建造は順調に進み，1906年6月28日，「楚泰」がまず進水し，ついで1907年11月までに，その他5隻の砲艦「楚同」，「楚有」，「楚謙」，「楚豫」，「楚観」及び4隻の2等水雷艇「湖鴨」，「湖鶚」，「湖隼」，「湖燕」のいずれも予定通り完成し，進水式を行った[20]．

1907年初め，「楚泰」，「楚同」，「楚有」の砲艦3隻完成後，道員李孺等が検査，受領のため神戸に出向いた．引き渡し完了後，李らは北野艦長等31名の日本人海員を雇い，これを上海，南京経由，漢口に回航させた．3月28日，3隻は無事漢口着，4月20日に張之洞の視察，点検を受けた．張は，「闔城〔全市〕ノ文武官僚ヲ率ヒ自ラ楚同ニ乗組ミ仔細ニ三艦ヲ点検シタル後上流十余哩ノ処マデ溯江シテ其機関速力ナトヲ実検シ頗ル満足ヲ表シ一切ノ接収ヲ了シ候」[21]という．

点検を終え，3隻を受領した後，張之洞は回航にあたった日本人海員をすぐに帰さず，厚く労をねぎらうと共に，艦長，機関長から下級海員に至る31名の日本人海員にしばらく漢口に留まり，引き続き3隻の操船，管理にあたるよう求めた．明らかに，これは長江で最初の近代的艦隊であり，湖北には本艦船を操作，運転できる適当な人材がいなかったからであろう．張之洞が念願の砲艦到着後，直ちに点検，受領せず，20日余り後に行ったことからも，こう推測できる．

契約によれば，上記砲艦と共に水雷艇「湖鴨」，「湖鶚」の2隻が漢口に着くべきこととなっていたが，3月は海上の風浪高くリスクが大きいので，張之洞はその回航延期を認めていた．6月27日，この水雷艇2隻は日本海軍の相羽恒三少佐[22]，松島純節機関少佐等の指揮の下，漢口に回航した．乗

組員は上記砲艦と同様みな日本人である．張之洞は自ら点検に臨み，受領前に水雷の発射状況を（すでに神戸で試験済みだったが）検閲することを求めた．また，回航人員中，1等水兵，機関兵各1名を漢口に引き続き留め，2隻の管理を委ねた．これが湖北海軍を構成する最初の艦艇5隻である．

　日本の海軍人員の漢口滞在時期は，張之洞が各艦要員を集め，配置するまでの緩衝期間でもあった．人材確保の暫定措置として，張之洞は北洋海軍より海軍将校を各艦艇艦長に転じさせ，各艦勤務の水兵は湖北陸軍，特に陸軍小学堂学生のうち若く，学歴のある者を選び，実際に乗艦訓練をしてから勤務をさせた．

　1907年，契約の第2期建造分，すなわち砲艦3隻，水雷艇2隻も期限内に竣工し，翌年漢口に回航され，同港を基地とする10隻の最新式河川用艦艇を擁する艦隊——湖北海軍が成立した[23]．

　湖北海軍は河川艦隊にすぎないが，艦艇の構造，武器装備から管理体制まですべて日本式であり，中国で最初に日本モデルを導入した艦隊であった．同艦隊は艦艇発注から実際の使用までわずかに3，4年であり，このようなスピーディさは清末においては奇跡的であり，また張之洞の果断と有能さを反映するものとも言えよう．だが，最精鋭の河川艦隊がこのように1地方官の主導下に建設され，完全に地方当局の統轄下に置かれるということは，清朝中央の猜疑心を招かずにはおかない．1909年9月，清朝中央は湖北艦隊を接収し，南洋艦隊の一部艦船とともに南京を根拠地とする長江艦隊を編成し，籌辦海軍事務処（海軍の中央管轄機構）の直轄下に置いたのである．

　だが，張之洞が切り開いた中国と日本の川崎造船所との協力関係は，宣統年間に清朝政府が海軍再建に取り組むときにも継承された．1910年に日本に発注し，民国初期に完成，回航した砲艦「永翔」（900トン）は川崎造船所が湖北海軍の後に中国から発注を得て建造した砲艦であった．1913年初め，同艦は姉妹艦「永豊」[24]とともに中国に着き，北京政府の海軍第1艦隊に編入され，以後の護法運動において南方政府の活動を積極的に支援し，民国史上，重要な役割を果たしたのである．

3. 日本モデルの海軍人材養成

(1) 日本への海軍留学生派遣

　川崎造船所建造の第1期艦艇の漢口到着時，湖広総督張之洞はまだほとんどこの艦隊を操作できる人員を養成しておらず，海軍人員の調達は急務であった．張之洞は数年来この問題を検討し，日本への留学生派遣，海軍学堂設置，日本人教習ないし顧問の招聘等を考えはしたが，まだ実現していなかった．

　最初に実行を図ったのは，海軍学習のための対日留学生派遣であった．だが，日本の海軍将校養成機関海軍兵学校は，自国海軍将校になる者のみを教育の対象とし，外国人の入学は省議で許可されるもの以外は認められないことになっていた．また実際，平時の入学者は毎年数十名という小規模であり，中国海軍学生の入学は難しかった．

　だが，1904年の張之洞・川崎造船所間の建造契約の成功は，情況をやや変化させた．同年末，張は漢口駐在日本領事永瀧に対し，砲艦・水雷艇の航海，機関人員養成のため，日本に留学生を派遣することについて海軍，外務当局に打診するよう依頼した．張は，日本の海軍兵学校が外国人学生を受け入れないことは承知しているが，「若シ右留学生ヲ派遣ノ節ハ如何ナル学校ニ収容教養シ呉ルヤ」，また水雷艇学生の練習の便宜はあるか等尋ねた[25]．日本では外務省より連絡を受けた海軍省，逓信省が協議し，1905年2月18日に結論を出した．すなわち，海軍学習を希望する清国学生には，まず「逓信省所管商船学校ニ於テ海軍ニ必要ナル一般教育ヲ実施シタル後当省〔海軍省〕所管相当練習所ニ於テ単ニ将校機関官等ニ必要ナル武科機関科等ヲ教育スル義ナレハ敢テ支障ナキ義ト認メ」るというものであった[26]．

　海軍省はこの問題は重大であるとし，清国海軍留学生の入学資格等について以下のように定めた．

一　入学者資格，「日本語ニ通シ書取ヲ為シ及算術等ハ尋常中学卒業程度ノ学力ヲ有スル者」

二　入学試験，日本語会話，日本文書取，数学・算術・代数・幾何・三角術

三　修業年限，席上学科一年半，実地演習二年

備考　一　実地演習二年ノ間ニ於テ適宜必要ナル海軍本科ヲ教育ス

　　　二　学生ノ年齢ニハ強テ制限ヲ置カスト雖モ我海軍ノ学生ハ満十六年以上満二十二年以下ノモノヨリ採用スルニ付著シキ懸隔アリテハ教授上等ニ便宜ナラスト認ム[27]

同月，漢口領事は以上の決定を張之洞に転達した．清朝中国にとって日本に海軍留学生を派遣するのは初めてであり，清朝中央に上奏し，その裁可を得る必要があった．張之洞が開いた海軍留学生対日派遣問題は，以後，日清両国の外交代表間の正式交渉に進むこととなった．

清朝中央は，海軍を学ぶ留学生の教育についても，陸軍と同様，普通学校から士官学校にあがれるような方式を望んでいた．5月，清国駐日公使楊枢は小村寿太郎外相に，陸軍の方法を援用してわが国〔海軍〕学生を入学させられるか，許可の場合はどの学校に入学，進学できるかを尋ねたが[28]，楊の得た回答は上記海軍省の決定と同じであった．清朝側はこれを受け入れ，日本側と商船学校，海軍練習所の学習年限，各校の学費，受入人数等について具体的協議を行った．その結果，1905年7月13日に，入学資格，入試科目等は上記の通りとするほか，商船学校の修業年限は4年（専門科，実地演習各2年．後者は海軍省所管練習所に変更あり得る），同学校の学費は毎月25円，入学年齢は16から25歳，学生受入総数は70名等と定められた．

清朝の日本に派遣する海軍留学生はすべて公費生で，全国各地より選ばれ合格した者のみのはずであったが，結果的には，張之洞の管下湖広地区出身の留学生が相当の数を占め，張が多くの枠を得るために努めたことが看取できる．すなわち，清朝中央練兵処（1903年に設置された新式陸海軍管轄機構）

の第 1 次対日派遣海軍学生において，湖広籍の者が約 3 分の 1 を占めた[29]．これら海軍留学生は，1906 年 5 月 31 日，全員東京の商船学校航海科に正式に入学した．このように，日本で中国の海軍将校養成が実現するにあたり張之洞の果たした役割は極めて大きかった．

　上記協議によれば，商船学校で 2 年間所定の専門課程の学習を終えた後，続いて海軍術科学校に進学して武科，機関科等の実地訓練を受けられることになっていたが，実際は海軍省の外国人留学生受入制度及び清国留学生の学習進度上の問題のため，海軍術科学校への進学には 3 年半の時間がかかった．

　1909 年 11 月 1 日，学習の進捗度に基づき，劉華式等 8 名の清国留学生が最初に海軍術科学校への進学を認められ，横須賀の海軍砲術学校（砲術練習所の後身）に正式に入学し，航海科を専攻した．海軍省は，清国留学生の身分，待遇及び守るべき規律等は日本人在校生と同様とし，航海練習中は日本の海軍士官候補生と同様とすべきこと，留学生は海軍省及び海軍教育本部の直接管理を受けるべきことを定めた[30]．

　第 1 期派遣海軍留学生 70 名が順次学習の過程に入っていった後，1908 年 6 月，清朝政府は第 2 期海軍留学生 25 名を日本に送った．第 2 期留学生は商船学校入学後，機関科の課程を主に学んだ．第 1 期と同様，彼らが日本で受ける海軍教育は，商船学校における基礎教育，海軍術科学校における実地訓練および，乗艦航海練習の 3 段階に分かれた．

　海軍砲術学校の入学順に清国海軍留学生中の湖広（湖北・湖南）籍学生の割合を示すと，表 2 の通りである．

　以上のように，湖広地区出身学生は総計 37 人に上り，彼らがすべて湖北海軍に配置されれば，その人材不足は数的には解決できたはずである．だが，実際には人材養成には時間がかかるので，湖北海軍は 1907 年 3 月編成開始以後ずっと人材難が続いた．このため，張之洞は対日留学のほか，海軍学堂の設置と日本人海軍顧問及び教員の招聘により対応を図った．

表2　海軍砲術学校留学清国学生における湖広出身者

入学期別	総人数（人）	湖広出身者（人）	割合（％）
1	8	1	12.5
2	23	16	69.6
3	33	12	36.4
4	20	8	40.0
合計	84	37	44.0

出典：海軍軍令部編纂（1924年7月）『留日支那海軍武官ノ現状　大正十三年六月調　附留学概況』，東洋文庫所蔵及び，同校編（1912）『商船学校一覧』東京：商船学校刊，285頁等に基づき作成．

(2) 日本人海軍顧問・教習の招聘

　前述のように，1906年5月，川崎造船所建造の砲艦「楚泰」が進水の運びとなったが，当時湖北海軍の人材不足はいっそう緊急化していた．この状況を知悉していた日本側在清外交官，軍人は，張之洞に対し，日本の海軍士官を招聘し，各艦艇に勤務するとともに中国海軍人員の教育，訓練にあたらせるべく種々の提案を行った．漢口を訪ねた内田康哉清国駐在公使（1865～1936年．1901年11月～1906年7月在任）は，短い滞在期間にもかかわらず，釜屋海軍大佐と共に張之洞に面会し，急需に応じて湖北海軍の艦艇毎に日本海軍士官・准士官を各2，3名傭聘するようにと強く勧めた．それは，日本の海軍士官を招聘させ，湖北海軍の管理に関与させようという狙いが伺われるものであった．

　漢口駐在の水野幸吉領事は，張之洞はこの提案に大いに賛成であったと報告しているが，実際には張はこの案を受け入れていない．張の水野への回答も，目下湖北の財政は困難であり，経費の状況を確実に調査する必要がある等という回避的なものであった．

　だが，中国通の水野領事はこの件に大きな期待を抱き，張之洞への働きかけを強めるとともに，日本国内に対しても勧説に努め，齋藤実海相に対し，もし日本の海軍士官，准士官に応聘の余裕があるならば，正にこの問題を検討，承認すべき時であり，より重要なのは日本の国益に関わることであると

論じた.

　水野は海軍大臣宛電報において，湖北海軍との関係強化は日本に少なくとも以下の利益をもたらすだろうと論じた．すなわち，第1に，日本の勢力を中国の一つの地方から全国へ浸透，拡大させることができること，第2に，日本海軍による清国海軍訓練の先駆けとなり得ること，である．

　一地方から中国全体への勢力浸透という発想は，当時の清朝中央政府は弱体化しつつも，立憲改革の推進による中央集権化を図ろうとしており，海軍再興の輿論があったことによるものである．日本が湖北海軍の実権を収めたとしても，それによって得られる利益は結局清朝の自強と保全を促すことに留まるかのように見受けられるが，長期的に見れば，現在清朝地方の実力を擁する総督，巡撫たちが互いに暗闘，割拠する中，日本がそのうちの一方に勢力を扶植することができれば，将来必ず日本の勢力をより深く浸透させ，より広く拡大させることができるだろう，と考えられた．後者については，水野の電が「今日ニ於テハ引イテ南北洋艦隊ニモ我海軍勢力ヲ扶植スルノ動機ト可相成假令又タ湖北水師カ南北洋艦隊ト統一サルルノ場合ニ立至ルトモ我国ニ於テ清国海軍全体ヲ訓練スルノ先声ト相成ルベク東方ノ局面ニ鑑ミテ其利益ハ単純ナル清国ノ自強，領土保全ノミニ止マラザルベシト思料致候」というように，彼は清朝海軍の将来を見越して日本海軍勢力伸張の可能性を考慮していたのである[31]．

　日本にとって，自国海軍軍人の海外応聘ははじめてのことであったが，斎藤海相はためらうことなく，「清国湖北ニ於ケル新造艦艇ノ乗員トシテ我海軍将校准士官聘用希望ノ件ハ相当条件ヲ附シ貴招聘ニ応シ得ヘキ見込ニ相成候条其御含ミヲ以テ備聘問題ヲ進捗スルコト」と指示し，「追テ応聘者ハ将校准士官ノ外必要ニ応シ下士モ招聘ニ応シ得ヘキ見込」だと付け加えた[32]．こうして，日本政府，軍側は海軍士官の湖北海軍派遣に関して意見の一致を見た．

　次は，張之洞に招請を決定させることであった．日本建造の第1期竣工砲艦「楚泰」ら3隻が漢口に回航される直前の1907年1月，水野領事は張之

洞を訪ね，まもなく到着する艦隊の管理のため，日本海軍将校招聘の必要があると持ちかけた．すなわち，艦艇毎に主要部員は日本海軍将校を聘用し，実地及び学術上の教授を行わせる．これは新式艦艇を良好に維持するのに必要であるのみならず，海軍人員養成にとっても捷径である，とした．

　張之洞はこの露骨な提案に正面から反対しなかったが，外国海軍将官に各艦の重要職務を委ねれば，必ず他国の猜疑及び本国民の議論を招くだろうと述べ，水野に対し，日本海軍将校を教官として招聘すること，また日本で海軍人員の速成教育を行うこと，を提案した[33]．ここで日本から招聘する海軍将校の職務は，海軍学校で学術を，また艦艇において随時実務を教授することに限られるとされた．

　張之洞は深謀遠慮の人であり，日本の海軍将校を湖北海軍の管理に参与させるつもりはなかった．だが，前記のように日本で竣工した砲艦が無事到着しても，湖北にはこれを操作，管理すべき海軍将校，水兵等がまだいなかったため，前記のように日本側回航人員を引き留め，艦艇を維持するしかなかった．従って，張之洞らにとっては，日本海軍軍人を顧問ないし教官としてのみ招き，これを利用するのが妥当であった．

　最初に招かれたのは，上海駐在の海軍軍令部付の平井徳蔵少佐[34]であり，2ヶ月間顧問に任じた．張之洞の平井招聘の目的は，しばらく在漢口の日本側海軍人員の総監督兼顧問を担当させることにあった．これはもちろん日本の海軍軍人最初の応聘として海軍省の許可を得，慎重に契約締結にあたるよう彼に注意を与えた．また軍令部は平井を漢口駐在に転じ，湖北海軍にできるだけのことをするようにさせた．平井は5月13日に湖広総督に建議書を上呈し，湖北海軍の管理，将校養成等につき，こう意見を述べた．「第一尤モ完備ナル方法ニテ日本海軍将士ヲ傭聘シ学校教育ノ外傍実地ノ練習ヲ為スコト，第二比較的少数少規模ノ日本海軍員ニテ艦艇ニ就キ実地ノ教練ヲ為スコト」[35]．だが，張之洞は平井の建議は単に受け取るに留めた．水野領事は，これでようやく張之洞は平井少佐の顧問招聘及び湖北海軍の将来に関して深謀遠慮があることを感じ取った．

第 3 章　張之洞の「湖北海軍」建設と日本モデル　97

　6 月，平井が私事で急遽帰国するにあたり，水野領事は張之洞に，もし平井少佐が帰任できない場合は他に適当な人員を派遣しようと申し出た．だが，実際は平井が帰国した後，張は続けて日本軍人を海軍顧問に招く気はなかったのだった．

　同月末，水雷艇「湖鵬」，「湖鶚」が日本から相羽恆三海軍少佐等の指揮のもと漢口に回航された．翌月 7 日，相羽少佐の指揮の下で水雷発射試験が望外の好成績を収めた．水野領事は相羽を張之洞に紹介し，その日露戦争時の露軍将軍捕獲の軍功を紹介した．張は大いに感服し，相羽に特に注目，信頼するに至ったという．これは後に彼が湖北海軍学堂の教習に招聘される大きなファクターであった．

　このころ中国に招聘された日本人教師は「日本教習」[36]と呼ばれた．湖北では，張之洞はすでに鉄道，武器製造工場，農業，各種学校等で日本人技師，教習を少なからず雇用していたが，海軍軍人の教習としての招聘はまだ前例がなかった．

　平井少佐の帰国により湖北海軍では日本人顧問はいなくなった．また湖北で海軍将校，機関官を養成する海軍駕駛学堂（航海学校），海軍機関学堂が開設されることになったため，湖北側は「将校及機関官各一名傭聘シタキ」という意向を表した[37]．これに応じて，漢口駐在・高橋橘太郎領事は先般水雷艇回航のため来漢し，張之洞に好印象を与えた相羽少佐を紹介した．1907年 10 月 11 日，海軍省が直ちに相羽恒三少佐及び機関大尉 1 名を応聘させることを決定した[38]．

　この頃，張之洞はすでに湖北を離れて上京し，体仁閣大学士に任じられて 2 ヶ月余りたっていた．清朝政府は日々強大化する地方勢力を削減し，中央集権をより強化する措置の一環として，張之洞を湖広地区から引き離したのである．張の後任総督は趙爾巽であった．高橋領事は趙が張之洞の諸政策を継承するのを確認し，「相羽少佐吉川機関大尉[39]即刻来任差支ナシトノコトナリ右海軍省へ御移牒ヲ請フ」と報告し，海軍省に転達させた[40]．

　高橋領事らの積極的な斡旋により，同年 12 月 23 日，湖広総督の承認の

下で湖北教練処総辦斉耀珊を主たる招聘者，相羽恆三海軍少佐，吉川力機関大尉を応聘人とし，双方は雇用契約を締結した．本契約は応聘者の義務，報酬，契約期間，医療補助などを定めた15条からなる．具体的には，1) 相羽，吉川はそれぞれ陸軍小学堂附属海軍航海学堂，海軍機関学堂の教習に任じる，2) 応聘人は必ず総督及び教練処総辦の支配に服す，3) 授業時間は毎週24時間とする，4) 相羽，吉川の月給はそれぞれ銀350両，300両とするほか旅費，家賃は別途提供される，5) 招聘期間は1ヶ月を繰り上げて1907年11月より2年間とする，6) 治療が必要な際は日本人医師が行うこと等を定めた[41]．

相羽は湖北在任期間，教室での授業の外，実地教学も担当し，湖北海軍人員に船上で日本海軍の技術と軍人精神等を伝授した．艦隊人員は厳格な軍紀と熟練した操船技術を有しなければならないからである．こうして，湖北海軍は相当な専門知識を身につけ，「僅か一年の訓育としては見るべきもの頗る多く，総督をして讃辞と感謝を吝(おし)まざらしめた」[42]という．1908年5月，川崎造船所第2期建造の水雷艇完成後，相羽はその航海技術や艦隊管理力を買われ，再度その回航任務を任され，ぶじ渡洋，遡航して漢口に着き，湖広総督に引き渡した．もう一人の教習吉川は在任中，新たな方法で湖北艦隊を訓練し，将校の機関操作及び魚雷使用の技術を大いに向上させ，艦隊はこれにより面目を一新させた．吉川は在任中に機関少佐に昇格した．

1909年11月，清朝中央による全国海軍統一化の中で，湖北海軍航海学堂，海軍機関学堂もまた閉鎖された．相羽，吉川両教習はちょうど契約期間が満了し，帰国の途に着いた．

以上より見えるように，日本海軍軍人の艦隊管理参加拒否から海軍顧問の短期招聘，さらに海軍学堂教習招聘へと，張之洞は種々苦心して湖北海軍の人材問題解決を図ろうとした．最後の日本人海軍教習招聘の期間は長いものではなく，また張之洞の湖広総督離任後に地方的に実現されたものだったが，清末数十年の海軍建設の歴史の中では最初の日本人教習招聘であり，それは張之洞が切り開いた試みであったのである[43]．

お わ り に

　中国近代海軍の発展史には本格的な建設の時期が 2 回ある．最初は日清戦争前の 1870 〜 80 年代，日本を仮想敵国とする建設時期であり，次は宣統年間（1909 〜 11 年）日本モデルを導入して海軍再建を図った時期である．この清末の海軍再建期に日本モデル導入の先駆となったのは張之洞であった．張は湖広総督在任中の 1904 年に長江防衛のための近代的艦隊——湖北海軍を創立し，艦艇建造，装備から海軍軍人養成に至るまですべて日本海軍の経験を利用しようとした．張之洞の湖北海軍こそが，清末の日本海軍建設モデル導入の嚆矢なのである．

　張之洞が日本の海軍建設をモデルとして，長江防衛の独自の艦隊建設を決定したのには，以下の原因を指摘することができる．(1)日清戦争の戦勝国としての日本への評価．張之洞は旧習にこだわらず，近代的な事物を受け入れる柔軟な考えをもっており，日本の海軍組織，技術等にも積極的評価を与えていたと推測できる．戊戌変法時期に光緒帝に進呈した『勧学篇』でも，張之洞は日本の軍事制度・訓練方法について，「東洋［日本］は西洋とほぼ同じである」と評価している[44]．(2) 従来からの日本陸軍との協力の経験から，日本に親近感を持っていたこと．1898 年より，張之洞は日本の陸軍将校を顧問に招聘し，日本に陸軍留学生を派遣し，また日本陸軍の制度にそって湖北新軍の建設を進めており，双方は親密な協力関係にあったのである[45]．(3) 現実的な合理性と効率性．河川用艦艇は遠洋航行ができず，遠方の欧米諸国からの購入は不合理だが，他方日本は距離が近く，価格が安かった．さらに，張之洞は日本はアジアで最初に近代化し，すでに高度に西欧の近代技術，社会体制の精華を吸収しており，直接日本に倣えば高い効果を得ることができると考えていた．もっとも，張之洞が日本の近代化を評価し，日本海軍の経験を参考にしたといっても，その言いなりになったわけではな

い．1906 年以後の日本海軍軍人招聘問題において，張は最終的にその艦隊管理への参加を拒んだのであった．

　1909 年，清政府の中央集権化政策により，湖北海軍は中央統括下に入り，長江艦隊に改編された．だが，張之洞により導入された日本要素は，この後，中国海軍全体に根を下ろすこととなった．湖北海軍の艦艇から構成される長江艦隊は，民国時期には中華民国海軍の一部として，日中戦争の開始に至るまで活躍した．人的側面では，日本に留学した海軍学生は帰国後，中華民国海軍に専門的訓練を経た人材として新たに加わることとなった．日中関係がしだいに緊張化した 1930 年代前半に至るまで，日中海軍間では視察，留学，教習招聘，艦船建造などの交流関係が続いた．

1) 清末に創設された中国近代海軍は，北洋海軍，南洋海軍，福建・広東海軍などの地方的な名称に表れているように，長く地方官僚の管轄下に置かれ，日清戦争後の海軍再建においても，1908 年以前は地方的な動きに留まっていた．拙著 (2011)『中国海軍と近代日中関係』東京：錦正社，第 2 章参照．
2) 湖広総督は湖南・湖北両省の最高長官で両湖総督とも言う．清朝は辺疆を除く全国各省に皇帝直属の 8 総督を置き（1907 年，東三省総督増設），広大な地域を管轄させた．総督は直属の軍隊を持ち，清末には外交交渉や近代化政策も担い，相当の権力をふるった．張徳沢編 (1981)『清代国家機関考略』北京：中国人民大学出版社，209 〜 213 頁．
3) 張之洞 (1837 〜 1909 年)，貴州省興義府生まれ（原籍直隷省南皮県），清末で最も有力な地方官僚の一人．1867 年湖北学政，1881 年山西省巡撫などを経て，1884 年両広総督に転じ，その後，1889 年 8 月より 1907 年まで，2 度の中断をはさみつつも十数年間にわたり湖広総督（湖北・湖南両省の軍・政最高長官）に任じた．その間，1894 年 11 月〜 1896 年 1 月，1902 年 10 月〜 12 月は両江総督を勤めた．1907 年 7 月，体仁閣大学士に任じられ，同 8 月湖北を離れて上京，1909 年 9 月没．胡鈞編 (1978)『清張文襄公之洞年譜』台北：台湾商務印書館．
4) 1870 年代から伝統的な水軍を指す「舟師」・「水師」と区別して，近代的軍隊のニュアンスで「海軍」という名称が広く―特定の艦隊についても―用いられるようになった．北洋海軍，南洋海軍などがそれである．他方，「艦隊」という語の中国での初出は 1907 年ごろである．本稿では当時の名称に従い，湖北海軍と呼ぶ．張俠等編 (2001)『清末海軍史料』北京：海軍出版社，及び謝忠岳編 (1994)『北洋海軍資料彙編』北京：中華全国図書館文献縮微複製中心，参照．
5) 張之洞についての内外の研究は豊富で，その伝記，思想研究から教育，産業，

軍事的近代化政策など多方面の研究成果が出されている．参照：李國祁（1970）『張之洞的外交政策』台北：中央研究院近代史研究所，蘇雲峯（1976）『張之洞與湖北教育改革』同所，李細珠（2003）『張之洞与清末新政研究』上海：上海書店出版社，馮天瑜・陳鋒主編（2010）『張之洞与中国近代化』北京：中国社会科学出版社，李廷江（2002）「日本軍事顧問と張之洞―1898-1907」（『アジア研究所紀要』第 29 号），Daniel H. Bays (1978), *China Enters the Twentieth Century : Chang Chih-tung and the Issues of a New Age, 1895–1909*. Ann Arbor,University of Michigan Press，など．しかし，張之洞の海軍建設に関する研究は皆無である．また，資料面では王樹枏編（1970）『張文襄公（之洞）全集』台北：文海出版社，全国図書館文献縮微複製中心編（2005）『張文襄公（未刊）電稿』北京：全国図書館文献縮微複製中心，胡鈞（1967）『張文襄公（之洞）年譜』台北：文海出版社，など，中文資料が多数編纂されているが，海軍建設に関わる記載はごく僅かである．筆者は外務省外交史料館，防衛省防衛研究所図書館などで資料調査を行い，中国側資料との対照検討に努めたが，その結果，同海軍建設に関わる資料は日本側のみに残されていることが明らかとなった．もっていかに秘密のうちに構築が図られたかを知ることができよう．

6) 「試造浅水輪船工竣折」（光緒 12 年 5 月 27 日），1886 年 6 月 28 日，張之洞（1963）『張文襄公全集』（一，奏議 17）台北：文海出版社，376-377 頁．
7) 青山治世（2014）『近代中国の在外領事とアジア』第 4 章，名古屋：名古屋大学出版会，及び同（2002）「清朝政府による『南洋』調査団派遣（1886～88）の背景―清末『南洋』領事館設置問題との関連で」（『文研会紀要』第 13 号）に詳しい．
8) 沈雲龍主編（1967），近代中国史料叢書第 5 輯，胡鈞撰『張文襄公（之洞）年譜』台北：文海出版社，149 頁．
9) 「致総署」，1898 年 1 月 16 日，沈雲龍主編（1970），近代中国史料叢書第 46 輯，王樹枏編『張文襄公（之洞）全集 電奏』台北：文海出版社，5494-5495 頁．
10) 上海駐在高雄艦長成田勝郎より海軍大臣山本権兵衛宛電報，明治 33 年（1900）8 月 11 日，（高雄特第 10 号），アジア歴史資料センター，Ref.C08040802600．
11) 「上海方面庚分遣艦隊派遣報告」，常備艦隊司令官遠藤喜太郎より海軍大臣山本権兵衛宛電報，旗庚秘第 6 号ノ 2，明治 34 年（1901）2 月 22 日，アジア歴史資料センター，Ref.C08040805100．
12) 神戸の川崎造船所の前身は 1869 年に加賀藩士により設立された「兵庫製鉄所」及び 1881 年に川崎正蔵が神戸で設立した「川崎兵庫造船所」であり，1886 年に両者が合併して川崎造船所となった．2010 年に川崎重工業船舶海洋カンパニー神戸工場となった．
13) 「非弭兵第十四」，沈雲龍主編（1970），近代中国史料叢刊第 49 輯『張文襄公（之洞）全集』台北：文海出版社，14618～14619 頁．
14) 沈鴻烈（未刊稿）『消夏漫筆』台北：中央研究院近代史研究所所蔵，21 頁．

15) 孔祥吉・馮青訳（2007）「義和団時期の張之洞の帝王志向―宇都宮太郎日記を手がかりとして」（『中国研究月報』6月号），東京：中国研究所．
16) 「張之洞カ川崎造船所ヲシテ小砲艦ヲ製造セシメントノ件」，漢口駐在領事官補吉田美利より外務大臣小村寿太郎宛電報，明治 37 年（1904）8 月 24 日，機密第 38 号，『各国ヨリ帝国へ艦船建造方依頼並ニ同引受計畫関係雑件（清国ノ部 2)』），外務省外交史料館所蔵，5.1.8.30-1.
17) 前掲，「張之洞カ川崎造船所ヲシテ小砲艦ヲ製造セシメントノ件」．
18) 同上．
19) 「川崎造船所願出ニ係ル清国ニ於水雷艇及砲艦用武器製造ノ件」，株式会社川崎造船所社長松方幸次郎より海軍大臣山本權兵衛宛電報，明治 38 年（1905）1 月 10 日，官房第 343 号，2 月 1 日「決裁済」と記載．アジア歴史資料センター，Ref.C06091639500.
20) 株式会社川崎造船所（2003）『川崎造船所四十年史』（1936 年版の復刻）東京：ゆまに書房，298 頁．
21) 「湖北海軍ニ関スル件」，林董外務大臣より齋藤実海軍大臣宛電報，明治 40 年（1907）7 月 22 日，機密第 11 号，アジア歴史資料センター，Ref.C06091975800.
22) 相羽恒三（1871 〜 1918 年）は旧盛岡藩士相羽恒の三男．1889 年海軍兵学校入学，1894 年日清戦争参加，1900 年義和団事件に際し華北で警備任務に従事．のち，「明石」砲術長，呉水雷団分隊長等歴任．日露戦争では駆逐艦「漣」艦長．1908 年 1 月，海軍省勤務，同年応聘され中国渡航．1911 年中佐に昇進．東亜同文会編（1968）『対支回顧録』下巻，東京：原書房，1242 〜 1243 頁．
23) なお，前掲『対支回顧録』（1242 頁）に「是より先武漢の江防艦隊は十八隻，二万四千余噸と水雷艇八隻とを有して居った」と記載するが，誤りと考えられる．
24) 長崎三菱造船所建造．1925 年に逝去した国父孫文（号 中山）を記念し，「中山艦」と改称された．詳しくは，横山宏章（2002）『中国砲艦「中山艦」の生涯』東京：汲古書院，参照．
25) 「張総督海軍学生派遣ニ関スル件」，漢口領事館領事永瀧久吉より外務大臣小村寿太郎宛電報，送第 19 ノ 2 号，明治 37 年（1904）12 月 20 日接受，『在本邦支那留学生関係雑件（海軍留学生之部）』第 1 巻，外務省外交史料館所蔵，3.10.5.3-3.
26) 海軍大臣山本權兵衛より外務大臣小村寿太郎宛電報，明治 38 年（1905）2 月 18 日接受，官房第 451 号ノ 4，前掲，外務省外交史料館所蔵，3.10.5.3-3.
27) 前掲，外務省外交史料館所蔵，3.10.5.3-3.
28) 日本駐在清国公使楊枢より外務大臣小村寿太郎宛電報，第 126 号，光緒 31 年 4 月 6 日（1905 年 5 月 9 日），同月 9 日接受，受第 6361 号，前掲，外務省外交史料館所蔵，3.10.5.3-3.
29) 包遵彭（1969）『清季海軍教育史』台北：国防研究出版部，112 〜 113 頁及び，海軍軍令部編纂（1924 年 7 月）『留日支那海軍武官ノ現状 大正十三年六月調 附

留学概況』,東洋文庫所蔵.
30) 「清国海軍学生取扱規程ニ関スル件」,海軍大臣齋藤実より総理大臣桂太郎宛電報,1909 年 10 月 30 日,官房第 3694 号,『明治 42 年 公文類聚』第 33 編第 13 巻,1909 年,アジア歴史資料センター,Ref.A01200048000.
31) 「湖北海軍訓練ニ関スル件」,漢口駐在領事水野幸吉より外務大臣林董宛電報,明治 39 年(1906)5 月 31 日,機密第 19 号,6 月 13 日受,『外国官庁ニ於テ本邦人雇入関係雑件 清国ノ部』第 4 巻,外務省外交史料館所蔵,3.8.4.16-2.
32) 海軍大臣齋藤実より外務大臣林董宛電報,官房機密第 302 号ノ 2,明治 39 年(1906)8 月 9 日受,前掲,外務省外交史料館所蔵,3.8.4.16-2.
33) 「湖北海軍ニ関スル件」,漢口駐在領事水野幸吉より外務大臣林董宛電報,明治 40 年(1907)1 月 23 日発,機密第 4 号,2 月 5 日接受,機密受第 106 号,前掲,外務省外交史料館史料所蔵,3.8.4.16-2.
34) 平井徳蔵(1870〜1935 年)は三重県生れ,1889 年海軍兵学校入学,1894 年,少尉候補生として日清戦争豊島沖海戦に参加,1904 年,日露戦争に際し軍艦浅間の魚雷長,また少佐昇進.1907 年 2 月より約 5 年間軍令部附員として上海駐在,中佐に昇進.東亜同文会編(1973)『続対支那回顧録』下巻,東京:原書房,415〜416 頁.
35) 「湖北海軍ニ関スル件」,外務大臣林董より齋藤実海軍大臣宛電,明治 40 年(1907)7 月 22 日,機密第 11 号,アジア歴史資料センター,Ref.C06091975800.
36) 日本教習に関しては,汪向栄著,竹内実監訳(1998)『清国お雇い日本人』東京:立風書房,を参照.また,外務省資料の目録に,衛藤瀋吉,李廷江編著(1994)『近代在華日人顧問目録』北京:中華書局,があり,有用である.
37) 漢口駐在領事水野より外務大臣林董宛電報,明治 40 年(1907)9 月 30 日発,同 10 月 1 日受,4162 号,『外国官庁ニ於テ本邦人雇入関係雑件 清国ノ部』第 4 巻,外務省外交史料館史料,3.8.4.16-2.
38) 外務大臣林董より駐漢口領事高橋橘太郎宛電報,明治 40 年(1907)10 月 11 日,第 69 号,電送第 2848 号,前掲,外務省外交史料館史料,3.8.4.16-2.
39) 吉川力(1877〜1932 年)は旧仙台藩士吉川兵治の長子.1896 年横須賀海軍機関学校入学,1900 年海軍機関少佐,「明石」乗船勤務,義和団事変時,「明石」で中国に赴き警備任務にあたる.日露戦争では「出雲」分隊長,大湊施工隊機関長等を歴任.1907 年 10 月海軍省勤務,翌年 1 月清国応聘.帰国後,1913 年呉鎮守府付,海軍機関中佐.前掲『対支回顧録』下巻,1243-1244 頁.
40) 漢口領事高橋より外務大臣林董宛電報,明治 40 年(1907)10 月 29 日発,同 30 日受,第 129 号,『外国官庁ニ於テ本邦人雇入関係雑件 清国ノ部』第 4 巻,外務省外交史料館史料,3.8.4.16-2.
41) 「相羽少佐,吉川大尉合同写送附ノ件」,漢口駐在領事高橋より外務大臣林董宛電報,明治 41 年(1908)1 月 9 日,送第 4 号,受第 1350 号,前掲,外務省外交史料館史料,3.8.4.16-2.

42) 前掲『対支回顧録』下巻,1242〜1243頁.
43) 「清国傭聘本邦人名表」(1909年9月),『清韓国国状一斑』,防衛省防衛研究所図書館所蔵,0587〜0588頁.
44) 沈雲龍主編(1967),近代中国史料叢刊第9輯,張之洞『勧学篇』台北:文海出版社,155頁.
45) 李廷江(2002)「日本軍事顧問と張之洞―1898-1907」(『アジア研究紀要』第29号),参照.

第4章

もうひとつの「日本留学」
——張君勱の日本留学を例として——

原　　正人

はじめに

　中国近現代，とりわけ抗日戦争時期前後に活躍した知識人にとって，清末は青春期にあたる．清末は学制改革をはじめとして教育政策の大きな転換があり，またそれと前後するように西学の流入と伝統的知の再編成という「知の転換」が行われる過程にあった．その時期に青春時代を過ごした若き知識人たちが，こうした学術的／制度的な知の転換の影響を深く受けたことは言を俟たない．

　ところが管見の限り，ミクロなレベルでこうした影響をライフ・ヒストリーのなかで捉えるという視点は存外に少ない．誤解を恐れずに言うならば，既存の留学に関する研究に限っていえば，このような「知の転換」に正面から向かい合う研究は決して多くなかった．というのは，過去の研究では留学制度史と留学政策に過度に重点が置かれており，留学が個人に与えた影響については，現在でも蓄積がさほど多くないように思われるためである[1]．

　一方，個人の留学の影響についての先行研究をみると，辛亥革命やその後の歴史や政治といった場面において大きな功績をあげた人物のライフ・ヒス

トリーの一部として留学が描かれることが多かった．また，辛亥革命の成功には中国人日本留学生が欠かせなかったとして，そうした文脈から留学生のあり方を研究したもの[2]も少なからずあった．

さらに，当時の留学生が発行した雑誌における言論や日記などにより，当時の知識人世界を描き出そうとする研究も少数ながら見られてはきた[3]．ところが惜しむらくは，中国近現代史におけるそうした研究は，史料の制限もあってか，おしなべて著名な政治家，あるいは半ば政客ともいいうるような，政治への意識が極端に強い人物が主な対象とされてきたうえ，事実の発掘など基礎的な「人物研究」の範疇にとどまっていたといえる[4]．

だが一方で，留学生のなかには，政治意識を持ちつつも日本で学術を非常に真摯に吸収して優秀な成績を収め，のちに学界／政界をリードした者もいた．後述するように，当時の中国にとって圧倒的に政治の季節であった中国にあって，学術と政治的意識をいわば「両立」させようとした知識人も存在していたのである．

本章ではそうした留学生を「並行型」留学生と呼ぶこととする．本章の目的は，ある「並行型」知識人の日本留学を通して，中国人日本留学生像の別の一端を素描することである．

1．「並行型」留学生とは

「並行型」というカテゴライズは，本章にて用いる呼称である．ここでこの呼称についての簡単な定義付けを行っておこう．

酒井順一郎が的確に指摘するように，一言に留学生といってもその留学への意識は様々であった．こうした意識を初めて留学生研究に反映したといえる酒井は，清末における中国人日本留学生のタイプを (1)「末期官僚志向」，(2)「国家近代型」，(3)「市民生活堪能型」，(4)「民間上昇志向型」の４つに大別している[5]．

それぞれのタイプを簡単に説明すると，(1)は清朝の官僚志望者で，いわゆる新式科挙で留学した者である．彼らの特徴としては，「国会再建というよりは己の将来構築のために能動的に留学している者が多い」[6]ことであるという．それに対して(2)は，帰国し祖国発展に寄与することを目的とした留学であり，「彼らは国家を第一に考えると共に，自分の地位と清朝を維持させるという考えも強かった」[7]ことが(1)とは異なる点である．次に(3)は「無目的かつ物見遊山」で来日した留学生であるが，単に何もせず放蕩している学生もいれば，留学途中で目的が見つかり「国家近代型」に変化することもあるなど，多様な学生像があったと考えられる．彼らのもうひとつの特徴は，時間に余裕があったことから日本社会との接点が多かったことであるという[8]．最後の(4)であるが，これは国家のためでなく実業界で成功しようと志して留学する層である[9]．

酒井も強調しているように，言うまでもなくこれら4つのタイプですべて説明できるわけでもないし，複数のタイプにあてはまることもありうるだろう．したがって，このような意識の複雑さから，一部の学生のみを例にして全体像を探ることも，やみくもにマクロな見地に立って階層・階級的な分析に終始することも，当時の留学生像をゆがめてしまうことになることは贅言を費やすまでもない．

しかしながら筆者のみるところ，酒井の研究においては，先述したような学術そのものを日本で真摯に学び，科挙のための手段としての学問以上の豊かな成果を修め，学術界でも活躍した知識人の存在が軽視されているきらいがある．無理に分類すれば(1)「末期官僚志向」あるいは(2)「国家近代型」となるのかもしれないが，やはり同じタイプとするには無理があるように思われる．

それゆえ，中国人日本留学生の実像をトータルに論じるためには，たとえ数はさほど多くなくともこうしたいわば「学者型」を想定することは必要であると思われる．ところが，そうした「学者型」にしても様々なタイプがあることはたやすく予想できる．すなわち，政治に対する意識は高いものの学

術もぬかりなく受容した層と，意識的，あるいは無意識のうちに政治を意識せず，学術だけを真摯に受容した層などである．

　後者について言うなら，中国における学術史・学術制度史をひもとけば，ある程度の実像が描き出すことができるかもしれない．だが，扱いにくいのが前者，すなわち政治にも高い意識を示しつつも，真摯に学術を修め，優秀な成績で卒業したタイプである．そこで筆者は酒井の類型に倣い，こうしたタイプを学術と政治活動を並行して行ったという意味で「並行型」という呼称を便宜的に与えることとする．

　本章でこの「並行型」知識人の例として取り上げる人物は，筆者の研究の柱となっている人物の一人，張君勱（本名は嘉森，1887-1969）である．筆者はこれまで，1910年代から20年代にかけて活躍した「研究系」といわれる知識人群の思想構造やその位置づけについて，思想史をはじめとした様々な視点から検討してきた[10]が，その研究系の重要なメンバーのなかに，のちに現在の中華民国（台湾）の憲法の基礎を築いた憲法学者，政治家の張君勱がいる．

　後述するように，彼は1906年から早稲田大学で日本人学生とともに学び，非常に優秀な成績で卒業した．のちに彼は，日本時代に吸収した社会科学を中心とする知識こそが自らの学術の基盤であり，なおかつその後の学術の方向性を決定したと語っている[11]．

　しかし彼もまた清末という時代性に規定されていたため，政治的な問題にも大きな関心はあり，梁啓超（1873-1929）らとともに複数の政治団体で活動している．さらに，このような留学生は決して彼一人だけではなく，張東蓀（1886-1973）[12]や藍公武（1887-1957）など，交友関係にあった人物のなかにはこのタイプであった者も多く，その多くはのちに学術界，さらには政界でも活躍することになる．

　以上の問題意識に鑑み，本章では張君勱をひとつの事例として，日本留学時期における学術活動および政治活動を素描する．さらにそこから張にとっての「日本留学」の意味を考察し，「並行型」留学生の独自性について検討

する．この作業は，これまであまり語られることのなかった清末における中国人日本留学生についての新たな一側面が描写されることとなるだろう．

2. 張君勱の日本留学

(1) 学術受容としての日本留学

張君勱という人物そのものについては研究の蓄積が多いが，青年期のそれはさほど多くない．それゆえ，以降の行論のため，最低限おさえるべき前提となる知識を説明しておきたい[13]．

張は1887年に江蘇省嘉定県（現在の上海市）に生まれた．当時の江蘇地方は総じて教育が熱心であり，新しい知識を吸収する気風があったために，日本などへ留学した知識人を多く輩出したという[14]．張はこの世代の知識人の例に漏れず，儒教による教育，とりわけ宋明理学から大きな影響を受けていた．

6歳から家塾において学問をはじめた張は，1897年に広方言館[15]に入学する．張はここで西洋の数学，化学や歴史などを学び，中国伝統の学問以外の知識に初めて接することとなった．張自らがのちに「世界に八股や我が国 [中国，[ ] は筆者注，以下同じ] 固有の国粋以外にも学問があることを知った」[16]と回想するように，この広方言館は彼にとって学問形成の端緒ともいえる学校であった．とはいえそれと並行して国学も積極的に学んでおり，唐から元の法令・社会制度を記録したいわゆる「三通」のほか，朱熹，顧炎武，曾国藩らの著作を読み，大いに啓発されたという．

その一方で張は，1898年の戊戌政変で逮捕通告が出ていた康有為（1858-1927）と梁啓超の写真を見て国事に関心を持ち，同時に彼らの主張にも興味を持ったという[17]．なお，1902年には上海で県試を受験し，秀才の地位を得ている．

その後，張は馬良が1903年に創設した震旦学院に入学する．張が震旦学

院を知ったのは，梁啓超が『新民叢報』に発表した「祝震旦学院之前途」[18]という文によってであった[19]．震旦学院では西洋哲学などの授業を受けたが，学費を捻出できなくなったため半年で退学することになる．この時期に日本への留学を決意した張君勱は，その費用を蓄えるため，2年にわたって澧州および常徳（現在の湖南省）で教員を務めている[20]．

さて，1906年に張君勱は幼少時代を過ごした江蘇省宝山県の官費留学生に選ばれ，同年3月に日本の地を踏んだ[21]．折しも早稲田大学の清国留学生部が発足したばかりであり，多くの中国人が速成を目的として同部で学んだが，管見の限りでは，張が清国留学生部に入った経歴はない[22]．張は1906年9月17日に早稲田大学第一高等予科（政治経済学科入学のための予科）に入学し[23]，翌年7月に卒業している[24]．そして1907年9月12日，張は大学部政治経済学科政治専攻（修学年限3年）に入学した[25]．

ところで，宝山県の官費は彼が理系の学問を学ぶことを前提としていたため，当時大学部のなかに理系がなかった早稲田に入学した彼は，すぐに奨学金はうち切られた．それゆえ，日本での生活は相当苦しく，『新民叢報』の原稿料や友人からの借金などで生活していたという[26]．それは大学の学費を滞納し，数カ月分をまとめて払っていたことからもその一端が伺える[27]．

さて，このような背景のもとで行われた日本留学ではあるが，その実態はどのようであったのだろうか．管見の資料をもとに整理してみよう．

まず，高等予科のカリキュラムおよび担当教員は，以下の通りである[28]．

	第1期		第2期		第3期
科目	担当教員	科目	担当教員	科目	担当教員
訳読	梅若誠太郎	訳読	梅若誠太郎	訳読	梅若誠太郎
	吉田巳之助		吉田巳之助		吉田巳之助
			大山郁夫		
			杉山重義		
英作文 英文法	高杉滝蔵	英作文 英文法	高杉滝蔵	英作文 英文法	高杉滝蔵
書取・会話	マクレガー	書取・会話	マクレガー	書取・会話	マクレガー

第4章 もうひとつの「日本留学」 111

第1期		第2期		第3期	
科目	担当教員	科目	担当教員	科目	担当教員
音読・暗誦	田原栄	音読・暗誦	田原栄	音読・暗誦	田原栄
歴史(上古史)	本多浅治郎	歴史(中古史)	本多浅治郎		
漢文	菊池三九郎	漢文	菊池三九郎	漢文	菊池三九郎
簿記	池本純吉	簿記	池本純吉	簿記	池本純吉
日本作文	種村宗八	日本作文	種村宗八	日本作文	種村宗八
倫理	蔵原惟郭	倫理	蔵原惟郭	土曜講話	
		法学通論	三瀬信三	法学通論	三瀬信三
		政話	高田早苗		
体操		体操		体操	

〔筆者作成，出所：注28参照〕

次に，張が入学した1907年（明治40年）当時の大学部政治経済学科のカリキュラムおよび担当教員は以下の通りである[29]．

第1学年		第2学年		第3学年	
科目	担当教員	科目	担当教員	科目	担当教員
国家学原理	浮田和民	国法学	有賀長雄	行政法各論	美濃部達吉
帝国憲法	副島義一	行政法汎論	副島義一	国際公法	中村進午
経済学原理	天野為之	財政学	田中穂積	近代政治史	浮田和民
同上	塩沢昌貞	近代政治史	浮田和民	相税論	田中穂積
近代政治史	本多浅治郎	原書研究：ポリチカル・クラシックス	梅若誠太郎	名著研究	浮田和民
民法要論	飯島喬平	原書研究：ヒストリカル・クラシックス	杉山重義	国際法実習	中村進午
刑法要論	牧野英一			国法行政法実習	副島義一
原書研究：エコノミカル・クラシックス	梅若誠太郎				
原書研究：ポリチカル・クラシックス	吉田巳之助				
論文練習	牧野謙次郎				
		選択科目：3年は2科目，2年は3科目を選択			
		近時外交史	有賀長雄	近時外交史	有賀長雄

112

第1学年		第2学年		第3学年	
科目	担当教員	科目	担当教員	科目	担当教員
		政治学史	副島義一	自治行政及法制	井上友一
		貨幣論	河津暹	政治哲学	浮田和民
		社会学	浮田和民	公債及予算論	田中穂積
		経済学原理（1年より継続）	塩沢昌貞	最近政治史	有賀長雄
		民法要論	牧野菊之助	統計学	高野岩三郎
		銀行及為替論	山崎覚次郎	交通政策	関一
		農業政策	松崎蔵之助	商業政策	河津暹
		工業政策	塩沢昌貞	植民政策	有賀長雄
				国際私法	山田三良
				商法要論	柳川勝二
任意選択科目					
倫理学	蔵原惟郭	経済財政	田尻稲次郎	経済叢話	天野為之
明治史	吉田東伍	東洋近時外交史	巽来治郎	外交文書	有賀長雄
		社会政策	安部磯雄		
外国語：1科目選択					
実用英語		実用英語		実用英語	
会話及作文	高杉滝蔵		高杉滝蔵		高杉滝蔵
作文	マクレガー		マクレガー		マクレガー
ドイツ語		ドイツ語		ドイツ語	
文法	藤山治一	文法	藤山治一	政治専攻	中村進午
読解	白松孝次郎	訳解	山岸光宣	経済専攻	塩沢昌貞
フランス語		法制読本	谷田三郎	文法	藤山治一
仏語初歩	安藤忠義	フランス語		フランス語	
初歩読本	関与三郎	欧州文明史	杉田義雄		重野招一郎
中国語〔表記は「清語」〕		仏語初歩ほか	安藤忠義		＜印刷不鮮明＞
	宮島吉敏		関与三郎	中国語〔表記は「清語」〕	
	渡俊治	中国語〔表記は「清語」〕			盧緒恒
	鈴木文元		盧緒恒		渡俊治
			青柳篤恒		青柳篤恒
			渡俊治	支那時文(ママ)	
		支那時文(ママ)			青柳篤恒
			青柳篤恒		

〔筆者作成，出所：注29参照〕

第4章　もうひとつの「日本留学」　113

図1　張在学時の高等予科校舎

出所:「高等予科・工手学校門標・大学部商科」
　　（1907年ごろ，早稲田大学大学史資料センター写真データベース，B100-12）

図2　張の日本留学の出発——高等予科学費帳簿より

出所:「明治40年度　学費領収簿　高等予科（甲）」
　　（早稲田大学大学史資料センター所蔵，60-0411）

それでは，この日本留学が学術的にどのような影響を与えたのだろうか．これには，二つのレベルでの考察が必要であろう．一つは自分の意識のなかでどう影響を受けたか，いま一つは言及こそなくとも実際に政治思想などで受けた影響である．

まず前者については，張は後にいくつか回想を残している．少し長くはなるが，当時の張が置かれた状況をよく示していると思われるため，いくつか引用してみよう．

「私が現代の学術と正式に触れたのは，日本留学においてである．日本では早稲田大学政治経済科［大学部政治経済学科］に進んだが，はじめに進学したのは予科［高等予科］であり，のちに大学部へ入った．当時の教授で政治学を教えていたのは浮田和民で，国際法を教えていたのは中村進午，憲法は有賀長雄，財政学は田中穂積，経済学は塩沢昌貞だった．日本で勉強してはいたが，私の日本語はさほど上手ではなく，かろうじて本こそ読めたが，会話や作文はとても困難だった．したがって早稲田にいた時に自分で知識を求めるための道具は英語によるものだった．当時日本で用いていた参考書はおおむね英語の本であり，大教室の講義が日本語で行われた以外，自分で読んだのは英語の本だった．たとえば政治学で使った参考書はウィルソン［W. ウィルソン］の『国家』であり，バージェス［J. W. バージェス］の『憲法』［『政治学と比較憲法』か］であり，経済学ではセリグマン［E. R. A. セリグマン］の『経済原論』，国際法の参考書はオッペンハイム［L. オッペンハイム］の『国際法』だった[30]．私は日本語が下手だったが，英語の参考書を用い，試験でも英語で論文を書くことができたので，無理やり卒業したのだった．日本にいた5,6年で私が学校で最も印象に残ったのは，浮田和民が教えた政治哲学であった．政治哲学は選択科目で選ぶ者がとても少なく，［履修者は］私一人だけであった．読んだのはロックの『市民政府論』である．授業のとき，最初こそ浮田先生は教壇に立っているのだが，後から本を読むのに

不便だからと私と2人肩を並べて座った．この方は穏やかで親しみやすく，理路整然とうまく指導してくれた．今でも彼が和服と下駄を履いた姿をお見かけしたいものだと思う．日本の学校では英語の参考書を用いてはいたが，教授がしょっちゅう言及するのは Wagner［A. ワグナー］や Schmoller［G. シュモラー］といったドイツの有名な学者だったし，憲法学でも Mayer［O. マイヤー］や Laband［P. ラバンド］の名前が出されていた．よって，日本で留学していたとき，ドイツの学問に対するあこがれが喚起されたのだ．私は早稲田でもドイツ語を3年勉強し，ドイツ語の経済学や憲法［の本］も少しばかり読んだが，あのときすでにドイツへ留学する心づもりがあったのだ」[31]．（アルファベット表記はすべてママ，以下同じ）

「ベルリン大学で選んだ授業は，Wagner の財政学，Schmoller の経済学，List［F. Liszt か］の国際法といった，すべて日本で耳にしていた大教授のものだった．同時に民法や刑法なども聴講した」[32]．

「私は青年時代から制憲事業を志していた．日本に留学していたとき，ウィルソンの『国家』，ブライス［J. ブライス］の『アメリカ共和国』，ロックの『市民政府論』，ミル［J. S. ミル］の『代議制統治論』，そしてアンソン［W. アンソン］の『イギリス憲法およびその慣習』の各書を読んだ」[33]．

最初の引用の末尾にあるように，日本留学以降の張はドイツへの学問，とりわけ哲学に傾倒するようになり，2度にわたってドイツにおける長期留学・講学を経験することとなる[34]．

ただしそれでも，張君勱の学問形成において早稲田大学時代は以下のような点で重要となると考えられる．まず自分でも事細かに回想しているように，張は自らの学問の底流をなす社会科学をここではじめて本格的に学んだという意味で，彼の学術の出発点としての意義がある．また，早稲田の教員，とりわけ浮田和民と出会うことでドイツの学術への方向付けがなされた

ことも大きな意義が認められよう．

さらに指摘すべきなのは，その成績である．張の詳細な成績は残っていないが，当時，清国留学生部ですら4分の1程度しか卒業できなかった[35]にもかかわらず，張は大学部で学び，しかも日本人学生を含めて第6位という優秀な成績で卒業している[36]ことからも，学問に対して非常に熱心であり，習熟度も相対的に高かったであろうことがわかる．その意味では，やはりほかのタイプの留学生とは違ったタイプであるといえるだろう．

さて，後者，すなわち自分で言及していないところでの学術上の影響についてはどうか．先述したように，自身では1920年代以降は哲学を自分の思索の中心においたと回想してはいる[37]し，ロックやミルから始まり，ラスキやヘーゲルなど，張は一生のうちに様々な政治思想を受容し，それについての論説も大量に発表している．

しかしながら，紙幅の関係で詳論は避けるが，張はその政治思想に根ざした国家構想については，一貫してイギリス式の議会政治を主張している[38]．また，張の長い言論活動の出発となったのは，ミルの『代議制統治論』の抄訳を梁啓超主筆の雑誌『新民叢報』に掲載したことであり[39]，この文章が張のその後の憲政思想の出発点であるとみなされている[40]．その構想の核ともなっているミルやロックなどを読んでいること，また先程述べたように浮田和民らから薫陶を大いに受けていた[41]ことなどからは，張の政治思想形成過程における早稲田大学からの学術的影響を明確にみてとることができるだろう．

(2) 政治活動・人脈形成のための日本留学

張はその一方で政治に対する関心も高かった．周知の通り，梁啓超は戊戌変法後に日本に渡り，政聞社などの政治団体を作って立憲君主を鼓吹した．張は日本で梁啓超と知己を得ることとなり[42]，彼に従って政治活動を繰り広げた．この時期の梁啓超の政治行動のなかで特に大きなものとしては政聞社があるが，これについては拙著および永井算巳の一連の研究[43]などをも

第 4 章　もうひとつの「日本留学」　117

図 3　張君勱在学当時の早稲田大学全景

出所：『写真集：留日早稲田大学畢業同学 庚戌』
　　　（1910 年 6 月，早稲田大学中央図書館所蔵）

図 4　早稲田大学卒業時の張君勱

出所：『写真集：留日早稲田大学畢業同学 庚戌』
　　　（1910 年 6 月，早稲田大学中央図書館所蔵）

とにごく簡潔な説明に留める．

　政聞社は，1907年に，梁啓超が中国の国会開設運動の高まりを受けて，革命派を牽制し日本国内の立憲派の留学生を集結させるべく結成された立憲団体である．その背景には予備立憲の公布，革命派との争い，さらには張と同じ早稲田で学んでいた楊度との齟齬[44]などの種々の要因があったが，東京の在日中国人留学生を中心に約300人のメンバーがいたとされており，主な執行部は以下の通りである．

社長：欠員（事実上は梁啓超）
総務員：馬良
常務員：徐公勉（徐仏蘇）　麦孟華
評議員：<u>張嘉森（君勱）</u>　張寿波　戴彬　隆福
庶務科：侯延爽ほか6名
書記科：黄可権ほか8名
会計科：彭淵洵ほか3名
編纂科：蒋智由ほか17名
調査科：陳介ほか21名
交際科：雷奮ほか18名[45]

　ここで張君勱は評議員として名を連ねたが，管見の限りではこれが張の初めての正式な政治活動である．

　1907年10月，政聞社は機関誌『政論』を発表し，「正当な世論を作り出し，中国の政治を改良する」[46]ことを活動の目的とした．具体的な主張としては，おおむね立憲派のそれと大差ないと言えるだろう．

　政聞社は日本の立憲派を団結させ，本国での国会請願運動を取りまとめる役割を果たしたとされる[47]が，1908年には解散に追い込まれた．短期間のみの行動ではあったが，張君勱が評議員として政聞社に参加し，梁啓超からある程度の信頼を得ていたことがわかる[48]．

政聞社が封鎖された後，張は1909年に呉貫因ら元政聞社社員とともに「諮議局事務調査会」を結成した．この組織も梁啓超の庇護の下で成立しており，その目的は「中央直省の権限と各種行政を調査し，諮議局の権限の確定と直省の政治の改良を求める」ことであった．ただしやはり程なく解散し，張君勱が初めて主編として関わった『憲政新誌』も数号発行するに終わっている[49]．

　こうしてみると，師匠ともいえる梁啓超をはじめ，のちに研究系としてともに行動することになる林長民[50]や張東蓀など，長くは1940年代に至るまで政治活動をともにする人物たちとこのときに出会っていたことがわかる．さらには，直接の接点こそ見いだせなかったが，"政敵"ともいえる宋教仁や楊度についても，梁啓超らとの交流あるいは革命派との対立の過程で少なくともその存在を知ったと思われる．多くの中国人留学生にとってそうであったように，張においてもそうした政治的人脈構築の場所としても日本が機能していたのである．

3. 学術，政治と留学

　このような日本留学時代を過ごした張君勱であったが，張の日本留学の時期は，排満革命を唱える革命派と立憲君主を訴える立憲派との論争が盛んであった時期と重なる．先行研究で主張されているように，1900年代後半における中国人留学生にとっての東京とは，留学の場であると同時に政治行動の拠点としての意味合いを持っていたのは周知のところである．

　先述したように，張の場合も梁啓超を中心とした立憲派と行動をともにしていたことから，一見すると他の留学生たちと同じようにも思える．ところが，張は「政治」のための学術，さらには政治活動の隠れ蓑としての留学に嫌気が差していたという点で他の留学生とは異なっていた．張は後に当時を以下のように回想している．

「清末から民国初期にかけて，我が国の学術界は学問へのある種のムードがあった．つまり，学問を求めるのは政治を改良し救国を果たすためである．それゆえ学問を求めてもそれを一生の仕事とはせず，救国を達成するための目的とみなされるのだ．私は日本とドイツで勉強したが，こうしたムードから逃れられなかった」[51]．

「大部分の東京の留学生は政治に熱心で，学術の探求といわれるものは政治運動の中にあって自己の知識を補助しようとする手段に過ぎなかった．学問を目的とし，学問に努めることを一生の仕事とする人はほとんどいなかった．この時期，誰もが政治や救国のことしか考えていなかったのだ」[52]．

この憂いを実証するように張は学術に打ち込んだとはいえ，やはり政治あるいは国事も念頭にあったということはすでに述べた．張にとって，学術と政治の間にはこのような緊張関係があった[53]のであり，革命派の学生たちのような「政治のための学問」を修めていたわけでは決してなかったのである．

こういった張の日本留学について，先行研究の部分で言及した土屋光芳が援用している政治哲学者，マイケル・オークショットの論法に沿って少し考察を加えてみよう．

オークショットは，人間のあらゆる活動の要素となる知はすべて技術知と実践知に分類されると考えた．前者はすべての実践活動において含まれる技術に関する知であり，本や教学によって学ぶことができるとされる．ゆえに技術知は教えることも学ぶこともできる知であるという．それに対して後者は，前者のようにルールへと定式化することができない知であり，教えることも学ぶこともできないという．オークショットによれば，実践知は名人への弟子入りのようなもので，実践者との継続的接触によってのみ習得されるものであるという[54]．

この議論をもとに，土屋は中国人留学生の一般的な特徴について，以下の

第 4 章　もうひとつの「日本留学」　121

ように述べている.

>　「清国人の「日本留学ブーム」は，科挙の廃止によって新設された学堂制度の教員が不足し，その教員を日本留学生で補充する政策によって起きた．したがって，清国人留学生の多くにとって日本で「洋学」を学ぶ目的は帰国して新設の学堂の教官を含め官途に就くことであった．かつて科挙をめざした経験があるとすれば，かれらは伝統的知識人の「技術知」と「実践知」をすでに習得しており，日本では洋学の「技術知」を学べばよい，と考えていたといえよう．ところが，来日した清国人留学生の多くは日本で「中国人」意識に目覚め，日露戦争を通じて日本人ナショナリズムを体験したことで「中国人」ナショナリズムを「実践知」として習得したといってよいであろう．かれらは一方で大学の講義や専門書の翻訳などで西洋の「技術知」を習得しながら，他方で中国同盟会の結成，清国留学生取締規則の撤回運動を通じて清朝打倒の革命運動に入っていった」[55].

　ここからわかるのは，以下のようなことである．多くの中国人留学生が技術知を主に学ぼうとしており，実践知の方は軽視していた．ところが中国ナショナリズムとして実践知が予想もせぬかたちで開花したことで，革命にせよ改革にせよ，彼らの活動はもっぱら政治活動[56]へと変化していく，と．
　このような分析は，これまでの中国人留学生についての研究であればおおむね首肯されてきた議論ではないかと思われるし，オークショットによるこうした議論をこの問題の整理に用いた土屋の慧眼にも驚かされるところである．ただし，これまでの議論を顧みれば，こと張のような留学生については様相が少し異なってくることがわかる．
　まず技術知については，社会科学を中心とする日本経由で西洋の技術知を学び取ったことで，張が今後の活動の指針の思想的基盤としたことは自明であろう．先述したように，浮田から初めて彼が本格的に学んだイギリス自由

主義は，自らの国家構想の軸であり続けたのである．

　次に実践知だが，張にとって日本でどのような実践知を学び取ったのだろうか．まず，成功したかはともかく，政聞社などにおける一連の政治活動は実践知（と技術知）による成果であったといえよう．ただし，先ほどの張の浮田和民に対する回想を見ていると，浮田から実践知のようなものも得ていたように思われる．というのは，浮田は張の在学当時から日本初の総合雑誌とも言われる『太陽』の編集主幹を務め，民主主義や自由主義を唱えていた[57]．大学教員として学術に身を置きつつも常に政治を意識し，政論家としても活躍した浮田から時にマンツーマンで学ぶことにより，張は技術知としてのイギリスやドイツを主とした政治学や政治哲学の知識を得ただけでなく，学術や政治への意識，あるいは感覚のようなものについても影響を受けていたのではないかと思われるためである．そうした意味で張は，やはり土屋のいう中国人日本留学生のステレオタイプからはこぼれ落ちる，明らかに異質な留学生であったといえよう．

おわりに

　日本留学後の張君勱[58]は，自ら早くから「哲学ゆえに政治を忘れることなく，政治ゆえに哲学を忘れることなく」と述べていた[59]通り，まさに「学問国」と「政治国」の間を行き来するようになる．主な行動でいうならば，「学問国」ではいずれも短期間ではあるが1917年から北京大学教授，1923年に国立自治学院を創設して教学と運営を手がけ[60]，以降も燕京大学など複数の大学で教鞭をとった．その間には「科学と人生観」論戦[61]でいわゆる「玄学派」の論陣を張ったり，政治的な面もあるにせよ，具体的な憲法の起草を行ったりしている[62]．また，晩年が中心ではあるが，憲法学や儒学を中心に多くの学術著作をものした．張はまさに「学者」といえるような人生を送ったといえよう．

一方「政治国」では，東京で知り合った張東蓀らと 1932 年に中国国家社会党を結成し，1946 年のいわゆる制憲国大まで同党の指導者として政治活動も行うことになる．ただし，張にとってふたつの「国」は独立していたものではなく，同時に存在する期間も長かった．まさに「並行型」ともいえるような学術および政治活動を行ったのである．

　影響力こそ国共両党に比べればわずかだったが，ひとつの政党の指導者と大学の運営まで手がける大学教員．張はこの二足のわらじを 1946 年まで履き続けた．近代中国全体が"爪分"の危機にあったことからすれば，このような人物は決して珍しくないかもしれない．だが，周囲が革命か立憲かで論争が巻き起こっていた時期に，張は政治行動に参加しながらも大学で学術を真摯に学び，その知的ソースは日本留学以降の学術行動や国家構想などの基盤となっていった．張のような知識人は，政治と学術の意識を両方ともに持ち合わせていたという意味では，近代的な意味での「士大夫」的知識人であるといえるのではなかろうか[63]．こうした知識人にとって——少なくとも張にとっては——，日本留学とは単なる技術知吸収の場ではなく，政治的人脈や恩師からの薫陶など実践知も学び取る場であった．こうした「並行型知識人」も，中国人留学生の別の一側面を表しているといえよう．

　本章では張君勱という個別のケースでしか分析できなかった．今後の課題としては，こうした「並行型」留学生のネットワークの実態を解明することがあげられる．東京で知り合ったこうしたタイプの知識人たちのネットワークによって，どのような政治的／学術的成果が得られたのであろうか．張君勱の場合に即していえば，以後長きにわたって政治・学術活動のパートナーとなる張東蓀らとの関係を実証することが最初の課題となろう．彼らの活動の実態やメカニズムの分析によって，政治意識も含め合わせた近代中国における知識人の形成過程の再検討へと導かれることが期待される．さらに，近代初頭における日中のこうした知的交流を探ることで，現在の日中間の知的交流を考えるうえでも何らかの新たな視座の提供へとつながるのではないだろうか．

*本研究は，2013-2014年度中央大学特定課題研究費の助成を受けたものである．

1) 日本および中国における留学生研究の研究史や動向については，大里浩秋ほか編（2002）『中国人日本留学史研究の現段階』東京：御茶の水書房，を参照のこと．中国人日本留学生の研究は，日本ではさねとうけいしゅう（1960）『中国人日本留学史』東京：くろしお出版，を嚆矢とし，黄福慶（1983）『清末留日学生』台北：中央研究院近代史研究所など，基礎的研究だけでもおびただしい数の蓄積がある．近年，とりわけ2000年以降において，『官報』などの新資料の発掘により，前掲大里ほか編など豊富な研究成果が発表されてきた．新資料の発掘については，川島真（1994）「日本と台湾における清末民初留日学生関係史料：中国留日学生監督処文献・外務部檔案・教育部檔案」（『中国研究月報』第48巻第7号）に詳しい．
2) 一例として，小島淑男（1989）『留日学生の辛亥革命』東京：青木書店，などがある．言うまでもなく，こういった研究は必要であるし，それが誤っているという意味で言及しているのでは決してないことをお断りしておく．
3) さねとう　前掲書など．
4) たとえば，蒋介石を扱った山田辰雄（2013）「蒋介石・記憶のなかの日本留学」（山田辰雄・松重充浩編著『蒋介石研究―政治・戦争・日本』東京：東方書店所収），あるいは戴季陶を論じた張玉萍（2011）『戴季陶と近代日本』東京：法政大学出版局，などがある．また最近のものとして，土屋光芳（2014）「陳公博と周仏海はなぜ汪精衛政権に参加したか？―「反共」と留学経験の関係」（『政経論叢』第82巻第5・6号）および同（2013）「汪精衛と宋教仁の日本留学経験―二人の革命家の比較研究」（『政経論叢』第81巻第5・6号）がある．また，文学など他の分野の知識人においても，こうした研究がみられる．最近のものでいえば，たとえば劉建雲（2014）「第一高等学校特設予科時代の郭沫若―「五校特約」下の東京留学生活」（『人文学研究所報（神奈川大学）』52号）などがある．
5) 酒井順一郎（2010）『清国人留学生の言語文化接触　相互誤解の日中教育文化交流』東京：ひつじ書房，序章を参照のこと．
6) 前掲書，17頁．
7) 前掲書，17頁．
8) 前掲書，18頁．
9) 前掲書，19頁．またこの説明で注意したいのは，排満革命を信奉する留学生は含まれていないか，あえて言うなら（3）であったことである．酒井は留学生の比率も調べたうえでこのような議論をしており，これまでの中国人日本留学生研究の偏りを指摘している．
10) これまでの筆者の研究は，おおむね拙著（2012）『近代中国の知識人とメディア，権力―研究系の行動と思想，1911-1929』東京：研文出版，にまとめられている．あわせて参照されたい．

11) 張敦華氏（張君勱の実娘）へのインタビュー（2003 年 8 月 2 日，台湾新北市にて実施）における発言による．
12) なお，張東蓀については，これまで「卒業した」とされていた東京帝国大学に学籍がなかったことが明らかになったほか，同帝大に通っていた藍公武らの留学生仲間で学術雑誌を発行していたことなどがわかっている．拙著　前掲書，41 頁を参照のこと．
13) 以下は，拙著　前掲書，第 2 章と内容的に重なる部分が多いことをお断りしておく．
14) 張朋園「清末民初的知識分子」（李恩涵など（1977）『近代中国—知識分子与自強運動』台北：食貨出版社所収），169 頁．
15) 1863 年，洋務運動を行ううえで外国語に通じた人材を育成するために李鴻章が創設した学校．14 歳以下の生徒を入学させ，英語，フランス語専攻があったが，後に日本語・ロシア語も追加された．外国語のほか，西洋式の社会科学や自然科学も教授したという．
16) 張君勱「我的学生時代」（原著は 1948 年）（程文熙編（1981）『中西印哲学文集』台湾学生書局所収），164 頁．
17) 程文熙（1970）「張君勱先生年表長編（二）」『民主潮』第 20 巻第 13 期，10 頁．ちなみに，この両者からの影響は強かったとみえて，自らの次男と三男に"国康""国超"という両者の名前の一部を取った名を付けている．楊永乾（1993）『中華民国憲法之父—張君勱伝』台北：唐山出版社，2 頁．
18) 梁啓超「祝震旦学院之前途」『新民叢報』第 26 号，1903 年 2 月．
19) 前掲 「我的学生時代」，164 頁．
20) 程文熙（1971）「張君勱先生年表長編（三）」『民主潮』第 21 巻第 1 期，15 頁．また，史料の根拠を示してはいないものの，鄭大華（2013）『張君勱』北京：群言出版社，8 頁にも記述がある．
21) 早稲田大学の史料「清国留学生名簿（明治 38 年 9 月）」（早稲田大学大学史資料センター所蔵，資料番号 8-05）には，明治 38 年（1905 年）に張が在籍した旨が書かれている．ところが同時期の別の資料「省別学生索引簿（明治 38 年 9 月）」（同前，8-06）には張の名は見えない．前者の資料の転記ミスであると思われる．なお，以後は同センターを「資料センター」と略し，資料番号はその後に付記する．また，資料センターにおける調査における閲覧の便などにおいて同センター職員の方々，とりわけ伊東久智氏に多大なご協力を頂いた．ここに厚く謝意を表する．
22) 当時の学則では，清国留学生部の予科からは大学部（現在の学部）に編入することはできず，大学部で学ぶためには予科卒業後に日本語および英語の教育を改めて受けるか，高等予科を卒業する必要があった．これについては早稲田大学大学史編集所編（1981）『早稲田大学百年史　第 2 巻』東京：早稲田大学出版部，165 頁を参照．

23) 「明治40年度　学費領収簿　高等予科（甲）」（資料センター所蔵，60-0411）．この入学年月日は束脩（入学金）を支払った日時によると思われるが，実際は4月から在籍していたとみてよいだろう．というのは，当時の学則では予科の修学年限は1年半であったため，1907年6月に卒業するためには1906年4月，すなわち来日直後から在籍する必要があったと考えられるためだ．年限については，前掲書，367頁を参照．
24) 「明治40年7月　第6回卒業生名簿」（資料センター所蔵，3-065）による．なお，予科時代の成績はあまり芳しくなかったようで，「政治科特及者」としてその名がある．ちなみに同史料によれば，同予科卒業生は及第が78名，特及が4名であった．
25) 「明治41年度　学費領収簿　大学部政治経済学科」（資料センター所蔵，60-0441），59頁．当時の修学年度や入学時期については，早稲田大学大学史編集所編　前掲書，366-367頁による．なお，清国留学生処発行『官報』第11期（早稲田大学中央図書館所蔵），1907年，194頁にも記載がある．ちなみに，中国同盟会の主要人物であった宋教仁も同時期に同大学清国留学生部に在籍しているが，張との接点については不明である．宋教仁については，「明治42年3月　清国留学生部各科卒業学生索引簿」（資料センター所蔵，8-66）によって在籍が確認できる．

　また，台湾に所蔵されている史料「江蘇省留日学生存根」（中華民国教育部檔案，台北・国史館所蔵，目録号196，案巻号15）によると，張は早稲田大学第一高等予科以前に，当時神田三崎町にあった大成中学校普通科にも通っていたとされる．大成中学校は各国の留学生に日本語などを教授していた学校である．当時の張の経済状況を考えると2つの学校に通っていたとは考えにくいが，張が早稲田大学の高等予科と同時に通っていた可能性はわずかながら残されている．ただし，現存する大成高等学校（東京都三鷹市）によれば，当時の在籍者名簿は1913年の神田の大火，および1923年の関東大震災で消失してしまったために残っていないという．筆者の調査依頼に応じていただいた同高等学校事務室の方々に謝意を表したい．
26) 前掲「我的学生時代」，165頁．ちなみに張の弟で後に中央銀行総裁となる張公権（1889-1979）も兄を追うように慶應義塾大学に留学していた．同じ張の回想では兄弟の生活費を張の原稿料で捻出していたとあるが，別の資料によれば，張公権は当時清朝農工商部の尚書であった唐文治（1865-1954）からの援助を受けていたという．姚崧齢編著（1982）『張公権先生年譜初稿　上冊』台北：伝記文学出版社，10-11頁．
27) 前掲「明治41年度　学費領収簿　大学部政治経済学科」を参照のこと．
28) 「［各科］学科並受持講師時間表　39年6月改正」（資料センター所蔵，3-037）．なお，一部旧仮名使いを改めた箇所がある．また，空欄は原史料のままである．

29) ここでは張の卒業した政治専攻のものを掲げた．「40年9月　学科配当表　早稲田大学本部」（資料センター所蔵，資料番号25-04）．なお，教員名は早稲田大学大学史編集所編　前掲書，379頁などにより補足し，仮名遣いを改めた箇所がある．また，記入されていない部分は空欄のままとした．
30) この部分については，別のテキストでは，オッペンハイムの後にF. バステーブルの『財政学』も加えられている．前掲　「張君勱先生年表長編（三）」，16頁．
31) 張君勱（原著は1955年）「我従社会科学跳到哲学之経過」（程文熙編　前掲書所収），63-64頁．
32) 前掲書，64頁．
33) 張君勱（1971 原著は1946年）「自序」（張君勱先生遺著編輯委員会編『中華民国民主憲法十講』台湾商務印書館所収），1頁．
34) これ以降の張の学術，とりわけ政治思想の変遷の概要については，鄭大華（1999）『張君勱学術思想評伝』北京：北京図書館出版社，76-106頁を参照．
35) 1905年9月に早稲田大学清国留学生部が開設されたとき，762名が予科に入学したものの，182名しか卒業できなかったという．さねとうけいしゅう（1981）『中国留学生史談』東京：第一書房，201頁．
36) 前掲　「江蘇省留日学生存根」を参照．ちなみに，同年同学部を卒業したのは62名であるが，外国人と見受けられるのは張を含めて5名しかいなかった．早稲田大学校友会（1922）『会員名簿（大正11年度）』東京：早稲田大学校友会，141-143頁．
37) 「我従社会科学跳到哲学之経過」程文熙編　前掲書，68頁．
38) 同じような立場に立つ先行研究は多い．たとえば，江勇振（1976）「我対君勱先生政治思想的点滴認識」（『伝記文学』第28巻第3期），38-39頁など．
39) 「穆勒約翰議院政治論」『新民叢報』第4年第18号，1906年．
40) 翁賀凱「張君勱憲政民主思想的起源―以「穆勒約翰議院政治論」為中心的考察」（『清華大学学報（哲学社会科学版）』2008年5期）ほか．
41) なお，浮田の講義を受けていた吉村正によると，浮田の自宅には大きなミルの写真が掲げてあったという．直接的な影響こそ不明ではあるが，張の言論活動の開始を考えると示唆的な符合ではある．吉村正（1963）「早稲田のひと・100人（3）　浮田和民」（『建学80周年記念　早稲田大学アルバム』東京：早稲田大学アルバム刊行会所収），43頁．
42) 張朋園（1992再版）『梁啓超与民国政治』台北：食貨出版社，267および275頁．
43) 永井算巳（1968）「社会主義講習会と政聞社」（『東方学報』第51巻第3号），同（1966）「清末における在日康梁派の政治動静（1）―康有為・梁啓超の日本亡命とその後の動静」（『人文科学論集（信州大学）』第1号）など．なお，これらの研究は永井算巳（1983）『中国近代政治史論叢』東京：汲古書院，にまとめられている．また，拙著　前掲書36-39頁も参照のこと．

44) 当初康有為・梁啓超らは帝国憲政会を結成しようとしていたが，そのなかで楊度との対立が深まったため，別に政聞社を結成したという．こうした内部衝突については，張玉法（1985 年再版）『清季的立憲団体』台北：中央研究院近代史研究所専刊，328-347 頁を参照．
45) 前掲書，350-352 頁．
46) 『政論』第 1 号，1907 年所収．永井　前掲書，286 頁．
47) 丁文江・趙豊田編（2009）『梁啓超年譜長編』上海：上海人民出版社，278 頁．
48) 張は政聞社を含めた立憲派の活動方針への提言を『新民叢報』で発表している．張（1907）「論今後民党之進行」『新民叢報』第 4 年 23 号．
49) 程文熙（1971）「張君勱先生年表長編（四）」『民主潮』第 21 巻第 2 期，14 頁．清末までのその後の政治活動については，拙著　前掲書，44-46 頁を参照のこと．
50) 林長民は張と同じく高等予科を経て，張より 1 年前に早稲田大学の同じ学科に入学・卒業している．「明治 38 年 9 月高等予科領収簿　39 年度」（資料センター所蔵，60-0360），および早稲田大学校友会　前掲書，140 頁を参照のこと．
51) 前掲　「我従社会科学跳到哲学之経過」，64 頁．
52) 前掲書，65 頁．
53) 後述するように，張自らはこうした関係を「学問国」「政治国」という言い方で表現し，両者を使い分けようとしている．ただし，拙著をはじめとする既存の研究が明らかにするように，必ずしも本人の行動とリンクしているわけではない．「致林宰平学長函告函倭氏晤談及徳国思想要略」（原著は 1920 年）（程文熙編　前掲書所収，1116 頁）．
54) オークショット，嶋津格ほか訳（2013）『増補版　政治における合理主義』東京：勁草書房，8-12 頁．ただしオークショットは同箇所で，この両者の知を完全に区別することはできないと留保している．
55) 土屋　前掲「汪精衛と宋教仁の日本留学経験」，83 頁．
56) ちなみにオークショットは，政治活動には両方の知が含まれるとしている．オークショット　前掲書，10 頁．
57) 浮田和民の思想に関する研究は多いが，さしあたって浮田の思想を明治期における自由主義の系譜のうえに位置づけた古典的研究として，武田清子（1978）「浮田和民の「帝国主義」論と国民教育―明治自由主義の系譜」（『国際基督教大学学報（I-A，教育研究）』21 巻）をあげておく．また，石井知章（2013）「浮田和民と「倫理的帝国主義」論」（『アジア太平洋討究』第 19 号）では，浮田の人物像を描く際に張の回想を用いている．
58) なお，いまだ明確な資料的根拠はないが，先行研究においては帰国後すぐに殿試に参加し，翰林院庶吉士，いわゆる洋翰林の資格を得たとされている．ただし，これは自発的なものではなく父親の望みであったようだ．楊永乾　前掲書，18 頁．
59) 王壽南編（1999 年再版）『中国歴代思想家（二十二）　熊十力・張君勱・蔣中

正』台北：台湾商務印書館，132頁．なお，この言葉は1924年8月9日の武漢における講演のものであるという．程文熙（1979）「張君勱先生年表長編（十三）」『民主潮』第29巻第8期，20頁．
60) 国立自治学院およびその他の張の手がけた学校については，拙著　前掲書，第5章を参照のこと．
61) この論戦について，さらには張の果たした役割についてなどについては，拙稿（2001）「張君勱の「科学の方法」―「科学と人生観」論戦を通じて」（『現代中国』第75号）を参照．
62) 主なものとして1922年の国是会議憲法草案と1946年の中華民国憲法があるが，ここで詳細に論じることはしない．これらの憲法と張との関わりについて論じた先行研究として，前者については薛化元（1993）『民主憲政与民族主義的弁証発展―張君勱思想研究』台北：稲禾出版社，135-151頁，後者については金子肇（2011）「知識人と政治体制の民主的変革―「憲政」への移行をめぐって」（村田雄二郎編（2011）『リベラリズムの中国』東京：有志舎所収）がある．
63) 士大夫から近代知識人への移行については，多くの論考がある．ここではさしあたって，許紀霖（2006）「重建社会重心：近代中国的"知識人社会"」（『学術月刊』第38巻11月号）をあげておく．

第 5 章

周作人の郷土をめぐる葛藤
―― 柳田国男「郷土研究」と江馬修の『ひだびと』――

子安 加余子

はじめに

　日本文化の「理解者」として高く評価される中国知識人といえば，周作人（1885-1967年）が筆頭に挙げられる．彼は明治末の1906年に東京の土を踏み，1911年帰国の途に就くまで約5年間，四畳半一間の畳の生活に親しみ，和服・下駄姿で縁日や寄席へと足を運んでは様々な日本文化に触れた．知識人と庶民の間の精神的・物質的距離に関して，日本と中国では歴史的社会的背景が異なるゆえ単純な比較はできないが，江戸庶民文芸に魅せられていた周作人が，「古き良き」生活文化が残る明治の庶民生活を好んだであろうことは想像できる．彼が日本の民俗なるものに直に触れる機会を持つと同時に，日本民俗学，具体的には柳田国男民俗学の動向に格別の注意を払ったことも自然の流れだった．

　周作人にとって柳田国男との邂逅は，留日中に柳田の代表作『遠野物語』（1910年）を販売所まで出向いて購入したことを直接の契機とする．1910年，つまり明治43年は周作人が第1巻第1号から購読した雑誌『白樺』が創刊された年でもある．明治40年代の日本文壇といえば，いわゆる「自然主義

文学」が主流だった時期にあたる．時は日露戦争に勝利した頃であり，日本は資本主義体制が本格化する中，国民は過剰な自信を植え付けられるも生活は貧富の格差が拡大し，社会不安が募る状況に置かれた．そうした中，ヨーロッパの自然主義の流れを汲みつつ，日本でも現実を直視してあるがままに描くことを本旨とする文学が生まれた．それが自然主義の運動だった．この中から，国木田独歩や島崎藤村，田山花袋といった数多くの作家が輩出された．

　一方，多くの作家は次第に軍国主義の旗色を鮮明にする明治政府の行く末を案じ，強い疑念と憂慮を抱いていく．1910年に起こった「大逆事件」，続く日韓併合は，文学者に衝撃を与えた事件だった．彼らの多くが閉塞感に苛まれ，自らのアイデンティティを模索する中，社会の重苦しさを一掃するかのような期待を寄せ得る雑誌が登場した．それが武者小路実篤が主宰する雑誌『白樺』だった．周作人が『白樺』を創刊号から入手していた事実は注目できる．本論で柳田国男と共に注目する江馬修もまた周作人同様に，初期『白樺』に強い期待を寄せた人物である．当時の『白樺』読後感からその様子を垣間見ることができる．「まださやかな同人誌にすぎなかった」『白樺』を手にした江馬修は，有島武郎，志賀直哉の作品に感銘を受け，武者小路のコメントや，毎号紹介されるヨーロッパ美術に関する記事に新鮮な感動を覚えた．

　　とにかく，私は，「白樺」をよんでいると，いつも清新な，いきいきとしたいぶきを感じた．そして自分の気持ちまでが，いつとなく自由にされ，のびのびと明るんで行くような気がしていた[1]．

周作人は1910年代後半から一時期，武者小路実篤の「新しき村」に著しく傾倒したことから，人道主義者としての周作人と，初期『白樺』の購読，受容は等しく扱われることが多い．しかし『白樺』内部は同人の交代劇や「同人誌」からの脱却の試みがあり，誌面も次第に変化するなど複雑な様相

を見せていく為，両者の関係はもう少し丁寧な考察が必要となる．その証拠に，団体としての人道主義色が濃厚になってくると，周作人は『白樺』の定期購読を中止した．（『周作人日記』1916 年 4 月 5 日）．代わって定期購読を開始するのは，1913 年に柳田が神話学者高木敏雄と創刊した『郷土研究』だった[2]．

周作人が『白樺』から『郷土研究』へと関心を移した点を検討するさい，彼と江馬修との関係が参考になる．江馬修も周作人と同様，武者小路実篤を介した『白樺』と関係を持ったのみで，白樺派と具体的関係を持つことはなかった（『白樺』へ寄稿していない）．江馬と武者小路の個人的親交はその後も継続された．そんな江馬修を中国文壇に最初に紹介したのが周作人だった（周作人は江馬の初期作品「小さい一人」を雑誌『新青年』に翻訳掲載した[3]）．両者の思想的接点に関する検討は第二節で行うが，周作人が「小さい一人」を翻訳後，再び江馬修を大きくクローズアップするのは 1940 年代で，とりわけ江馬が飛騨高山で主宰した月刊誌『ひだびと』（全 112 号，1935.1 ～ 1944.5）を取り上げている．『ひだびと』は地方の郷土研究雑誌にも関わらず，柳田国男ら中央の研究者が注目して支持した（＝『ひだびと』同人も柳田国男の研究手法や思考方法を受容した）だけでなく，戦時下にあって一回の休止もなく[4]，およそ 10 年の長きにわたって出版された価値ある学術雑誌だった．

周作人の民俗学は柳田民俗学を受容したとはいえ，柳田の学術的スタンスを無条件に受け入れたわけではなかった（柳田が民俗学を実践的問題解決のための学問とすることを周作人は良しとしていない）．しかしながら柳田民俗学の全体像を摑むための努力を惜しまず，主要な著作の購入を続け，生涯にわたって強い関心を寄せ続けた．その過程で特に評価したのが，柳田国男が支えた『ひだびと』であり，民俗の担い手たる農民，子ども，女性に注ぐ温かい眼差しだった点は重要である．本章は周作人の日本民俗学受容をめぐる考察の一環として，柳田国男の郷土研究から『ひだびと』受容のあり方を検討するものである．周作人は柳田の郷土観といかに折り合いをつけながら，柳田を評価し続けたのか．その過程を辿りながら，『ひだびと』の主宰者だった江

馬修・三枝子の活動にも注目する．合わせて，日中間の緊張関係が厳しさを増す中で，日中双方で『ひだびと』を媒介にそれぞれが民俗学研究に携わったことの意味を検討する[5]．

1. 柳田国男の「郷土研究」に対する評価

『遠野物語』が私に与えた印象はとても強かった．文章だけでなく，彼は民俗学における豊かな興味を教えてくれた．当時日本では，大学には坪井正五郎の人類学講座があり，民間には高木敏雄の神話学研究があったが，民俗学の方面はまだ消沈していた．そこで柳田氏がこの学問を発展させた．どういうわけか彼は民俗学とは言わず，終始「郷土研究」と称してはいたが．1910年5月，柳田氏は『石神問答』を刊行した．三十四通の往復書簡による，村で祀る神道に関する討論である．6月には『遠野物語』が刊行された．この二冊は民俗学界における一つの反乱に過ぎないかも知れないが，実際には民俗学の学術的基礎を固めるものとなった．なぜなら単なる文献の排列と推測ではなく，実際の民間生活から着手しており，清新なる活力に満ち，自然と人々の興味を引き起こすことが可能だったからだ[6]．

上記の引用は，周作人が『遠野物語』を購入後，しばらくの時を経て最初に言及した文章だが[7]，柳田国男が還暦を迎えようとする1930年代中頃はちょうど彼が「日本の民俗学の全体像」（福田アジオ[8]）を作りあげる頃にあたる．すでに多くの論者が指摘する通り，農政学者だった柳田国男において，日本社会，特に農村問題に対する危機感と，経世済民の強烈な使命感が，彼をして民俗学を体系化させる原動力となった．第一次世界大戦後の戦後恐慌による経済不況，さらに世界恐慌の煽りを受けた当時の日本社会で最も壊滅的な状況に追い込まれたのは農村部だった．そこで柳田は最大の課題

である「何故に農民は貧なりや」という根本問題に立ち戻り，その歴史的究明を担う学問として民俗学を位置づけていく．1930年代の前半には，民俗学の社会的意義及び方法論に関する論文が次々と発表され，ついに民俗学の全体像を紹介する一般向けの案内書が刊行されるに至る．それが『郷土生活の研究法』（1935年）だった．民俗学とは言わず「郷土研究」を採用したのは，当時の日本で「民俗学」は一般向けにまだ定着していなかったからで，柳田自身その使用は時期尚早と認識していた．そこでより理解を得やすい「郷土」，「郷土研究」のタームを用いて代替した．同書は1931年の神宮皇学館での講演記録であり，多くの読者に読んでもらうことを期待しての命名だったといえる．

もともと柳田民俗学において，「郷土」の概念は学術的な意味合いを強く具えるものだった．『郷土生活の研究法』冒頭にある「郷土研究とは何か」の中で，その学問的意義が語られている．

　　郷土研究の第一義は，手短かに言ふならば平民の過去を知ることである．社会現前の実生活に横はる疑問で，是まで色々と試みて未だ釈き得たりと思はれぬものを，此方面の知識によつて，もしや或程度までは理解することが出来はしないかといふ，全く新しい一つの試みである．平民の今までに通つて来た路を知るといふことは，我々平民から言へば自ら知ることであり，即ち反省である[9]．

柳田が研究対象とした「郷土」とは，単にある人々にとっての特定の場所というより，現実を認識する一つの手段であり，その為に相対化されるべき研究対象だったことがわかる．

『郷土生活の研究法』は前編が民俗学の基礎理論ともいえる部分だが，第一章「郷土研究と文書史料」の中で述べる次の言葉は，柳田民俗学の根幹にあるものを改めて世に知らしめることとなる．

我々の学問は結局世の為人の為でなくてはならない．即ち人間生活の
　　未来を幸福に導くための現在の知識であり，現代の不思議を疑つてみ
　　て，それを解決させるために過去の知識を必要とするのである[10]．

さらに柳田は，前編最終章「新たなる国学」の最後の一項「自ら知らんと
する願望」の中で，「私たちは学問が実用の僕となることを恥としてゐない．」
と改めて明言した．学問救世を自らに課した柳田国男が，その後民俗学を組
織化していく過程で何度となく主張した姿勢である．一方で鶴見太郎氏が指
摘する通り，柳田のこうした民俗学の実践性（眼前の問題を解決する）が具体
的な作用を発揮した例はあったか，そもそも可能なのかという素朴な疑問が
存在する．例えば1910年代に南方熊楠が展開した神社合祀反対運動が，そ
こに住む者の信仰生活を保護するという切実な問題を含んでいた点を考慮す
れば，「民俗学の現代性・実践性の対象はこのレベルにまで掘り下げていく
必要がある」[11]．戦後間もなく，「日本人の予言力は既に試験せられ，全部
が落第といふことにもう決定したのである」（「窓の灯」[12]）と語った柳田自
身の言葉からも，民俗学の実践性を追求することは「半ば願いに近いもの
であった」（鶴見太郎『民俗学の熱き日々』129頁）と評価することもできよう．
しかし柳田民俗学の実用性を重視する姿勢は，彼に続く多くの民俗学者に大
きな影を落とすこととなった．異国の地で柳田国男に関心を寄せた周作人も
またその一人だった．

　　　柳田国男の著述は普段から気を付けて探し求めてきて，そのほとんど
　　を手に入れることができた．すでに絶版となった『後狩詞記』など結
　　局入手できていないものもあるが，1909年の初版限定本の『遠野物語』
　　から今年出版された増補版『遠野物語』まで，およそ民俗学に関するも
　　のは大体手に入れた[13]．

周作人が所有した柳田国男の著作は確認できるだけでも，『石神問答』

(1910 年),『遠野物語』(1910 年),『山島民譚集』(1914 年),『郷土誌論』(1922 年),『祭礼と世間』(1922 年),『海南小記』(1925 年),『山の人生』(1926 年),『雪国の春』(1928 年),『民謡今と昔』(1929 年),『蝸牛考』(1930 年),『小さき者の声』(1933 年),『日本の祭』(1942 年),『先祖の話』(1946 年)にのぼり,柳田民俗学の主たるものをほぼ網羅しているといえる.残念ながら『郷土生活の研究法』を入手した形跡(言及)は見あたらないが,同書と並んで柳田民俗学の指南書と目された『民間伝承論』(1934 年)に関する記述が残されている.柳田による「日本の民俗学の全体像」に対して,周作人が理解を得ていたと考えても差し支えないだろう[14].

　周作人は雑誌『郷土研究』の購読を継続し,そのすべてを所有していたらしいというから[15],柳田民俗学への関心の高さには並々ならぬものがあった.とは言うものの,柳田民俗学が基本に据えた民俗学の実用性の立場に周作人も立ったか否かは慎重に判断する必要がある.なぜなら周作人の「四大弟子」の一人で中国の迷信研究に取り組んだ江紹原に対して,民俗学の目的は一民族,あるいは一地方について信仰習慣歌謡ことわざを収集して,その意義や発生分布を跡付けることのみにあるのだから,「たとえ一つの学問であっても,それが有用かどうか,これはまた別の問題である」し,そもそも「民俗学は,現在がどうなのかを説明するに過ぎず,それが何に役に立つかは,実際にはあまり答えられないもの」[16] だと語っているからだ.柳田国男の学術スタンスとはむしろ真逆ともいえる立場である.こうした民俗学の「無用の用」の境地に至る経緯は別稿で論じたので省略するが,少なくとも 1930 年当時,周作人が民俗学の実践性を信じて疑わない柳田の立場と一線を画していたと考えてよいだろう[17].その要因として,柳田の「郷土研究」が現実認識の手段であると同時に,ナショナルなものへ敷衍される概念だった点を確認しておきたい.

　周作人が読んだことが確認できる『民間伝承論』によれば,柳田「郷土研究」の真の目的とは何かがわかる.柳田は「第四章　郷土研究の意義」の中で,日本列島は地理的に複雑で,結果それぞれの生活は多種多様である.

「斯くも複雑な日本人の生活と社会を一様に見ようとすることは，実際出来ぬ相談であることは明かである．しかも此国土の中に一つの種族が行き亘って居ることは，国としては非凡であるといはざるを得ない」[18)] として，さらに次のように述べた．

　　仏蘭西でも，スラヴの諸国でも，決して斯んな例は見当らないのである．同じ日本人が異つた環境に居るが為に，異なつた相や様式を持って居るのである．統一といふか，単一といふかユニティーの問題などを研究するにはもつて来いの国といへるのである[19)]．

　他国に類をみない「雑多な外貌」を持つことがむしろ「ユニティー」の証になることを柳田に確信させた背景には，「その間に距離を置いて近似・類似がある」，「すなわち隣同士の間に相違があって遠方に一致がある」ことを確信させた画期的大事件があった．「沖縄の発見」である．

　柳田が沖縄を訪問したのは1921年1月から2月にかけてのこと．紀行文『海南小記』（1925年）の中で当時の感動ぶりが遺憾なく表現された．柳田は，「本土」で廃れた単語や語法が沖縄で使用され（言語），神を祭る者が女であったり（信仰），家々が分立する以前，家を労働単位ではなく労働組織の概念で捉えている（社会組織）ことを目の当たりにして，「内地ではきわめて古いものが琉球では眼前に現存している」ことを発見した．つまり沖縄に文化的・社会的独自性を求めるのではなく，そこに「ユニティー」としての日本を解明する重要な鍵を見出したのだった．その解釈法は『蝸牛考』（1930年）で方言周圏論という形で明示され，柳田はこの手法が民俗全般を解釈する基準にもなり得ると考えた．こうした周圏論的郷土観に顕著なように，柳田民俗学はまずナショナルな存在でなければならなかったといえる．

　英（folklore）・独（Volkskunde）双方の民俗学に理解があり，民俗学が本来ナショナルな学術志向のもとに成立することを知っていた周作人は，自ら希求する民俗学の姿ではないにしても，柳田民俗学（「郷土研究」の「実践性」）

を理解する下地があった．それゆえ，柳田民俗学が成熟していくにあたり，出版から20年以上の時を経た後,「『遠野物語』は日本郷土研究において歴史的意義ある書だ」（周作人「聴耳草子」1933年，『夜読抄』所収）という評価を下している．

「沖縄の発見」を機に均質的な日本人像を模索し始めていた柳田国男は，1925年に創刊した『民族』で地方の民俗報告の採集に力を注ぐと同時に，地方に散在する郷土史家を繋ぐ雑誌となるよう尽力した．民俗資料の収集を第一義とした周作人が，柳田民俗学の堅実な調査方法とその実践成果（地方の民俗収集）を評価したことは明らかである．加えて周作人が柳田民俗学の中で注目したのは，地方に残る日本の古い民俗が都市で廃れることを「憂いている」点であり，柳田の筆致に溢れる「人情味」にいっそうの興趣を感じて，次のように述べた．

> 柳田は古い伝統の詩趣は今日の都市生活ではふつりと切れて，次の世代の国民は受け取らずに終わると述べた．また平民の心情は珍重されもしないし記録も残らない為，言語文章には過酷な用法の制限があったと述べた．どちらも深い意味を含んでおり，これらのことに私も同感する．これを古い話だという人もいるだろうが，柳田の子どもや農民に対する感情は誰にも負けない．彼の同情と憂慮はすべて本物である．だから時代遅れであっても，それゆえに真実と重要性を失うことはない[20]．

民俗採集の動機はさておき，柳田国男が地方（郷土）や，農民，子ども，女性を通じて民俗の担い手に深く「同情」していたこと，彼らへの感情は誰にも劣らない真実のものだと周作人が評価した点に注目できる．さらに，柳田民俗学と周作人の民俗学が共通して求めた民俗学のあり方（民俗採集を優先すること，民俗の担い手そのものに価値を見出すこと）が実践された場所（雑誌）があった．それが飛騨高山で戦時下にもかかわらずおよそ10年間刊行され続けた郷土研究雑誌『ひだびと』である．その主宰者は，江馬修・三枝子夫

妻だった．次に『ひだびと』の刊行経緯を辿りながら，周作人と江馬修の思想的接点を探ってみようと思う．

2．『ひだびと』と江馬 修（えまなかし），そして周作人

　　江馬氏は大正時代の小説家であり，短編「小さい一人」を私は民国7年に訳出して，『新青年』誌上に登載した．日本作品翻訳のほぼ最初といってよい．夏期休暇で南方へ帰る時にも『受難者』一冊を携えて，汽車の中で閲読した．近年江馬氏は故郷にあって，『山の民』一部三冊を著し，飛騨における明治維新の初めの事を叙述した．分量はやや少ないけれども，藤村の『夜明け前』に比する大作である．飛騨の都市は勿論すでに現代化しているが，多くの山村にはなお少なからず封建時代の遺風を残しているので，民俗調査には更に特別の意義があり，江馬夫人が多く女性生活に意を注いでいるのは，自然のこととはいえ得がたいことである[21]．

　江馬修（1889-1975年）を知る人はどれほどいるだろうか．学歴もなくどの派閥にも属さなかった江馬修が文壇デビューを飾ったのは，処女作「酒」を『早稲田文学』に発表した1911（明治44）年のこと．もともと郷里の飛騨高山で自然主義文学の洗礼を受けていたが，自然主義の当初の進歩性と魅力が失われていくに従い次第に離れていった．その後新しい思想的，芸術的な拠り所を捜していた頃，『白樺』と出会い強く魅かれていったことはすでに触れた通りである．武者小路実篤と交際が始まるのを契機に，1915（大正4）年福士幸次郎らと同人誌『ラ・テール』を創刊，一般に江馬修が「『白樺』周辺の人道主義者とみられる」[22]時期が始まる．周作人が『新青年』（第5巻第6号，1918年12月）に翻訳を掲載した短編小説「小さい一人」は，1916年4月『ラ・テール』に発表され，翌年『寂しき道』（新潮社1917年）に収

められた．訳者注記に単行本から翻訳した旨が記されている為，周作人は『寂しき道』の刊行からわずか一年余りで訳載したことになる．訳者注記にはまた，「江馬氏は新進作家であり，人道主義的傾向を持つ．その他の著作に，長編小説『受難者』，『暗礁』の二種と，また『愛と憎み』という短編小説集がある」と記すから，周作人は当時の江馬修作品に注目していた．特に『受難者』は，大正半ばを「『受難者』の時代」[23]と言わしめるほど，一世を風靡した作品だった．

『受難者』は1916（大正5）年に発表されるや初版800部がたちまち完売．すぐに300部だけ増刷するもすぐに売り切れ，さらに3版300部を増刷しても売り尽くした．その後は増刷を繰り返し，1924（大正13）年の時点で41刷りを重ねるほどのベストセラーとなり，江馬修は新進作家として一躍時の人となる[24]．『受難者』は文学青年の主人公と看護婦礼子の運命的な出会いから始まり，数々の困難を乗り越えて恋愛を成就させる物語である[25]．

『受難者』を皮切りに，新進作家として江馬修はその後関東大震災頃までの数年間，『暗礁』（1917年），『不滅の像』（1919-20年），『極光（上下）』（1924年），『追放』（1926年）等，短編小説が主流の大正文壇にあって，書き下ろし長編小説を次々に刊行した異色の作家，ないし人道主義の流行作家となる．その頃，江馬修に思想的な転換を促す大きな事件が起こった．関東大震災である．

江馬修は大震災を振り返り，大地震と大火災による災害に加えて発生した「朝鮮人に対する大虐殺，亀戸において軍隊と警察によって行われた社会主義者九名の虐殺，憲兵隊による無政府主義者大杉夫妻と小さい甥の虐殺，こうした一連の残虐事件は今更のように政府と軍隊と官憲にたいして私の眼をひらかせた」[26]と回想した．権力の横暴と自身の無力感をまざまざと思い知ったことを感じさせる．そうした反省を踏まえて，『羊の怒る時』（1925年）が執筆された．柔和な羊でさえ怒りを抑えられないような，非人間的な暴力性に対する怒りと抗議を露わにした同作は，江馬修が人道主義から社会主義へと思想的な転換を世に知らしめる作品となった．

その後 1926（昭和 1）年の渡欧から帰国後，日本プロレタリア芸術連盟に加入（1927 年），翌 1928（昭和 3）年，ナップの機関誌『戦旗』創刊号に短編「黒人の兄弟」を発表した．続けて長編戯曲『阿片戦争』（1930 年），「南阿戦争」（1930 年）他戯曲や小説を数多く執筆して，プロレタリア文学運動の主要な働き手となる（1929 年四・一六検挙の少し前より，自宅は共産党員のアジトと化す．9 月には特高に自宅を襲われ青山署に連行，約 40 日間拘置された）．この時期は作品数は多い，反面，創作面で行き詰まりをみせる．加えて弾圧の強化，さらには窮乏生活に活路を見出すことができなくなり，1932（昭和 7）年，江馬修は帰郷という決断をする（その後 1950 年『人民文学』創刊に際して再び上京するまで，およそ 18 年もの長きにわたって飛騨高山をライフワークの地に据えた）．彼にとって最初の試みとなる歴史小説（郷土の歴史的事件「梅村騒動」を題材とする）の執筆に闘志を燃やして，郷里飛騨で梅村騒動に関する調査研究に没頭していく．傑作『山の民』執筆に向けた動きはこうして開始された．『山の民』は『ひだびと』の創刊号から連載されるが，『ひだびと』誕生に至る経緯は次のようなものだった．江馬修は回想する．

> 高山へもどるについて，私はひとつの計画を抱いていた．それまで考古学と民俗学の小さい研究グループで不定期に出していた会報を，定期的な月刊の郷土研究誌に改め，経営を私の個人的責任にして発行することであった．私はグループにさっそくこの計画を持ち出して，一同の積極的な賛意と支持をえた．自分も書いたりした．表題は高山の歌人白川吉郎の発案によって「ひだびと」ときめ，頁も六〇頁前後にした．こうして一九三六年（昭和一一）一月にその創刊号を発行した．「私たちの郷土を新しく見直しましょう」「郷土の文化を高めるために努力しましょう」これが「ひだびと」のスローガンであった[27]．

上記に引用した江馬修の『一作家の歩み』（1957 年,「文学的自叙伝」[28]）は，戦後日本共産党に入党して党活動に励んでいた時期の，やや興奮を抑えきれ

ぬ筆致が漂うものである．それだけに正確さを欠く点，誤植や誤記（『ひだびと』創刊は1935年の誤り）も目立つ．その点を割り引いて読んだとしても，戦時下における一地方の活動を知るに十分な手がかりを与えてくれる．

「小さい研究グループで不定期に出していた会報」とは，1933年4月に創立した「飛騨考古学会」の機関誌『会報』を指す．その後「飛騨考古土俗学会」（1934年1月）に再組織して，単なる『会報』から学会機関誌へと飛躍をはかり『石冠』へ改名した．『石冠』は50頁に達する大部のものとなり，中央学界からも一目置かれ始めた．『会報』と『石冠』が『ひだびと』に発展する土台だった[29]．

『ひだびと』は1935年1月，郷土研究雑誌と銘打って「新春特輯號」として世に出された．創刊号（第3年第1号）こそ「編集後記」の執筆者に瀬川漁三とあるが，2号（3-2）からは江馬夫人・三枝子が担当した．「飛騨考古土俗学会」の編集代表として，『ひだびと』の実質的な編集作業は彼女が担った（江馬三枝子は常連の執筆者としても活躍）．『ひだびと』は継続前誌の考古学偏重の傾向を改め，寄稿を募る範囲を「考古，土俗，文獻，傳説，民謠，文藝」（「寄稿歓迎！」の広告，『ひだびと』2号）へと広げて，次第に飛騨地方の民俗採集に力点を置いた郷土研究誌に生まれ変わっていった．

発行部数500部ほどの『ひだびと』は，初めの一年は売れ残りもあったというが，飛騨のみならず，東京からも，さらには北海道，樺太，満州からの注文もあったというから，まずまずのスタートを切ったようだ（2号「編輯部便り（江馬三枝子）」）．その後次第に評判を上げ会員を増やすことで経営を軌道に乗せて行ったが，『ひだびと』の周知に一役買った人物として柳田国男の存在は大きかった．3号（3-3）の「編輯部だより」で江馬三枝子は次のように感謝の意を述べている．

　　　前號は一月號にまさるやうな好評を得ました．郷土研究の宗家と言わるゝ柳田國男先生は，「異常に興味多き雑誌となりよろこばしき限り，」とお褒め下さつたばかりでなく，そのうちに御執筆下さるとのお言葉ま

で頂きました．（中略）

　それから東京その他の諸雑誌が一せいに「ひだびと」の紹介をしてくれたのも有難い事でした．「ドルメン」は内容目次をすっかり列擧しての紹介でしたし，「歴史科學」では殆んど一ページを費して，櫻井武雄氏が懇切な批評と紹介を書いて下さいました．これまたこゝに厚く御禮申あげます．

『ひだびと』が創刊された 1935 年，中央では柳田国男を中心に「民間伝承の会」が成立（8 月），同年 9 月に雑誌『民間伝承』が創刊された．江馬三枝子は飛騨高山に移って以降も師と仰ぐ柳田国男が主宰した『民間伝承』の購読を続けており，飛騨に関する記事を見つけては『ひだびと』に転載した他，柳田との個人的やり取りやコメントも随時掲載した．三枝子が地方で郷土研究雑誌を編集するにあたり，柳田国男が精神的な支えだったことは言うまでもないが，柳田サイドでも門下生である彼女を高く評価しており，影から支持した．江馬修もまた三枝子を通して，間接的に柳田の影響を受けた（江馬修「郷土研究と地方文化運動」参照[30]）．

　柳田国男はその後執筆を寄せる約束を果たして，「団子浄土」(5-3, 1937.3)，「飛騨と郷土研究」(5-8, 1937.8)，「耳たぶの穴」(6-8, 1938.8)，「女と煙草」(7-2, 1939.2)，「文化と民俗学」(10-10「第百號記念」, 1942.10) が掲載された．中でも「飛騨と郷土研究」は，柳田国男が京都と伊勢の講演の後に，下呂を経て高山まで足を運んだ際の講演筆記である（講演は 1937 年 7 月 3 日開催．聴衆は 160〜170 人で盛会だった．（「編輯部だより（江馬三枝子）」5-8）．柳田は飛騨高山の聴衆に，飛騨高山で採集する民俗を特殊なものとせず，「ひとつ國として，全體として，日本の一部として」とらえ日本各地との関係性に目を向けよ，「いくつかの小さい問題を出す事によつて，云はゞ既に下ごしらへの出来た壁の上塗りをするやうな役目をすべきである．九州のやくの島，みくら島なぞの山農の生活とも較べてみ，狩獵に關する特徴なぞもそれぐ〜調べて，生活の違つた點を探し，それを更に新たなる疑としなければならぬ．

八丈島の民俗が『ひだびと』に出て，それと同じ事が飛騨にもあると云ふやうな事が分つて来ればどんなに愉快だらうか．（中略）『ひだびと』を単に飛騨かぎりのものと云ふだけでなく，日本のものと云ふ風に押し育てゝ行かせたい」と結んだ．柳田の郷土観と，柳田民俗学（民俗採集を積み重ねた経験的思考に拠る学風）のエッセンスが盛り込まれている．周作人はおそらく後者の丹念な民俗採集の足跡の方にこそ，『ひだびと』の真価を見出したことだろう．

　『ひだびと』には柳田国男以外に，柳田の一番弟子と目された橋浦泰雄，柳田の高弟・大間知篤三ほか，宮本常一，瀬川清子，能田多代子，大藤時彦，関敬吾，澤田瑞穂，直江広治といった「木曜会」（1934 年柳田邸で発足）の主要メンバーが原稿を寄せた．民俗学研究で実績ある錚々たる中央のメンバーが寄稿した意味は大きい[31]．彼らは時に飛騨まで足を運んで，全国に飛騨を紹介していった．このように中央で高い評価を得る一方で，『ひだびと』は飛騨の一般市民の参加を積極的に促していく．民謡や方言，伝説など数多くの資料を収集し得たのは，彼らの功績に拠るところが大きい[32]．『ひだびと』はいよいよ飛騨の民俗資料の宝庫として異彩を放っていった．江馬修の代表作『山の民』もまた，この『ひだびと』上で最初のテクストが生成された．『山の民』はその後改作を重ねていくが，周作人が目にしたのは，自家版『山の民』三冊（「第一部　雪崩する國」，「第二部　奔流」，「第三部　途上」，1938 〜 40 年）だった．周作人の『山の民』評価の前に，周と江馬修の思想的接点を探っていく．

　周作人が所蔵した『ひだびと』は，「第 8，9，10 年の三巻と，他にそれ以前のもの 6 冊だけ」（周作人「草囤与茅屋」1944 年作）だったというから，主に 1940 〜 1942 年のものである．当時すでに「偽」政権に参与する対日「協力」者だった周作人は，日本研究屋の看板を下ろして久しかったが，唯一，日本の民俗に関わる言及は続けた．それが占領下北京に留まり日本と向き合うことを選択した周作人に残された唯一の生き方そのものだった[33]．周作人にとって『ひだびと』は，特別な思いを馳せた雑誌であり，その思いは主宰者

でありかつて翻訳したことのある江馬修へ向かうものがあった．江馬修の『山の民』を評価する姿勢はその表れである．まず，周作人が目にした『ひだびと』誌上に掲載された江馬修の数編の文化論，芸術論をみていく．

その一つが，切迫する時局下で文化活動にかかる圧力に屈せず，文化への無関心を克服すべきだと主張した「文化の問題に寄せて」(『ひだびと』9-10, 1941.10)である．その大意は次のようなものである．江馬は言う．いわゆる模範村を称賛する記事を読んだが，どれも経済的な立場から見ているだけで，彼らの生活情況を文化面から観察する必要がある．なぜそうしないのか．それはひとえに文化に対する無関心，同時に農村の文化生活面に対する一般の無関心に由来する．さらに勤労と生産に加えて必要なことは，衣食住にこそある．不衛生でぶざまな衣服を着，楽しく食べる工夫の無い食事を取り，不衛生な住居に住むのは，文化的には未開人の状態と等しい．「簡素なら簡素なりに，衛生的でもあり，こころよくもあるやうに住めることを考慮する必要がある．これはまさしく我々の今日の文化的要求であつて，別の言葉で，生活への美的要求と呼んでも差支へない．」

「文化の問題に寄せて」は，衣食住の改善と向上があくまで文化的な問題であることを主張する文章である．この主張は「文化と文化運動の意味」(『ひだびと』9-12)でも繰り返される．戦時下における国民文化議論の最中，江馬修は積極的に文化運動，特に地方文化運動を論じてきた．重要な論点は，「生活への美的要求」が叶わないのは，文化的無関心，とりわけ地方農村の文化生活に対する無関心が原因だとした．というのも，二十年来「大衆の教養は低く，淺い，もしくは無いと云つて良い．従ってその趣味は低劣である．」[34)]という見解が一般的通念だったからだ．江馬は「磨かれざる珠」である大衆こそ生活を豊かな美しいものにして生活力を増強させる必要がある．そのために本当の芸術を与える必要があると説く（すぐれた文化はすぐれた国民を作る，という方向で語られるものだが，その点は戦時下における「国民文化」議論や，文化団体が大政翼賛会の新体制運動に規定されていく状況下にある点を考慮して読む必要があろう）．

江馬修の文化を論じる文章を読んで，周作人がかつて「生活はさほど容易なことではない．動物のように自然に簡易に生活するのは，その一つの方法である．生活を一種の芸術と見なして，微妙に美的に生活するのも，また一法である．二者の他にはもう別に道はない」と論じた有名な「生活之芸術」（1924）が思い起こされる．「生活之芸術」は，中国固有の「礼」のあるべき姿から，人間らしいあり方，ないし生活の法を見出し，重んじる姿勢を説いた文章であり，書かれた時代も背景も異なる．しかし，実際に「教養は低く」，「趣味は低劣」な大衆の生活に入り込み10年近く生活をしながら，彼らの生活を「美しいもの」へと導くため郷土演劇活動に取り組む江馬修の美的生活論に，周作人が共鳴したと考えるのは無理なことではないだろう．それは周作人がやり遂げられなかった民俗学運動でもあったからである．同じく，江馬修が大衆と共に生きることで成し遂げたもう一つの仕事があった．それが『山の民』であり，周作人は江馬修の大作に魅かれていった．

3. 江馬修『山の民』と三枝子『飛騨の女たち』

『山の民』が題材にした「梅村騒動」とはどのような歴史的事件か，江馬修は次のように語り，自身との関係に触れている．

> 明治元年，維新の動乱で物情騒然とした飛騨高山へ，若い浪人志士梅村速水が明治新政府から知事に任命されて赴任してきた．そして旧弊一洗の新理想のもとにつぎつぎと思いきった革新政策を遂行するが，彼が熱意をもって精力的にそれをやればやるほど，人民の間に大きな不満と怒りをよび起こし，ついに全飛州人民を総蹶起させるような大一揆になった．郷里では俗にこれを梅村騒動と呼んでいるが，私の父弥平は梅村知事の側近の一人だったので，この事件にはじつに深い関係があったのだ．私の母を始め周囲の年寄たちはいずれもこの事件の経験者だった．

(中略) 私は作家となると共に，いつかはぜひ梅村騒動を小説に書きたいと考えていた．そしていつとなく，私はこれを自分の文学的義務のように感じてきた[35]．

すでに触れたが，1930年代の初め，江馬修は生活と仕事の両面で行き詰っていた折，かねてからの願いだった「梅村騒動」を題材に小説執筆に取り組むことを決意した．手始めに，収集してあった歴史資料や文献を分析するが，その歴史的意義の大きさにまず驚いた．江馬は日本の黎明期に一地方で起こった大一揆を通して，人民大衆の力が歴史の推進力として大きく作用すること，さらには地方の維新の歴史に，明治維新の歴史の縮図があることを発見した．実は，父は梅村の側近者として人民勢力と対立する立場にあった．そのことと，マルクス主義者である自身の思想的立場の間で苦しみながら，江馬はあくまで人民大衆に寄り添う思いを強くする．そして，どうしても一度は飛騨の地を訪れ，実際に調査する必要性にかられた．そこで，1932年の夏，一カ月ほど家族で飛騨高山に滞在し現地踏査を敢行した．

飛騨高山に滞在中，江馬はほとんど毎日村に住む老人を訪ね，遠近の村々を歩いて，騒動の参加者や目撃者からの証言を聞き取る作業に追われた．騒動からすでに60年以上の月日が経っていた為，なお健在の経験者を捜すことは容易でなく，根気と忍耐を必要とする骨の折れる仕事だった．にもかかわらず収穫は大きく，「実験談経験談をとおして文献では到底うかがい知ることのできないような当時の生きた事情と空気を学び知ることができた」[36]．だが江馬にとって最大の収穫は，村々を歩いて農民に直接触れた結果，自分が郷土の生活をほとんど何も知らなかったことに愕然としたことだった．郷土の歴史と生活のすべてが「創作の泉」のごとくに感じられたという．

東京に戻るや早速長編の執筆に着手する．だが書き進めて百枚余りになったところで，納得できずペンを投げた．調査と研究不足，とりわけ農民大衆の生活に対する知識と理解が不十分で，そんな自分が彼らの歴史的運動を生き生きと描き出すことはできないことに気付く．1932年12月，郷土を再出

発の拠点とする覚悟で，ついに飛騨高山へ家族で移住することを決意した（とはいうものの，『ひだびと』創刊に至る一時期，高山での生活に不安を覚え1934年4月東京に戻っている．だが秋には長編の完成まで郷里で生活する決意を新たに再び帰郷した）．

梅村騒動の書きかけ原稿を抱えて再帰郷した江馬修は，原稿を改稿しながら『ひだびと』創刊号に，「飛騨の維新――長編創作「雪崩する國」第一編」と題して連載を開始した．控えの草稿が尽きてからは毎回書き足して，第一部は計10回連載された（3年1～4，6～11号．表題を『山の民』に改めると同時に加筆改作して自費出版するのは1939年2月）．続く第二部「梅村速水――「雪崩する國」第二編」も計10回の連載（4年1～3，5～8，10～12号）を経て，1939年2月に出版された（副題は「梅村速水」から「奔流」に変更[37]）．第三部は『ひだびと』へ連載せず，書き下ろしが1940年2月に出版された．『山の民』三冊の原形がここに完結する[38]．

周作人が『山の民』に言及するのは，1944年2月に書かれた「ツブラと茅屋」（原題「草囤与茅屋」）の中であり，『山の民』が出版されて間もない頃である（自家版の『山の民』を周作人が入手した経緯は不明）．「ツブラと茅屋」に引用するのは，第二部「奔流」の第四章「小さい一人」の一節である．偶然にも自分が翻訳したことのある短編小説と同じタイトルが付けられている点について周作人は，「作者必ずやおのずと意義を認めてのことであろう．私ももう一度読み直してみて，頗る感慨を覚えた．この小文をものした微意もまた，実にここにある」と述べた．

「奔流」第四章「小さい一人」は，梅村速水が棄て子の死骸に接して，不憫であるゆえ埋葬の手筈を部下に言い付けると同時に，高山地方に間間ある棄て子の風習に憤りを隠せない様子を露わにして，新しい世になった以上あってはならない一大事だ，さっそく棄て子の親を探すよう命令する場面から始まる．梅村としては，なぜ自分の産んだ子を親は棄てねばならなくなったか，その理由を知ることで，今後の予防策に役立てたいという意図からの命令である．さらには密通や棄て子を防ぐために，貧乏人は結婚を禁止して

はどうか，遊女屋を官許で設けてはどうか，などと大真面目に考えている．結局棄て子の親は出てこなかったので，梅村は自ら墓を立て，自ら銘を作って刻ませることにした．善処と信じて疑わないお上と，貧乏人として暮らしてきた農民たちとでは，意志疎通が極めて困難であることをよく表すエピソードである．

　続けて，梅村が田植時の農村を微行で視察するシーンに移る．時の知事が家来（高間源八）を一人しか連れていないとは誰も思わないばかりか，農民のほとんどが梅村の顔を知らなかったから，おしのびの視察にはもってこいだった．その日も微行を終えて帰宅の途に着こうとするや，激しい夕立に襲われた為ふと通りかかった百姓屋の軒下へ飛び込んで雨を避けた．だが夕立が猛烈になってきたので，土間へ入って雨をしのぐことにした．田植えに出ている農家に人のいる気配はなかった．しかし次の瞬間，彼は眼を見張ることになる．ちょうど周作人が引用する次の場面である．

　　や\、奥まつた黒い細い柱の側に，藁で桶のやうな形に作つたツブラがあり，そこに一歳位な赤ん坊が入れてあつた．その赤ん坊の小さい顔に，蠅が眞つ黒に見えるほど一面にたかつてゐたのである．赤ん坊は半ば眠りながら，ヒイ〳〵と消え入るやうに微かな泣き聲を立ててゐる．察するところ，赤ん坊は蠅がうるさくて堪まらぬので，さつきからさん〴〵に泣き叫んでみたが，蠅は相手の無力を見くびつてなか〳〵立去らうともせず，却つて乳の香を慕つて寄つてくるばかりなので，ついに泣き疲れ，泣き切つて，半ばうと〳〵眠りながら猶微かに絶望的な悲鳴をあげてゐるらしい．

　「これは堪らん．」

　梅村は「堪らん」と叫ぶやいなや，草履のまま板の間へ上がってツブラに近づき，扇子を開いて赤ん坊の顔から蠅を追い払いながら，蠅もひどいが親もひどい，こんな風に赤ん坊を置き去りにした親を責める．源八が忙しい農

民に寄せる同情に耳も貸さず,「早く行つて親共を捜して来い.」と命令を下す. 源八はまだ夕立が止まない中, 濡れながら母親を捜しに走っていく.

次に早乙女衆が雨宿りを終えて田植えに戻るシーンに移る. 十人ばかりの早乙女が田植え唄を口ずさみながら, 見事な田形を作っていく様子は生命力に満ちていて, それは美しい描写となっている. それもそのはず, 田植えの日に限り, 賃金は男子と同等であったばかりか, 一般的な待遇はそれ以上だった.「勞働は一種の祭りであつた. 女たちは開放された, 自由な, 若々しい氣持で, 唄ひ, ふざけ, 笑ひ, そして働きつゞけるのであつた.」

しかし, ツブラの赤ん坊の母親を呼びに来た「おさよ婆」の声に, 皆が一斉に怪訝な顔を向けた. こんな田舎に殿様が居ることも, なぜ母親を呼びに来たのかも見当がつかない. 何やら不安な様子で, ひとまず母親を帰らせることとなる. 事情を聞いた村の衆は, 赤ん坊を虐待していると怒る梅村に驚き呆れてしまう. 当の母親も, なぜ叱られるのか解らずに, 泣いて詫びるしかない. ここでも赤ん坊を抱えた農民の実情に疎い梅村と, 彼の「善意」を理解できない農民たちの, 見事なまでのコントラストが描かれている. 飛騨地方の「ツブラ」という民俗や, 早乙女衆の生き生きとした労働の様子, 農民の生活描写などどれも実にリアルで生き生きとしており, まさに経験的理解に裏打ちされて描いた作品となっている. これこそが, 江馬修が人民大衆と共に生きることで獲得し得たものだった.

周作人はまた, 当時三国書房が出したシリーズ「女性叢書」を購読しており, 飛騨女性の民俗に関する書(瀬川清子『海女記』『販女』, 能田多代子『村の女性』)を読んで, 特に興味をそそられたという. 中でも高く評価したのは, 江馬三枝子の代表作『飛騨の女たち』(三国書房「女性叢書」1942)だった.

『飛騨の女たち』に所収された何編かは, すでに『ひだびと』に登載されたことがある(『飛騨の女たち』は, 柳田国男の「序」に始まり,「はしがき」「ツブラの中」「娘時代」「ヨメサの境遇」「カカサの勤め(一)」「カカサの勤め(二)」「白川村大家族の女たち」「町の女たち」「女ばかりの行事」「小町むすめ」「農村婦人を擁護せよ」で構成される). すでに触れたが, 三枝子は『ひだびと』の実質的な

編集者でありながら，柳田民俗学に忠実な民俗学者として，自らも『ひだびと』へ民俗資料を数多く掲載した．彼女は『飛騨の女たち』以外にも，柳田国男の推薦で『白川村の大家族』（三国書房「女性叢書」1943）を出版しており，こちらも三枝子の代表作として今なお評価が高い．

　私が『飛騨の女たち』を読んで，中でも特に第一章「ツブラの中」をぜひ中国に翻訳紹介したいと思ったのはなぜだろうか．それはここに記されているのが，日本中部山村の農民——あるいは農婦の生活の実情であり，それらを紹介すれば一種の誠実で親密な感情を抱くことができるからである．これは他のありきたりな文章にはないものである．
　　　　　　　　　　　　（周作人「草囤与茅屋」1944年作，『苦口甘口』所収）

　周作人は「ツブラ」という飛騨の民俗資料の中から，民俗と共に生きる民衆と彼らの生活を実感して，一種「誠実」で「親密」な感情を抱いた．そこに周作人が求め，かつ柳田国男とも共鳴できる民俗学のあるべき姿が体現されていた．つまり，江馬修・三枝子が主宰した『ひだびと』は，周作人の民俗学と柳田民俗学が共に実践されうる場だったと評価できる．周作人は江馬夫妻を通して，柳田民俗学を評価する術を得たともいえるのである．

おわりに

　『ひだびと』は，飛騨高山という地方（郷土）が舞台であった点で，柳田国男の郷土研究を実証的に行う場として機能する側面があった．主宰者の江馬修・三枝子夫妻が，直接間接に柳田民俗学の強い影響下にあったこともそれを後押しした．そのような『ひだびと』に，日本の民俗を好んだ周作人もまた好意を寄せた．柳田民俗学における郷土の観念に反発する部分を持ちながらも，周作人が柳田民俗学を評価していた理由でもある．『ひだびと』は

第 5 章　周作人の郷土をめぐる葛藤　153

戦局の悪化に伴う紙の配給不足という現実的な困難に直面して，停刊を余儀なくされるが，ちょうどその頃，周作人と柳田国男が直接会見する可能性を持っていた点に触れておきたい．

1943 年 9 月頃，周作人の元に「柳田国男先生古稀記念会」北京大会参加の依頼が舞い込んだ．「柳田国男先生古稀記念会」は 1943 年夏から翌年秋にかけて，「柳田国男，およびその民俗学を媒介として，これに共鳴する一群の知識人によって織りなされたひとつの学会事業」[39] だった．鶴見太郎氏は，この事業を通じて形成された柳田国男を取り巻く人脈や，彼らを繋いだ思考様式が，戦時下の全体主義に向けて取られたある意思表示の形として評価できる可能性を示唆している．

古稀記念事業という共同作業の媒介を果たすのは，もっぱら「柳田民俗学」の学風であり，具体的にはこれまでみてきた，『ひだびと』における丹念な民俗採集の軌跡及び，その為の経験的思考様式を指すと考えてよいだろう．柳田の学風（方法）を意識して様々に計画された古稀記念事業が一つの思想運動としての性格を持ち得るものだった可能性は，確かに高い．事業の経緯を辿りながら，鶴見太郎氏はさらに「経験と実証を尺度に，戦時のイデオロギーに対する過度の同調から身を守ることが，この運動にかかわった人々の共通理解だった」（『民俗学の熱き日々』79 頁）と指摘している．古稀記念事業に関しては，資料的な限界からその全容を知るのが現時点では困難な状況にあり，その間の事情をもう少し丁寧に検討する必要があろう．

一方で，日本研究屋をたたむと公言しながらも，日本民俗学と向き合い続けた周作人の思考様式に対し，同様の評価を試みることが可能かもしれない．すなわち，全体主義体制が成立するのを目の当たりにしながら，それへの「抵抗」という顕在的行為は示さずとも，より深い意識の中でそれに一体化しない工夫が彼の民俗学研究の中にあったとは考えられないだろうか[40]．周作人における戦争と民俗学研究の問題は今後の検討課題とするが，占領下北京に留まる選択をしていた周作人に対して，（むろん周作人の政治的な立場と，柳田民俗学への理解があったからだが），古稀記念事業開催にあたって白羽の矢

が立ったことは当然の成り行きだった．周作人は北京大会の参加を承諾したが，戦局の悪化に伴い大会は結局実現しなかった．柳田と周作人の直接対面は残念ながら叶わなかった[41]．

　最後に，江馬修は『山の民』の執筆が，戦時下における民俗学活動の一環であり，戦争に対する抵抗の証であったと述べる言葉を引用して結びとする．そこには，作品同様に江馬修その人に強く魅かれていた周作人が評価した，江馬修のもう一つの側面が窺えるのだった．

　　戦争中に，仲間だった連中は次々と転向していったが，僕は転向もせず高山で一人でがんばったんだ．それは孤独なものだったよ．左翼の作家だった人たちが，恥も外聞もなくさかんに軍に迎合して，戦争礼賛の文章を書きたてていたが，きっと日本のどこかには，自分と同じように表面では服従していても，心の底では必死で抵抗している者がいるに違いないと信じて，一生懸命"山の民"を書いたんだ．（天児直美『炎の燃えつきる時──江馬修の生涯』東京：春秋社，1985, 90 頁.）

　［附記］本研究は科研費基盤研究（C）「20世紀初頭の中国における知の形成とナショナリズム─周作人と民俗学」（26370414）の助成を受けたものである．

1)　江馬修（1957）『一作家の歩み』東京：理論社，103 頁.
2)　この間の事情について，及川智子（2013）「周作人と雑誌『白樺』」（アジア遊学 164『周作人と日中文化史』東京：勉誠出版所収）に詳しい．
3)　周作人（1918.12）「小小的一個人」『新青年』第 5 巻第 6 号．周作人はこの短編小説を皮切りに日本文学の翻訳を本格的に始動させる．その意味で，「小小的一個人」は彼の日本文学翻訳史上における記念碑的作品でもある．韓玲姫，綿貫豊昭（2012）「周作人の購入書籍に関する考察─日本文学を中心に」（筑波大学『情報メディア研究』11）参照．
4)　『ひだびと』は一回だけ，紙の配給の問題から合併号を出している（第 12 年第 3・4 号，1944 年 4 月）．やむなく一回休刊したことになる．
5)　周作人の日本民俗学研究受容を考察するにあたり，柳宗悦の民芸研究，宮武外骨の風俗研究との関係も看過できないが，その検討は今後の課題とする．

6) 周作人（1931作）「遠野物語」,『夜読抄』所収.
7) 『遠野物語』の購入から執筆までのタイムラグに関しては, 拙論（2010）「周作人と柳田国男―それぞれの民俗学」（中央大学人文科学研究所『人文研紀要』69）参照.
8) 福田アジオ（1990）「解説」,『柳田國男全集28』東京：ちくま文庫, 631頁.
9) 1998『柳田國男全集8』東京：筑摩書房, 202頁.
10) 同上書, 216頁.
11) 鶴見太郎（2004）『民俗学の熱き日々―柳田国男とその後継者たち』東京：中公新書, 128頁.
12) 1999『柳田國男全集16』東京：筑摩書房, 99頁.
13) 周作人（1935作）「幼少者之声」,『苦竹雑記』所収.
14) 『民間伝承論』もまた口述筆記に属する書といえるが,『郷土生活の研究法』と比較すれば, 次世代を担う学徒を前に行った私的な講義録を基にしてある為か, 民俗学の意義と特色, その研究法, 研究対象, 民俗資料等の問題が秩序立てて整理された, より学術的な基礎理論書となっている. 一方で,「経世済民」といった社会的使命を強調する言葉は姿を消している
15) 直江広治（1944.5）「通信」（『民間伝承』10-5）, 直江広治（1967）『中国の民俗学』東京：岩崎美術社, 248頁.
16) 周作人（1931年作）「英吉利謡俗序」,『看雲集』所収.
17) 拙稿（2010）「周作人と柳田国男―それぞれの民俗学」（中央大学人文科学研究所『人文研紀要』69）参照.
18) 1998『柳田國男全集8』東京：筑摩書房, 72頁.
19) 同上書, 72頁.
20) 周作人（1935年作）「幼少者之声」,『苦竹雑記』所収.
21) 周作人（1944年作）「草囤与茅屋」,『苦口甘口』所収.「草囤与茅屋」は執筆後まもなく北京の日本研究社発行の中国語雑誌『日本研究』第2巻第2期号（1944年2月, 未見）に掲載され, そのわずか3ヶ月後『ひだびと』最終号（1944年5月）巻頭にその日本語訳（大野政雄訳）が転載された.
22) 永平和雄（2000）『江馬修論』東京：おうふう, 6頁.
23) 山本芳明（2000）「「慰めの女」：江馬修『受難者』の時代」（『文学者は作られる』東京：ひつじ書房所収）.
24) 江馬修（1957）『一作家の歩み』東京：理論社, 136頁, 山本芳明（2000）「「慰めの女」：江馬修『受難者』の時代」（『文学者は作られる』東京：ひつじ書房所収）参照.
25) 恋愛を成就させた結果, 主人公は胸中を次のように吐露した.「自分はほかの人類に対して冷淡だという事にはならない. 自分は人類のために働くことを使命にもっている. 自分は又乏しくとも真理を持っている. そうして人はたった一つでも真理を持っていたらそれを黙っていられるものでは無い」.「真理」を獲得

した主人公はさらに,「自分の持っている真理は小さい火種だ！そうしてこの小さい火種を大切にして,高みに掲げて皆から見られるような大きな燈火をこしらえあげる事が一生の仕事になるのだ.そうだ.」と自分に檄を飛ばしながら立ちはだかる困難（真理に生きる）と向き合いつつ,再び筆を執るのだった.全編に溢れる,「恋愛の具体的な展開や,礼子の具体的な描写,いわば恋の物語というよりも,主人公が恋愛に喜悦し懊悩する心の状態の記述,恋愛や人生についての抽象的な考察といった,恋愛を通しての自我や観念の表出」（大東和重『郁達夫と大正文学―＜自己表現＞から＜自己実現＞の時代へ』東京：東京大学出版会,2012,191頁）に感動した読者から,賛美の手紙が続々と江馬修のところに寄せられたという.周作人が評価した点もまさにそのあたりにあったのだろう.

26) 江馬修（1957）『一作家の歩み』東京：理論社,170頁.
27) 同上書,215頁.
28) 天児直美（1989）「『一作家の歩み』解説」（『近代作家研究叢書65 一作家の歩み』東京：日本図書センター,24頁.本回想録に対して,江馬修としては「文学的自叙伝」と称して欲しい希望があったそうだ.
29) 『飛騨考古學會會報』（1-2号；2年1号,1933～34）と『石冠』（2年2号-2年4号,1934）で計6号が出版された.月刊雑誌『ひだびと』が全112号,合わせて通巻118号である.現在『ひだびと』を入手するのは不可能だが（完全に揃えて所蔵する図書館も限られる）,不完全ながらも国立国会図書館デジタルライブラリーで公開されている.復刻版は1979年歴史図書社から刊行されたが,前半（第3年1号から第7年6号まで54分冊を10巻に収録）を刊行後,同社が倒産した為,残り後半が未刊となったことは甚だ残念である.
30) 江馬修は「郷土研究と地方文化運動」（『ひだびと』9-11,1941.9）の中で次のように述べている.「約言しやう,郷土の文化の運動は歴史的な,現實的な郷土研究に立脚しなければならぬ.云ふまでもなく,それは郷土の生活の再認識のためである.『地方文化運動は郷土の再認識から.』（中略）郷土の再認識は,たゞちに日本の再認識を深めることであらねばならぬ.」
31) 民俗学だけでなく考古学の権威も多く寄稿して『ひだびと』を支えた.江馬修はその方面でも活躍した（考古学論文発表の際はペンネーム「赤木清」を使用することが多かった）.「江名子ひじ山の石器時代遺跡（連載10回）」（4-4～5-3,1936.4～1937.3）がその代表作で,当時学界の注目を浴びた.「考古学的遺産と用途の問題」（5-9,1937.9）は,いわゆる「ひだびと論争」の発端となった論考である.
32) 『ひだびと』と関連する活動の中で一般市民が参加したものに,江馬修による郷土演劇の上演活動が挙げられる.江馬修は1941年,「飛騨文化連盟」を結成,「高山芸術座」を創立して郷土演劇運動を指導した.勤労青年を対象に演劇指導を行い,自ら脚本を書いた（うち実際に3編が上演されている）.公演はわずかに3回実現しただけとなったが,計3500名前後の観衆を集め一定の成功をおさ

めた．戦時体制下におけるこのささやかな地方演劇運動について今一度見直してみる価値がある．詳細は，永平和雄（2000）「戦中の地方演劇運動」（『江馬修論』東京：おうふう所収）参照．

33) 詳細は，拙稿（2014）「日本占領下北京における周作人―「対日協力」と民俗を語ること」（中央大学政策文化総合研究所研究叢書17『中国への多角的アプローチⅢ』第2章，斎藤道彦編著，東京：中央大学出版部所収）参照．

34) 江馬修（1942.11）「芸術の勝利―第二回郷土演劇公演会を記念して」（『ひだびと』10-11）．江馬がここで大衆に与えるべき「本当の芸術」とは具体的には演劇を指しており，彼が当時取り組んだ地方演劇運動評価の中で検討する論考でもある（注32参照）．その他，江馬修（1941.9）「郷土研究と地方文化運動」『ひだびと』9-11，江馬修（1942.7）「郷土演劇研究所の設置について」（『ひだびと』10-7）参照．

35) 江馬修（1957）『一作家の歩み』東京：理論社，204頁．

36) 同上書，208頁．

37) 『ひだびと』掲載の初稿一，二部と自家版『山の民』，及びその後の改作版とのテクスト比較の研究は，永平和雄（2000）「第二部「山の民」―改稿過程の検討」（『江馬修論』東京：おうふう所収）参照．

38) 江馬修は，「郷里の山の中で，捕虜として監禁されていると同様であった」（『一作家の歩み』東京：理論社，1957，217頁）ことから，『山の民』は，発禁処分を免れる為にも，自費出版の形を選んだ（資金不足の彼に，高山の歌人でスズメ食堂の経営者白川吉郎が出版資金を提供）．発行部数は，第一部800部（半年後500部増刷），第二部1200部．「第三部は定價も割合高いものになつてしまつたので，賣行についても多少懸念してゐましたが，有難い事に，発行後二十日余りで東京堂でも，當會でも一冊残らず賣り切つてしまひました．第三部だけでなく，第二部も売切れ，増版した第一部もおほ方無くなりかけてをります．紙不足ではあり，印刷代もかさむので，この際増刷はどうしたものかと躊躇してみたのですが，猶次々と引つゞいて註文も入りますので，第三部「途上」を手始めとして，各冊とも増刷する事にきめました．（「編輯部だより」江馬三枝子，『ひだびと』8-5，1940.5）」この記述から，『山の民』出版当時の様子が知れるが，外部の専門家による批評や反響はほぼ無かった（同人による書評は『ひだびと』に掲載されている．8-5～7）．その後1964年，大岡昇平の発言「恐らくこれまでにわが国で書かれた最もすぐれた歴史小説ではないか」（「歴史小説に現われた農民」，『文学界』1964-9）を契機に，本多秋五，尾崎秀樹らから評価を得ているが，本格的な再評価は今後に期待したい．

39) 鶴見太郎（2004）『民俗学の熱き日々―柳田国男とその後継者たち』東京：中公新書，76頁．

40) 拙稿（2014）「日本占領下北京における周作人―「対日協力」と民俗を語ること」（中央大学政策文化総合研究所研究叢書17『中国への多角的アプローチⅢ』

第 2 章，斎藤道彦編著，東京：中央大学出版部所収）参照．

41) 柳田国男は 1945 年 3 月，北京大会用原稿の清書と一緒に，『雪国の春』（1928 年）を周作人に届けるよう直江広治に託したという（鶴見太郎（2004）『民俗学の熱き日々―柳田国男とその後継者たち』東京：中公新書，97 頁）．周作人が所蔵する『雪国の春』は，柳田から直接贈られたものかも知れない．

第 6 章

近代中国の民間団体と国際関係
―― 国際反侵略運動大会中国分会の事例研究 ――

土 田 哲 夫

は じ め に

　本稿は，日中戦争時期の民間組織「国際反侵略運動大会中国分会〔支部〕」〔以下，適宜「中国分会」とも略す〕を事例として，近代中国の民間組織と国際社会の関係について検討を試みるものである．これは，もともとヨーロッパを中心として生まれた国際的平和運動の民間組織「世界平和連合」（Rassemblement Universel pour la paix, International Peace Campaign）の中国支部として成立した．世界平和連合は 1936 年の成立以来，国際連盟擁護，独伊の侵略反対，スペイン難民救済等の活動を行ったほか，日中戦争の進展にも強い関心を向け，積極的に中国支援運動に取り組み，またさまざまなルートで中国国内に働きかけを行い，その中国支部を組織しようと試みた．

　本章は，このような国際的な背景を持つ民間組織がいかに中国に定着し，中国の民間団体として発展したのか，それはどのような人たちによって担われたのか，国民党政権との関係はどうであったか，その中国における発展の過程で組織の性質はどう変化したのか，そしてそれは抗日戦争時期，いかなる役割を果たしたか，等の問題を検討するものである．

世界平和連合については，筆者は前にその国際組織（本部）の創立と日中戦争への対応，そしてコミンテルンの戦略との関係について検討したことがある[1]．だが，本稿の課題とするその中国支部 国際反侵略運動大会中国分会については検討しておらず，また内外の先行研究も存在しない[2]．このため，この特別な国際的背景をもつ中国の民間団体について具体的に検討し，近代中国の民間団体と国際社会との関わりとその意義を考察することは，意味のあることだと思われる．

　以下，はじめに世界平和連合の成立と最初の中国との関わりを説明し，ついで2で日中戦争勃発後の中国支部「国際反侵略運動大会中国分会」の成立とその組織と指導について論じ，ついで3で武漢時期の中国分会の活動を，4で重慶時期の中国分会の発展と変容について，検討していく．なお，行論の都合上，一部筆者の既発表論文と重なるところがあることをお断りする．

1. 世界平和連合の成立と中国

(1) 世界平和連合の成立と初期の活動

　世界平和連合は，文字通り世界平和を守ることを掲げて生まれた国際的な運動団体であった．それは，1930年代，ドイツ，イタリア，日本の対外侵略とファシズムの台頭，スペイン内戦等の戦争の脅威の切迫と，国際連盟の衰退のなかで，高い使命感と情熱をもつヨーロッパの平和主義者や労働団体，宗教団体関係者がこの状況を転換し，平和維持のために国際的な協力関係を結ぼうとしたことを成立の背景にしていた．

　1936年3月，ロンドンのセシル卿（Sir Robert Cecil）宅において，英，仏の平和活動家たちが会議を開き，新たな国際平和団体 世界平和連合の創立を決め，その組織の4原則として以下を定めた．

　① 条約による義務の尊厳の承認．

② 国際協定による軍備の縮小と制限，また武器の製造と販売による利潤の禁圧．
③ 戦争の防止と阻止をめざして，集団的安全保障と相互扶助の組織化により国際連盟を強化すること．
④ 国際連盟の枠内に，戦争を引き起す恐れのある国際事態を解決するための実効的な機構を創立すること[3]．

このほか，この団体は以上の4原則に賛同する様々な社会団体，国際団体によって組織されること，各国に支部を置き，ジュネーブに本部・国際委員会を設置すること等が決められた．

世界平和連合の会長はイギリスのセシルとフランスのコット（Pierre Cot）の2人が就任した．セシルは英保守党の政治家で，国際連盟規約の起草者の一人で，長くイギリス国際連盟協会（League of Nations Union）の会長をつとめた著名な平和運動家であり，1937年11月にはノーベル平和賞を受賞した[4]．コットはフランス急進社会党の政治家で，世界平和連合成立後まもなくフランス人民戦線内閣が成立すると，その航空大臣に任命された．この外に副会長には，英労働党員で国際法学者のノエルベーカー（Philip Noel-Baker）とフランス人平和活動家ジェゼケル神父（Jules Jézéquel）が任じた．ジュネーブに設けた国際委員会（本部）には，理事会，執行委員会，そして事務局が置かれ，日常業務は事務局長ドリヴェ（Louis Dolivet）が管掌した．ドリヴェはルーマニアに生まれ，スイス等で法学を学び，フランスに移った共産党員で，当時は反戦反ファシズム団体の組織活動にあたっていた．以上の指導者の経歴よりわかるように，世界平和連合はイギリス型の穏健な国際連盟支持を掲げた平和運動と，フランス型のより急進的な人民戦線型の反ファシズム運動の双方の流れを受け継いだ，国際的な平和統一戦線組織といえる団体であった[5]．

世界平和連合の創立期，共産党は相当強い影響力を保持したが，このほか社会民主主義者，国際連盟支持者，教会関係者，純粋平和主義者などもこれ

に加わった[6]．本部の維持費は各国組織が分担すること，すなわち，(1) 英米仏露の執行部国（支部）は毎月各100ポンド，その他各国は毎月10ポンドを出し，(2) 各参加国は自国の平和投票参加人数に応じて，1人1ペンスを拠出する，とされた[7]．

世界平和連合の各国組織（支部・中国では「分会」）は，1939年の第2次世界大戦開始直前には，ヨーロッパ21，南北アメリカ11，アジア5，その他4（すなわちソ連，オーストラリア，エジプト，南アフリカ連邦）の計41カ国に広まった．また，国際連盟協会世界連合，国際合作社協会，世界作家文化保護協会，国際法学会，国際平和事務局，世界反戦反ファシズム委員会，国際婦人参政権協会など35の国際団体がこれに加入した[8]．各国支部の中では，労働組合の力の強い英，仏，スウェーデンなどの国の組織が活溌に活動していた．フランスの世界平和連合は，共産党，社会党，急進社会党などの各政治勢力及び労働組合，平和団体，宗教団体等の諸社会団体を包括し，積極的に活動を展開し，実質的に国際委員会（本部）の業務を担っていた．

(2) 中国と世界平和連合の初期の関係

創立以来おおよそ1年半の間，世界平和連合と中国の関係は，抗日救国運動に関わった左翼人士によって担われた．1936年9月のブリュッセル世界平和大会に参加した中国代表は，パリ『救国時報』記事によれば計14名で，中華民族革命同盟代表陳銘枢，胡秋原，全国各界救国連合会代表陶行知，銭俊瑞等国内から5名，またロンドン華僑抗日救国会代表王礼錫，在仏参戦華工総会代表王慶元，旅徳〔在ドイツ〕中華救亡会代表江半庵等ヨーロッパ在住華人9名であった．中国代表団主席は陶行知，王礼錫が秘書となった[9]．代表団メンバーの構成はやや複雑であるが，多くは当時の国民政府と対立し，積極的に抗日救国運動に参与した左翼活動家であった．彼らはこの会議後も世界平和連合の組織，活動に積極的に参加し，陳銘枢は理事会理事，陶行知，王礼錫等もその執行委員会委員を務めた[10]．

彼ら中国代表達の参加の経緯には2つのパターンがあった．1つは，ヨー

ロッパ在住の抗日活動家や華僑等で直接現地で情報を得て参加したものである．たとえば王礼錫は 1933 年渡欧以来，英仏の左翼文化人，国際政治活動家と交際があり，そのルートで情報を得たようで，さらに，福建事変失敗以来，海外流浪中の陳銘枢，胡秋原が来欧すると，彼らをも引き連れて大会に参加することとなった[11]．胡秋原は 1934 年末からソ連に 1 年半ほど滞在し，中共代表団とも常に往来していたので，その筋でも情報を得た可能性がある．胡は 1936 年 7 月～12 月，イギリス滞在中，王礼錫と共に抗日救国運動及び国際平和運動に奔走することとなった[12]．

もう 1 つは，世界平和連合が中国に派遣した使節から招請状を受け取って参加したものである．1936 年 7 月頃，世界平和連合のセシル，コット両会長はじめ役員が署名した招請状が中国に届いた．それは，世界平和連合の趣旨と 4 原則を説明し，中国人民の世界平和大会参加と支部設置を要望するものであった[13]．この招請状をもたらしたのはアメリカ共産党員または協力者であるドット（William E. Dodd, Jr.）で[14]，彼は中国に着くとまず宋慶齢に接触し，世界平和大会及び世界反戦反ファシズム委員会執行委員会への参加を要請した．宋慶齢はコミンテルン・中共の協力者であり[15]，世界反戦反ファシズム委員会の副主席であった[16]．宋慶齢はドットの要請を受けた後，上海の中共地下組織と協議して対応を決め，当時，上海文化界救国会中共党委員会書記であった銭俊瑞を上海救国会代表の名義でブリュッセル大会に，さらに宋慶齢代表の名義でパリで開催の世界反戦反ファシズム委員会拡大執行委員会に派遣することとした[17]．このように，世界平和連合の側から中国への呼びかけでは，国際共産主義運動のネットワークが重要な役割を果たしていた．

どちらの連絡径路によるにせよ，ブリュッセル大会に参加した中国代表はいずれも抗日救国運動関係者であり，純粋な平和主義者ではなかった．彼らは，このたびの訪欧によって第 1 に国際的な反ファシズム・平和運動と連繋し，中国抗日救国運動への理解と支援を求めることを課題とした．たとえば，王礼錫は 9 月 3 日「世界平和大会での挨拶」において，「中国全国人民が共

産党も含めて」要求しているのは「真の光栄ある平和である（屈辱的な平和であってはならない）」，「人民戦線は西洋では民主を保障するためだが，中国の全民戦線は主として民族独立を保障するためである」，とその立場を明らかにした[18]．また，第2に，彼らは海外在住中国人の救国運動との連繋を図ることをその任務としており，ヨーロッパ滞在中，在欧華僑への抗日宣伝と組織化に努め，9月20日には全欧華僑救国連合会を成立させた[19]．

ブリュッセル大会後，本大会の中国代表を中心に世界平和連合の中国支部の結成が目指された．彼らはほとんどが左派系であったが，世界平和連合の中国支部が国民党首脳と対立する左派系組織になることは，コミンテルンの国際平和統一戦線戦術からしても，また中共の抗日民族統一戦線政策からしても不適当であった．銭俊瑞等はより広範な人々，とりわけ国民党側要人を包摂し，統一戦線団体として中国の平和運動組織を作るべく，国際平和運動に関する記事，論文の執筆や南京での講演などで積極的に宣伝を行い[20]，また林森（国民政府主席），馮玉祥（軍事委員会副委員長）等の国民党側要人にアプローチし，国際平和運動への理解と支持を得るべく働きかけた[21]．

こうして，『中央日報』の報道によれば，林森，孫科（立法院院長）等が発起した「世界和平会」が，1936年11月15日に上海の青年会で準備会を開き，明年成立大会を行うことを決したという[22]．これは，当時の組織活動の状況を反映するものだろう．世界平和連合の公式記録によれば，「その結果，馬相伯が指導し，鄒韜奮，李公樸，呉耀宗等が発起して中国分会臨時委員会が成立し，呉耀宗を秘書とし，通信処をしばらく上海博物院路一三一号基督教青年会におくこととなった」という[23]．だが，1937年末以前，世界平和連合の中国での組織と活動状況を記す資料はなく，結局，臨時組織はできたものの，形式のみで本格的な組織にはなれなかったと思われる．ただ，ヨーロッパでは在欧中国人により「中国分会駐欧代表団」が成立し，本部国際委員会に出席し，数カ月間，分担金を立替払いしたとされる[24]．

国内組織の成立が挫折した理由は何か．1つの解釈は，上述のように国共合作，統一戦線の形成促進のための組織と世界平和聯合を位置づけていた銭

俊瑞等共産党系と，抗戦勃発まで反蒋企図を棄てていなかった陳銘枢等との路線の対立が考えられる．陳銘枢はブリュッセル大会でも反蒋を鮮明にした演説を行っていた[25]．また，救国会幹部の逮捕（七君子事件）と西安事変による政治的混乱も，影響を与えたであろう．

さらに指摘すべきこととして，中国とヨーロッパとの文脈の違いがあろう．世界平和連合はヨーロッパの反戦平和運動の中から生まれた団体であり，国際連盟支持，軍備縮小，反侵略といった一般的な平和宣伝のほかは，もっぱらスペイン内戦やドイツ侵略への対処などヨーロッパにおける戦争と平和の問題に重点を置いていた[26]．だが，日本の侵略の脅威が切迫し，全国の一致団結と対日抵抗を求める運動が展開していた中国では，国際連盟擁護の国際平和運動というのは，社会的なアピールを欠いたと考えられる．銭俊瑞主編『現世界』の記事は，「国内の平和運動の進展」を喧伝しつつも，平和運動というのは中国では時宜にあわない「紳士」的活動だという批判に対する反論を記しており，もってそのような否定的なとらえ方が強かったことが看取される[27]．

2. 日中戦争勃発と中国分会の結成

(1) 世界平和連合の中国支援

中国における国際平和運動の停滞情況を転換したのは，日中戦争の勃発と世界平和連合本部及び各国支部による積極的中国支援の動きであった．

前述の通り，世界平和連合はヨーロッパの平和運動の潮流のなかから生まれた国際組織であったため，もともとヨーロッパの戦争と平和に関わる問題を中心に活動を行ってきた．だが，1937年7月に日中全面戦争が始まると，同連合は日本の侵略を非難し，中国抗戦を支援する活動に積極的に取り組むこととなった．

9月13〜14日，世界平和連合はジュネーブにおいて第6回理事会を開催

し，中国分会駐欧辦事処（事務所）も林咸譲（在ロンドン），王海鏡（在パリ）等計4名を参加させた．その結果，同理事会は，中国政府の要求に応じて，「国際連盟規約第17条〔非連盟国の関係する紛争〕に基づき日本に連盟規約の各種規定を遵守するよう要求すべきこと，中国に財政的その他の援助を与え，侵略への抵抗に役立たせるべきこと」等を決議した[28]．

この間，欧米各国の労働団体，左翼団体による中国支援・対日制裁の運動はきわめて盛んであり，イギリス及びオーストラリアでは労働者による日貨ボイコット，日本船への船荷積載・積卸し拒否の実際行動が行われた[29]．また，世界反戦反ファシズム委員会は中国委員会を設置して世界的な中国支援活動の展開を図り，11月3日及び12月21日にパリで政府内外の要人の参加をも得て中国防衛の集会を開き，気勢を上げた[30]．これらの左翼団体や労働団体は世界平和連合にも参加しており，後者の中国支援活動の実施を促したであろう．

世界平和連合の各国組織では，10月22～24日，イギリス支部が中国支援に関する最初の全国会議を開催し，783人の代表が出席した[31]．そして，11月17日にはイギリス支部，11月24日にはフランス支部が日貨ボイコットの実施を決め，また各国組織にもこれに倣うようよびかけた．12月15日，世界平和連合はロンドンで執行委員会特別会議を開き，以下を全会一致で決議した．日貨ボイコットと中国援助のために人々を動員し，各国政府が対日経済制裁を行うよう要求し，1938年1月1日より世界各国で日貨ボイコットを行うこと．また，そのための特別の組織委員会を作り，世界的な宣伝活動を行うこと．中国に使節団を派遣して非戦闘員の被災情況を調査し，またより効果的な中国支援のための提案を行わせること等である[32]．このため，世界平和連合は，1938年2月にロンドンで特別会議を開くことを決定した．

では，世界平和連合はなぜこんなに熱心に中国支援に取り組んだのだろうか．いくつかの理由が考えられる．

第1は，世界平和連合の掲げた，平和は不可分であり，世界のいかなる地域の紛争も世界全体の平和を脅かすものだという理念である．世界平和連合

の 1938 年 2 月に開催した中国支援会議では，"Save Peace, Save China" という標語が掲げられた[33]．極東の戦争への対処は，普遍的な平和の課題の一部とみなされたのである．

　第 2 に，日本軍による中国侵略，とりわけ都市爆撃が欧米世論に与えた衝撃を指摘することができる．たとえばイギリスでは広州，上海，南京，武漢などの都市への爆撃の惨禍は大きく報道され，宗教界は日本の無差別殺戮を強く非難する声明を発した[34]．これは後述する無防備都市爆撃反対の国際運動につながっていく．

　第 3 に，コミンテルンの中国支援決定が直接に，あるいは各国共産党，フロント組織を通じて間接的に影響を与えた可能性がある．10 月 10 日，コミンテルン執行委員会書記局は「中国問題についての決定」を決議し，「中国擁護の国際的カンパニアを極力強化する」こと，「そのために，共産党が，国民党，全国救国連合会，労働組合組織，学生組織，婦人組織，文化団体，その他の中国諸組織とともに，すべての国際的労働者組織――コミンテルン，社会主義インタナショナル，アムステルダム・インタナショナル――およびすべての国際的な反戦・反ファシズム組織にむかって，日本の侵略者にたいする中国人民の闘争への連帯と救援を呼びかけ」た[35]．この決議に従い，反戦委員会はフランス共産党の協力を得て，世界で大規模な中国支援行動を行うことを決め，中国委員会を組織し，国際的に運動を展開しようとした．11 月 3 日，12 月 21 日にはパリで中国防衛のための集会を開催した．ついで，反戦委員会は 1938 年 2 月頃に中国問題をテーマとしたより広い国際大会を召集することを他の団体に提案し，協議することを決めた[36]．これらは，世界平和連合の方針に影響を与えたであろう．

　以上のように，日中戦争開始後，世界平和連合は積極的に中国支援に取り組み，中国支援・日本制裁のための国際会議をも計画することとなった．だが，そのような援助に対応するべき中国での組織がないため，いわば受け皿を欠く状態であり，早急に中国国内での支部組織化が待望されたのである．

(2) 国際反侵略運動大会中国分会の成立

　中国では対日抗戦遂行のための国際世論の動員，そのための国際宣伝の重要性は広く認識されていた．政府側では，そのための組織として，中国国民党宣伝部の下に国際宣伝処を置き，副部長董顕光が責任者となり，蒋介石の直接指導を受けて対外宣伝及び各種工作を展開した[37]．民間団体では，1919年成立の中国国際連盟同志会（1936年より会長朱家驊）が英文雑誌の刊行や対外声明の発表などの活動を行ったほか[38]，1937年12月17日には漢口で国際宣伝座談会が開かれ，その決定に基づき，38年1月1日に中国国民外交協会（会長陳銘枢）が組織された[39]．救国会系では銭俊瑞を責任者に国際宣伝委員会が組織され[40]，1937年12月19日成立の武漢抗戦文芸協会には翌年1月2日，国際工作宣伝委員会が設けられた[41]．

　だが，陳銘枢，銭俊瑞の動きは，彼らが1937年末まで世界平和連合の中国支部を正式に設立しようという意志がなかったことを意味する．中国支部の正式組織化は，世界平和連合本部からの要請によって始まった．

　世界平和連合の公式記録によれば，盧溝橋事件後，在欧の国民党監察委員李石曾，国際連盟職員・宣伝部駐欧特種宣伝委員会責任者呉秀峰等と外国の友人が，国際環境に適応するため中国（臨時）支部を改組することを提議し，1937年末陳銘枢，朱家驊に打電し，その改組拡大を要請した．同時に，彼等は本部 国際委員会の意向を受けて，中国支部の改組を支援するために，1938年1月末，バーレット（Vernon Barlett，イギリス人記者）と在仏華人の袁冠新を代表として中国に送った[42]．李石曾はフランス政界に人脈を持っており，その関係で世界平和連合の活動に関わっていた[43]．また国際連盟事務局職員の呉秀峰は世界平和連合の趣旨に賛同し，ジュネーブの本部事務局長ドリヴェや李石曾とも協力し，その中国支援活動を促進するために活動していた[44]．

　この要請を受けて，陳銘枢を中心に武漢で世界平和連合中国支部の組織化が急ピッチで進められた．1938年1月以降，漢口『新華日報』には世界平和連合による反日援華運動に関する記事が連日掲載され，中国での支部組織

化に向けた宣伝が行われた[45]．1938年1月17日には，陳銘枢は同紙に「反侵略の国際平和運動大会の意義と経過」という論説を載せ，世界平和連合の設立の趣旨と中国との関係，来る2月11日に中国支援，日本制裁のロンドン大会を開催することを記し，「政府の指導の下，中国支部を組織，拡大し」，国際的な平和宣伝を行わなければならない，と論じた[46]．

翌1月18日の同紙も「国際平和大会の意義」と題する記事を載せ，世界平和連合とロンドン大会について解説を記し，さらに「全民社発」として，「国際反侵略運動会中国分会」は，この日午後，鍾可託氏が青年会（YMCA）で中国分会発起人会議を召集することを決定し，張西曼，陳銘枢，彭楽全，劉叔模，鮑静安，王昆侖，葉剣英，沈鈞儒，陶百川，劉百閔，劉清揚，王寄一，陽翰笙等を招請した，と中国支部の組織準備情況を報道した[47]．この際に中国支部の成立大会開催，党政要人への連絡，名誉主席団の委嘱などが決められたもようである．たとえば馮玉祥の日記によれば，馮は1月21日に黄少谷から書信で，「陳真如〔陳銘枢〕将軍が武漢で世界和平協会中国分会を組織しようとしている」ので，発起人に加わってほしい旨の依頼を受けた[48]．

1938年1月23日午後2時，漢口商会において参加者500名以上，参加団体数十を得て「国際反侵略運動大会中国分会」の成立大会が開催された．この大会はかなり急に開催が決まったようで，本大会の発起人，名誉主席団の一人とされた馮玉祥が開会通知と講演依頼を受けたのは，何と当日の朝であった[49]．

大会は，陳銘枢を主席（議長）として開催され，彼が国際平和運動大会の意義と経過を報告し，ついで于右任監察院院長の挨拶に続き，邵力子中央宣伝部長，馮玉祥代理宋斐如が演説し，汪精衛代表陳公博，沈鈞儒，鍾可託，市商会代表等が演説した．ついで分会簡章（規約）と宣言，対ロンドン大会提案を討議，可決した．最後に名誉主席団として宋慶齢，陳誠，馮玉祥，陳友仁，陳紹禹，宋子文等72人，理事として邵力子，郭沫若，陳立夫，朱家驊，董必武，周恩来等139人，ロンドン大会出席代表として国内から宋慶

齢，蔡元培，国外から陶行知，呉玉章，胡適等を選出し，義勇軍行進曲等の救亡歌を高唱して散会した[50]．

なお，この大会で，世界平和連合中国支部の名称は正式に「国際反侵略運動大会中国分会」と定められた（以下では「中国分会」と略称)[51]．その理由について，邵力子は演説において，「『平和運動』の訳名を『反侵略運動』に改めた意義は，これによってわが国の徹底抗戦〔原文「抗戦到底」〕の決心を表明し，かつ少数の別の意図を持つ者の曲解を避けるためだ」，と説明し，「われわれが必要とする平和は，決して国家の人格を損ない，独立精神を損なう屈辱の平和ではなく，栄誉ある平和，正義の平和なのだ」，と述べた[52]．

当時はちょうどドイツの仲介による対日和平交渉（トラウトマン講和）が挫折したばかりであったが，左派・積極抗戦派は汪精衛等政府一部の対日和平運動を警戒しており[53]，この支部の正式発足にあたり，「和平」の語を避け，非妥協的な抗日を含意する「反侵略」を名称に用いたのであろう．この名称変更については，邵力子は別の所でも説明しており，総会側の了解も得たと称する[54]．さらに中国支部の名称にあわせて，その世界組織についても従来の「世界和平大会」ないし「国際和平運動大会」[55]から，以後「国際反侵略運動大会」と改訳されることとなった．

いずれにせよ，こうして，世界平和連合の中国組織は「国際反侵略運動大会中国分会」として設立された．この名称変更は，国際連盟を擁護する普遍的な平和のための国際民間団体という世界平和連合の本来の趣旨からは外れるものであったが，中国抗日のための国際宣伝・動員組織（国民外交団体）という性格を前面に押し出すことを可能にし，日中戦争時期中国の政治的必要に合致し，その組織と活動の発展を可能にしたのである．

(3) 中国分会の組織と指導

成立大会で可決された会章（規約）は，中国分会の宗旨としてこう記す．「本会は国際反侵略運動大会の国際連盟擁護，連盟規約遵守，軍備縮小，侵略戦争反対の4大原則の下に，同胞を団結させ，侵略に抵抗し，中国の自

由・平等を勝ち取り，世界の平和を保障することを宗旨とする」[56]．すなわち，中国分会のあげる4大原則は，世界平和連合が本来掲げた4原則（第1節参照）を一部改変し，第1条は本来「条約の尊厳を承認する」であったのを，「国際連盟規約を遵守する」に変えた．また，中国分会のあげる第2条，第3条の原則はなお本来の原則を縮約したものとみなし得るが，第4条では「国際連盟の枠内に戦争を引き起こし得る国際事態を制止する有効な機構を組織する」を削り，かわりに「侵略戦争反対」という語をいれている．このように，中国分会は世界平和連合の4原則を修正した上で受容したが，それはいわば「国情」の反映であり，「不平等条約」不承認，国際法の絶対性及び国際紛争の司法的解決への不信，徹底抗日などの中国側の立場を表明したものであった．また，この組織名称の改訳，4大原則の修正からは，中国分会は決して平和主義団体ではなく，対日抗戦推進のための国民外交団体であることをも表明していた．

この成立大会で可決された「平和愛好者及び中国の友に告げる書」は，世界の平和愛好人民及び政府の同情に感謝を表すとともに，中国はまさに平和の保塁の前線にあり，中国の成功と失敗はすなわち世界平和の成功と失敗であるとし，すべての平和愛好者が広くかつ徹底的に日貨ボイコット，対日経済絶交を行うこと，各国政府の国際連盟規約及び九か国条約に基づく対日経済制裁実施を促進すること，そして中国にすべての可能な援助を与えることを希望した[57]．

次に中国分会の組織・人事を検討しよう．

中国分会の名誉主席団及び理事会メンバーの数の多さと党派的幅広さは，同会が統一戦線的な性質をもつことの現れである．名誉主席団には，宋慶齢，陳誠，馮玉祥，陳友仁，陳紹禹，張静江，宋子文，宋美齢，閻錫山，顔恵慶，李烈鈞，胡適など77人がおり，また，理事には，邵力子，郭沫若，陳立夫，朱家驊，黄少谷，張冲，章乃器，董必武，周恩来など合計150人が選出された（大会後の補充も含む）[58]．

このように，同会の役職者には国民党政権の要人から共産党指導者，抗日

救国運動活動家，著名文化人，宗教関係者までが網羅されており，武漢時期の統一戦線組織としての構成を示している．名誉主席団は対外的な看板に類するが，理事会は組織の規程に基づき，毎年1回開催することになっていた．常任理事会は会の実務を担うもので最も重要であり，成員は左右各党派を包括していたが，実際の運営面は左派（共産党及び国民党内外の容共派）が握っていた．第1期常任理事に選出された者は以下の通り．

邵力子（会長），鄧飛黄（副会長・秘書長），杭立武（副会長）
鍾可託，謝維麟，曾虚白，銭俊瑞，呉開先，劉百閔，徐蔚南，李苓廷，胡秋原，范予遂，張志譲，陳独真，鄧穎超，陳逸雲，王亜明，周鯁生，丁文安，方治，陶希聖，梁寒操[59]．

初代会長は邵力子（中央宣伝部部長），副会長は鄧飛黄と杭立武（留英，後に教育部部長）の2人である．主席の下に総務部，宣伝部，組織部，財務部の4部が設けられ，各々正副の部長が置かれたほか，鄧飛黄が業務を統括した[60]．なお，邵力子は国民党内でも親ソ容共派として知られ，モスクワ留学で知り合った妻の傅学文は中国共産党員．鄧飛黄は国民党改組派系で，抗戦期は国民参政会参政員，中国国民党第六届中央執行委員を務め，後に戦後内戦期1949年の「湖南起義」に参加して中共側に転じた．弟は共産党幹部で後に中央宣伝部長を務めた鄧立群．このように，邵力子，鄧飛黄とも国民党の左派に属していた．

ブリュッセル会議以来の世界平和連合中国側関係者では，銭俊瑞，胡秋原が常任理事会に入ったが，陳銘枢は理事の1人に留まった．本分会の政府との円滑な関係のために指導部入りを辞退したのであろう．抗戦開始後，陳銘枢もその他旧反蔣派将領と同様，国民政府の抗日支持を表明し，政府側も彼の逮捕令を解いたが，なお蔣介石との関係は完全に修復されていなかった[61]．もっとも，陳銘枢は中国分会の活動にはなお積極的に関与し，常任理事会にもしばしば「列席」（オブザーバー参加）していた[62]．

会員は本会の趣旨に賛成する個人及び団体とされたが，成立後しばらくの間は，多数の党・政・軍要人，社会運動家及び著名人を理事，名誉主席として網羅していたほか，一般大衆や民衆団体の参加は少なく，エリート組織的性格を有した．このほか，駐欧代表団がおかれ，李石曾が団長，ジュネーブ勤務の呉秀峰が秘書長となり，世界平和連合本部との連絡を担当した．

だが，中国分会の指導部は，成立後わずか2週間ほどで改組されることとなった．すなわち，2月8日開催の常務理事会において，宋子文が主席に選ばれ，邵力子は副主席に降り，また鄧飛黄，杭立武は正副の秘書長に選ばれた[63]．ついで，4月15日開催の4次常務理事会は，総務，組織の両部を併せて執行部とし，財政部，宣伝部をそれぞれ財務委員会，宣伝委員会に改め，常務理事会執行部主任に鄭彦棻が就任し，鄧飛黄秘書長に代わって日常業務を主管することとなった．また，分会主席は会長と改称された[64]．

同会の正史の記載によると，宋子文の会長就任は世界平和連合本部幹部の求めによるものだったという[65]．ジュネーブの本部指導者が中国の人事状況について精通しているとは考えにくいが，本部事務局長ドリヴェは欧州駐在の李石曾，呉秀峰と親密であり，彼らが中国分会を広範な統一戦線組織に発展させるために，国民政府の中枢に近く，財力を有し，国際的知名度の高い[66]宋子文を会長にするように働きかけた可能性がある．だが，戦時の中国と海外の間の交通，通信の困難のため，本部の意図が中国国内に伝わるのに相当の時間を費やした[67]．そして，中国分会の設立後になって，本部の意向が伝達されたため，中国側関係者は急遽，改めて会長及び執行部の幹部等を選出し，改組を行った，と推定することができよう．

宋子文の会長就任は，中国分会の国際的声望からも，また対政府関係上も好ましいものであった．それ以上に重要なことは，中国銀行総裁である宋の財力であったろう．国際宣伝や対外連絡，接待には相当の経費を要するが，創立直後の中国分会は財政的に困難な情況であり，指導部は経費獲得に頭を悩ませていたからである[68]．ただし，戦時中，宋子文は対外借款や外交業務のために多忙で，会長就任後も香港に滞在し，ついで渡米したため，実際

には中国分会の活動には参与せず，ただ電報や手紙で連絡したり，対外的に中国分会を代表して声明を出しただけで，各種会議はなお邵力子副会長が主宰した[69]．その代わり，鄭彦棻が宋子文の代理として派遣され，中国分会の執行部主任として日常業務を主管することとなったわけである．

鄭彦棻（1902-1990）は広東省出身，パリ大学卒，元国際連盟職員で，連盟の対中国技術協力に関わり，1933 年に連盟衛生部長ライヒマン（Rudwig Rajchman）の訪中に同行して宋子文の知遇を得た．1935 年に帰国して後は広州の中山大学教授，同大学法学院院長等を歴任し，抗戦開始後は宋子文の委任により全国経済委員会専門委員の資格で国際情勢の調査及び国際宣伝等の任務に当たっていた[70]．1938 年 4 月，鄭は中国分会執行部に主任として赴任し，若干の摩擦を経て左派を排除し，数か月の間に中国分会の組織を再編した[71]．以後，鄭及びその他の職員の尽力により，中国分会は本格的な組織，宣伝活動を展開し，日中戦争期中国の国民外交組織として発展するようになった．

1940 年 8 月，鄭彦棻が広東省政府主席李漢魂の招きに応じて，同政府委員兼秘書長として赴任した後，執行部主任は尹葆宇が代行した[72]．尹葆宇は留米の国際政治学者で，中央大学教授等を経て，後に外交部に移った[73]．

以上から，中国分会の幹部の多くは海外留学の経験を持つ，高学歴の人材であったという印象を得る．ここで，分会執行部職員の年齢，学歴等の状況（1938 年）を分析しよう．

執行部の主要幹部（部主任，代主任，各処主任）は 5 名，いずれも男性．年齢は 32 ～ 39 歳の間で，平均年齢は 35 歳．いずれも米英仏の有名大学に留学し，博士学位または研究員の経歴を有する．その下に秘書，幹事計 7 名がおり，年齢は 27 ～ 32 歳の間で平均 28.6 歳．性別は男性 5 名，女性 2 名，学歴はいずれも国内の大学卒．彼等の下に助理幹事 3 名，書記 1 名，服務員 3 名がおかれた．以上，執行部職員計 19 名であった（広東赴任中の鄭彦棻主任を除き，実際に勤務していたのは 18 名）[74]．

次に，組織状況についてみると，ヨーロッパの世界平和連合は団体会員が

主であり，労働団体，教会組織，女性団体，青年団体，平和運動団体等が多数参加していたが，中国分会は，「全国的な民衆団体がまだ広範に組織されていないため，団体会員のほか，個人会員の募集をも重視」[75]していた．漢口時期，その個人会員はおよそ六，七千人とされる[76]．中国の組織の構成もまたヨーロッパでのそれとは大きく異なっていた．以上は，武漢時期の中国分会の組織と指導体制の概況であり，重慶移転後の変容については，第4節で論じる．

3. 中国分会の主要な活動（武漢時期）

次ぎに，国際反侵略運動大会中国分会の成立後の活動を，世界平和連合の発動した平和擁護・中国支援の大イベントである援華制日ロンドン大会（1938年2月），都市爆撃反対パリ大会（1938年7月）への対応，ついでその他の対外，対内宣伝活動にわけて論述する．

(1) ロンドン大会への対応

世界平和連合の中国抗戦に対する最大の支援は，1938年2月12～13日，ロンドンにおける「反日援華特別会議」(World Conference for the Boycott of Japan and Aid to China) の開催である．大会には21カ国，25国際団体を代表する800人余りの代表が参加した．大会では，会長セシル，国際連盟協会世界連合会長ロラン (Henri Rolin)，フランス労働総連合書記長ジュオー (Léon Jouhaux)，インド国民会議派のメノン (Krishna Menon) 等が演説を行ったほか，アメリカ前国務長官スティムソン (Henry L. Stimson) が電報でメッセージをよせた[77]．

世界平和連合事務局は本会議のため，事前に長文の「対日ボイコットに関する覚書」（中文「対於抵制日本之説帖」）を作成し，各国支部に配付し，本会議の基調を定めた．それは，日本の中国侵略と中国の抵抗，世界的な反日運

動の状況を詳論し，ついで日本の戦争経済の対外依存性を分析し，「日本の実業とその武器製造工業は大部分，外国から輸入する原料に依存しており，もし経済的制裁によりその原料供給を阻止できれば，重大な結果をもたらすだろう」と，対日経済制裁の有効性を主張した．そして，国際経済制裁を実施すれば「日本が戦争を行う上で必須の供給と財政的来源を剥奪し」，日本の侵略を制止できる，と論じた．覚書には日本の貿易，経済に関する13点の統計表が附され，説得力を強めた[78]．

開会式と諸演説の後，大会は労働組合，消費者，技術，中国援助，宣伝等の8委員会に分かれて援華制日の具体的方策を討議した．最後に，大会は，「日本が中国に対して行っている残酷な攻撃を深く憂慮し」，日本が侵略をやめるまで，各国政府が全力をもって中国を支援し，「日本との協力を断ち，その軍需品供給を停止し，財政上の便を与えず，その対外的購買力を弱めるよう要求する」宣言を採択した[79]．

大会の最終日（13日日曜日）の夜は，多数の市民も加わり，計2,500名以上となり，会場を2か所に分散して行われた．閉幕時にセシル会長が国歌斉唱を求めたのに対し，会衆が最初「インターナショナル」を唱ったというエピソードは参加者の傾向を反映するものだろう[80]．

1936年のブリュッセル大会と比べると，ロンドン大会はより小規模であり，欧米メディアの報道は少なかった．だが，中国が困難な抗日戦争を続け，国際連盟及び各国の援助を懇願しつつも容易に得られない状況下で，民間の平和団体が中国支援のためだけに国際会議を開き，国際的対日経済制裁の具体的提案を出したというのは，中国にとって貴重な支援であったといえよう．

このため，中国では朝野を問わずこの大会に多大な期待を抱き，計14名の代表を派遣したほか，政府要人の放送演説や電報などを大会に送って中国側の感謝と期待を伝達すべく努めた[81]．

実際，ロンドン反日援華大会の開催の知らせこそが，国際反侵略運動大会中国分会の創立をもたらした最大の力となったといえる．中国分会は成立大

会においてすでにロンドン大会宛の以下4提案を決定していた．

(1) 世界各国国民は，中国を侵略し平和と条約を破壊する日本軍閥は全人類共通の敵であることを宣言すべきこと．(2) 各国の国民及び団体は，対日ボイコットを行い，また日本の侵略を増長させるすべての供給と援助をやめるべきこと．(3) 世界各国の国民及び団体は，中国の侵略抵抗に役立つあらゆる物質的，精神的援助と供給を強化すべきこと．(4) 国際連盟が侵略国制裁の条約〔連盟規約第16，17条〕を実行し，日本が占領地域にたてた傀儡政権組織を否認するよう請求すべきこと．

これは1月31日に駐外公館経由で，世界平和連合に電送された．同時に，中国分会は，国際連盟理事会開催にあたり，世界平和連合本部が侵略者日本への実力による制裁を提案するよう懇願する電報を発した[82]．

また，中国分会は成立大会でロンドン大会への参加代表として，国内から宋慶齢，蔡元培，国外から陶行知，呉玉章，胡適等を選出した[83]．ただし，宋慶齢，蔡元培等はいずれも参加できず，実際に中国から参加したのは，李石曾（首席代表，中国分会駐欧代表団長），郭泰祺（駐英大使），顧維鈞（駐仏大使）等計14名で，この3人が大会で演説を行った[84]．

中国分会長宋子文の大会宛メッセージは，李石曾により代読された．それは，私の演説は砲火が轟き，爆弾が山と降り注ぎ，傷亡の叫び声が耳を鳴らす戦火の中国から寄せられる．それはロンドンの静かな会議場の皆さんにも聞こえるであろう．もし無線電話で送ったならば直ちに聞こえるだろう，と書き始める．このことは，世界がいかに小さくなったか，西洋のみなさんと日本の中国に対する恐怖の戦争がどのように密接な関係にあるかを示している，として，その深い関係を証明することとして2点をあげる．第1に，日本は貧しい国で何の資源もないが，皆さんに物を売って，皆さんの国から戦争の道具を買って，それで中国での破壊，殺戮を行っている，すなわち日本は西洋から援助を得ているのだ．第2に，この戦争は世界大戦の一部であ

り，私たちの運命は一つにつながっている．残忍な反動勢力による侵略に対し，われわれは民族の自由，社会正義のために闘っているのであり，それはスペインの戦争と同じく，世界戦争の一部をなしている．この戦争は1931年の満洲から広がり，アビシニア，ついでスペインとつながり，さらに兇焔はわが国に燃え広がった．1931年以来，ファシズムは連合して全世界を攻撃しているのだ，と．そして，最後に言った．「われわれがもし世界大戦の奔流を防ごうとするならば，唯一の方法は，集団的行動を取って現在の戦争を食い止めることである．戦禍は自然に治まることはなく，さらに巨大で邪悪な戦禍を生みだす可能性がある．皆さんが長く傍観していればいるほど，日本など戦禍をもたらす者をますます助長することになるのだ．それが情勢の真相である．みなさんはこの情勢にどう対応するのであろうか」と[85]．

このほか，蔣介石，宋慶齢等が大会に電報でメッセージを送り，汪精衛，王寵恵（外交部長）が大会のための放送演説を行った[86]．このほか，馮玉祥，王寵恵，陳銘枢，王造時，陳紹禹，章伯鈞，范予遂が本大会に関連して演説または論文を発表した[87]．

また，民間では，漢口市の農会，工会等64団体，同市自由職業団体，慈善団体等120団体，漢口商会，中国回教公会，武漢北平市民協会・同南京市民協会・同上海市民協会，中国文化界響應〔呼応〕国際反侵略運動宣伝大会，広東各界響應国際反侵略運動会，陝西省反侵略宣伝大会[88]，中国労働協会，湖南基督教救国抗敵会，湖北省教育界・省商聯会等聯合会[89]，武漢仏教徒[90]が大会に向けて，メッセージを打電した．

中国国内では，武漢を中心にロンドン大会支持の大衆集会が開かれ，中国抗戦が国際的支持を集めていることを対内的に宣伝した．ロンドン大会に関わる宣伝計画は，国際反侵略運動大会中国分会の成立以前，すでに国民外交協会をはじめとする各団体によって作られ，準備が始まっていたほか，国民党中央党部も全国各党部に対し，大会に呼応した活動を行うよう通令していた[91]．

1938年1月20日，武漢YMCAで国民外交協会は中国国聯同志会ととも

に，中華海員工会，漢口市商会及び男女青年会などの諸団体代表，さらに曾虚白（国際宣伝処）や銭俊瑞（上海文化界国際宣伝委員会）を集め，ロンドン大会への対応を検討する最初の会議を開いた．その結果，国民外交協会が起草して大会宛通電を行うこと，同協会が資金調達を担当し，宣伝週（宣伝週間）を行うことが決定された[92]．

ついで，中国分会も2月3日の常務理事会でロンドン大会への呼応，宣伝方針を討議し，国民外交協会が準備中の国際宣伝週に協力するほか，以下の宣伝活動を行うことを決定した．

(1)〔国民党〕中央に呈し，各地党部に通電し，11日各地で民衆を召集して国際反日運動呼応大会を挙行させるよう請う．(2)11日午後2時，総商会において国際反日運動呼応大会を行う．(中略)(3)宣伝部に呈し，各地の新聞に打電し，特刊〔特集版〕を発行させるよう請う．また別途，武漢各紙が11日に国際反日運動特刊を発行し，各方面の指導者に特別寄稿を要請するよう求める[93]．

こうして，ロンドン大会に対応して国際宣伝週が挙行された．すなわち，2月6日は宗教日，7日は婦女日，8日は青年日，9日は農工日，10日は商人日，11日は難民傷兵日，12日は文化日，13日は児童日と定められ，各界人士，団体による祈禱，遊行，集会，歌唱，演劇，慰問や演説等の宣伝，動員活動が行われた[94]．

また，ロンドン大会開催の2月11日には，漢口市商会において，中国分会及び中国国民外交協会の主催で「武漢各界響應国際反日運動大会」が開かれ，1,000名余りの参加を得た．大会では邵力子（主席），陳銘枢，鄧穎超及び朝鮮民族戦線連盟代表が演説を行い，大会宣言及びロンドン大会主席セシル宛電文を決議した[95]．ここで採択されたロンドン大会に関する宣言は，以下のように述べた．

われわれは全世界に向けて宣言する．全中国の四億人はみな抗日の旗の下に結集し，すべてを犠牲にして平和を守るために戦う決意である．中国が徹底抗戦をしなければ，中国民族はすべて滅亡するだけでなく，全世界もすべて滅亡してしまうのだ．……われわれは，わが政府を擁護し，蒋委員長の指導の下に徹底抗戦を行うと同時に，全世界の友邦及びすべての平和を愛する者と手を取り合って，共に全人類の求める平和を守ることを決意している[96]．

　さらに，中国分会はセシル宛に打電し，「直ちに効果的な措置を取るよう大会に伝えるよう」要請したほか[97]，李石曾等を通じて，各国民衆団体により，日本の侵略非難，日貨ボイコット，中国抗戦支援を趣旨とした「中国週」の実行を決議するよう要望した[98]．

　武漢以外の地域では，成都で市国民党部及び抗日団体の主催により反侵略の集会と火炬遊行が行われた[99]．

　また，中国各新聞・雑誌においても，ロンドン大会に関して盛んに報道が行われた．中共系紙『新華日報』は連日大々的に報道し，反侵略宣伝のための「特刊」を数回にわたり発行したほか，2篇の社論を載せ，大会への歓迎と期待の意を表明した[100]．このほか，救国会系の雑誌はもちろんのこと[101]，権威ある総合雑誌『東方雑誌』にも大会開催の記事が掲載されており[102]，もって，本大会に関する全国的な関心の高さを知ることができる．

　ロンドン大会の後，中国分会は下記2冊の小冊子を刊行し，この大会に示された国際的な中国支援，対日制裁運動の対内宣伝に役立てた．

　　包華国等訳『国際反侵略運動大会 対日本経済制裁方案』（反侵略運動叢書
　　　1）漢口，国際反侵略運動大会中国分会，1938年5月
　　国際反侵略運動大会中国分会編譯『国際反侵略運動大会倫敦大会各国代
　　　表講演實録』（反侵略運動叢書2）漢口：同分会，1938年9月

ロンドン大会は，1936年のブリュッセル大会と比べると西側主流メディアの扱いは小さく，著名人の参加も限られたが[103]，欧米の平和主義者や労働運動の間に中国支援，日本制裁の空気を盛り上げることに成功した．さらに，同大会は，単に中国に対する精神的支持を表明したのみならず，具体的な対日経済制裁案を提起した点で大きな意義を持っていた．それらが，どの程度の効果を持ち得たのかの評価は難しい――民間団体の提案や運動は，その声の大きさに比べて，通常きわめて限定的な効果しかもたない――が，中国分会の関係者は，ロンドン大会が，「日貨ボイコット運動を発動した結果，日本の若干の国に対する輸出は大いに減少し，すでに日本政府に危機感を与えている」と評価している[104]．また，対内的には国際的な中国援助の広がりを国民に宣伝する上で，ロンドン大会に呼応する運動は絶好のものであった．武漢等各地の国際宣伝週に参加した人数は，分会側の評価ではのべ数十万人に達したという[105]．

(2) パリ大会への対応

1938年7月23～24日，世界平和連合はパリで「無防備都市爆撃反対・平和回復世界大会」(The World Conference for Action on the Bombardment of Open Towns and the Restoration of Peace) を開催した．これは，中国にとって2度目の国際世論による支援大会であり，中国分会は積極的に呼応し，宣伝活動を行った．

この大会開催の背景となるのは，中国とスペインにおける都市爆撃の惨禍が欧米世論に与えた衝撃であった．日本軍による広州，武漢等中国都市の爆撃と，ドイツ・イタリア軍機によるスペイン共和国地区都市爆撃による惨禍は，1938年にはいっそう拡大し，世界に大きな衝撃を与え，一般市民を無差別に殺戮する無防備都市爆撃に反対する運動を展開させることとなった[106]．たとえば，1938年6月2日には国際労働機関（ILO）は，28カ国の労働側代表が日独伊の爆撃を非難し，中国，スペイン人民に同情を表明する決議案を採択し[107]，イギリスでは民間団体及び議会で爆撃非難の動きが

広がり，政府側も制止の方法を検討する旨表明し[108]．6月16日には米上院は「住民への非人道的爆撃」を非難する決議を採択した[109]．同年7月初め，世界平和連合のコット会長はロンドンの中国支援市民大会に打電し，フランスでも日本の都市爆撃制止のためにあらゆる力を集中することを表明した[110]．

こうして，1938年7月23〜24日，世界平和連合の主催で，無防備都市爆撃反対・平和回復パリ大会が開かれた．本会議の開会式で，会長のセシルとコットは，エチオピア，スペイン，中国での残酷な都市爆撃に憤慨の意を表明し，「無防備な一般市民殺戮」を強く非難した[111]．中国側は，中国分会欧州駐在代表李石曾が出席し，発言したほか，蔣介石，宋子文，邵力子等がパリ大会に電報メッセージを送り，日本軍の猛爆を強く非難し，大会がその使命を完うし，民衆の安全を守り，世界の平和と秩序を促進するよう希望した[112]．

パリ大会に対し，中国分会はこれに呼応すべく，国内で熱烈な宣伝活動を行った．中国分会は7月14日には，漢口市各新聞，中央宣伝部，軍事委員会政治部，航空委員会，国聯同志会等の代表を招き，パリ大会に対する対応を協議し，「宣伝大綱」を討議，制定した[113]．7月18日には，漢口市党部で無防備都市爆撃反対擁護各界代表大会を開き，市長，市党部委員，各界代表など300余名が参加，漢口市農工商学婦女等267団体の名義でパリ大会擁護，対日制裁要求の電文を可決した[114]．パリ大会開催当日は，武漢でこれに対応する大会が開かれ，合計2,000人余りの参加者を得て，分会副会長邵力子，理事呉玉章，政治部第3庁庁長郭沫若，漢口市市長呉国楨，婦女界代表陳逸雲等が演説を行った．また，武漢以外でも中国分会の宣伝大綱に基づき，パリ大会に呼応する大会が開かれた都市は46にのぼり，中国分会が訳してパリ大会に転送した国内各民衆団体の電報は109通に達したという[115]．

この間，欧米及びインドの100名余りの市長が広州市長曾養甫の訴えに応えて，日本軍の中国都市爆撃に抗議する運動が広がり，パリ大会に抗議の声

明が提出された[116]．この運動は中国分会執行部主任の鄭彦棻の発案によるものであり，鄭が広州市市長曾養甫に提案して各国市長宛に通電させ，その結果，中国支援の国際民間運動に発展したものであった[117]．

(3) 連絡及び宣伝活動

以上のようなロンドン大会，パリ大会に呼応する宣伝活動や動員は，成立後まもない国際反侵略運動大会中国分会にとって対外宣伝のよい機会でもあった．この国際的な対応を掲げた運動の過程で，中国分会は国民党要人及び民間人士から重視され，遮られることなく集会や演説を行うことができ，そして両大会の意義や，大会参加者の演説，両大会の中国支援・対日制裁の決議案などの資料を大量に国内諸新聞，雑誌に提供し，さらに小冊子を編纂，発行することができた．この時期の『中央日報』，『新華日報』には世界平和連合の運動に関わる記事が少なくないが，その一部は中国分会の幹部が執筆したり，演説をしたりした内容であった．このほか，中国分会はジュネーブの本部が発行する中国語版ニューズレター『国際和平促進会通訊』（後に『国際反侵略運動大会通訊』と改称）に掲載された情報を国内各新聞社に提供し，好評を博した．同通訊は世界平和連合電信社（Agence télégraphique R.U.P.）の名義で謄写版印刷で発行されたもので，実質的に呉秀峰が世界平和連合の仏文ニューズレターを翻訳，編集したものと考えられる．このように，世界の平和運動の動向，とりわけ国際世論の中国支援に関する情報を新聞，雑誌に提供したり，小冊子を発行したり，演説や放送講演を行うことが，中国分会の主要な対内宣伝方式であった．1938年9月には『反侵略』週刊（後に半月刊）が発行され，中国分会は自らの定期刊行物をもって宣伝にあたれるようになった．中国分会発行の出版物は表1にまとめたとおりである．

国際問題座談会の開催もまた中国分会の活動方式の一つであり，座談会における専門家の報告と討論の内容が記録され，『反侵略』週刊等の同会媒体に発表されたほか，1939年5月以降は「国際問題座談会紀録」という小

表 1　国際反侵略運動大会中国分会出版物

雑誌	『反侵略』週刊（のち半月刊）1巻1期-4巻3期（1938.9-42.2） 『反侵略通訊』旬刊，1-64期（1939-41）；同週刊，広東支会，1-58期（1941-42） 『国際和平促進会通訊』日内瓦（ジュネーブ），No.1-27（1938.2-9），『国際反侵略運動大会通訊』日内瓦，No.28-57（1938.9-39.3）
図書	包華国等訳『国際反侵略運動大会 対日本経済制裁方案』漢口，中国分会，1938年5月（反侵略運動叢書1） 『国際反侵略運動大会倫敦大会各国代表講演實録』漢口，1938年9月（反侵略運動叢書2） 張閎仁『国際反侵略運動大会簡史』[重慶]：中国分会，1939年9月（反侵略運動叢書3） 包華国『国際連盟新論』[重慶]：中国分会，1940年 分会執行部編『第二次常年大会特刊』重慶，1939年5月（反侵略運動専刊1） 『両年来之国際反侵略運動大会中国分会』[重慶]，1940年1月（反侵略運動専刊2） 『反侵略運動地方組織須知』衡陽，1939年；重慶，1939年7月増訂2版（反侵略運動小冊1） 『国際反侵略運動大会中国分会常務理事会会議録匯編』[重慶]，1939年（反侵略運動小冊2） 『欧洲局勢与東亜問題：国際反侵略運動大会中国分会国際問題座談会記録』第1種，[重慶]，1939年5月 謝康『列強遠東政策与中国反侵略外交』[桂林]：国際反侵略運動大会中国分会広西支会，1941年（反侵略小叢書） 山丁等：『亜洲殖民地反侵略運動』[桂林]：国際反侵略運動大会中国分会広西支会，1941年（反侵略小叢書4）

〔筆者作成〕

冊子のシリーズ（叢書）として刊行された．同叢書第1輯の作者尹葆宇は，1938年秋に中国参謀本部の委任により海外視察に赴き，さらに中国分会を代表して世界青年大会に出席し，その後，さらに米国各地で巡回講演を行って帰国したものだった．

対外連絡，宣伝活動の面では，国際平和連合本部は1938年2月，4月，6月にそれぞれイギリス人記者バーレット，フランス人記者シズ（Piere Scize），アメリカ人記者モウラー（Edgar Mowrer）を中国視察に派遣したが，中国分会は積極的に歓迎会を開き，宣伝を行い，また彼らの中国における取材を支援した．彼らの行った中国抗戦の報道と報告は，各国世論を中国支援に向けるにあたって大きな役割を果たした[118]．また，中国分会は彼らの中国抗戦取材記事，訪問記を翻訳して国内各新聞，雑誌に提供し，その宣伝を

行った．このほか，国際連盟衛生部の前部長ライヒマン，国際学生連合会代表団等の中国訪問時にも，中国分会は同様の活動を行った．そしてロンドン大会，パリ大会の開催などの国際的な出来事の度に，中国分会は世界平和連合本部及び欧米各国指導者に対して厳正なる対日制裁と中国援助の措置を取るようアピールを出した．このほか，戦争被害に関する写真資料を収集し，世界平和連合本部に提供するなどの活動も行っていた．

上述の中文小冊子の編纂のほか，中国分会は中国の抗戦状況を英語・フランス語で宣伝する小冊子の編纂，発行も行った．たとえば，1938年には『800壮士その他戦時特撮』英文版，『蔣委員長重要抗戦言論集』仏文版を編纂し，ヨーロッパに送って印刷，配布させた[119]．

世界平和連合本部など海外との連絡に関しては，1938年2月，宋子文は李石曾，呉秀峰（ジュネーブ），袁冠新（パリ），王礼錫（ロンドン），陶行知（ニューヨーク）を同会海外駐在常務代表に任じ，李石曾を代表団主席とし，対外連絡の責任者とした[120]．

4. 中国分会の発展と変容（重慶時期）

(1) 欧州開戦と世界平和連合の終焉

おおよそ1938年夏頃まで，世界平和連合は精力的に各種の活動を展開したが，同年秋以後，ヨーロッパ情勢の激動により，活動は停滞し，組織は衰退に向かった．1938年3月にはナチス・ドイツはオーストリアを併合し，同年9月のミュンヘン協定を経て，39年3月にはチェコスロバキアを完全に解体し，その勢力を中東欧に拡大した．1936年7月以来激しい内戦が続いていたスペインでは，1939年1月に共和国派の拠点バルセロナが陥落し，4月には反乱軍側の勝利をもって内戦が終結した．このようなヨーロッパ情勢の激変の中で，現実の戦争の脅威に対してどう対応するか，宥和政策の是非，軍備拡張と徴兵制の是非などをめぐって，欧米諸国の世論は分裂し，世

界平和連合の掲げる,国際条約遵守,軍縮促進,国際連盟支持による平和維持の主張によって,様々な人々を終結させるのは困難な情況になった.

1939年1月28日,世界平和連合はロンドンで年次大会を開いた.これは中国にとってはちょうど「1・28」(第1次上海事変)7周年の記念日であり,中国側は前年のロンドン・パリ大会開催の時と同様,本大会に非常な期待を抱き,大会に呼応する大衆集会や宣伝活動等を行った.また,『中央日報』には多数の関連記事が掲載され,蔣介石や中国分会幹部はロンドン大会に電報メッセージや放送演説を送った[121].だが,1939年のロンドン大会は,ヨーロッパ情勢の悪化の中で平和勢力がなすすべをもたないという悲観と無力感に包まれ,ただアメリカがその強大な実力をもって平和を維持することに期待を寄せるのみだった.翌年の大会は米国で開催されることが決議されたが,実現されなかった.ロンドン大会は,世界平和連合最後の年次大会となった[122].

1939年8月23日,独ソ不可侵条約の締結以後,ヨーロッパ各国の共産党及びその傘下勢力は世界平和連合の組織及び活動から離脱し,その衰退に拍車をかけた.同年9月1日の第2次世界大戦の勃発,1940年6月22日のフランス降伏とドイツのヨーロッパ大陸制覇により,世界平和連合の本部及び欧州各国の組織は相継いで消滅し,その指導者も各地に避難せざるをえなくなった.世界平和連合秘書長のドリヴェと呉秀峰は欧州を脱出して渡米し[123],その後,他のヨーロッパから避難した者とともにニューヨークで自由世界協会(Free World Association)を結成し,1942年には *The Free World* という雑誌を発刊した.同誌の編集と経費調達には,李石曾と呉秀峰もまた尽力した[124].

(2) 重慶移転後の中国分会の発展

1938年10月,中国分会の事務局は武漢を撤退し,衡陽,桂林,貴陽等を経て,1939年1月に重慶に到着し,活動を再開した[125].すでにこの時期,世界平和連合本部及び欧州各国組織は没落著しく,第2次世界大戦の勃発と

第 6 章　近代中国の民間団体と国際関係　187

ともにその終末を迎えた．それでは，重慶移転後の抗戦期，中国分会はいかにその組織を維持し，活動を展開したのだろうか．

　1939 年 2 月 10 日，重慶で 7 か月ぶりに常務理事会が開催され，分会組織の再建問題が討議され，年次大会（原文「常年大会」）の召集，旧会員の再登記と新会員募集が決定された[126]．前回の年次大会からすでに 1 年以上経っており，理事等の役員改選の必要があった．以下，重慶における中国分会の各種活動状況をみてみよう．

　同年 5 月 21 日，中国分会は第 2 期年次大会を開き，国際的な中国支援・対日制裁運動の拡大を呼びかけ，蔣介石軍事委員会委員長に敬意を表明したほか，宋子文は会長，邵力子は副会長にそれぞれ再選された[127]．汪精衛の重慶脱出後，日中間では「和平運動」が展開していたため，中国分会はこの大会の宣言において，「平和の武器をいっそう鍛え磨き，侵略者の武器たる和平を粉砕しなければならない」と述べ，徹底抗戦を支持し，対日和平交渉に断固反対する立場を表明したのである[128]．

　第 2 期年次大会の後，中国分会は 1941 年 11 月 2 日に第 3 期年次大会，1943 年 1 月 23 日に第 4 期年次大会を開催，後者はまた「5 周年記念大会」とも称した[129]．蔣介石は各期大会毎に訓辞を送り，また分会の側でも蔣に敬意を表明し，国民党体制と抗戦領袖への服従を表明した[130]．

　1939 年から 1941 年までの間，中国分会の組織，宣伝活動は非常に活発であり，『中央日報』には頻繁にその活動情況が報道されている．中国分会自身も『反侵略』，『反侵略通訊』等の雑誌を出すだけでなく，多くの宣伝書，小冊子類を発行した（前掲表 1 参照）．

　また，この時期，中国分会の地方組織の発展も顕著であった．武漢時期には地方組織としてはただ広東支会，四川省宜賓区会等があっただけだったが[131]，重慶移転後，省レベルの地方組織として広東（曲江），広西（桂林），衡陽，貴州，蘭州，西安，遼吉黒熱の各「支会」が成立し[132]，また「支会」の下に「区会」，その下に「通訊処」（通信所）と，体系的な地方組織の機構が整えられた[133]．また『反侵略運動地方組織須知』（「須知」は心得の意）等

の小冊子を発行し[134]，各地方組織の設立，運営の手引きとした．

このように，同時期のヨーロッパにおける世界平和連合の衰退とは逆に，中国分会は組織的には発展の様相を示していた．それは，中国の抗日戦争，抗日運動の発展に伴ったものであるとともに，同分会が積極的に会員募集，組織拡大の方針を取ったこともその重要な要因であった．

武漢時期，中国分会の個人会員は6,000人余りであった[135]．だが，当時はほとんど地方組織が存在せず，ほとんどの会員は武漢に集中していたため，日本軍侵攻による武漢陥落によって中国分会は多くの会員を失うこととなった．重慶移転後，1939年2月10日に開かれた常務理事会において，新会員募集の方針が可決され，その後，宣伝と組織の拡大に努めた結果，同年3月までに個人及び団体会員数は合計10万人以上に達した（加盟団体の構成員数を合計して計算したものだろう）[136]．

中国分会に加入した団体会員は，もともと中華職業教育社，中蘇文化協会，中華全国文芸界抗敵協会，中国経済学会等わずか9団体に留まっていた．そこで，1939年4月5日，中国分会は加盟団体を拡大するため，国民政府教育部に対し，「貴部より各文化機関に〔本分会に〕躍進参加するように通令し，もって反侵略運動の力を増強させる」よう請求し，教育部長陳立夫による認可と通令を得た[137]．だが，これは国民党・政府による各団体への命令という形でその組織を拡大したものであり，純然たる民間団体である国際民間組織の一支部として創立された中国分会にとっては，悪しき先例を開いたものと考えられる．

1939年8月，中国分会は野心的な「百万会員運動」を発動した．中国分会によれば，「〔世界平和連合〕本部は合計4億5千万人の会員を擁し，また英仏等の国別分会もそれぞれ1～2,000万人と一様でないが〔多数の〕会員を有している．だが，4億5千万の人口を有するわが国で，……本会会員がわずか20余万にすぎないというのは，比較して見劣りがする」．従って，年内に100万の会員獲得を目標とした運動を展開する，としたのである[138]．具体的には，各団体会員，個人会員はそれぞれ5名を紹介，入会させるべ

く，各地方支会は少なくとも 15 以上の団体会員を獲得すべきものとされた．組織拡大の方法としては，(1) 一般的宣伝；(2) 新聞広告による入会募集；(3) 各界団体及び団体会員への接待；(4)〔中国国民党〕中央社会部に呈して紹介を請うこと，と定められた[139]．

このため，中国分会は中央社会部に対し，「中央各院会処〔政府諸機関〕及び各省市党部に文書で通知し，各機関所属人員に本会に加入させるよう懇請」した．社会部はこれを認めて行政院に報告し，行政院より教育部に訓令を下し，管下各団体，職員が中国分会に加入するよう求めた[140]．これに従い，1939 年 12 月 7 日教育部はその直轄機関，各学校に上記の命令を通達し，各機関，学校もまた続々と「ご命令を奉じて加入します」，「ご指示に遵いただちに部下に参加を命じます」，「全教職員，学生一致して参加致します」等と回答した[141]．

さらに中国分会の正式文献から，国内各界の「百万会員運動」に対する熱烈な反応ぶりを知ることができる．すなわち，1939 年末までに直接同分会に加入した者は，団体会員 126（計 1,196,485 名）と個人会員 8,219 名，計 1,204,704 名であった（地方「支会」，「区会」を含まず）[142]．かくして，総計 120 万人余りとなり，「百万会員」の運動目標は達成できた．世界平和連合が国際的に衰退，終焉の過程にあった中で，中国分会のみが組織的に拡大，発展することができたということは注目に値する．だが，それは党・政府当局による各団体・機関・学校への入会命令に依存することによってなし得た「拡大」「発展」にすぎず，中国分会の真の力量を示すものではなかった．さらに，世界平和連合本部の，諸国家間の戦争を民間の平和運動の国際的な連繋の力によって予防するというあり方からすると，中国分会はもはや外来の組織でも，自立的な民間団体でもなく，中国国民党政権下の，政府に依存し，統御される準官製団体に変容していたことを示すものであった．

1942 年以降は情況が大きく変化した．中国分会の活動を記す新聞報道は激減し，同会発行の雑誌も停刊となった．1943 年 1 月 23 日には第 4 期年次大会，同 2 月 15 日には「国際反侵略運動中国分会及び自由世界協会中国

分会理事・監事聯席会議」が開催されたのが[143]，中国分会の最後の活動となった．

　太平洋戦争の勃発により，中国は正式に米・英と同盟国になった．それは，それまでの中国政府の戦略的課題——いかに世界各国の世論を動かし，中国援助・対日制裁を実現するか，いかに米英等を引き込み日中戦争を世界戦争に発展させるか——が，実現されたことを意味した．そうでなくても，この時期すでに世界平和連合はヨーロッパでほぼ消滅状態にあり，中国分会が担っていた戦時中国の国民外交の機能もまたその重要性を失っていた．このため，太平洋戦争開始前後から国民党政府及び要人達は，中国分会への経費支出などの支援を削減，停止していった．こうして中国分会は1942年以降，ほぼ活動を停止することとなった[144]．

お わ り に

　世界平和連合は，ヨーロッパで生まれた国際的な平和運動団体であり，国際連盟の擁護と軍縮，集団安全保障，紛争の平和的解決を原則に掲げたほか，日中戦争に際してはきわめて積極的に中国支援・対日制裁に取り組んだため，中国では幅広く歓迎された．世界平和連合の中国分会は，この海外（西欧）起源の運動の中国支部として組織され，西欧におけると同様，左右諸党派を包括する統一戦線的性格を持っていたが，中国に定着し発展する過程でその性格は大きく変わった．

　中国組織の国際組織との相違は，その名称にもっとも明確に表れている．1936年のブリュッセル大会から1938年1月の中国分会成立大会直前まで，世界平和連合及びその中国臨時組織は，原語に忠実な「平和」を冠した名称で呼ばれたが，中国分会成立大会で「国際反侵略運動大会」の中国分会と改訳され，反侵略の抗日「戦争」擁護，対日「和平」反対の主張を明示した．また，中国分会の規約では世界平和連合の4原則が一部改変されており，西

欧の組織の普遍的平和主義に対する，中国の主権絶対・抗戦擁護の立場を反映していた．

また，組織の性質という面では，世界平和連合は各国職業団体，宗教団体，平和団体，国際団体などを中心に構成された国際民間団体（International NGO）であったのに対し，中国分会は当初から国民党政権の関与が大きく，幹部は党政役職を兼ね，組織面でも財政面でも党・国に依存し，中国独自の準官製団体の色彩を強めていった．

他方，抗戦時期，中国国民党政権は，公式外交（政府間）だけでなく，宣伝・民間活動等による非公式外交（国民外交，パブリック・ディプロマシー）も併用して，欧米諸国の中国支援・対日制裁をもたらすことを目標としており，世界平和連合の活動はこの戦略にとって有用であった．このため，国民党政権は必要な限りにおいて中国分会を援助し，かつ戦時の国策に適合するように統制したのであった．

世界平和連合の経験は，活動時期は非常に短いが，各国，各地域の民間社会が相互の結びつきを強め，共通の課題のために働きかけを行った歴史的先例として，われわれが将来の国境を超えた地球市民社会の創造を展望する上で，貴重な経験となると思われる．また，その中国支部 国際反侵略運動大会中国分会にはきわめて広範な人士が結集し，「反侵略」すなわち反枢軸の世界各国民間団体との連絡，広報に力を注いだ．その一部幹部は国際的活動家で，世界平和連合本部の指導者とも親密であり，その後継団体「自由世界協会」の成立にも大きな役割を果たしたのである．

1) 土田哲夫（2007a）「国際平和運動，コミンテルン，日中戦争」（『現代中国研究』第20号），土田哲夫（2007b）「国際平和運動と日中戦争―「世界平和連合」（RUP/IPC）とその中国支援運動」（服部龍二・土田哲夫・後藤春美編『戦間期の東アジア国際政治』中央大学出版部）．
2) 世界平和連合のフランス組織については下記の論文があるが，5頁という短いものである．Cf. Rachel Mazuy (1993), "Le Rassemblement Universel pour la Paix (1935 – 1939) : une organisation de masse?" *Materiaux pour l'histoire de notre*

  temps, Vol. 30, No. 30, pp. 40-44. 中国では，沈慶林（2000）『中国抗戦時期的国際援助』上海：上海人民出版社 の中に簡単な記述があるのみで，詳しく本会を扱う研究はまだない．
3） Viscount Cecil（Lord Robert Cecil），*A Great Experiment: an Autobiography*, New York: Oxford University Press, 1941, pp.284-285.
4） "Novel Peace Prize Awarded", *The New York Times*, 1937.11.19.
5） 詳細は，前掲　土田哲夫（2007b）参照．
6） Mazuy, *op. cit.*
7） 陳銘枢「反侵略的国際和平運動大会之意義及経過」『新華日報』（漢口）1938年1月17日．
8） 張閎仁編（1939）『国際反侵略運動大会簡史』（重慶：国際反侵略運動大会中国分会），76-77頁．
9） 『救国時報』（巴黎）1936年9月25日．ただし，陳銘枢の一年半後の記載は細部に相違があり，自分が団長だとし，また参加者として陳友仁，黄少谷等の名をあげる．陳銘枢「反侵略的国際和平運動大会之意義及経過」『新華日報』1938年1月17日．
10） 『陶行知全集』成都：四川教育出版社，1991-98年，第4巻，206-207頁；張閎仁編（1939）『国際反侵略運動大会簡史』，115-116頁．
11） 陳銘枢（1997）『陳銘枢回憶録』北京：中国文史出版社，129，146頁．王士志・衛元理編（1989）『王礼錫文集』北京：新華出版社，1989年，「王礼錫伝略」4頁．
12） 胡秋原（1962）『在唐三蔵與浮士徳之間』台北景美：著者発行，26頁．
13） 銭俊瑞「和平的呼籲」（『現世界』第1巻第1期，1936年8月1日），415頁．
14） Müller, Reinhard (1991), "Bericht des Komintern-Emissärs Bohumir Smeral über seinen Pariser Aufenthalt 1937", *Exilforschung, ein Internationales Jahrbuch*, 9, S.250.
15） 邵雍（2005），「宋慶齢与蘇聯関係新探（1927-1929）」，『上海師範大学学報哲学社会科学版』第34巻第3期，105-108頁；楊奎松（1995），『西安事変新探』台北：東大図書公司，236，257，324頁．
16） 鄭燦輝・季鴻生・呉景平（1986），『宋慶齢与抗日救亡運動』福州：福建人民出版社，56-74頁．
17） 銭俊瑞（1982）「痛悼偉大的国際主義戦士宋慶齢同志」，『宋慶齢紀念集』北京：人民出版社，122-124頁．
18） 『救国時報』1936年9月18日．
19） 『救国時報』1936年10月5日；陳三井（1997）「法国華僑與対日抗戦」（同『華僑與抗日戦争論文集』台北：華僑協会総会），下冊，580-605頁．
20） 銭俊瑞「世界和平運動大会経過」（『現世界』第1巻第11期，1937年1月16日）．
21） 「国内和平運動的推進」，『現世界』第1巻第8期，1936年12月13日）

22) 『中央日報』1936年11月16日.
23) 張閎仁編（1939）『国際反侵略運動大会簡史』，115頁.
24) 陳銘枢「反侵略的国際和平運動大会之意義及経過」『新華日報』1938年1月17日.
25) 『救国時報』1936年9月18日.
26) "Urges Inquiry in Spain", *The New York Times*, 1937.3.16; "Fund for Basques Sought", *The New York Times*, 1937.6.26;"'No Concessions', Londoners Shout", *The New York Times*, 1938.9.19.
27) 「国内和平運動的推進」『現世界』第1巻第8期，1936年12月13日.
28) 「世界和平大会第六次理事会議紀略」『救国時報』1937年10月5日.
29) イギリスにおける中国支援運動については，松村高夫（2001）「見果てぬ夢——労働組合の日英関係（一九三〇－一九三九年）」（細谷千博・イアン・ニッシュ（Ian Nish）監修『日英交流史1600-2000』第5巻，東京大学出版会），Arthur Clegg (1989), *Aid China 1937-1939, A Memoir of a Forgotten Campaign*. Beijing: New World Press；オーストラリアにおける反日運動については，Derek McDougall (1977), "The Australian Labour Movement and the Sino-Japanese War, 1937-1939," *Labour History*, 33. このほか，当時の『中央日報』，『救国時報』等中国紙には各国の中国支援運動について詳しく報道されている.
30) Müller, a.a.O., SS.243, 245.
31) 松村高夫（2001），192頁.
32) 「世界和平総会決議 明年一月一日起総動員抵制日貨」『救国時報』1937年12月25日；*The New York Times*, 1938.1.2.
33) 国際反侵略運動大会中国分会編（1938）『国際反侵略運動倫敦大会各国代表講演実録』［武漢：］同会刊，巻頭写真.
34) "Bombing In The Far East", *The Times (London)*, 1937.10.02; "Indiscriminate Bombing", *The Times*, 1937.10.11 etc.
35) 村田陽一編訳（1978-85），『コミンテルン資料集』大月書店，第6巻，266-267頁.
36) Müller, a.a.O., SS.243, 245.
37) Hollington Tung (1950), *Dateline: China; the Beginning of China's Press Relations with the World*, New York : Rockport Press.
38) 聯合国中国同志会編（1953）『聯合国中国同志会簡史』台北：同会刊，4-6頁. 中国国際聯盟同志会の創立及び北京政府期の活動については，土田（2013）「民間団体と外交——中国国際聯盟同志会の初期活動」（平野健一郎・古田和子・土田哲夫・川村陶子編『国際文化関係史研究』東京大学出版会）参照.
39) 中国国民外交協会呈教育部，1939年3月4日，台北，国史館所蔵教育部檔案，196/228「中国国民外交協会」.
40) 「昨各団体聯席会響應倫敦反日援華大会」『新華日報』1938年1月21日；「国

際宣委招待記者」『新華日報』1938 年 5 月 29 日.
41) 傅才武（2006）「1937 年-1938 年抗戦文藝運動対武漢文化界的影響」（『近代史学刊』第 3 輯，華中師範大学出版社）.
42) 張閔仁編（1939）『国際反侵略運動大会簡史』，116 頁.
43) 鄭彦棻「一代高人李石老」（『中外雑誌』第 28 巻第 1 期，1980 年 7 月）.
44) 呉秀峰「回想」『呉秀峰文集補遺』増城，中国人民政治協商会議広東省増城市委員会，1996 年.
45) 『新華日報』1938 年 1 月 16 日～21 日による.
46) 陳銘枢「反侵略的国際和平運動大会之意義及経過」『新華日報』1938 年 1 月 17 日.
47) 「国際和平大会意義」『新華日報』1938 年 1 月 18 日.
48) 中国第二歴史檔案館編（1992）『馮玉祥日記』1938 年 1 月 21 日条，第 5 冊，350 頁.
49) 『馮玉祥日記』1938 年 1 月 23 日条：「接国際和平会函，今日下午一時于漢口商会開成立大会，請余届時出席，並致演辞」，第 5 冊，352 頁.
50) 「反侵略運動中国分会成立紀事」『新華日報』1938 年 1 月 24 日.
51) 大会直前まで「世界和平協会」，「国際和平運動大会」などと呼ばれ，訳が定まっていなかった.『馮玉祥日記』1938 年 1 月 21 日，同月 23 日各条（第 5 冊，350，352 頁）.
52) 「反侵略運動中国分会成立紀事」『新華日報』1938 年 1 月 24 日；名誉主席団，理事については下記記事で補った：「国際反侵略大会中国分会告全世界人士書」『新華日報』同年 1 月 26 日）.
53) 『馮玉祥日記』1937 年 12 月 3 日，同 12 年 5 月条，第 5 冊，291 頁，298 頁.
54) 包華国等訳（1938）『国際反侵略運動大会 対日本経済制裁方案』漢口：国際反侵略運動大会中国分会，邵力子序文. ただし，世界平和連合本部のニューズレター中国語版は国際組織の英語名に従い『国際和平促進会通訊』の名称を用い，1938 年 9 月 12 日刊行の No.28 以降，『国際反侵略運動大会通訊』に改称された.
55) 例えば，「世界和平大会在法挙行大示威」『中央日報』1937 年 8 月 2 日；「国際和平大会意義」『新華日報』1938 年 1 月 18 日では「国際和平運動大会」と言う.
56) 「本会以在国際反侵略運動大会擁護国聯，遵守盟約，縮減軍備及反対侵略戦争四大原則之下，団結同胞，反抗侵略，争取中国自由平等，保障世界和平為宗旨」.「国際反侵略運動中国分会簡章」『新華日報』1938 年 1 月 26 日.
57) 「国際反侵略大会中国分会告全世界人士書」『新華日報』1938 年 1 月 25 日.
58) 「反侵略運動中国分会成立紀事」『新華日報』1938 年 1 月 24 日；中国第二歴史檔案館編（1998）：『中華民国史檔案資料匯編』第 5 輯第 2 編，政治（三），南京：江蘇古籍出版社，500-502 頁.
59) 『中華民国史檔案資料匯編』第 5 輯第 2 編，政治（三），501 頁；『国際反侵略運動大会中国分会常務理事会会議録匯編』［重慶］：同会，1939 年版，6-20 頁.

方治，陶希聖，梁寒操の3人は常務理事会に出席した形跡はない．
60) 『国際反侵略運動大会中国分会常務理事会会議録匯編』，6-8頁．
61) 陳銘枢（1979）『陳銘枢回憶録』北京：中国文史出版社，130-135頁．
62) 『国際反侵略運動大会中国分会常務理事会会議録匯編』．
63) 同上書，10-12頁．
64) 同上書，12-13頁．
65) 張閔仁編（1939）『国際反侵略運動大会簡史』，116頁．
66) 宋子文は1930年代半ばに中国と国際連盟との協力を進めるなど国際経済外交の面で活躍したため，ジュネーブの国際連盟関係者及び欧米政財界ではよく知られていた．中国と連盟の協力関係については，参照，張力（1999）『国際合作在中国—国際聯盟角色的考察，1919-1946』台北：中央研究院近代史研究所．
67) 世界平和連合本部が中国に送ったバーレットの武漢着は38年2月末，袁冠新の到着は3月初めに遅れた（「反侵略会等五十余団体／昨熱烈歓迎巴徳立」『新華日報』1938年2月27日，「反侵略会代表到漢」同1938年3月5日）．
68) 『国際反侵略運動大会中国分会常務理事会会議録匯編』，6-8頁．
69) 同上書，12-20頁．
70) 蘇錫文主編（1991）『鄭彦棻先生年譜初稿』台北：伝記文学出版社．
71) 鄭彦棻（1972）『往事憶述』台北：伝記文学雑誌社，65頁．
72) 蘇錫文主編（1991），56頁．
73) 徐友春主編（1991）『民国人物大辞典』石家荘：河北人民出版社，140頁．
74) 「国際反侵略運動大会中国分会職員一覧表」（1938年），『中華民国史檔案資料匯編』第5輯第2編，政治（三），512-513頁．
75) 国際反侵略運動大会中国分会編（1940）『両年来之国際反侵略運動中国分会』，重慶：新蜀報社，17頁．
76) 同上書，36頁．
77) 国際反侵略運動大会中国分会編訳（1938）『国際反侵略運動大会倫敦大会各国代表講演実録』，漢口：同分会，1-2頁，112頁．
78) 包華国等訳（1938）『国際反侵略運動大会 対日本経済制裁方案』漢口：国際反侵略運動大会中国分会．
79) 『国際反侵略運動大会倫敦大会各国代表講演実録』，「制止日本的侵略 国際反侵略運動倫敦大会宣言」．
80) 「国際反侵略大会通過援助中国決議」『新華日報』1938年2月15日；"Aggression By Japan A Peace Campaign Conference, Suggested Boycott", The *Times*（London），1937.2.14,．
81) 『国際反侵略運動大会倫敦大会各国代表講演実録』，55-63頁．
82) 「国際反侵略中国分会向倫敦大会提四議案」『新華日報』1938年2月1日．
83) 「反侵略運動中国分会成立紀事」『新華日報』1938年1月24日．これより先，1938年1月18日，国民外交協会も在香港の宋慶齢と蔡元培にロンドン大会参加

を電請している．『新華日報』1938 年 1 月 19 日．
84) 国際反侵略運動大会中国分会編訳（1938）『国際反侵略運動大会倫敦大会各国代表講演実録』，14-16，27-30，38-44 頁．
85) 『国際反侵略運動大会倫敦大会各国代表講演実録』6-9 頁．
86) 同上書，58-63，67 頁．
87) 同上書，64-83 頁．
88) 以上，『新華日報』1938 年 2 月 13 日による．
89) 『新華日報』1938 年 2 月 14 日．
90) 『国際反侵略運動大会倫敦大会各国代表講演実録』83 頁．
91) 『国際反侵略運動大会中国分会常務理事会会議録匯編』，8-10 頁．
92) 「昨各団体聯席会／響應倫敦反日大会」『新華日報』1938 年 1 月 21 日．
93) 『国際反侵略運動大会中国分会常務理事会会議録匯編』，8-10 頁．
94) 詳しくは，『新華日報』1938 年 2 月 6 日～14 日記事参照．
95) 「響應国際反日援華／武漢各界挙行大会」『新華日報』1938 年 2 月 12 日．
96) 国際反侵略運動大会中国分会編訳（1938）『国際反侵略運動大会倫敦大会各国代表講演実録』55-57 頁．
97) 同上書，57 頁．
98) 「世界反侵略大会開幕盛況」『新華日報』1938 年 2 月 13 日．
99) 「成都反侵略火炬遊行」『新華日報』1938 年 2 月 21 日．
100) 「社論　展開世界反侵略運動」『新華日報』1938 年月 2 月 2 日，＜基督教徒為国祈祷特刊＞同 2 月 6 日，＜反侵略国際宣伝週婦女日特刊＞同 2 月 6 日，「社論　祝国際反侵略大会」同 2 月 10 日，＜武漢各界響應国際反侵略特刊＞同 2 月 11 日，等．
101) ［鄒］韜奮　社論「国際反侵略運動」（『抗戦』第 40 号，1938 年 1 月 26 日）等．
102) 市隠「国際反侵略会挙行排日援華会議」（『東方雑誌』第 35 巻第 1 号，1938 年 1 月 1 日）．
103) "Aggression By Japan A Peace Campaign Conference, Suggested Boycott", *The Times* (London), 1937.2.14; "Pacifists Condemn Japan", *The New York Times*, 1938.2.14.
104) 駐欧代表団呉秀峰報告，国際反侵略運動大会中国分会執行部編『第二次常年大会特刊』重慶：同会，1939 年，30 頁．
105) 『第二次常年大会特刊』「鄭彦棻先生報告会務」23 頁．
106) "Killed At Barcelona Worst Raid Of War, Valencia Bombed Four Times", *The Times*, 1938.1.20,; "Heavy Bombing Of Chinese City", *op. cit.*, 1938.2.16,; "Bombing Of Open Towns Proposed French Appeal To The Vatican", *op. cit.*, 1938.2.11,; "Big Air Raid On Alicante 200 Killed, British Ship Bombed And Sunk", *op. cit.*, 1938.5.26; "Bombing Of Canton", *op. cit.*, 1938.7.8, etc.
107) 「国際労工大会通過決議／斥責日徳意侵略国轟炸暴行」『新華日報』1938 年 6 月

4 日.
108) "Parliament Air Bombing Inquiry", *The Times*, 1938.6.4.
109) "Bombing Of Civilians American Senate's Condemnation", *The Times*, 1938.6.17.
110) 「国際反侵略総会抗議日寇暴行」『新華日報』1938 年 7 月 5 日.
111) "Bombing Parley Opened in France", *The New York Times*, 1938.7.24.
112) 『中央日報』1938 年 7 月 23 日.
113) 「反侵略分会討論響應巴黎大会辦法」『新華日報』1938 年 7 月 15 日.
114) 「各地紛電擁護国際反侵大会」『新華日報』1938 年 7 月 19 日.
115) 張閔仁編 (1939)『国際反侵略運動大会簡史』124 頁;『新華日報』1938 年 7 月 24 日.
116) 『国際反侵略運動大会通訊』, 第 28 号, 1938 年 9 月 12 日; "Mayor Voices Horror Over Bombings in China", *The New York Times*, 1938.7.19.
117) 蘇錫文主編『鄭彦棻先生年譜初稿』, 49 頁.
118) 鄭彦棻「半年来之中国分会」,『反侵略周刊』第 1 巻第 1 期, 1938 年 9 月 1 日; 前引包華国等訳『国際反侵略運動大会 対日本経済制裁方案』の挿絵説明文.
119) 張閔仁編 (1939)『国際反侵略運動大会簡史』129 頁. この英・仏文小冊子の原文題名不詳.
120) 同上書, 118-119 頁.
121) 『中央日報』1939 年 1 月 27 日〜31 日記事による.
122) この大会終了後 1 月以上たって, 会長セシルから中国指導者に宛てて下記の返電が送られた. 「遠くからご挨拶を賜り, 厚くお礼申し上げます. 本会は, 効果的に日本商品をボイコットし, 日本との通商を停止させ, 貴国の英雄的奮闘に財政的援助を与えられるように方法を講じるべく, 一層努力することを決意致します.」『中央日報』1939 年 3 月 16 日. 中国側の期待通りの「決意」表明であるが, 当時の世界平和連合の衰退状況, 無力さに鑑みると, 不自然に思われる. 中国側の催促ないし要望に応えて, 本部事務局に近い中国人 (たとえば呉秀峰) が行った「作文」の可能性もある.
123) 彼等の欧州脱出, 米国渡航の際には, 宋子文が在欧の李石曾の依頼により資金を提供した. 1941 年 1 月 4 日, 李石曾来電, VICHY 発; 1941 年 3 月 18 日, 李石曾来電. 宋子文文書 (T. V. Soong Papers), Hoover Institution, Stanford University, Box 42 Folder 2.
124) 「自由世界協会将在美州成立 国際友人擁護我政府」『中央日報』1941 年 7 月 11 日; 楊愷齡 (1980)『民国李石曾先生煜瀛年譜』台北: 商務印書館, 98-99 頁.
125) 張閔仁編 (1939)『国際反侵略運動大会簡史』, 127 頁.
126) 『国際反侵略運動大会中国分会常務理事会会議録匯編』, 16-18 頁.
127) 「反侵略中国分会籲請, 拡大援華制日運動」『中央日報』1939 年 5 月 23 日.
128) 『中央日報』1939 年 5 月 24 日.
129) 『中央日報』1941 年 11 月 2 日, 同報 1943 年 1 月 24 日.

130) 『中央日報』1939 年 5 月 22 日；国民政府檔案「社会団体請頒訓詞」，国史館蔵，典蔵号 001011243002.
131) 張閎仁編（1939）『国際反侵略運動大会簡史』，122 頁.
132) 『両年来之国際反侵略運動大会中国分会』重慶：同会 1940 年版，99-115 頁.
133) 「反侵略会常務委員会之決議」『中央日報』1939 年 8 月 3 日.
134) 国際反侵略運動大会中国分会編（1939）『反侵略運動地方組織須知』重慶：同会，1939 年 7 月増訂 2 版.
135) 張閎仁編（1939）『国際反侵略運動大会簡史』122 頁.
136) 「反侵略中国分会應征会員已達十万人」『中央日報』1939 年 3 月 11 日.
137) 「中国分会致教育部函」，1939 年 4 月 5 日；「教育部高等教育司致各文化機関司函」，1939 年 5 月 3 日繕写，教育部檔案「国際反侵略大会中国分会」，国史館蔵，196/280.
138) 「行政院訓令 令教育部」，呂字第 13524 号，1939 年 10 月 28 日発，教育部檔案「国際反侵略大会中国分会」，国史館蔵，196/280.
139) 1939 年 9 月 8 日，中国分会組織委員会通過，『両年来之国際反侵略運動中国分会』，38 頁.
140) 「行政院訓令 令教育部」，呂字第 13524 号，1939 年 10 月 28 日発，教育部檔案「国際反侵略大会中国分会」，国史館蔵，196/280.
141) 教育部致直轄各機関学校代電稿，事由「電仰転知所属工作人員参加反侵略運動会」，1939 年 12 月 7 日封発，発文第 31449 号，教育部檔案「国際反侵略大会中国分会」，国史館蔵，196/280.
142) 『両年来之国際反侵略運動中国分会』38，46 頁.
143) 『中央日報』1943 年 2 月 16 日.
144) 財政部檔案，「国際反侵略大会総分会補助費」，国史館蔵，256/292.

第 7 章

中華民国の対「琉球」政策と沖縄史概略

齋 藤 道 彦

は じ め に

　中華民国政府は東アジア太平洋戦争終了後，1947 年には「琉球」（沖縄）についての領土要求を行ない，1971 年には沖縄返還協定に「釣魚台」（尖閣諸島）が含まれることに反対したことは，拙著『尖閣問題総論』(104-107 頁，59 頁．創英社 2014 年 3 月）で触れたが，中華民国政府は 1953 年にはアメリカによる日本への奄美返還にも反対していた．中華民国政府は，尖閣諸島に限らず，「琉球」についてどのような認識を持ち，どのような政策を追求していたのだろうか．

　中華民国の対「琉球」政策は，一方で「領土」要求を行ない，他方で「委任（信託）統治」要求をするというものであった．「委任統治」要求には，4つの選択肢があった．

　中国には，「琉球＝中国領」という意識が少なくとも 1930 年代初頭には存在することが確認できる．中華民国政府としての対「琉球」領土要求は，1947 年行政院長張群発言から 1953 年奄美返還反対に至る動きがある．

　中華民国の対「琉球」政策における「委任統治」要求については，1943

年 11 月のカイロ会議と 12 月に発表されたカイロ宣言を検討する必要がある．「委任統治」要求は，1943 年カイロ会議における蔣介石の態度表明，対日講和に向けての 1948 年外交部「最終研究報告」第 2 案，1956 年外交部備忘録などがある．

これに対して，アメリカは 1945 年に沖縄を軍事占領し，サンフランシスコ平和条約（『六法全書』では「日本国との平和条約」．中国はこれを「降伏和約」と呼ぶ．以下，サ条約と略称）締結後は沖縄をアメリカの信託統治領とし，軍事基地化を推進した．さらに，ダレス国務長官は 1951 年に沖縄に対する日本の「残存主権」を認め，ケネディ大統領は 1961 年 6 月 22 日に「琉球群島は日本本土の一部」と言明して「沖縄＝日本領」論を明確にし，1971 年 6 月「沖縄返還協定」を締結，1972 年 5 月，沖縄の施政権を日本に返還した．この間，アメリカは中華民国の琉球「領土」要求も「中米共同委任統治」提案も無視した．しかし，1971 年 9 月には沖縄県尖閣諸島の「領有権」問題については関与しないという方針に転換した．

本稿は，1．中華民国の「琉球＝中国領」認識とカイロ会議・カイロ宣言，2．戦後中華民国による対「琉球」政策，3．沖縄史の概略を見てゆく．1 については，高素蘭編輯『蔣中正総統檔案　事略稿本 55　民国 32 年 10 月至 12 月』（国史館　2011 年 12 月．以下，書名は『蔣中正事略稿本』と略称．巻数により編輯者名は異なる）などにより，2 は，主として 2014 年 4 月に閲覧の機会を得た中華民国中央研究院近代史研究所檔案館が所蔵する電子資料（以下，「近代史研檔案」と略称）による．しかし，限られた時間で筆者が当たりえた資料の範囲は限界があり，また同檔案館のコピー枚数制限があったこと，およびまだ未公開の資料があるかもしれないことなどから制約があることをお断りしておく．3 では，沖縄史についての基本知識を確認する．

なお，本テーマに関連して，中華人民共和国では，侯中軍《困中求変：一九四〇年代国民政府囲繞琉球問題的論争与実践》（「困難の中で変化を求める：1940 年代国民政府の琉球問題をめぐる論争と実践」，《近代史研究》2010 年第 6 期，11 月．以下，侯中軍 2010 と略称），台湾で発表されたものでは米澤晋平「戦後

中華民國政府對琉球政策之研究」（國立政治大學政治學系碩士論文，2011年3月．中国語文．以下，米澤2011と略称）[1]）がある．いずれも力作である．両論文は，筆者が閲覧しえなかった資料多数を駆使しており，これによっていくつかの補足を行なう．

このほか，褚静涛《钓鱼岛与琉球归属》（「釣魚島と琉球の帰属」．《江海学刊》（南京）2012年第6期．《中国現代史》2013年第2期（2月）転載による．以下，褚静涛2012と略称），李理〝収回琉球〟中的美国因素与钓鱼岛问题》（「〝琉球回収〟におけるアメリカ・ファクターと釣魚島問題」．《清華大学学報》哲学社会科学版（京）2012.6．《中国現代史》2013年第2期転載による．以下，李理2012と略称），呉景平《开罗会议提供的历史性原景──以中美关系为中心的若干思考》（「カイロ会議が提供した歴史的原景──中米関係を中心とする若干の思考」．《近代史研究》2013年第6期所収．以下，呉景平2013と略称），陈谦平《开罗会议与战后东亚国际秩序的重构》（「カイロ会議と戦後東アジア国際秩序の再構成」．《近代史研究》2013年第6期所収．以下，陳謙平2013と略称）などを参照した．

『蔣介石日記』は，現在，スタンフォード大学フーバー研究所所蔵で，筆者は未見であり，侯中軍2010，李理2012，呉景平2013などから重引した．

1. 中華民国の「琉球＝中国領」認識とカイロ会議・カイロ宣言

中国国民党は1924年1月，第1回全国代表大会でコミンテルンの「民族自決」原則を受け入れた．蔣介石・中国国民党は「琉球＝中国領」論者・大中華主義者であったが，国際情勢の動向に対応し，かならずしも常に「琉球＝中国領」を主張したわけではなかった．

(1) 中華民国の「琉球＝中国領」認識

まず，蔣介石・中国国民党の「琉球＝中国領」主張を見てみよう．

蔣介石 1931 年自述　　蔣介石は,「革命哲学研究の経過の段階についての自述」(1931 年 5 月 16 日)[2] で「琉球＝中国領」論を述べている.

『反日宣伝小叢書之二　臺湾,朝鮮與東北』　　中国国民党浙江省党部編印『反日宣傳小叢書之二　臺灣,朝鮮與東北』(1931 年 11 月) は,次のように記述している.

「台湾の東北に島があり,琉球群島といい,もとはわが国の属土であったが,明朝の万暦年間日本人が琉球を侵犯し,尚寧王を捕虜として連れ去り,琉球をその藩属となるよう迫った.その目的は達せられなかったが,実際上,琉球は日本の相当の支配を受けざるをえなくなった.日本は明治元年,帝国主義政策を採用し,琉球を占領する決意を固め,経営に尽力し,余すところがなかったので,このとき,琉球の民は実際上,日本の統治下に入った.」(褚静濤 2012 による)

蔣介石 1932 年記述　　蔣介石は 1932 年 9 月 13 日,次のように述べた.

「倭寇は,狂妄で徳をはからず,力を無視している.わたしはかならずや中華の健児を率い,これとともに長期に対抗する.わたしは,中華民国 31 年〔1942 年〕の中秋節に東三省を回復し,朝鮮人を解放し,台湾・琉球を回収し,日本人に徹底的に覚悟させ,再び勝手をさせない.」
(王正華編註『蔣中正事略稿本 16』,2004 年.褚静濤 2012 も引用)

蔣介石 1934 年記述　　蔣介石は,「日本の声明とわれらの救国の要道」(1934 年 4 月 23 日.『総統蔣公思想言論総集』第 12 巻所収　國民黨黨史委員会　1984 年)で次のように述べた.

「東四省の失地をわれわれは回復しなければならないだけでなく,朝鮮,台湾,琉球……これらの地方はすべてわれわれの旧領土であり,一

尺一寸すべてわれわれの手に回収しなければならない．」（褚静濤 2012 による）

「東四省」とは，東三省（遼寧・吉林・黒竜江）プラス満洲国に組み入れられた熱河省であろう．

葛綏成『朝鮮と台湾』　歴史学者葛綏成（1897〜1978）は，『朝鮮と台湾』（上海中華書局　1935 年 3 月）で，次のように書いた．

「満清政府は領土を軽視し，保護できなかった．これが，朝鮮と台湾・琉球等の地を失った最大の原因であり，……」（褚静濤 2012 による）

中国国民党臨時全国代表大会蔣介石演説　蔣介石は 1938 年 4 月 1 日，「蔣総裁の中国国民党臨時全国代表大会における演説」（張瑞成編『抗戦時期収復臺湾之重要言論』所収　近代中國出版社　1990 年）で次のように述べた．

「日本は，明治以来，つとに一貫した大陸侵略計画を持っており，かつての甲午の戦い〔日清戦争〕で，日本はわが台湾と琉球を占領した．日露戦争後，朝鮮を併呑し，わが旅順と大連を奪い，その大陸政策の初歩を完成した．」（褚静濤 2012 による）

『蔣介石日記』1940 年記述　薛月順編輯『蔣中正事略稿本 44』（2010 年 7 月）によれば，蔣介石は『蔣介石日記』1940 年 9 月 30 日の項で，「21 年〔1932 年〕9 月 13 日および 18 日両日に，民国 31 年〔1942 年〕中秋節以前に東三省を回復し，朝鮮を解放し，台湾・琉球を回収する」と書いたことを読み返し，「われらが深く信じ惑わず，天道の真理に向って勇進しさえすれば，成さざることはない」と書いた（褚静濤 2012 も引用）．蔣介石は，ここでも琉球「回収」意思を示している．

外交部見解（1941 年）　これらに対し，外交部は異なる見解をすでに示し

ていた.

外交部亜東司司長楊雲竹は1941年1月17日アメリカ駐華外交官ジョン・サービス（John Service）に対し，中国が琉球を回収することはありえないと表明していた（Service to Gauss, 17 June, 1942, The U.S.Department of State (ed.), Forreign Relations of the United States, 1942, China (Washington D.C.:Government Printing Office, 1956). 侯中軍2010による).

さらにその後，外交部が1941年1月に立案制定した「中日問題解決の基本原則」は「琉球人民に対して差別待遇があってはならず，すべては少数民族問題の原則に従って処理しなければならない」（侯中軍2010）としていた.

これらは，「琉球返還」要求には賛成しない外交部の立場の表明であり，1924年国民党第1回全国代表大会の「民族自決」方針の継承と見られる.

『蔣介石日記』1941年記述　蔣介石はまた,『蔣介石日記』1941年11月9日の項で「対米事項甲，台湾・琉球は中国に返還する」と述べた（褚静濤2012による).

呉景平2013は，以上について,「蔣介石は琉球と台湾を不可分の一体として回収しようとしていたのだ」と言うが，この記述から蔣介石が琉球と台湾を「一体」と認識していたと断定するには論拠が十分ではないと思われる.

宋子文1942年発言　宋子文は，1942年11月3日『大公報』で記者の質問に答え,「中国は東北4省，台湾および琉球を回収し，朝鮮はかならず独立させなければならない」と述べた（侯中軍2010).

アメリカ戦後和平方案問題研究委員会　アメリカの『幸福』（フォーチュン）・『生活』（ライフ）・『時代』（タイム）3大誌の編集人は，戦後和平方案問題に関する研究委員会をつくり，同委員会は1942年8月,「太平洋の関係」という一文を発表した. 重慶の『中央日報』は1942年11月4日から6日にかけて訳文を掲載した. 同文の第4章は次のように述べていた.

「我々は，一連の強大な拠点を計画する——英雄的なミッドウェー島とウェーク島，グアム島から，日本に代理統治されており将来はわれ

われによって占領される島嶼——琉球と小笠原群島から台湾——前線のもっとも適当な停泊点であり，同時に連合国の空中艦隊の最強の西部の終点である……台湾の国際的地位の性格により，予見できるいかなる未来の時日においても，その住民は独立主権を要求できず，中華民国に加入する投票も行なわない．」(褚静濤 2012)

さらに褚静濤 2012 によれば，アメリカの学術界のなかには，連合国が台湾を共同管理し日本が占領している琉球等の島嶼を奪い，アメリカの西太平洋の戦略的軍事的地位を守るという人たちがおり，中華民国国民政府はこうした台湾・琉球群島共同管理の論調に対して反対し，外交部長宋子文は 1942 年 11 月 3 日の記者会見で「中国は東北四省，台湾および琉球を回収し，朝鮮は独立しなければならない」と述べた（前掲張瑞成書）．

これにより，1942 年のアメリカには「台湾を共同管理」し，「琉球等の島嶼を奪」う意見が存在したことが知られる．

蔣介石『中国の命運』　蔣介石は，『中国之命運』で次のように述べている．

「国防の必要から論ずれば，上述の山河系統の保全は，もしひとつの区域が異族に占拠されていれば，全民族・全国家がすなわちその障壁を失うことになる．河〔黄河〕・淮〔淮河〕・江〔長江〕・漢〔漢水〕の辺防は，ひとつとして強固に辺防できるところはないだろう．それゆえ，琉球・台湾・澎湖……は，ひとつとして民族の生存を防衛する要塞ではなくなる．これらの地の割譲は，すなわち中国国防の撤去となるのだ．」（侯中軍 2010，褚静涛 2012 は『中国之命運』1953 年版によっている）

この論点は，国防上琉球は必要というもので，琉球が中国のものであるという根拠を述べたものではない．

『中国の命運』の草稿執筆者は，陶希聖とされる（褚静涛 2012）．同書の波

多野乾一訳（日本評論社　1946年2月）によれば，原著は1943年3月重慶正中書局から出版された．その後，蔣介石は陳布雷に増訂を命じ，1944年1月に10数頁増やした増訂本が刊行された，という．邱宏達『關於中国領土的國際法問題論集（修訂本）』（臺湾商務印書館　2004年）によれば，同書の初版には琉球は入っていなかったようだ（米澤2011による）とのことである．褚静濤2012が引用している琉球に言及している部分は，波多野乾一訳には見当たらないので，邱宏達の言うところは事実と思われる．

　『中国之命運』1943年版・1944年版・1953年版は，わたしは未見なので確認は今後の課題である．侯中軍2010は，『中国之命運』1943年版と1953年版に違いがあるのかないのかについての言及はない．

　宋美齢1943年発言　　侯中軍2010によれば，蔣介石夫人宋美齢は1943年3月，訪米した[3)]．蔣介石は，ローズベルト（ルーズベルトとも表記される）米大統領に伝言を頼んだ．その内容は，「東三省・旅順・大連と台湾・琉球は中国に返還する．ただし，これらの地方の海空軍根拠地はアメリカの共同使用を認める」（『蔣介石日記』1943年10月24日補記．侯中軍2010による）というものだった．宋慶齢はローズベルトとの会談後，蔣介石に打電し，①軍事援助の要請にローズベルトが同意した．②戦後領土問題について，「琉球群島，満州および台湾を将来中国に返還すべき」と述べた（秦孝儀総編纂『総統蔣公大事長編初稿』第5巻上冊287頁．侯中軍2010も引用）．

　②について，侯中軍は，ローズベルトが同意したと述べている．

　ここには，中華民国の「琉球返還」要求についての言及がある．

　宋子文1943年発言　　カイロ会議の前に中華民国国民政府外交部長宋子文は，ローズベルトに対し，「満州・台湾・琉球群島は中国に返還されるべきだ」と主張し，ローズベルトはこれに同意していた（呉景平2013）という．

　1944年10月15日『中央日報』　　1944年10月15日『中央日報』（中国国民党機関紙）所載黄次書「琉球群島小誌」は，次のように述べている．

　「すでに日本に占領されて66年になるわが藩属〔琉球〕は，わが同盟

軍の包囲攻撃のもとにあり，当地の同胞はまもなく自由と解放を獲得するだろう.」

「琉球人」は「同胞」，つまり「中国人」であるという認識である．

胡煥庸『臺湾與琉球』　歴史学者胡煥庸は，1944 年に『臺湾與琉球』で「琉球が中国に属する〔原文「内属」〕のは明初に始まる」と述べた (褚静濤 2012 による).

荘文『琉球概覧』　荘文『琉球概覧』(1945 年) は，「琉球を収復しなければ，台湾は固守できない」と述べた (褚静濤 2012 による).

「琉球」(沖縄) の範囲　「琉球」(沖縄) の範囲については，現在の日本人の意識と中国人の意識との間には，Ⅱで見るように不一致がある．

そのうちで，侯中軍 2010 は「北緯 27 度 04 分から北緯 30 度の間の各島嶼」が琉球の範囲であるとし，「与論島，永良部島，奄美大島，喜界島，徳之島等 5 島およびその付属小島」を含むとする．

褚静濤 2012 は，「古代琉球群島の範囲 (古中山国)」は大隅諸島・トカラ列島・奄美諸島 (総称薩南諸島，現在，日本の鹿児島県に属する)，沖縄諸島・宮古列島・八重山列島など (総称琉球諸島，現在，日本の沖縄県に属する)」とする．そして，現在の「琉球」(沖縄) の範囲は，沖縄諸島・宮古列島・八重山列島であるとし，「古代琉球群島」の範囲と区別している．

(2) カイロ会議・カイロ宣言における琉球問題

「琉球」領土要求の「法理」　東アジア太平洋戦争終了後，中華民国が「琉球」領土要求をする理由はいくつかあるが，その「法理上」の根拠はカイロ宣言・ポツダム宣言およびサ条約第 3 条であると主張する．中華民国は，日本はカイロ宣言・ポツダム宣言を受け入れたのだから，「琉球」(沖縄) は中国に「帰って来たのだ」と主張している．その主張は，成立するのだろうか．

中華民国国民政府外交部 1942 年領土方針　中華民国国民政府外交部は，

カイロ会議前年の 1942 年 1 月 29 日，「中日問題解決のための初歩方案（草稿）」を作成し，領土問題については，①東四省とその他の被占領区を回収する，②台湾と澎湖列島を回収する，③朝鮮は甲午戦争以前の版図により独立させる，④琉球は日本に繰り入れる（褚静濤 2012），としている．

つまり，「琉球＝中国領」論をとっておらず，日本領としているのである．

中華民国国民政府外交部は，1942 年 1 月の時点で「琉球＝日本領」論をとったのである．これは，カイロ会議における蔣介石の態度表明の伏線である．

ローズベルトによるカイロ会議提案　陳謙平 2013 によれば，アメリカ大統領ローズベルトは東アジア太平洋戦争中の 1943 年 6 月 4 日，中華民国国防最高委員会委員長蔣介石に打電し，米・英・ソ・中が近いうちに会談を開くことを提案したが，蔣介石はイギリス首相チャーチルとソ連のスターリンが中国を軽視していることを不満に思い，婉曲に断った．アメリカは英・ソに「四強宣言」案を呼びかけ，同年 10 月 30 日，「中国はすでに英・米・ソと肩を並べる世界政治を指導する地位に高まった」とする「四強宣言」（英・米・ソ・中）が発表された．それをうけてローズベルトは同年 11 月 1 日，再度，蔣介石に打電し，11 月 26 日，カイロ付近で会議を開きたい旨招請した．蔣介石は，ただちにこれに応じた．チャーチルは同年 11 月 11 日，蔣介石に歓迎の意を伝えた．

陳謙平 2013 によれば，ローズベルトは言わばむくれている蔣介石に「中国は世界四強の一」と面子を与えることによって蔣介石をカイロに引き出すことに成功したのである．英・ソもいちおうローズベルトに協力したが，ソ連のスターリンはカイロには出かけなかったのだった．

宋子文 1943 年 8 月発言　さらに，外交部長宋子文は 1943 年 8 月 4 日，「中国はただ失われた領土の収復を求めるだけで，決して領土的野心はない」と述べた（褚静濤 2012）という．

カイロ宣言が「領土拡張の念も有しない」と述べる 3 カ月以上前の発言である．

王世杰 1943 年 11 月 11 日,「四国会議問題節略〔覚書〕」　王世杰は 1943 年 11 月 11 日,「四国会議問題節略」で「日本は九・一八事変〔1931 年〕後,中国から侵略占領した領土（旅大租借地を含む）および台湾,澎湖を中国に返還しなければならない」（侯中軍 2010）と述べていた.

　旅大租借地も台湾,澎湖も,1931 年以後に日本が侵略したわけではないが,王世杰 1943 年 11 月 11 日「四国会議問題節略」には琉球についての言及はなかった.

蔣介石 1943 年 11 月 14 日乙項「極東政治の提案」　蔣介石は 1943 年 11 月 14 日,カイロ会議の準備に着手したが,乙項「極東政治の提案」の中に「琉球返還」は含まれていなかった（秦孝儀総編纂『総統蔣公大事長編初稿』第 5 巻上冊 431 頁.侯中軍 2010 も引用）という.

蔣介石,琉球問題を提起しない理由（1943 年 11 月 15 日）　蔣介石は,『蔣介石日記』1943 年 11 月 15 日で,琉球問題を提起しない理由を「琉球と台湾はわが国の歴史における地位が異なる.琉球は一王国であり,その地位は朝鮮と同じだった.それゆえ,今回の提案では琉球については提起しないと決定したのである」（侯中軍 2010 による）と述べているという.

カイロ会議に対する中華民国の「琉球」問題方針決定　中華民国の最高権力機関であった国防最高委員会[4]秘書長王寵恵は 1943 年 11 月 16 日,カイロ会議への準備として「日本の無条件降伏時に受け入れるべき条項」を作成した.それは全 12 項目からなっていたが,第 6 項は「日本は以下の項目を中国に返還すべし」で,領土・利権に関する要求は次のようになっていた.

　「（甲）旅順,大連（両地の一切の公有財産および建設物は無償で中国に引き渡す）.
　（乙）南満鉄路と中東鉄路（無償で中国に引き渡す）.
　（丙）台湾および澎湖列島（両処の一切の公有財産および建設物は無償で中国に引き渡す）.

（丁）琉球群島（あるいは国際管理とし，あるいは非武装区域とする）．」（陳謙平 2013）

中華民国国防最高委員会の対琉球要求は，第1に「中国への返還」であり，「琉球返還」はいちおう含まれていたが，第2は「国際管理，あるいは非武装区域とする」であった．つまり，「琉球返還」は「第1」とされてはいるが，「第2」の「国際管理」等と事実上並列されており，かならずしも「中国への返還」にこだわらないということだったと解釈できる．

なお，国防最高委員会常務会議は 1943 年 11 月 16 日には開かれておらず，直近の 11 月 8 日の第 123 回会議に国防最高委員会委員長蔣介石は出席しておらず，主席（議長）は孔祥熙が代理している[5]．

褚静濤 2012 は，この「日本の無条件降伏時に受け入れるべき条項」は「軍事委員会参事室」の決定であるとしているが，侯中軍 2010 によればこの決定は国防最高委員会国際問題討論会の決定であるという．侯中軍の言うところが正しければ，褚静濤は混同したのである．

軍事委員会参事室は，日本は「甲，旅順，大連；乙，南満鉄路および中東鉄路；丙，台湾および澎湖列島」を中国に返還するべき（侯中軍 2010）とした．

軍事委員会参事室案には，「中国に返還するべき領土」に琉球は含まれていなかった．

第 2 次世界大戦中，琉球諸島の人口は，70 万人であった（褚静濤 2012）という．

王世杰 1943 年 11 月 17 日日記　蔣介石はカイロ会議随行の王世杰に領土問題について質問した．王世杰日記 1943 年 11 月 17 日は，「夜，蔣先生は，ローズベルト・チャーチルとの会見のさいとるべき態度について質問した．」王世杰は，蔣介石に5つの方面の注意事項を提起した．その中の第5項は日本の敗戦後，中国の領土問題に関する主張で，「台湾と澎湖列島は九・一八事変以前，中国の領土で中国に返還する」，「朝鮮は独立すべきだ」，「香

港・九竜問題については，ローズベルト大統領の意見に任せて臨機応変に解決し，わが方は暫時，提出しなくてもよい」とし，蔣介石は王世杰の提案に対して「それでよい」（『王世杰日記』第4冊，「1947年」（「1943年」か？）11月17日．侯中軍2010による）と答えた，という．

王世杰は，この対話で琉球に言及せず，蔣介石もその点を問いただしたりはしなかったわけである．

カイロ会議 米英中三国カイロ会議は，『蔣中正事略稿本55』によれば，1943年11月23日，24日および26日の3回行なわれた[6]．

11月23日米英中第1回会議 『蔣中正事略稿本55』1943年11月23日によれば，米英中指導者第1回会議[7]は11月23日11時から12時20分まで「大統領官邸」で開かれ，ローズベルトが司会を務めた．ローズベルトは，まずイギリスのマウントバッテンにビルマ収復計画について説明を求め，マウントバッテンの説明をきいたのち，チャーチルがヨーロッパ戦線・インド・東南アジア戦線について発言した．続いて，蔣介石もビルマ戦線について発言した．

蔣介石の琉球「中米共同管理」希望 『蔣介石日記』1943年11月23日によれば，蔣介石は「東北4省と台湾・澎湖群島は中国に返すべき」と主張したが，ローズベルトに対して琉球については「国際機構による中米共同管理への委任」と述べ，「このわたしによる提案は，第一にアメリカを安心させるためであり，第二に琉球は甲午〔日清戦争〕以前は日本に属していたからであり，第三にこの区域はアメリカによる共同管理はわが国による専有よりも妥当だからである」と述べている（『蔣中正事略稿本55』1943年11月23日，褚静濤2012も引用）．

『蔣中正事略稿本55』1943年11月23日の項は，当然，『蔣介石日記』1943年11月23日によっている．『蔣介石日記』と『蔣中正事略稿本55』の記述は，中華民国として琉球に対する領土要求を行わず，「中米共同管理」を希望した蔣介石自身による中華民国の対「琉球」政策の説明である．ここでは，蔣介石が「琉球は甲午以前は日本に属していた」，つまり日本領で

あったことを認めていたことが注目される.

蔣介石がカイロ会議で国防最高委員会の琉球についての第1に「中国への返還」という方針に従わず，最初から「琉球」についての領土要求は行なっておらず，「国際機構による中米共同管理への委任」，委任統治を希望するという選択をしたのは，1943年11月15日の項で見たように11月15日に「琉球返還」は要求しないことを決めており，すでに見たように中華民国国民政府外交部のカイロ会議に臨む方針が「かならずしも『中国への返還』にこだわらない」との方針に沿っていたのであり，また同年12月20日にも説明を行なっている（後述）.

『蔣中正事略稿本55』によれば，「当日」（11月23日）正午12時，王寵恵秘書長は蔣介石の指示に基づいてキラーン卿（ランプソン）に会い，中英協力問題を協議した．

11月23日夜ローズベルト・蔣介石会談　蔣介石は，夫人を伴ってローズベルトと11月23日夜，7時半から11時まで会談した（『蔣中正事略稿本55』1943年11月23日）．通訳者は蔣介石夫人宋美齢であり，ほかに中国側に記録者がいたはずであるが，誰かは記載されていない．アメリカ側の記録者は，ホワイトハウス特別助理ハリー・L・ホプキンズと見られる．

ローズベルトと蔣介石は，この場で「政治問題」について幅広く意見を交換した．『蔣中正事略稿本55』によれば，その内容は次の通りであった．

第1．蔣介石は，日本の未来の国体については日本人民の決定に待つべきと発言した．

第2．共産主義と帝国主義の問題について，蔣介石はローズベルトの考えに賛成と述べた．

第3．領土問題について，蔣介石は「東北四省と台湾・澎湖群島は中国に返すべき」と主張し，琉球については「国際機構による中米共同管理への委任」と述べ，「このわたしによる提案は，第一にアメリカを安心させるためであり，第二に琉球は甲午〔日清戦争〕以前は日本に属し

ていたからであり，第三にこの区域はアメリカによる共同管理はわが国による専有よりも妥当だからである」と述べた．

　第4．日本の対華賠償問題．第5．新疆およびその投資問題．第6．ロシアの対日参戦問題．第7．朝鮮独立問題．第8．中米連合参謀会議．第9．ベトナム問題．

　第10．日本投降後，旅順軍港が中国に返還されたのち，中米両国が共同で使用できる問題から日本本土の3島に駐軍し監視する問題まで．これについて，蔣介石はアメリカが主持すべきで，もし中国が派兵し協力する必要があるなら，そうするが，アメリカは中国の主体性を守るべきと発言した．

『蔣中正事略稿本55』には，23日夜の会談で琉球問題が話題になったとは記録されていない．

侯中軍2010は，『アメリカ外交文件』が要旨で「ローズベルト大統領は琉球群島問題に言及したとき，再三，中国は同群島を要求するかどうか尋ね，蔣介石はアメリカと共同で琉球を占領したい，委任統治制度に基づいてアメリカと共同で同地を管理したいと答えた」[8]と書いているとする．

褚静濤2012は，"Roosevert-Chiang dinner meeting（1943年11月23日）"（「ローズベルト・蔣介石晩餐会合（1943年11月23日）」，United States, Dept of States, Foreign Relations of the United States：1943（Conferences at Cairo and Teheran), Washington Government Printing Office 1961"（「アメリカ，国務省，アメリカ対外関係：1943（カイロ・テヘラン会議），ワシントン政府印刷局　1961」）に基づき，11月23日の会談で蔣介石に「ローズベルト大統領は琉球群島問題に触れ，何度も中国は同群島がほしいのかと尋ねたが，中国はアメリカと共同で琉球を占領し，国際組織の委任統治制度に基づいて同地をアメリカと共同管理したいと蔣介石は答えた」と記している．これは，侯中軍2010の依拠資料『アメリカ外交文書1961』と同じである．

呉景平2013によれば，『アメリカの対外関係文件（カイロ会議・テヘラン会

議1943』）には，1943年11月23日の会談で，蔣介石に「（ローズベルトは）琉球群島に触れており，しかも一再ならず，中国は琉球を獲得することを望むかと尋ね，（蔣）委員長は，中国はアメリカといっしょに琉球を共同占領し，最終的には国際機構の委託のもとで共同管理を実施したい，と答えた」と書いている．これも，侯中軍2010の依拠資料『アメリカ外交文書1961』と同じである．

陳謙平2013も，ローズベルトが1943年11月23日の会談において，蔣介石に「中国は琉球を獲得することを望むか」と尋ね，蔣介石は「中国はアメリカといっしょに琉球を共同占領し，最終的には国際機構の委託のもとで共同管理を実施したい」と答えた，と書いている．これも，『アメリカ対外関係文件』（『アメリカ外交文書1961』）によっているものと見てよいだろう．

遠藤誉『チャイナ・ギャップ　噛み合わない日中の歯車』（朝日新聞出版2013年2月）が紹介した『中国共産党新聞網』（2008年1月16日）および同日『新華網』によれば，1943年11月23日夜，蔣介石と王寵恵は「ルーズベルト」と「カイロ密談」を行ない，蔣介石は日本が収奪した中国の土地は中国に返還されるべきとの4項目要求を提出し，ルーズベルトはすべて同意した上で，「もし貴国が琉球を欲しいと思うなら，貴国にあげて管理を委ねようと思っている」ともちかけたが，蔣介石は琉球を「米中両国で占領し，その後，国際社会が米中両国に管理を委託するというのがいいかと思います」と答えたので，「蔣介石は琉球群島を欲しくない」のだとルーズベルトは解釈し，そのあとは何も言わなかった（遠藤76-77頁）という．

『中国共産党新聞網』・『新華網』の記述の材料は，遠藤も "Forreign Relations of the United States Diplomatic Papers The Conferences at Cairo and Teheran 1943" "United States Government Printing Office Washington: 1961" をあげているので，『アメリカ対外関係文件』（『アメリカ外交文書1961』）である．

『蔣中正事略稿本55』1943年11月23日の項から見ると，この会談を「密談」と呼ぶのが適当なのかどうかは疑わしい．『蔣中正事略稿本55』には，

ローズベルトが蔣介石に「琉球が欲しいか」とさいたということは書かれておらず，王寵恵がこの会談に参加したとも書かれていない．

陳謙平 2013 は，日本軍事占領問題についても，ローズベルトは中国がその「主要な力量」になるべきだと述べたとしている[9]が，『蔣中正事略稿本 55』にはそのような記述はない．

『蔣中正事略稿本 55』によれば，ローズベルトは，11 月 23 日夜の蔣介石との会談のその場でホワイトハウス特別助理ハリー・L・ホプキンズに「討論の内容に基づいてコミュニケを起草するよう」命じ，蔣介石は当夜の会談について満足の意を表明したという．

1943 年 11 月 24 日米英中三国第 2 回会議　『蔣中正事略稿本 55』11 月 24 日によれば，蔣介石は 1943 年 11 月 24 日午前，「政治方案稿」を修正．10 時半，英中東軍総司令ウィルソン上将（大将）に接見．正午，マーシャル，スティルウェルが会いに来て会食し，その後，ビルマ問題について協議．蔣介石がマウントバッテンの計画に根本的に反対する意見をマーシャルに伝えた．午後，アメリカ供応部長サマヴェル将軍，イギリス地中海方面の空軍将領陶格斯ナイト，徳爾特（ドート？）将軍に接見した．

午後 3 時半，中米英第 2 回連合参謀会議がミーナ・ハウス・ホテルで開かれ，引き続きビルマ作戦計画が協議され，中国首席代表商震主任が中国案を提案，マウントバッテン，カニンガム，マーシャル，スティルウェル，シェノールト，アーノルドらが発言した．

当日，王寵恵秘書長は蔣介石の指示に基づいて中国案の 4 項目覚書をホプキンズを通じてローズベルト大統領に渡した．その項目は，(甲) 極東委員会問題，(乙) 統一作戦指揮問題，(丙) 日本領土および連合国領土で占領され，あるいは回復したさいの臨時管理問題，(丁) 日本を打破したときの対日処置問題であった．

このうち，(丁) の (四) は「日本が九・一八事変以後，中国を侵略した領土である東北（旅大租借地を含む）と台湾・澎湖は中国に返還すべきである」となっていて，やはり琉球は含まれていない．

午後6時，蒋介石はマウントバッテンと接見，ビルマ作戦計画を討論した．夕刻，ホプキンズは米側の会議コミュニケ草案を宋美齢に渡し，蒋介石の意見を求めた．夜，チャーチル主催の宴会に参加した（以上，『蒋中正事略稿本55』11月24日）．

1943年11月25日　『蒋中正事略稿本55』11月25日によれば，11月25日11時，チャーチル首相，マウントバッテン勲爵およびイーデン外相らが来訪し，ビルマ反攻計画を約40分協議し，その後，ローズベルト大統領官邸に赴き，三国指導者および高級幕僚と写真撮影した．写真撮影後，蒋介石はローズベルトと約30分話し合い，昨日の「政治方案」（4項目）を説明した．

午後4時，蒋介石は夫人とともにローズベルト大統領官邸での茶会に赴き，ローズベルトと①中米連合参謀会議，②中米政治委員会，③ビルマ上陸の時期を早めるとローズベルトが保証，④コミュニケ発表の手続き，⑤「第3の30師」の武器供給は中国が自発的に声明する件を話し合った．

会談が終わったとき，ローズベルトは蒋介石に，今一番頭が痛いのはチャーチルで，イギリスは中国が強国となることを望んでいないのだと嘆いた．

『蒋中正事略稿本55』によれば，11月25日は米英中三国会談は行なわれなかったのである．『蒋中正事略稿本55』1943年11月25日の項には，琉球問題は出てこない．

1943年11月25日ローズベルト・蒋介石会談　『中国共産党新聞網』・『新華網』によれば，さらに1943年11月25日，蒋介石とルーズベルトが再び会談をしたとき，ルーズベルトが琉球は「あなた方の東側の防壁に当たる」ので，琉球も「台湾や澎湖列島とともに，すべてあなたたちが管理したらどうかね」と再提案したが，蒋介石は「琉球は日本によってこんなに長きにわたって占領されているため，もともとカイロ宣言に出そうと決めてあった提案には，琉球問題を含んでいない」と考え，答えに窮した．ルーズベルトは「貴国はいったい琉球を欲しいのかね，それとも欲しくないのかね．も

し欲しいのなら，戦争が終わったら，琉球を貴国にあげようと思う」と改めて持ちかけた．蔣介石は，「琉球の問題は複雑」であり，「米中両国で共同で管理するのがいい」と答えたので，ルーズベルトは「蔣介石は本当に琉球群島が欲しくないんだ」と思ったが，さらに「米中両国で共同出兵し，日本を占領してはどうか」と提案したが，「蔣介石はそれでもやんわり断っている」（遠藤 77-79 頁）という．

ローズベルトがここで再度琉球問題を持ち出したのが事実としても，蔣介石はやはり琉球返還は要求しなかったのである．しかし，中華民国のカイロ会議への提案に琉球が含まれていなかった，というのは事実に反しており，明確な方針があったことはすでに見た（「カイロ会議に対する中華民国の「『琉球』問題方針決定」の項参照）．

宋子文檔案系列　宋子文檔案系列の《宋子文生平与資料文献研究》は，カイロ会議の期間（日付け不明）にローズベルトは蔣介石に，「琉球は多数の島嶼からなる弧形の群島で，日本は当時，不正な手段で当該群島を奪ったので，剥奪するべきである．琉球は地理的位置上近く，歴史的にも貴国と緊密な関係があり，貴国が琉球群島を得たいと思うなら，貴国に管理を引き渡してよいとわたしは考慮する」と語ったと記載している（李理 2012）という．

顧維鈞 1946 年電報　李理 2012 はまた，顧維鈞は 1946 年に国民政府外交部長王世杰あての電報で「2, 3 年前を振り返ると，ローズベルトが蔣介石にわが国と琉球の関係について，アメリカには代理統治に参加する意思はないと言い，中国は受け入れたいのか否かと尋ねた」と回想している，という．

この根拠資料も，『中国共産党新聞網』・『新華網』と共通するものだろう．

李理 2012 はさらに，ローズベルトが明確に琉球は「日本に属しないとの認識を持っていた」と結論しているが，これも事実かどうか検討を要する点で，戦後の「琉球占領」というアメリカの対琉球（沖縄）政策から見れば，アメリカ政府の認識に不一致があったのか，あるいは 1943 年と 1945 年では変化があったのかなどの検討が必要と思われる．

以上に紹介したいくつかの記述から見ると，ローズベルトが「琉球を中国にあげる」という提案をしたというのは事実であった可能性があるが，もしそうであれば，公表されている「カイロ宣言」中の「同盟国は，自国のためには利得も求めず，また領土拡張の念も有しない」とした態度表明に違反する．しかし，この時点で宣言文はまだできておらず，「琉球を中国にやる」というローズベルト発言が事実だったのなら，ローズベルトはこの時点で「領土拡張」はしないという考えは持っていなかったのだということになり，このやり取りを経て「同盟国は領土拡張の念を有しない」という文面がカイロ宣言に入ったのだということになる．

　しかし，遠藤が言うようにこの英文文書には"Chinese Summary Record Translation"（「中国の概要記録の翻訳」）とあり，「ワシントンの政府印刷局が台湾（中華民国政府）から何かしらのルートを通して中国語による機密議事録を入手したものと考えられる」（遠藤90頁）のなら，『中国共産党新聞網』・『新華網』（筆者＝王幸福）の記述，顧維鈞1946年電報の内容などが事実であることを確認するには，蔣介石・宋美齢あるいはその会話を知りえた人物，あるいはアメリカ側のいずれかの記録が裏付けとして必要ではないか．

　また，米中「共同出兵」による日本占領などという案は，日中戦争と中国国民革命軍の実態から言えば，日中戦争中に中国軍のビルマ出兵という事実はあったものの，中国軍の戦闘能力に懐疑的であったアメリカがそのような提案をすることは考えにくい話で，ローズベルトがこのような提案をしたという点もやはり裏付けが求められる．

　蔣介石・王寵恵対話　『中国共産党新聞網』・『新華網』によれば，カイロ「密談」ののち（日付不明），蔣介石が王寵恵の意見を求めると，王寵恵は「軍事的視点から言うならば」琉球は必要と答え，蔣介石が「将来，日本といがみ合う」ことになることを心配すると，王寵恵は「琉球は歴史上われわれの付属国」と答え，蔣介石が「なぜ（あのときに）君はそう言わなかったのか」となじると，王寵恵は「私は委員長（蔣介石）の部下」だからと答えた（遠藤82-83頁）という．『中国共産党新聞網』・『新華網』は，「蔣介石は

あまりに遺憾なことをしてしまったと後悔」（遠藤84頁）し，口外を禁じたので，公表されていないのだ（遠藤84頁）と書いている．

この『中国共産党新聞網』・『新華網』の記述は，アメリカ公文書館データバンクに中国語文献からの英訳がある（遠藤88-90頁）とのことであるが，論理的には，中国語文献からの英訳があるということが『中国共産党新聞網』・『新華網』の記述の信憑性を保証するわけではなく，『中国共産党新聞網』・『新華網』の記述の資料的根拠が何であるのかは，遠藤の記述によっても確認できない．「蔣介石が後悔した」というのが事実であるのかどうかも，蔣介石・王寵恵ないし2人の会話を知りえた人物のいずれかが書き残したものがあるのかどうかにかかっており，筆者は今のところ確認できない．

褚静濤2012は，1.-1「中華民国の『琉球＝中国領』認識」で見た蔣介石の1932年発言，1934年記述，1938年発言，1940年記述，1943年『中国の命運』などにより，「蔣介石が琉球回収を拒否した」とする説は誤りである，と否定している．しかし，1943年11月のカイロ会議で蔣介石が「琉球」に対する領土要求をしなかったことも事実である．

11月26日第3回米英中三国会議とカイロ宣言合意　『蔣中正事略稿本55』11月26日によれば，11月26日朝9時，蔣介石はスティルウェル将軍に会い，ビルマ攻略計画について連合参謀会議が陸海軍同時攻撃議案をまだ決定していないのなら，しばらくカイロに留まり，結果を待ってほしいと指示した．

10時半，マウントバッテン勲爵が蔣介石に会いに来た．11時，蔣介石はアーノルド将軍，サマヴェル将軍，スティルウェル将軍，恵勒将軍，ストラトメイヤー将軍，シェノールト将軍らに会い，中国空軍の補充機数と空運トン数について協議した．正午12時，蔣介石はアメリカ海軍総司令キング上将（大将）と昼食し，情報交換した．午後1時半，王寵恵秘書長はキラーンの宴に招かれ，イギリス外相イーデン，外務省次長サー・アレグザンダー・カドガン（Sir Alexander Cadogan）らとの宴ののち，チベット問題，借款問題，イタリア降伏条項問題などを協議した．3時，蔣介石は夫人とともにローズ

ベルト官邸でローズベルトと会談し，借款問題，外蒙古と唐努烏梁海問題，チベット問題，海軍のビルマ上陸時期問題などを話し合った．

『蔣介石日記』1943年12月6日によれば，ローズベルト大統領名の「カイロ宣言初稿」では「東北と台湾は中国に返還されるべし，朝鮮には独立があたえらるべしとの文言」があった．ところが，米・英・中三国代表の宣言文討論の過程で，イギリス外務省次長カドガンは「朝鮮独立問題については触れないことを主張し」，「東北問題についても日本は満州を放棄すべきと言及するに止め，中国への帰還は明言しない」ことを主張したが，その後，中国代表ががんばり，アメリカの支持を得て，原案通り決定された．その後，イギリス首相のチャーチルが「東北・台湾」のあとに「澎湖群島」を加えたのだという．

『蔣中正事略稿本55』11月26日によれば，「カイロ宣言合意以前」（「4時半以前に」ということだろう）に，イギリス外務省次長サー・アレグザンダー・カドガンは，「東北・台湾および澎湖列島は当然中国に返還すべし」という一項を「当然，日本によって放棄されるべし」と修正すること，「朝鮮を自由・独立とせしめる」という主張を「朝鮮を日本の統治から離脱せしめる」と修正するか，全段を削除することを主張したが，王寵恵が争い，アメリカ代表ハリマン（W. A. Harriman）もこれに賛同し，原案通りとなった．

『蔣中正事略稿本55』11月26日によれば，11月26日4時半，チャーチル，イーデン，カドガン，ハリマン米駐ソ大使および王寵恵秘書長が揃い，コミュニケ（カイロ宣言）案を協議・修正し，イーデンが読み上げ，蔣介石，ローズベルト，チャーチルが賛同し定稿としたが，ローズベルトとチャーチルがスターリンとテヘラン会談をしたのち，完了・公布することとした．カイロ宣言の合意である．

5時，蔣介石は茶会を開き，英米高級人員を招待した．7時，ギリシア総理と接見した．8時，蔣介石はホプキンズを晩餐に招き，9時半まで歓談した．

11月27日9時，北アフリカ英米連軍総司令アイゼンハワー将軍が蔣介石

を訪問，正午，蔣介石はアメリカ駐エジプト公使と会食，午後2時，エジプト観光などをし，（夜）11時半，カイロから帰国の途につき，インドを経て，12月1日，帰国した．

カイロ宣言　ローズベルト・チャーチル・スターリンによるテヘラン会議の三国宣言は，1943年12月1日に発表され，カイロ会議で合意されたカイロ宣言は，同年12月3日[10]に発表されたものと見られる．カイロ宣言には，文書の日付けの記入も，ローズベルト・チャーチル・蔣介石の署名もない．

カイロ宣言は，領土問題について次のように記している．

「同盟国（アメリカ・イギリス・中華民国）の目的は，日本国より1914年の第1次世界大戦の開始以後に日本が奪取し又は占領した太平洋におけるすべての島を日本国から剥奪すること，並びに満州，台湾及び澎湖島のような日本国が清国人から盗取したすべての地域を中華民国に返還することにある．」

ここには，琉球（沖縄）についての言及はない．

中国側はほとんど言及しないが，カイロ宣言はまた次のように記述している．

「同盟国は，自国のためには利得も求めず，また領土拡張の念も有しない．」

ポツダム宣言は1945年7月26日，次のように記述している．

「カイロ宣言の条項は，履行せらるべく，又日本国の主権は本州，北海道，九州，四国及び吾等の決定する諸小島に局限せらるべし．」

ここにも，琉球（沖縄）についての言及はない．

蔣介石「琉球回収」を主張せず　蔣介石および中国国民党，中華民国国民政府は，「琉球＝中国領」論者であったことに変わりはないが，蔣介石がカイロ会議において「琉球回収」を主張しなかったという点は歴史的事実として確認できる．

蔣介石 1943 年 12 月 8 日発言　『蔣中正事略稿本 55』1943 年 12 月 8 日の項によれば，蔣介石はこの日，次のように述べた．

「このたびのカイロ会議以前に，重慶を出発する前，今後のわが国の国防の重点は（一）大陸を国防の基礎とする，（二）西北は国防の重心であることを深く考えた．それゆえ，海防と海軍については守勢をとるべきであり，アメリカと共同合作し，アメリカと軍備競争となる傾向を避け，わが国を大陸国とすること，発展の方向は海上にはなく，かつアメリカと競争すべきではなく，競争する必要もないのである．」（褚静濤 2012 も引用）

この判断は，カイロ会議における「琉球領土要求」をしないという選択と結びついていた．

カイロ会議報告（1943 年 12 月 20 日）　蔣介石は，カイロ会議でなぜ琉球を要求しなかったかについて説明している．蔣介石は 1943 年 12 月 20 日，国防最高委員会でカイロ会議の琉球・台湾・澎湖問題に関する報告を次のように行なった（「蔣委員長報告開羅會議有關我國領土完整等問題」，『光復臺湾之籌劃與受降接収』所収　近代中國出版社　1990 年）．

「琉球・台湾・澎湖問題は，われわれは出発前にアメリカに，琉球はもともとわれわれのものであり，太平洋の重要な軍事拠点であることにアメリカは特に注意してほしいと説明した．カイロ会議のさい，もしわれわれが強く主張すれば，アメリカもわれわれと争ったりはしなかった

だろう．しかし，われわれが要求したのちに，第1にわれわれには海軍がなく，戦後20，30年のうちに，われわれは海上で手段がないのである．第2に英・米の疑いを引き起こすだろう．それゆえ，われわれは琉球の回収にあまりこだわる必要はないのである．しかし，琉球は太平洋の重要な軍事拠点なので，われわれは黙っているわけにはいかず，どうであろうと日本に占領させるわけにはいかない．台湾・澎湖については，琉球と状況が異なる．台湾・澎湖は，1895年に日本に占領された．琉球は，1895年以前に日本に占領された．それゆえ，われわれは琉球については回収しなくてもよく，台湾・澎湖については回収することにしたのである．」（褚静濤 2012 による）

琉球回収を要求しなかった理由は，第1に海軍を保有していないこと，第2に米・英の疑惑を招くことを避けたこと，第3に琉球は1895年以前に日本との関係があった（日本の支配下にあった）ことだった．付け加えるなら，第4にアメリカが琉球を軍事占領し活用すると予測したこともあった可能性がある．

戦後日本領土の規定　わたしは，『尖閣問題総論』で東アジア太平洋戦争終結後，「吾等」（同盟国とも連合国とも訳されている）による日本領土に関する協議・決定は行なわれなかったと書いた．尖閣諸島については，中華民国が1971年以降，たびたびアメリカに抗議していることからも，疑う余地はない．わたしの論旨は，尖閣諸島の帰属について連合国は協議・決定を行なわなかったということだったが，「連合国」は「日本領土」に関して何も決定しなかったわけではなく，沖縄の日本からの切り離しは「連合国」によって決定された．その点で，補足が必要である．

李理 2012 によれば，「連合軍」は 1946 年 1 月 29 日，「日本領域に属しない各島嶼の分離に関する文件」を発布し，「日本政府に対する指令（SCAP-N-677）」で，「以下の各島は日本に属しない」とした．

鬱林島（「鬱陵島」の誤り），竹島，済州島

北緯30度以南の琉球（西南）群島，伊豆，南方小笠原，火山（硫黄）群島，大東群島，沖ノ鳥島，南鳥島，中之島

　　千島群島，歯舞群島，色丹島

また，次の各地域は日本に属しないとした．

東北四省（満州），台湾，澎湖列島，朝鮮，樺太ほか

　これによって琉球（沖縄）は日本から切り離されて米軍占領下となり，1951年サ条約によってアメリカ信託統治領となったわけである．しかし，中華民国はサ条約締結時にも「琉球回収」は要求せず，「中米共同管理」も要求せず，アメリカによる単独琉球管理を支持したのである．

2．戦後中華民国による対「琉球」政策

　中華民国は東アジア太平洋戦争終結後，一方で政府として琉球に対する領土要求を主張しつつ，日本国籍を有する琉球人と見られ中国を祖国と仰ぐ蔡璋（沖縄名＝喜友名嗣正）らの琉球革命同志会[11]を活動させ，「琉球」を吸収しようとしていった．

(1) 中華民国外交部（1947年）の態度・方針

　この項は，すべて侯中軍2010による．

外交部座談会　　中華民国外交部は，対日講和をめぐって領土問題について3回座談会を開いた．

　(a) **第1回座談会（1947年9月4日）**　　第1回座談会は，外交部長王世杰が主催し，「琉球は中日双方に従属関係があり，両者の勢力は国力に伴って消長した」，「カイロ会議で琉球問題に言及したとき，主席〔蔣介石〕はかならず領土を要求する意思はないと表明した」とし，当面の琉球政策は①一部ないし全部を回収するか，②「共管」（共同管理）とするか，③「托管」（委任統治）とするか，と問題提起した（《外交部対日和約審議会談話会記録——第一

次談話録》(1947 年 9 月 4 日),《中华民国史档案资料汇编》第 5 辑第 3 编 "外交", 江苏古籍出版社 2000 年. 侯中軍 2010 による).

(b) **第 2 回座談会 (1947 年 9 月 15 日)**　第 1 回座談会での「一部ないし全部を回収」はひとつの選択肢だったが, 第 2 回座談会の劉師舜による主席報告ではこれを省き,「カイロ会議のさい, わたしは台湾, 澎湖は回収すべきだが, 琉球については要求する意思はなく」, この問題の解決方式には 3 つあり,「1. 中国への『托管』(委任統治), 2. 中国・アメリカに引き渡し『共同托管』(共同管理) する. 3. 中国による『托管』(委任統治) とし, 沖縄島を米軍の軍事根拠基地とする」と表明したとした (《外交部対日和約審議会談話会記録――第一次談話録》(1947 年 9 月 4 日),《中华民国史档案资料汇编》第 5 辑第 3 编 "外交". 侯中軍 2010 による).

この討論で, 劉士篤・柳克述・万燦らは「中国は琉球を『托管』(委任統治) にすべきだ」と言い, 万燦は,「琉球を返還させるのは, 中国にとっては合法ではないようであり, 中国が琉球を『托管』(委任統治) して緩衝地帯とする」と主張した.

唯一,「琉球返還」を要求したのは胡煥庸 (地理学者) で,「琉球返還は上策, 中国による『托管』(委任統治) は中策, 中国による『托管』(委任統治) とし沖縄を米軍基地とするのは下策だ」と主張したが, 彼も回収にこだわったわけではなく, 回収は『托管』(委任統治) よりよいと思っていただけだったという. 胡煥庸は, ソ連の千島群島回収を支持して, その代りソ連に中国の琉球収復を支持してもらうことを提案した (《外交部対日和約審議会談話会記録――第二次談話録》(1947 年 9 月 15 日),《中华民国史档案资料汇编》第 5 辑第 3 编 "外交". 侯中軍 2010 による). 胡煥庸の『琉球回収』論に賛成する者は, いなかった (侯中軍 2010).

(c) **第 3 回座談会 (1947 年 9 月 30 日)**　第 3 回座談会は, 1947 年 9 月 30 日に上海中国銀行 4 階会議室で開かれ, 葉公超が主席を務め, 政府による琉球に対する態度については触れず, 討論の中では王芸生だけが琉球問題に触れ,「琉球は国連に引き渡して『托管』(委任統治) とするのがよい」,「回収

を主張する必要はない」と述べた (《外交部对日和约审议会谈话会记录——「第二次」〔「第三次」の誤植であろう〕谈话录》(1947年9月30日),《中华民国史档案资料汇编》第5辑第3编"外交". 侯中軍2010による).

つまり，1947年9月の外交部の検討では，「琉球回収」は問題にならなかったわけである.

張廷錚『琉球政策についてのわたしの研究』（1947年下半期か？）　外交部で琉球事務を主管していた亜東司東一科科長だった張廷錚は，『我對琉球政策之研究』（侯中軍2010は1947年下半期と推定）で「琉球は日本がかつて台湾・南洋を侵略したときの跳躍板であり，わが東方の海洋を封鎖する基地であった」ので，琉球を日本に返還して管理させることには「断乎反対しなければならない」．琉球を中国に編入することを提起することはできるが，「琉球はわが国とは朝貢の関係があったのにとどまり，種族・文化について言えば，いずれもわが国と異なる」ので，「国際間の支持を得ることはむずかしく，さらに同盟国の疑いを招くおそれがある」と述べている（侯中軍2010).

張廷錚は，「歴史上，その他の国家と琉球はもともと連係はなく，併呑要求を提起するのは具合が悪い．アメリカは，しばしば琉球に対して領土的野心はないと声明している」，「中国が単独『托管』（委任統治）するのが第1の選択肢」であり，「中米共同管理」が「第2の選択肢」，「アメリカによる単独管理」が「第3の選択肢」，「普通『托管』（委任統治）制を実行し，国連が『托管』（委任統治）する」のが「第4の選択肢」であるが，「かならずソ連の『托管』（委任統治）に反対しなければならない」，ソ連による『托管』（委任統治）は「第5の選択肢」である，と述べている（侯中軍2010).

張廷錚の検討でも，中国による「琉球領有」は問題外となっており，ソ連による『托管』（委任統治）は論外として，中国の選択肢は4つの『托管』（委任統治）方式であった．

1947年国民政府の「共通認識」　行政院院長張群は1947年10月18日，対日講和問題について「国民政府参政会」（「国民参政会」のこと）に対し，「日本の領土は，カイロ宣言・ポツダム宣言で制限されており」，「琉球群島はわ

が国ともっとも関係が深い」とし，選択肢は「中国が回収するか，あるいは中米共同管理とするか，あるいは国連による『托管』（委任統治）の3種の方式にほかならない」，「どうであれ，同群島を日本に返還することには反対しなければならない」と述べた（《行政院院长张群向国民参政会驻会委员会作关于军事政治方面报告》(1947年10月18日)，《中华民国史档案资料汇编》第5辑第3编〔？〕"政治"．侯中軍2010による）．

このとき，国民政府には，琉球の帰属問題は未定だが，琉球は日本領の領土から切り離されており，その「所有権」はすでに日本には属しておらず，琉球の『托管』（委任統治）はもっとも現実的な選択肢になっているという「共通認識」が形成されていた，と侯中軍2010は論じている．

中国として琉球「領土」要求はできないが，日本による領有・主権は認めないということである．

(2) 琉球革命同志会の利用

琉球革命同志会の結成　「国民政府参軍処軍務局より外交部あて1月14日付け文書」（近代史研檔案，「1948年」と思われる）が収録した「琉球革命同志會歴年工作概況及現狀情形」によると，琉球革命同志会の結成・活動状況は，要旨以下のようであった．

> 1941年5月，「琉球青年同志会」が台湾と琉球の両地で秘密裏に結成され，「革命を鼓吹し，琉球を解放し，中国に属する」ことを主張した．1945年，日本の敗戦後，組織は発展し，参加者は600余人になった．1947年1月，前警備司令部参謀長柯遠芬の提案で琉球青年同志会は「琉球革命同志会」と改称し，「祖国」（中国）に忠誠を誓った．現在，同会の同志は6000余人であるが，在台湾の連絡員は30人である．

この国民政府参軍処軍務局文書からわかることは，琉球革命同志会とは「中国を祖国」とし，「国民政府に忠誠」を誓い，「中国への琉球の回収」を

めざす団体であるということである．なお，会員「6000 余人」というが，1960 年 11 月の沖縄立法院議員選挙結果の得票数は「4622 人」であった．

以上は，琉球革命同志会が発表した「琉球と中国の関係」(1948 年 8 月，近代史研檔案) とほぼ同内容である[12]．

蔣介石「琉球＝中国領」論の復活　まず，琉球青年同志会は 1946 年 10 月 28 日に蔣中正（介石）あてに上書を提出したという（侯中軍 2010）．

琉球革命同志会は 1948 年，軍統（国民政府軍事委員会調査統計局）在台支部機構を通じて蔣介石に情報を提出したという（許育銘「戦後處理與地緣政治下的國民政府對琉政策：以 40，50 年代爲中心」『中国のインパクトと東アジア国際秩序』学術討論会論文　大阪大学千里生命科学センター 2006 年版）．以下，許育銘 2006 と略称．侯中軍 2010 による）．侯中軍 2010 は，これによって蔣介石の琉球問題についての思考は「豊かにさせられた」とする．

蔣介石は 1948 年 6 月 15 日，呉鼎昌を通じて中央党部秘書長呉鉄城に密電させ，いかに琉球革命同志会を運用して琉球収復の目的を達成するかを考えるよう要求した．蔣介石は次のような国民党内の意見を伝達した．

　　「琉球はもとわが国の領土であり，現在，アメリカによる単独の軍事管理下にあるが，人民は『内向』しており，秘密裡に琉球革命同志会の人々を運用して秘密裡に組織し政権を掌握し，将来，講和会議のさい，琉球人民が投票の方式でわが国の統治に復帰，あるいは琉球地方政府が自発的に『内向』できるようになり，わが国の太平洋の鎖を保持することを希望する．」（侯中軍 2010）

「内向」とは，琉球人が中国を祖国と仰ぎ，中国への復帰を願っているという意味である．この琉球認識は，極端な間違いであることがその後の 1960 年 11 月沖縄立法院議員選挙結果や沖縄の祖国（日本）復帰運動の歴史の中で明らかになるわけだが，ここで蔣介石の「琉球＝中国領」論が復活するのである．

秘書処は，関係各機関の主管人員の初歩的意見交換を次のように集約した．

　　「琉球はわが東海の防壁であり，国防上の価値はきわめて大きく，わが国は実に争い取る必要がある」，「現在，一部の琉球同胞は『内向』の情緒を備えており，すでに革命同志会の組織があり，特別に激励と協力を与えるべきであると認めた．」（侯中軍 2010）

蔡璋，王世杰に面会　　台湾省警備司令部参謀鍾強は 1948 年 7 月 25 日，（中国国民党）中央党部の要求に基づき琉球革命同志会会長蔡璋を伴って南京に赴き，外交部長応接間で王世杰部長に面会し，琉球革命同志会が琉球は中国に帰属することを主張する「琉球人の団体」であると報告した（米澤 2011）．

鍾強は，琉球革命同志会が「琉球人の団体」であると報告しているが，同会と中国国民党・国民政府との関係は上下関係が認められる点で，単に「琉球人の団体」にとどまるのかどうか，検討の余地があるように思われる．

なお，蔡璋が王世杰に面会した日付けは，侯中軍 2010 によれば，1948 年 8 月 3 日で，時間は 11 時 30 分から 12 時 15 分までの 45 分間で，場所は外交部長会議室だった．

蔡璋は，王世杰に次のように述べた．

　　「戦後，琉球人で中国に『内向』していない者はひとりもおらず，琉球革命同志会は琉球が中国に帰属することを主張する団体です」と告げた．また，「70 年来，琉球はすべて日本語を用いています」が，その理由は「光緒 5 年〔1879 年〕ののち，（漢文）の使用が禁じられたためです」，「琉球の現有人口は 70 万，40 万は沖縄で 30 万はその他の各島に分布しています」，華僑は「約 2000 人で多くは商人」，琉球の知識人はかつて同盟軍に協力したので，「もし再び日本に復帰することになれば，

生命は保てず，知識人で日本復帰に絶対反対しないものはいません」と説明した．これに対し，王世杰は「決して日本復帰はありえない」と答えた（侯中軍 2010）．

呉鉄城は 1948 年 8 月 2 日，蔣介石に次のように報告した．

「琉球問題を研究し，関係人員を集め，まず初歩的意見交換を行なうよう命じ，台湾省党部に琉球同胞を集めて南京に来させ，すべてを詳しく尋ねるよう命じました．琉球革命同志会理事長喜有名〔喜友名〕嗣正を台湾省党部幹事李徳松同志が南京に連れてくるようにさせます．」「喜有名〔喜友名〕君は台湾に帰る前に鈞座〔蔣介石〕に敬意を表したいと思っております．」（許育銘 2006．侯中軍 2010 による）

1948 年 8 月 5 日，密電は行政院長翁文灝，外交部長王世杰に転送された（侯中軍 2010）．

蔣介石，喜友名嗣正に接見　蔣介石は 1948 年 8 月 9 日，中央党部で喜友名嗣正に接見した．国民党中央執行委員会秘書処は，ただちに関係部門を招集し，5 点の初歩的意見を作成した（侯中軍 2010）．

「方法 5 点」　外交部は 1948 年 8 月 10 日，「琉球革命同志会の人員を運用し琉球回収を願う件について集議を経て決定された方法 5 点を書簡通達しご承知いただきたし」との文書を受け取った．同文件には王世杰の印があり，総裁（蔣介石）による部分削除が入っていた．

その「方法 5 点」の要旨は，次の通りである．

(1) 台湾省党部が秘密裡に琉球の「内向」団体と連絡をとり，台湾省政府および警備司令部と協議し，各当該団体あるいは個人の祖国復帰運動に協力する．

(2) 各地の政府は当地に居留する琉球同胞に対する管理は特にゆるやかにし,その「内向」情緒を増加させる.
(3) 台湾省政府の「修正琉球技術人員雇用登記規則」第5条,琉球技術人員対船舶雇用を比例制限せず,同項の被雇用人員およびその家族の雇用市鎮管轄区内への居住を許可していただく.
(4) 台湾省政府および台湾警備司令部は被雇用琉球籍技術人員の家族の琉球にある者にみずから手段を講じて用品をその家に返送することを許可し,困難を与えないようにしていただく.
(5) 台湾省方面から小学校教員を選抜派遣し,琉球各小島で教えさせ,第2代をかちとり,それによって宣伝に従事させる(侯中軍 2010).

外交部3点意見(1948年8月25日) 　外交部は1948年8月14日,琉球革命同志会について検討するようにとの呉鼎昌の電文を受け取り,ただちに調査・研究を進めた.外交部は1948年8月25日,琉球問題について以下の3点の意見をまとめた.

(1) 琉球はわが国と朝貢関係にとどまり,種族・文化について言えば,いずれもわが国と違いがある.また,琉球はたえず日本に朝貢し,封を受けていた.
(2) カイロ宣言が列挙した中国に返還すべき領土は,琉球に言及しておらず,わが国自身,みずからのために領土の拡張を願わないと声明してきた.
(3) 米軍は,琉球に進攻し,犠牲は重大であり,戦後,積極的に基地を建設し,決して退去するとは言っていない.それゆえ,わが国がもし琉球の復帰・併合を要求すれば,理由は十分ではないようである.理論上はできなくはないが,琉球は地が痩せ民は貧しく経済的に自給には難しく,加えて70年来の日本の奴隷化教育があり,毒素は短期には除去できない.万一,国際情勢が変化し日本が機に乗じて

また入ってくることも心配である．独立の議も，事実上困難である（侯中軍 2010）．

外交部『托管』（委任統治）方針（1948 年 8 月 25 日）　外交部は 1948 年 8 月 25 日，蔣介石総統に次の書を提出した．

　　琉球問題の最終的解決は「対日講和会議を待って決定する」ものであり，琉球の中国への復帰は「国際間の支持と同意および大部分の琉球人の同意を獲得しなければならず」，「『托管』（委任統治）が唯一のとるべき道のようです」．『托管』（委任統治）15 年後に「公民投票の方法を採用し，その独立あるいは中国と合併するか否かを決定するのです．」（侯中軍 2010）

外交部は，当面，「琉球併合」の可能性はないと見ていたのである．その限りでは，「琉球併合」論よりも正確な認識であった．

琉球革命同志会 1948 年 9 月快郵代電　琉球革命同志会は，1948 年 9 月 8 日付で全国各省市参議会あてに「快郵代電」（近代史研檔案）を送った．この文章は，「琉球は中国の属地であり，琉球人民は中国人民である．」「中琉の同胞は，密接に連携し，共同努力し，一日も早く祖国への帰還という最後の目標を達成させよう」と述べており，各省参議会などの決議に引用されていった．

代電あるいは快郵代電とは，電報代わりの速達便のことで，筆跡は蔡璋のものである．台湾省琉球人民協会・琉球革命同志会・琉球独立協会在琉辦事処とその中心人物，蔡璋とは，中国国民党による奄美大島を含む沖縄を中華民国に吸収するための工作を任務とするグループであった．

(3) 戦後 1940 年代の中華民国の主張

1945 年，日本の敗戦時に沖縄県民約 3 万名が台湾に居住していた（米澤

2011)という.

中華民国各紙,琉球領有要求　1947年10月18日,張群中華民国行政院長が国民参政会駐会委員会で琉球は「中国に返還すべきもの」と述べたと同年同月23日『申報』が報道したことは,拙著『尖閣問題総論』で紹介したが,1947年7月4日『時事新報』掲載中央社稿,同年10月30日『時事新報』,同年11月4日『益世報』にも「琉球はもと中国の属国」主張,「琉球回収」要求主張が出ている.

このうち,1947年10月30日『時事新報』「社評」は,「本年8月,琉球革命同志会会長喜友名」が「琉球は祖国に復帰すべきだと主張」したが,これは「完全に琉球人民の公意を代表している」とし,琉球が中国のものである理由として,①琉球は1372年(明の洪武5年)以来500年近く,「臣と称し朝貢してきた」,②「琉球人は日本の後裔ではない」,③「言語・文字」は「聖諭,中国の経書」などであり,「琉球の教育」は「中国の教育」である,④「生活習慣」は「わが国と同じ」だ,と主張している.

ここで,喜友名すなわち蔡璋が登場している.

また,1947年11月4日『益世報』はフィリピンが琉球の中国返還に反対している,と非難している.

そのほかにも1947年～1948年に,1947年11月15日『益世報』,1948年11月4日『中央日報』,同年11月4日『和平日報』,同年11月5日『東南日報』,同年11月7日『中央日報』,同年12月16日『申報』などが琉球(沖縄)に対する領土主張を行なっている(近代史研檔案).

1947年11月15日『益世報』は,「わが国の琉球回収要求に対して,アメリカは『取引の手段』と見なし,理論的には琉球は日本に属するとさえ主張した」(米澤2011)と述べている.

1947年12月16日『申報』は,外交部の「対日講和審議委員会」は「将来開催される対日講和」に対して「領土主権条項の中に琉球群島に対するわが国の要求を確定した」と報じている.

1948年4月24日『新民報』は,「わが国の琉球回収議案について,アメ

リカは論評していない」と述べ（米澤 2011），不満を表明した．

省県議会請願　中華民国国民政府は，琉球／沖縄領有の世論を組織しようとした．福建省政府（1946年12月11日），同省松渓県参議会（日付不明），湖北省参議会（1947年10月21日），福建省古田参議会（1947年10月27日），雲南省議会（1948年10月7日）などが政府に対し「琉球回収」の請願を行なった（近代史研檔案）．

このほか，米澤 2011 によれば，長春県「参議院」（参議会？　1947年1月30日），永春県参議会（1947年12月31日），北平市「参議員」（参議会？　1948年1月14日），崇安県参議会（1948年1月21日），河北省臨時参議会（1948年1月22日），熱河省臨時参議会（1948年1月29日），湖南省臨時参議会（1948年2月5日），江西省参議会（1948年2月24日），福建省長汀県参議会（1948年3月1日）などが呼応した．

ただし，国共内戦という状況の中で全国的な世論形成はできなかったようである．

立法院質問　1948年2月13日の立法院第13回第3次会議では，「琉球問題と我が国の国防の関係（奄美島問題から）」という質問がなされた（近代史研檔案）．

外交部あて顧維鈞電　外交部あて「ニューヨーク顧維鈞電」は，次のように述べているという．

「アメリカはソ連が割りこんで来ることに不賛成」で，「中米のためには連合国に彼の地〔琉球〕を託し数年のうちにその独立を援助するのがもっともよい．しかし，ソ連に対応するためには，まずわが国が歴史的地理的関係に基づき，代理統治を要求し，もしソ連が反対したら，中米代理統治に改め，さらに同意が得られなければ，最終的にまず連合国が直接代理統治して根本的にソ連の野心を消滅させることをめざす．しかし，これはまずアメリカと秘密裡に協議し，双方了解ののち，わが方が書面で意見を提出するのがよい．」（李理 2012）

李理 2012 は，この電文の日付けを書いていないが，1948 年 3 月以前と見られる．次の外交部文書は，この顧維鈞の提案をうけたものだろう．

外交部「琉球問題に関する審議の結論摘要」（1948 年 3 月）　中華民国政府外交部は 1948 年 3 月，行政院院長張群に次の「琉球問題に関する審議の結論摘要」を提出した（李理 2013）．

「琉球問題の解決方法に関して，わが国の考慮に資する主張は，以下の数点にほかならない．

甲．わが国への返還あるいはわが国に引き渡しての委任統治の手順

一．わが国がアメリカとまず協議を行ない，まず返還を要求し，次いで中国による委任統治を主張する．アメリカはすでに日本の前委任統治地を管理しており，おそらく小笠原・硫黄諸島を委任統治するので，もしさらに琉球の委任統治を要求すれば反対されやすく同意が得られにくいようなので，アメリカに琉球の若干の拠点で一定期間，軍事基地の建設を認めることを考慮してもよい．

二．対日和会〔対日講和会議〕で琉球を中国に引き渡して委任統治する．

三．中国が琉球を委任統治する協定草案を提出し，国連に批准してもらう．

乙．中米共同委任統治

丙．アメリカ委任統治

丁．琉球を国連保護下の自由領土とする

方法：

一．国連と日本は琉球が自由区であることを承認し，国連安全理事会が当該区の保全と独立を保証する．

二．自由区の総督あるいは行政長官は，安全理事会がこれを任命し，総督の人選はまた中国の同意を必要とし，総督は日本人あ

るいは自由区の公民であってはならず，総督の任期は5年で再任できず，給与・手当は国連が負担する．

三．自由区は絶対に中立化および非軍事化の原則を保持しなければならず，安全理事会の訓令に及ぶ（ではない）以外は[13]，武装軍隊を駐屯させてはならない．

四．自由区は軍事組織あるいはいかなる国ともいかなる軍事協定を締結あるいは協議してはならない．

五．詳細な方法に関する規定は，トリエステ自由地域に照らして議定してよい．」

「琉球問題に関する審議の結論摘要」では，「まず返還を要求」し，「次いで中国による委任統治」を主張する案，「中米共同委任統治」案，「アメリカ委任統治」案，「国連保護下の自由領土」案などが検討された．

外交部「最終研究報告」　その上で，外交部は次の「最終研究報告」を蔣介石と行政院長張群に提出した[14]．

「本部の慎重な研究を経て，琉球とわが国は朝貢関係に止まり，種族・文化は同じではなく，ましてや連合国は戦時にみずからのためには領土を拡張しないと宣言している．わが国がもし琉球の併合を要求すれば，理由に十分さを欠くようである．ただ，琉球がわが国に藩属していたのは長年にわたっている[15]．かつて日本は〔琉球の〕併呑を強行したが，わが国はこれまで承認しておらず，かつはわが東海の外囲に位置しており，台湾に近く，国防の状況に極めて重要であるので，わが国はわが国が委任統治し，琉球人民の自治と独立を扶植し，必要なときにそのうちの大琉球〔沖縄本島〕一島をアメリカの軍事基地に提供して共同で使用するよう主張することができよう．これは，わが国の琉球に対する第一の方法とすることができるようである．

そのほか考慮すべきことは，琉球は地が痩せており人民は貧しく経済

的にもともと自足が困難であり，わが国は今日，実力が不十分なので，保衛も管理もあるいは十分を期することは困難であり，米軍が琉球を攻撃占領したときも犠牲は重大であり，最近，永続的軍事設備を建設し，甚しきに至っては当該国の西太平洋基地とする意向があり，わが国がもし単独で委任統治の責任を負うことができないなら，あるいは米側はわが国の琉球委任統治に同意しないだろう．これは，わが国の琉球に対する第2の方法とすることができよう．」

　外交部は，歴史的関係から言ってもカイロ宣言の規定からしても「琉球に対する領土要求」をするには根拠がないと判断し，「中国による委任統治」を要求し，米軍に基地を提供することを第1案とし，中国は現状では力不足なので「中国による委任統治も要求しない」という案を第2案とした．
　李理2012は，第2案について最終的には琉球をアメリカによる委任統治とし，中華民国は委任統治国とならないという心づもりを固めたものと解している．

(4) サ条約と日本の領土規定

　連合国は，カイロ宣言・ポツダム宣言において日本に対し，①「領土拡張の念を有しない」こと，②日本の主権が及ぶ領土は「本州，北海道，九州，四国並びに吾等の決定する諸小島」であるとしたのであった．しかし，ソ連は樺太・千島列島を占領し，米・英・中もこれを承認したことによって「領土拡張の念を有しない」とのみずからの約束を破ったのであった．
　日本との戦後処理条約であるサ条約は，沖縄をアメリカの統治下に置き，中華民国もこれを承認した．ところが，中華民国はその後，「琉球は中国の領土である」と主張し，領土要求を行なっていった．
　サ条約第3条は，次のように述べている．

「日本国は北緯29度以南の南西諸島（琉球諸島及び大東諸島を含む.），

嬬婦岩の南の南方諸島（小笠原島群，西之島及び火山列島を含む．）並びに沖ノ鳥島及び南鳥島を合衆国を唯一の施政権者とする信託統治制度の下に置くこととする国際連合に対する合衆国のいかなる提案にも同意する．このような提案が行われ且つ可決されるまで，合衆国は領水を含むこれらの諸島の領域及び住民に対して，行政，立法及び司法上の権力の全部及び一部を行使する権利を有するものとする．」

こうして，アメリカは沖縄に対する施政権を保有し行使していった．その20年後の1971年，アメリカと日本は沖縄返還協定を締結し，1972年に沖縄に対する施政権は日本に返還されたのであった．

(5) 1950年代中華民国の対「琉球」領土要求と奄美返還反対

アメリカの琉球委任統治要求　　李理によれば，国民党は1950年から1951年にかけてアメリカが対日講和を進めたさい，アメリカによる琉球問題処理を委ねていた．アメリカは1950年10月20日，国務省顧問ダレスが中華民国駐米大使顧維鈞に対日講和7原則メモを提案した．その中で，琉球の地位については「琉球および小笠原群島を国連の委任統治とし，アメリカが管理国となることに同意する」と記していた．

1951年3月28日，アメリカが顧維鈞に提案した「対日講和条約初稿」では第4条に，琉球の将来を委任統治とするか否かはアメリカが決定する，「アメリカは国連に……琉球群島を……委任統治制度のもとに置き，アメリカがその管理当局となることを提案することができる．この提案を行なうこと，およびこの提案について，アメリカはこれらの島嶼の領土および住民に対して，これらの島嶼の領水を含めて一切の行政・立法および管轄の権力を行使する権限を有する．」アメリカ単独による琉球に対する決定に，中華民国政府は「完全に賛同する」と記されていた．

これについて，李理はカイロ会議中に琉球の帰属問題は最初に浮上したが，「蒋介石の失策」によって宣言の中では琉球が将来，中国に復帰するこ

とは確定されなかった．アメリカは中華民国自身が存続できるかどうか心配し，ソ連が琉球に手を出すことを恐れ，日本が琉球に対して「剰余主権」を有すると主張した，と述べている．

李理は，尖閣諸島も含め，カイロ宣言・ポツダム宣言・サ条約が「沖縄の中国帰属」論の根拠にならないことを認めているのである．「蔣介石の失策」というのは，あのとき蔣介石が琉球を要求していれば，中国のものになったのにと残念がる心情の表現と見られるが，「琉球に対する領土要求にこだわらない」のは蔣介石ひとりの問題ではなく，事実上，中華民国国民政府の方針であった．

1951年インド・イギリス，「日本は沖縄の主権を回復すべき」と主張　中華民国駐日本大使館は「1962年2月23日付け代電」（近代史研檔案）で，横田喜三郎最高裁判所長官が論文「アメリカ施政権の本質」の中で，7項目理由の②として，インドは1951年8月23日，アメリカ政府にあてた備忘録において「住民と日本が共同で有する歴史的背景については，侵略によって取得した領土ではなく，日本が完全な主権を回復すべきであり，アメリカは琉球を委任統治すべきではない」と主張した．③として，イギリス代表肯尼斯（ケニス）・史卡（シカ？）が講和会議で「日本の琉球群島に対する主権を剥奪していない」と述べている，と報告している．

日華平和条約締結　1952年4月28日，日本と中華民国の間で日華平和条約が締結され，同年8月5日，発効した．

奄美返還に反対　アメリカのダレス国務長官は1953年8月8日，奄美群島を日本に返還する意向を表明した．

中華民国立法院外交委員会は1953年11月27日，奄美大島の日本への返還に反対する決議案を決定した．奄美地域は，島津氏の占領（1609年）以前は琉球の一部だったので琉球であり，琉球は中国のものであったという主張である．中華民国が奄美地域の日本への返還に反対したということは，「琉球」に対する中華民国の領土要求の一環という意味を持つ．

アメリカと日本は，1953年8月のダレス国務長官の声明に基づき，奄美

大島の返還交渉を開始し，同年 12 月 5 日，臨時協議で合意し，同月 20 日，返還手続を完了することとした（同年同月 7 日『中央日報』，近代史研檔案）．

1953 年 12 月 3 日『公論報』所載郭資約論文「琉球群島は回収を交渉すべきだ」は，「琉球はわれわれのものである」と主張した（近代史研檔案）．

「奄美大島の史実」　蔡璋は，『中国一周』誌 1953 年 12 月 7 日号に「奄美大島の史実」（近代史研檔案）という文を書いている．

蔡璋はその中で，琉球の「反日政党」として「琉球共和党」，「琉球独立党」，「琉球革命同志会」などの「民族主義革命団体」があると紹介している．

蔡璋は，奄美大島は「わが琉球国土」に属する，と書いている．ここで，「わが」と言っているのは自身を「琉球人」とする位置づけでの表現となっている．

そして，「奄美の範囲」は一般に「北緯 29 度以南，沖縄本島以北の諸島」とされているが，それは間違いで，奄美大島のほか，その北の種子島・トカラ群島，すなわち硫黄島・竹島以南およびその周囲の諸島嶼を含む，としている．

また，奄美大島の「最初の住民」は「Aino 人とモンゴル人の混合人種」であるとする．「Aino 人」とは，「アイヌ人」のことか．だとすると，珍説である．

蔡璋は，さらに要旨次のように書いている．

「琉球は英祖王のとき（1265 年），その西北諸島（久米・慶良間・伊平屋 3 島）[16]を攻略し，奄美大島は 1266 年，琉球中山王に服した．奄美大島は，「1265 年から 1609 年まで」琉球に所属していた．その文化系統――生活方式，土俗，宗教，言語，風俗，習慣，神話，伝説，民謡等は，琉球とまったく同じだ．大島は昔，「掖玖」と称した．『中山世鑑』によれば，奄美大島も，「志仁礼久」，「阿摩美姑」という二神が開闢したという神話があり，奄美大島北部の「笠利村」の「阿摩美岳」と「湯

湾岳」は，二神が降臨した聖地とされる．

　豊臣秀吉は，琉球に出兵を命じたが，島津氏は巧妙に秀吉を言いくるめ，兵糧や武器を提供させる方がよいと言い，秀吉はこれを認め，1500人10カ月分の食料を供出するよう求めたが，琉球は婉曲にこれを拒絶した．明の万暦37年（1609年），琉球は日琉戦役に敗れ，その地は日本に割譲された．70余年前，奄美大島に属する徳之島では，「犬田布騒動」と呼ばれる反日運動が起こった．

1953年12月桃園県工会代電　「桃園県雍興実業股份有限公司紡織機器廠産業工会常務理事3名より外交部あて1953年12月3日付け代電」（近代史研檔案）は，中華民国政府立法院外交委員会は11月27日，奄美大島の日本への返還に反対した」が，「本会」（産業工会）は外交委員会を支援すると述べ，奄美の日本返還は「ポツダム宣言・対日和約（サ条約）違反である」と主張した．

1953年12月美洲司文書　「中華民国外交部美洲（アメリカ）司より司長あて1953年12月7日付け文書」（近代史研檔案）によれば，琉球群島（奄美を含む）関係の各書類は美洲司が所管し処理する，とのことである．

『中央日報』社論・廖維藩論文　1953年12月7日，中国国民党機関紙『中央日報』社論「奄美大島問題」（近代史研檔案）は，奄美返還に反対する理由として次の3点を述べている．

① カイロ宣言・ポツダム宣言で日本の領土範囲は連合国が相談して決めることになっていたのに，アメリカは中華民国と事前協議せずに奄美の日本返還を決めた．
② サ条約第3条は，北緯29度以南の各島嶼は連合国の委任統治のもとに置かれることになっており，各島嶼の主権は連合国に属しており，アメリカに属するのではない．アメリカは各島嶼にたいして管理権を持っているだけで，奄美の日本への返還決定はサ条約第3条違反である．

③ 奄美大島群島は，もともと琉球群島の一部であり，琉球群島は長く我が国と歴史・地理的関係が密接である．琉球民族は自決権を持っている．

1953 年 12 月 13 日『中央日報』所載廖維藩論文「奄美大島を日本に引き渡す問題を論ず」（近代史研檔案）は，「琉球群島はもと我が国の藩属の地」だったが，1609 年に島津氏によって占領され，奄美もそれまで琉球の版図だったが切り離されたものだ，と主張した．

奄美島民請願書　「中華民国駐日大使館より外交部あて 1953 年 12 月 19 日付け代電」（近代史研檔案）によれば，「奄美群島代表と自称」する日本人が大使館を訪れ，請願書を提出した．請願書のあて先は，「蔣介石閣下」であり，この請願書には 1953 年 12 月 15 日付けの「われら奄美島民団体は，中国立法院が議決した奄美群島を日本に返還することに反対するとの声明に絶対に反対する」，奄美群島は「日本国の一部分」である，との 1953 年 12 月 15 日付けの決議文が付されている．

奄美返還　同年 12 月 24 日『中央日報』記事（近代史研檔案）は，「奄美群島はついにクリスマスプレゼントとなってしまった」と論評した．1953 年 12 月 25 日，奄美はアメリカから日本に返還された．

南千島と沖縄　1956 年 8 月 25 日『工商日報』（近代史研檔案）は，アメリカの「杜尼斯」（ダレスか？）が 1956 年 8 月 19 日，鳩山内閣の重光葵外相に対し，日本がもしソ連に南千島の領土要求をしないなら，アメリカは「沖縄の領土権」を主張すると警告した，と報道した．

これは，当時のアメリカが「沖縄の領土権」は日本にあると認識していたことを意味する．

なお，日本政府は 1956 年から沖縄に対する経済支援を開始した（米澤 2011）という．

『琉球問題解決点の再吟味』　蔡璋は，「琉球自治運動の推進」のためと称して『新琉球問題叢書第 1 巻　琉球問題解決点の再吟味』（琉球独立協会刊

印 1957年12月25日，全42頁，近代史研檔案）を出版し，「すでに琉球自治政府が設立されている」と述べている．蔡璋は，琉球問題について法理論的検討を加えているので，法学的知識の持ち主のようである．本人は，「日本文に素養がない」と謙遜しているが，ネイティブの日本語である．沖縄育ちなのであろう．

この中華民国の奄美返還反対の動きには，台湾省琉球人民協会・琉球革命同志会・琉球独立協会在琉辦事処が積極的に働いていたが，その中心人物は蔡璋であった．蔡璋は，琉球人民協会会長・琉球革命同志会理事長・琉球独立協会在琉辦事処代表である．

(6) 中華民国外交部備忘録（1956年10月9日）

中華民国外交部は1956年10月9日，米日両国に次の備忘録を送った（大山盛永『復帰問題研究3』（那覇：復帰問題研究会　1969年）．米澤2011による）．

「一．中華民国政府は，1951年に琉球の信託統治に同意し，琉球に対する領土権の主張を放棄した．しかしながら，日本は琉球に対しいかなる権利もない．
二．アメリカは，東アジアの安全を保障するため，琉球の地位の重要性を考慮する必要があり，琉球を管理する責任を放棄すべきではない．
三．琉球の将来の地位は，多数国によって決定されるべきである．
四．琉球の将来は，その住民によって決定されるべきであり，アジアが再び共産主義の脅威を受けないとき，琉球の自治・独立を促進することができる．」

信託（委任）統治から自治・独立へというコースであるが，本音としてはそのあと中国に吸収するという意図がある．

(7) **琉球革命同志会・琉球人民協会・台湾省琉球人民協会**

琉球革命同志会 1960 年，1961 年代電　琉球革命同志会は，「沈昌煥外交部長あて 1960 年 8 月 19 日付け代電」（近代史研檔案）で，日本の新内閣が中立的二元外交政策をとってソ連との関係改善を進めていることに警戒するよう呼びかけている．

　琉球革命同志会会長（理事長）蔡璋は，「1961 年 2 月 24 日付け代電」（近代史研檔案）で僑務委員会に対し在琉球台湾人のパスポート関係手続の簡略化を要請した．

　なお，琉球革命同志会の琉球の通信処を「琉球沖縄島那覇市字寄宮二一九琉球独立協会在琉辦処」としており，両組織が一体であることを示している．また，琉球革命同志会と琉球独立協会の両組織とも，琉球人の組織であるかのように装ってはいるが，中国国民党・中華民国政府の外郭組織であることが見て取れる．

　琉球革命同志会会長蔡璋は，「僑務委員会あて 1961 年 3 月 10 日付け代電」（近代史研檔案）で在琉球台湾人の困難な状況の改善方を要請した．僑務委員会は，「1961 年 3 月□日付け代電」で，この件は長崎領事館の担当であるが，琉球と長崎は距離があるので，改善方を検討すると回答した．

　琉球立法院は 1962 年 2 月 1 日，全会一致でアメリカに対し施政権返還を要求する決議を行なった（近代史研檔案）．

谷振海 1965 年文書　「谷振海から魏道明外交部長あて 1965 年 8 月 13 日付け文書（海指（56）字第一九一四号）」（近代史研檔案）は，「琉球地区の工作問題」について，「琉球革命同志会の工作については，我が方は依然として極力支援しなければならない」，「琉球革命同志会の補助経費」は「原則的に増加させるべきである」，「〔中国国民党〕第 6 組および中琉文化経済協会はそれぞれ琉球革命同志会と協議し，できるだけ協力し，貿易上の不必要な困難を回避する」と記述している．

　中華民国政府は，琉球人を日本人と見なさず「琉球籍民」とし，在台の琉球人については「台湾省琉籍技術人員登記条例」によって身分を保証した

(米澤 2011).

1960 年 11 月沖縄立法院選挙　中華民国駐日本大使館は「1960 年 11 月の（沖縄）立法院議員選挙で（沖縄）独立を主張した（琉球）国民党は 4622 票を獲得したが，総投票数の 1.2 パーセントにすぎず，候補者は落選した，と外交部に報告した．

(8) アメリカによる「残存主権」承認とアメリカの沖縄返還政策

中華民国は，琉球／沖縄は中華民国のものであるという立場から沖縄に日本の「残余主権」（潜在主権　residual sovereignty）があるということを認めないという主張を行なった．

ケネディ 1961 年「残余主権」承認　「ワシントンの葉公超より台北外交部部次長あて 1961 年 6 月 15 日電」（近代史研檔案）は，池田（勇人首相）は今回の訪米でアメリカに琉球および小笠原諸島の施政権返還を要求するだろう，またアメリカは重ねて日本が該島等に対して残余主権を有することを承認するだろう，と連絡している．

「1961 年 6 月 15 日，葉公超よりワシントンの台北外交部次長あての電文」（近代史研檔案）によれば，「池田〔勇人首相〕の今回の訪問で提出するであろう問題の中には，あるいはアメリカが日本に琉球および小笠原群島の施政権の返還要求を含み，アメリカもまた改めて日本の当該島嶼等に対する残余主権の承認に言及する可能性があり，我が方はこの問題に対してこのさいアメリカに対し意思表示すべきか否か，もし貴部がアメリカに意見を提出することを決定したのなら，わたくしは台湾でアメリカ大使に直ちに伝えますが，よろしいでしょうか」と述べている．

「ケネディ大統領と池田首相との 1961 年 6 月 22 日共同コミュニケ」（近代史研檔案）は，「琉球・小笠原群島はアメリカが管理するが，日本は剰余主権を保有している」と述べた．

1961 年 6 月 25 日『自立晩報』所載同紙記者李子継論文「日本は琉球に『剰余主権』を持っているのか？」（近代史研檔案）は，要旨次のように述べ

ている．

　池田勇人首相は本年6月19日ワシントンを訪問したが，池田とケネディ大統領との共同コミュニケを発表し，その中で「ケネディと池田は琉球と小笠原群島の問題について意見を交換し，当該両群島は現在，アメリカの管理下にあるが，日本はその『剰余主権』を保留している」と述べている．中国政府（中華民国）は6月23日，日本がアメリカに琉球に対する主権を要求していることに反対した．われわれは，国際公法の中で「剰余主権」という名詞を見つけることができない．

蔡璋「剰余主権について」　蔡璋は，1961年7月25日『沖縄興信所所報』（編集人：大宜味朝徳．近代史研檔案）に「剰余主権について」を発表し，剰余主権は1951年9月5日，ダレス演説で出現した「政治用語」であって「法律用語とは思われない」と述べ，ダレスは「将来結ばれる信託統治協定は疑もなく日本との関係に於ける住民の将来の身分を決定する」と言っているが，「条約はおろか，演説の中でさえ，琉球の最後処理について日本の参与云々は全然，一言半句も触れていない」，「もともと日本の領土ではなかった琉球に対し，日本の残余主権を認めるとなると，台湾，韓国に対しても亦，この禍は波及することになる」と述べている．

　蔡璋は，琉球は日本の領土ではなかったというのである．

アメリカ上院軍事委員会　アメリカ上院軍事委員会は1962年6月14日，さきに下院を通過した沖縄援助のプライス修正法案についてエールス陸軍次官とジョンソン国務次官代理の証言を聴取し，①沖縄に対する経済援助を2500万ドルに増額する理由，②対日平和条約に書いていない潜在主権をどういう権限で日本に認めるのかという質問が行なわれた．共和党のソルトンストール議員が沖縄住民の人種問題を尋ねると，エールス次官が「基本的には日本人」と答え，ラッセル委員長は「違うように聞いている．日本が征服したのではないか」と発言した．エールス次官は「沖縄は軍事上の必要

で米国が持っている．その必要がなくなれば琉球は国連に行く」と発言し，ジョンソン次官代理が「52年3月，上院が平和条約を批准したとき〝沖縄の潜在主権は日本にある〟というダレス声明を提出してある．……」こと，また，53年12月24日故ダレス長官が奄美大島返還声明とともに潜在主権が日本にあることを公に述べていること，アイゼンハワー前大統領，歴代の陸軍長官らが同趣旨の声明をしている実例を列挙した（1962年6月15日『東京新聞』，近代史研檔案）．

ケネディ米大統領は1962年，「最終的には琉球群島を日本に返還する」と表明した（米澤2011）．

「残余主権」についての日本政府の解釈　1962年3月9日『朝日新聞』は，「残余主権」について要旨次のように解説している（近代史研檔案）．

> 主権のうち，沖縄の施政権とそれに密着する領土の占有とは，アメリカに渡ったが，その〝余り〟は日本のもので，「残余主権」（潜在主権）がそれである．日本政府の解釈では，「領土の最終的処分権があって初めて主権を持つといえる」との立場で，平和条約第3条ではアメリカには沖縄の最終的処分権は与えられておらず，最終的処分権は日本に残されている．

1962年日本，中華民国に抗議　日本の井口貞夫駐中華民国大使は1962年3月27日，朱撫松外交部次長を訪問し，朱撫松が3月13日，立法院で琉球問題に関する質問に答弁したさい，日本政府が琉球群島に対して「剰余主権」を保有していることを認めたことはないとの声明を行なったことに対し異議を表明した（近代史研檔案）．

蔡璋1962年3月「陳情書」　蔡璋は1962年3月23日付けで，「中国政府外交部」あてに「陳情書」（近代史研檔案）を出している．蔡璋はこの中で，「3月20日，アメリカは対琉球新政策を発表し，琉球は日本の領土であると指摘し，将来日本に返還することを希望すると述べた」と書き，アメリカに

抗議している．

　この陳情書の発信団体名は，琉球独立協会在琉辦事処で，その所在地はすでに述べたように「琉球沖縄島那覇市字寄宮二一九」であり，台湾省琉球人民協会の所在地は「台湾省基隆市中正区三路勝利巷五八の一」であった．

沈昌煥 1962 年 4 月文書　「沈昌煥外交部長より行政院あて 1962 年 4 月 23 日付け文書」（近代史研檔案）によれば，ケネディ大統領が 1962 年 3 月 19 日に署名した行政命令には「琉球群島は日本本土の一部」と述べており，中華民国外交部朱撫松次長は 3 月 30 日，アメリカ大使館代辦高立夫に対し，中華民国政府の立場を伝えた．

「中米琉球問題会談記録」　「中米琉球問題会談記録」（近代史研檔案）によれば，中華民国とアメリカは 1969 年 10 月 27 日（午前 10 時 30 分〜11 時 45 分），琉球問題についての協議を行なった．場所は，台北賓館 2 階会議室，中国側出席者は 6 名，外交部代部長（部長代理）沈剣虹，国防部次長楊紹廉，国防部副主任温哈熊，外交部司長袁子健，外交部司長銭復，外交部科長劉伯倫（記録係），アメリカ側 6 名，安士徳代辦，施奈徳（シュナイダー？）公使，莫柳泉参事，孫学礼秘書（記録係）および寇蒂斯将軍だった．主な内容は，次のようである．

　　安士徳代辨：施奈徳公使は，東京で琉球返還問題を日本側と協議している責任者だ．日本の首相は来月，訪米し大統領と会うが，琉球問題の結果はわからない．施奈徳公使の主な任務は，中国政府に米日協議の状況を知らせることだ．
　　沈剣虹：米日協議の状況をわが方に通知するだけで，わが政府と協議するのではないのか．
　　安士徳・施奈徳：そうだ．
　　施奈徳：韓国も琉球問題に関心を持っている．日本の外相が 9 月に訪米し，アメリカの羅吉斯文国務卿と再度協議する．
　　アメリカが琉球返還問題を日本と協議するのは，アメリカがこの地域

で条約の履行義務と能力の必要を確保するためで，日本はこれを理解している．琉球の地位については，第2次大戦後，トルーマン・アイゼンハワー・ジョンソンは日本に返還すべきとし，ダレス国務長官は日本に残存主権があると言っている．アメリカは，1953年に奄美を返還し，1968年に小笠原諸島を返還した．同条約で主権を返還していないのは，琉球列島だけだ．アメリカにとっては，基地を確保し，極東の責任を果たせるときに琉球を日本に返還する．

アメリカの琉球問題に対する観点は，①米日関係の建設的関係を発展させることはアメリカの国益に裨益する，②それはアメリカの極東における利益と関係する．アメリカが日本に琉球を返還するのはこの条約の規定による．日本はこの地域の発展途上国（中華民国）を援助することを中心とし，日本の国力を増加させることは，アメリカの積極的目標であり，これが琉球問題の基本目的だ．

琉球主席には，左翼の屋良朝苗が当選し，無条件即時返還を要求している．日本と琉球の民意に順応し，基地の権利を確保するために行政権を日本に返還する．

沈剣虹：14世紀に中国は琉球の宗主国となって500年たち，19世紀に日本は琉球を占領した．その後，カイロ宣言・ポツダム宣言が決定された．サンフランシスコ平和条約に中国は参加していないが，「剰余主権」という言葉は国際法上，きいたことがない．アメリカは，琉球を管理する責任があり，中国はアメリカには琉球を連合国の信託統治に移す義務があると考える．琉球の帰属は，琉球人民の意思を尊重すべきだ．中国は，琉球に対して領土的野心はない．

アメリカが琉球の行政権を日本に引き渡したのち，基地使用の状況，重大事故（事件）発生のさい，いかなる武器が使用できるか，核兵器の配置状況などを知らせてほしい．事件が発生したさい，アメリカの協力が得られるのか．

施奈徳：条約・法律問題は，わたしの職掌ではない．中・米は1954

年に共同防衛条約を締結している．国際的義務は，必ず守る．

　沈剣虹：もし琉球を日本に「返還」したら，「本地」の防衛はどう按配するのか．

　寇蒂斯将軍：日本の防衛軍は，琉球で適切な部署につく．

　沈剣虹：日本の防衛軍は，いつ琉球に入るのか．

　寇蒂斯将軍：日本の軍拡は，長期計画だ．

　沈剣虹：アメリカは，日本を核で保護している．

　施奈徳：日本社会党と左派は，70年安保を利用して，米日関係を破壊しようとしている．

　日本政府は，数週間内に核不拡散条約を批准するだろう．

　1967年に小笠原と琉球の問題を日本と討論したときは，記者会見の15分前にやっと合意ができた．

　この「中米琉球問題会談記録」では，沈剣虹は日本による沖縄占領を「19世紀」としているが，正しくは「17世紀」（1609年）である．「19世紀」とは1879年の沖縄県設置を指していることになる．

　沈剣虹は「剰余主権」という言葉はきいたことがないと言っているが，ダレスはヴェルサイユ条約や国連憲章の作成にも参加した国際法の専門家であった．

　沈剣虹はアメリカ側に対し，アメリカには琉球を「連合国の信託統治」に移す義務があると主張したが，アメリカ側はこれを無視したのである．

　中華民国政府は，琉球を「連合国の信託統治」に移すことを要求し，「琉球の帰属は，琉球人民の意思を尊重すべき」，「琉球に対して領土的野心はない」と表明しているが，これは蔡璋・琉球革命同志会の活動を活用するという戦術と連動している．蔡璋・琉球革命同志会の主張は，琉球を「独立」させ，その上で「祖国」（中国）に復帰するというものであったので，実は「領土」要求がなかったとは言えないのである．

　文中，「事故」，「事件」とは中華人民共和国からの攻撃を想定したもの，

「本地」の防衛とは台湾のことであろう．

小笠原諸島返還協定　アメリカと日本は 1968 年 4 月，小笠原諸島返還協定を締結し，同年 6 月，返還された．

(9) 1970 年代中華民国「琉球」領土主張

中華民国は 1970 年代になると，釣魚台列嶼（尖閣諸島）の領有を主張し始めるが，1971 年 7 月 12 日『聯合報』所載王景弘論文「琉球に対するわが立場」（近代史研檔案）は，釣魚台列嶼にとどまらず，琉球についてもあわせて領土主張を行なっている（後出）．

沖縄返還協定　アメリカと日本は 1971 年 6 月 17 日，「琉球諸島及び大東諸島に関する日本国とアメリカ合衆国との間の協定」（沖縄返還協定）を締結し，アメリカが沖縄の施政権を 1972 年に日本に返還すると発表した．

中華民国外交部声明　中華民国外交部は 1971 年 6 月 11 日，アメリカが沖縄を日本に返還すると表明したことに抗議し，釣魚台列嶼（尖閣諸島）は中国に属すると主張した（近代史研檔案）．

1971 年 7 月 6 日，8 日『聯合報』　『聯合報』は 1971 年 7 月 6 日と 8 日，同紙駐日特派員司馬桑敦論文「琉球問題中の歴史旧案」を掲載し，琉球の歴史を要旨次のように取り上げた（近代史研檔案）．

> 中国と琉球には，1372 年以来，500 年にわたる「宗主」関係がある．薩摩藩は 1609 年，琉球 36 島のうち，北側の 13 島を占領した．1872 年には琉球王尚泰を琉球藩主とし，日本政府は 1875 年，琉球に清朝への朝貢を禁止し，1879 年に沖縄県を設置した．1895 年，日清戦争の結果，馬関条約（下関条約）が締結された．第 2 次世界大戦の結果，琉球は米軍が占領し，1951 年，サンフランシスコ平和条約が締結され，アメリカ代表ダレスは沖縄に日本の残存主権があると表明した．
>
> 毛沢東は 1943 年，「日本は朝鮮・台湾・琉球群島・澎湖島・旅順を奪取した」と述べたが，1951 年版『毛沢東選集』では「琉球群島」を

削除した．そして，1960年6月20日『人民日報』では「本来，沖縄と琉球群島は日本の領土」と書き，1962年3月28日には「もと日本領土に属した沖縄県2300平方キロメートルはアメリカ侵略者の鉄蹄のもとに踏みにじられている」と書いた．周恩来は1969年4月，日本の衆議院議員古井嘉実らに「沖縄は昔は中国の属国で中国王朝に朝貢していたが，その後，日本が来て居住した．今日，アメリカ帝国主義に占領されており，日本人はこれを取り戻すべきだ」と述べた．中共は，反米戦略から中国の宗主権を放棄したのだ．

1971年7月（?）12日『中央日報』・『聯合報』　1971年6月（7月か?）12日『中央日報』（近代史研檔案）は，中華民国外交部の声明全文を報道し，カイロ宣言・ポツダム宣言があるにもかかわらず，アメリカが中華民国と協議することなく琉球・釣魚台列嶼を日本に返還することに不満であり反対であると声明が述べている，と報道した．

『中央日報』と同日の1971年6月（7月か?）12日『聯合報』掲載王景弘論文「琉球問題に対するわが立場」（近代史研檔案）は，要旨次のように主張した．

① 中華民国外交部は1971年7月11日，アメリカが沖縄を日本に返還すると表明したことに抗議し，釣魚台列嶼は中国に属すると主張した．アメリカが琉球を日本に引き渡したのは，連合国の合意（カイロ宣言）に違反している．

② 中華民国の主張の法的根拠は，1945年7月26日ポツダム宣言第8項が「カイロ宣言は履行せらるべく，日本の主権は本州・北海道・九州・四国及び吾等が決定するその他の諸小島に限定される」とあること，1951年9月8日サ条約第3条が日本は琉球群島および火山群島を放棄し，アメリカが管轄することを承認した．このことは，琉球群島の未来の地位は主要同盟国の協議によって決定されることを示している．

琉球と釣魚諸島はアメリカの管轄のもとにあるので，わが国の交渉対象はアメリカである．

③ 中華民国外交部長は法学家委員会を設置し，資料を収集している．中共はアメリカが琉球を日本に引き渡すことを支持しているが，釣魚台列嶼については中国のものだと主張している．

　しかし，ポツダム宣言は沖縄にも尖閣諸島にも言及せず，アメリカは尖閣諸島を含む沖縄を管轄し中華民国もそれを承認し，その後，「吾等」（連合国）は沖縄・尖閣諸島の帰属について協議しなかったのだから，カイロ宣言もポツダム宣言もサ条約も，中華民国が沖縄・尖閣諸島を領有する法的根拠にはならないのである．

　中華人民共和国外交部は1971年12月30日，沖縄の日本への返還には抗議せず，釣魚島は中国に属すると主張した．

1971年7月17日国民大会声明　1971年7月18日『聯合報』（近代史研檔案）は，国民大会が7月17日に沖縄返還協定に反対する声明を発表したと報道した．

　国民大会とは，中華民国憲法（1947年公布）で「全国の国民を代表し政権を行使する」（第25条）と規定された，総統の選出・罷免権，憲法の修改権，憲法修正案の複決権（第27条）などを持つ機関である．

　1972年5月15日，アメリカは「沖縄返還協定」に基づき沖縄の施政権を日本に返還した．

3. 沖縄（琉球）史概略

　中国（中華民国・中華人民共和国）側の語る「琉球／沖縄」史とその領土要求は，正しいのだろうか．それを検討する上で知っておいたほうがよいことにしぼって，比嘉春潮・霜多正次・新里恵二『沖縄』（岩波書店　1963年1月）

や高良倉吉『琉球王国』（岩波書店 1993年1月）などによって，沖縄史の概略を見ておこう．

　かつて，沖縄人は日本「本土」人からひどい差別を受けていたという（比嘉ら『沖縄』）．21世紀の今日，日本社会に沖縄に対する差別意識などは存在しないと思うが，現在の大多数の日本人の沖縄認識としては，東アジア太平洋戦争末期の沖縄戦で多数の痛ましい死傷者を出したこと，沖縄に多数の米軍基地が存在し，沖縄の人々が騒音被害，米軍軍人による犯罪に苦しんでいること，美しい海などであろうが，その他の歴史についてはほとんど知らないというのが実態だろう．沖縄・尖閣諸島に関する現代日本人の認識のあいまいさの多くは，歴史教育の欠如に起因する無知のなせるわざである．

(1) 古代から三山時代まで

　那覇市で発見された「山下洞人」の遺骨は3万2000年前のものであり，沖縄本島南部で発見された「湊川人」は1万8000年前のものであった．

原日本文化　　沖縄では縄文土器の一種「爪型文土器」が出土しており，沖縄の島々に生活していた人々は「日本列島の先史文化と共通の文化圏に長く属していて，同じく『原日本文化』を所有していた」（高良36頁）という．

　九州の弥生時代の墓から出土した人骨が腕にはめていた「ゴホウラ貝製の腕輪」は，沖縄近海でとれたもの（高良37頁）と言われ，日本「本土」と沖縄の間には，古代から交渉があったとされる．

阿児奈波島　　753年には，鑑真和上が乗った船が，「阿児奈波島」に漂着し，その後，ヤマトに向かったとされ，この「阿児奈波島」は沖縄本島のことと見るのが「通説」（高良38頁）だという．

「日本人の一分支」，沖縄の言語　　沖縄人は，「日本人の一分支」である（比嘉ら55-57頁）．宮古・八重山（先島と総称）の方言は，奄美・沖縄の方言とともに「琉球方言」を構成し，「日本語の系統に属することば」（高良39頁）である．沖縄の言語は，中国地域のいわゆる中国語とは系統が異なる．

　沖縄には，「グスク，グシク，スクと呼ばれる構築物（拝所，城砦など）」

(高良 40 頁) が登場し，一体的な文化圏が形成され，各地には按司と呼ばれる首長層が生まれていった．

三山　12 世紀には，「琉球初代の王」舜天 (1187～1238 とされる) という人物が現れ，源 為朝の息子とする伝説があるが (高良 179 頁)，単なる伝説と見られている．

沖縄本島の北部・中部・南部にそれぞれ王国が成立した．今帰仁按司が沖縄本島北部の「山北」(北山とも言う) を形成し，浦添按司が沖縄本島中部に「中山」を樹立し，大里按司が沖縄本島南部に「山南」(南山とも言う) を建てた (高良 43 頁)．これを，「三山時代」と言う．

文字　かな文字は 13 世紀頃，琉球にわたった日本僧が伝えたとされる (高良 102 頁)．

日本からの仏教伝来　仏教は，中国からではなく，13 世紀に日本から伝来した．禅鑑という僧が日本本土から来て，世主 (領主) 英祖 (1260～1299) の知遇を得，英祖は極楽寺を建てて祈願寺とし，禅鑑を開基とした (比嘉ら 160 頁)．察度のときには，頼重法印という僧が渡来し，波上護国寺を開いて察度の祈願寺とした．第一尚氏王朝第 6 代王尚泰久 (在位 1454～1460) のとき，京都から渡来した南禅寺の僧芥隠の教えを受けて仏に帰依し，広厳寺・普門寺・天竜寺を建てた (比嘉ら 165-166 頁)．第 2 尚氏王朝第 3 代王尚真 (1477 年即位) は 1492 年，円覚寺を建てて芥隠を開山住持とした (比嘉ら 167 頁)．沖縄の仏教は，薩摩を経て伝来したためか，島津氏の支持を得た臨済・真言の 2 宗に限られていた (比嘉ら 170 頁)．沖縄仏教は，中国地域から伝来したものではない．

「琉球」名　中国大陸との関係では，『隋書』(7 世紀) に最初に「琉求」が登場する．1940 年代に中華民国が「琉球」領土要求をしたときは，『隋書』に記載された「琉求」は「琉球」(沖縄) であると主張した[17]が，鄭海麟[18]は『隋書』の「琉求」=「琉球」説を強く否定し，「琉求」= 台湾であるとする．「琉求」= 台湾説は学会の主流であるが，明朝時代には「鶏籠」(台湾) =「外国」とされ，台湾はほとんど意識されていなかったと見られることや，

沖縄と中国大陸との交渉史から見ると，琉求は沖縄のことと見るのが有力と思われる．

『元史』(14世紀)では，「琉球」が用いられている．

「朝貢／冊封」関係　中国地域では，モンゴル元朝を倒して明朝が成立すると，初代皇帝洪武帝は周辺諸国に使者を送り「入貢」を要求した．琉球には明王朝成立4年後の1372年，楊載が送られた．高良倉吉は，ここではじめて「琉球」という呼称が用いられた（高良46頁）とする．中山王察度は，入貢の求めに応じた．

察度は1389年，朝鮮と国交を開いた．また，1414年には日本の室町幕府に使者を送り，朝貢という形の貿易を行なった．さらに，シャム（タイ）・パレンバン（ジャワ）・ムラカ（マラッカ）・スマトラ・パタニ・アンナン（ベトナム）・スンダなどとも貿易を行なっていった（比嘉ら77頁）．

前近代の東アジアでは，中国地域の王朝に対して皇帝と仰ぎ，貢ぎ物を送り（入貢），中国地域皇帝は諸国の王を王として任命する「冊封」という儀式を行なった．入貢に対しては，中国地域王朝は下賜の品を与えた．これは，中国地域王朝と周辺王朝の一種の上下関係を形成するものだったが，その形式のもとでの入貢・下賜というやりとりは，一種の貿易形態であった．明王朝が琉球から得たかったものは，小型の琉球馬と硫黄だった（高良47頁）．朝貢／冊封関係があるということは，朝貢／冊封関係下にある諸国が中国地域王朝の領土であったということを意味するものではない．

山南王承察度も1380年，明朝に使者を送った．山北王帕尼芝も1383年に使者を送った（高良48頁）．

三十六姓　明朝は，「閩人三十六姓」と呼ばれる福建人を琉球に送りこみ，「久米村」を形成した．「三十六姓」とは，高良倉吉も言うように「多数の姓を持つ人々」ということで，36というかっちりとした数字を意味するものではない．彼らは，造船・船舶修理・航海術・通訳・外交文書作成・商取引・海外情報の伝達などに携わった（高良90-91頁）とされる．

(2) 琉球王国時代

第 1 次尚氏王朝　その後,山南の配下の佐敷按司思紹とその息子尚巴志は1406年,浦添グスクを攻め,察度の後継者である中山王武寧を滅ぼして思紹が中山王となった.第 1 次尚氏王朝の成立とされる.尚巴志は,1416年に山北の攀安知を滅ぼした.思紹は1421年,死去し,尚巴志が尚氏王朝第 2 代王となった.山北を併合した中山は1429年,山南王他魯毎を滅ぼし,琉球王国が成立した(高良48-49頁).

『島津国史』によれば,足利義教は1441年,島津忠国に琉球国を与えたとされる(比嘉ら78頁).

琉球王国は,明朝と朝貢／冊封関係にあったとはいえ,独立国であった.また,日本人系統であるとはいえ,日本列島のいわゆるヤマト政権下の日本にも属さない独立国であった.この時代は,「古琉球」と呼ばれる.

第 2 次尚氏王朝　1469年,第 7 代王尚徳が死去すると,クーデターが起こって世子は殺害され,王府の財政と貿易を司っていた金丸が即位して尚円と名乗り,尚徳の「世子」として明朝から冊封を受けた.ここに,第 2 尚氏王朝が生まれたとされ(高良56-57頁,比嘉ら166頁),この王朝が,明治維新後まで続く.

豊臣秀吉は,朝鮮出兵にさいし,琉球に出兵を命令し(比嘉ら78頁),その後,琉球に7000名の兵士と10カ月分の兵糧米を提供すること,九州名護屋城普請の分担金支払いなどを命令した.琉球は一部を呑み,大部分を拒否した(高良69頁).

(3) 琉球近世——島津氏への従属,島津氏による徴税

徳川家康は,琉球に明朝との関係修復の斡旋役を依頼したが,琉球が応諾しなかったため,1609年,家康の意向を受けた薩摩の島津氏は3000名の兵を琉球に送り,征服した.

島津氏への従属　これによって,琉球は①独立性を失い,②奄美地域(奄美大島・喜界島・徳之島・沖永良部島・与論島など)は薩摩の直轄領となり,

③「仕上世」と呼ばれる租税を毎年，薩摩に支払う義務を負い，④薩摩藩は王国上層部人事について一定の発言権を保持し，⑤那覇に「琉球在番奉行」を常駐させた（高良71-72頁）．近世日本は，薩摩藩を通じて，キリシタン禁制・石高制・士農分離制などの幕藩制国家の基本原理を琉球に導入していった（高良176頁）．

島津氏による徴税　島津氏による租税は，年貢米約8000石，芭蕉布3000枚，琉球上布60反，下布1万反，唐ムシ1300斤，綿子3貫，しゅろ縄100方，むしろ3800枚，牛皮200枚だった（比嘉ら79頁）．

日本の江戸幕府は薩摩藩を通じて徴税を行なったので，善し悪しは別として，これ以降，琉球は幕藩体制下の日本領として統一されたということになる．

のちに，中華民国が1953年の奄美の日本返還に反対するのは，奄美の薩摩領化を「中国に対する侵略」とするからだが，薩摩藩による奄美の編入は「中国に対する侵略」というわけではない．しかし，王朝体制は1872年まで，ないし1879年まで約260年間維持されたというところに，特徴がある．この時代は，「沖縄／琉球近世」と呼ばれる．

「両属」論は不正確　徳川幕府・薩摩藩は，琉球王国の形式的独立性を利用して朝貢・冊封という形態で中国大陸との交易を維持したので，近代以降の中国の大中華主義者たちは，朝貢／冊封関係があったことを理由として琉球に対する領土要求を行なってゆく．琉球の対日・対中関係のとらえ方について，「両属」という不正確な認識があるが，高良倉吉は琉球の「日本への属し方が支配一被支配を軸とする直接的なものであった」のに対し，「中国への属し方は外交・貿易を媒介とする間接的なもの」と規定している（高良177頁）．

アメリカ東インド艦隊司令官マシュー・カルブレイス・ペリーは1854年6月，日本に行くに先立って，琉球に立ち寄り，7月11日，修好条約を締結した．

明治政府は，琉球に対し朝貢・冊封を禁止したので，清朝の冊封使が琉球

に来たのは1866年が最後となった．

東アジアにおける近世琉球の3側面　1609年から1872年ないし1879年までの琉球は，①日本本土政権に組みこまれ，租税を納入していた，②しかし，王朝が存在し，形式的には独立国として存在した，③中国地域王朝と朝貢／冊封関係を持っていた，という3つの側面を持っていた．この多面性を単純化せずに見ることが大切なのであるが，大中華主義者たちは朝貢／冊封関係のみを肥大化させ，琉球は中国の属国と言うにとどまらず，中国領であるとまで主張するのである．

(4) 琉球王国から明治政府統治下「琉球藩」へ

琉球は1871年，明治政府の廃藩置県に伴い，鹿児島県の所管となった（比嘉ら116頁）．

明治政府は，1872年10月には琉球国を「琉球藩」とし，琉球国王を琉球藩王とし，華族に列せしめ，琉球の外交事務は日本の外務省が管轄することにしたが，これにはどこからも抗議は出なかった（比嘉ら118頁）．

琉球は1874年，最後の進貢使を清朝に派遣した．

(5) 沖縄県設置

「琉球処分」　1879年，明治政府は廃藩置県を適用し，沖縄藩を廃止して沖縄県を設置した．明治政府は，このために「処分官」を派遣したので，「琉球処分」と呼ばれる．

なお，「沖縄／琉球近世」の終結時期は，明治維新直後に琉球藩を設置し，琉球王尚泰を藩王に任命した1872年ととらえることも可能であり，明治政府が沖縄県を設置した1879年とすることも可能であろう．

清朝は，明治政府の措置に抗議し，1880年から1881年にかけて日清交渉が行なわれた．アメリカ元大統領グラントは，清朝と日本の仲介にあたった．沖縄3分案，2分案などが検討され，いったんは2分案でまとまったが，最終的には清朝が拒否して流れた．

清朝は，日清戦争の敗北後は琉球／沖縄問題について日本に抗議したり，問題にしたりしたことはなく，その後の中華民国も中華人民共和国も問題にしたことはなかった．

米軍による占領から日本への返還へ　1945年3月，東アジア太平洋戦争の末期に米軍は沖縄上陸作戦を開始し，6月に全島を制圧した．在沖日本軍・沖縄県民は20万人が死亡した．その後，沖縄は米軍占領下に置かれ，1951年のサンフランシスコ平和条約によって，日本本土から切り離され，アメリカ統治下に入ったが，アメリカは沖縄を日本領と認識し，1971年沖縄返還協定を締結し，1972年に日本に返還した．

中華民国は東アジア太平洋戦争の終了後，1947年には琉球は中国領であると主張したが，1952年の日華平和条約締結時には領有権を主張することはなかった．

おわりに

以上に見たように，中華民国政府の対「琉球」政策は2本立てであった．

第1に，中華民国政府（中国国民党）は戦後1940年代後半には「琉球」は中国のものであると主張してストレートに「領土」要求を行なった．それは，朝貢／冊封関係があったことを理由として琉球は中国領であったと主張する大中華主義の思想である．そしてそれとともに，東アジア太平洋戦争における米軍による沖縄占領を当然視する立場から，アメリカによる琉球軍事占領に同意した．

第2に，中華民国は1943年カイロ会議においては琉球についての領土要求は行なわず，1950年代から1970年代にかけては，本音では「琉球＝中国領」主張を維持しつつも，アメリカによる琉球占領は認め，アメリカによる琉球占領の終了後は，カイロ宣言に基づいて「連合国」の協議によって琉球の地位を決め，連合国ないし国連による「信託統治」に移行し，その上で

「民族自決」を実行するという構想だった．

　しかし，第 2 の政策は同時に中国国民党の「琉球」吸収工作機関である琉球革命同志会などによる「琉球独立」を経て，「琉球」がみずから望んで「祖国」（中国）に「復帰」する，つまり中国への吸収を達成するという戦術であった．

　中華民国が「琉球」について領土要求をしたり，「琉球」に「祖国復帰」させるという主張をあからさまにすることは，カイロ宣言・ポツダム宣言が「領土拡張の念も有しない」と表明したことと矛盾し，米・英の疑惑を招くおそれがあり，蒋介石自身は「琉球＝中国領」論の大中華主義者ではあったが，当時の国民政府の力量と国際的状況に対する政治的判断から正面からの「琉球」領土要求を選択しなかった．

　侯中軍 2010 は，国民政府の対琉球政策は「明暗 2 つの路線：明線とは外交路線」で，「カイロ会議での蒋介石の態度表明に基づいてもっともよい『托管』（委任統治）を追求する」ことであり，「暗線」とは「琉球革命同志会に希望を託し，琉球の独立を画策するものだった」と特徴づけている．

　中華人民共和国は，1950 年代から 1960 年代はじめまでは反米戦略をとっていて奄美を含む沖縄の日本への復帰を支持していたが，1960 年代の反米反ソ，反ソ反米を経て反ソ第一主義に転換していた 1971 年には尖閣諸島の領有を主張し始め，ソ連が崩壊した 1991 年以降は「釣魚島（尖閣諸島）＝中国領」論を強引に主張するようになっている．この尖閣領有主張の中で，「沖縄は中国領」として領土要求を主張し始める気配を示しており，今後さらに中華民国の主張に追随して「琉球＝中国領」，「奄美は琉球の一部」と主張する可能性も排除できない状況である[19]．

＜付記＞

　中央研究院近代史研究所檔案館が同檔案館電子資料を利用する便宜を供与してくださったことに感謝申し上げる．

1) インターネット，2014 年 10 月アクセス．
2) 拙稿「中国から見た日露戦争」(『季刊中国』第 78 号　2004 年 9 月) で触れた．
3) 宋美齢の訪米は 1942 年 11 月～1943 年 6 月だった (土田哲夫「宋美齢訪米外交成功の背景」，斎藤道彦編著『中国への多角的アプローチⅢ』所収　中央大学出版部　2014 年 3 月)．
4) 拙稿「国防最高委員会常務会議の主席について」(『中央大学論集』第 32 号 2011 年 3 月) 参照．
5) 前掲拙稿「国防最高委員会常務会議の主席について」．
6) 拙著『尖閣問題総論』が「11 月 22 日」(38 頁) としたのは，「11 月 23 日，24 日，26 日」の誤りであったので，訂正する．
7) 『蔣中正事略稿本 55』．参加者は，中国側から蔣介石総統，商震主任，林蔚主任，朱世明武官，アメリカ側からローズベルト大統領，リーヒー海軍上将，陸軍参謀長マーシャル上将 (大将)，海軍総司令キング上将，空軍総司令アーノルド上将，供応部長サマヴェル将軍，中国戦域区連軍参謀長兼米軍司令スティルウェル中将，第 14 航空隊司令シェノールト少将ら，イギリス側からチャーチル首相，帝国陸軍参謀総長ブルック上将，海軍参謀総長カニンガム元帥，空軍参謀総長ポータル元帥，東南アジア同盟軍総司令マウントバッテン海軍上将，駐米軍事代表団団長ディル元帥等であった (『蔣中正事略稿本 55』)．ローズベルトと蔣介石は，夫人を伴っていた可能性がある．

　なお，使用言語は英語のみのはずで，中国側人員に対しては宋美齢が通訳に当たったと見られる．このほか，米・英・中それぞれに記録者がいたはずである．林蔚は，1946 年 1 月 16 日政治協商会議第 6 回会議で国民政府軍政部次長として整軍計画・経過報告を行なった人物 (拙稿「内戦下政治協商会議と中国共産党の民主主義要求」参照，斎藤道彦編著『中国への多角的アプローチⅢ』所収　中央大学出版部　2014 年 3 月) と見られる．

8) 侯中軍 2010 は，その原文を次のように引用している．

　The president then reffered to the question of the Ryukyu Islands and enquired more than once whether China would want the Ryukyus.The Generalissimo replied that China would be agreeable to joint occupation of the Ryukyus by China and the United States and, eventually, joint administration by the two countries under the trusteeship of an international organization. See "Roosevelt-Chiang Dinner Meeting"(1943/11/23), Foreign Relations of the United States, The Conferences at Cairo and Teheran, 1961, p.324. 以下，この文書を『アメリカ外交文書 1961』と略称．

9) 陳謙平は，蔣介石・ローズベルト会談の内容については，『蔣中正事略稿本 55』，張其昀『党史概要』第 5 冊 (中央文物供應社　1979 年)，秦孝儀主編『中華民國重要史料初編─對日抗戰時期』第三編『戰時外交』(3) (中央文物供應社 1981 年)，呉相湘『第二次中日戦争史』，梁敬錞『開羅會議』(台湾商務印書館

1979 年），董顕光『蔣総統傳』（中華文化出版事業委員会　1952 年）によっているとしている．わたしは，『蔣中正事略稿本 55』以外には当たれていない．陳謙平は，『中国共産党新聞網』・『新華網』はあげていない．
10) 天児慧・石原享一・朱建栄・辻康吾・菱田雅晴・村田雄二郎編『岩波現代中国事典』（岩波書店 1999 年 5 月），李理 2012 などは，カイロ宣言は「12 月 1 日」発表としている．ところが，『蔣中正事略稿本 55』によれば，「カイロ会議公報」（カイロ宣言）は重慶・ワシントン・ロンドンで同時に発表された（（1943 年 12 月）3 日）とあり，拙稿「国民参政会と国共関係」（斎藤道彦編著『中国への多角的アプローチⅡ』所収　中央大学出版部　2011 年 3 月）も「12 月 3 日」発表とした．
11) 琉球革命同志会については，拙稿「蔡璋と琉球革命同志会・1941 年～1948 年」（『中央大学経済研究所年報』第 46 号所収　2015 年 12 月予定），「中国国民党／中華民国『琉球』吸収工作・1948 年代～1971 年」（『中央大学経済研究所年報』第 47 号所収，2015 年 12 月予定）参照．

侯中軍 2010 が「喜友名嗣正」の「喜友名」を「喜有名」としているのは間違いである．「嗣正」の読みについては，「つぐまさ」と読めるが，米澤晋平 2011 は「Shisei」（しせい）としており，それが正しいかもしれない．
12) 前掲拙稿「蔡璋と琉球革命同志会・1941 年～1948 年」参照．
13) 原文＜除及（没）安全理事会訓令外＞．
14) 李理 2013 による．李理は中央研究院近代史研究所所蔵檔案によっているが，筆者は閲覧できなかった．李理は，この最終研究報告の日付を記載していないので未確認．
15) 原文＜历有年所（？）＞．
16) 久米島・慶良間島は沖縄本島西にあたる．
17) 拙著『尖閣問題総論』（105-106 頁）参照．
18) 鄭海麟『釣魚台列嶼—史與法理研究（増訂本）』（330-333 頁　明報出版社 2011 年 5 月）．
19) 最近，琉球をテーマとして取り上げたり，言及したりしている論文は，多数にのぼる．陳淑英・陳芳《战后初期日本对琉球的领土政策—兼论钓鱼岛问题》（《近代史研究》2013 年第 5 期（5 月）所収）は，「中日両国の間の釣魚島領土紛争を研究することは，必然的に琉球領土問題に及ぶことになる」と言っている．

琉球関連論文としては，本稿で言及した許育銘 2006，侯中軍 2010，李理 2012，褚静濤 2012，呉景平 2013，陳淑英・陳芳 2013 のほか，石源華《论战后琉球独立运动及琉球归属问题》（《第五次中华民国史国际学术讨论会参会论文》浙江溪口 2006 年 7 月），王海浜《中国国民政府与琉球》（《中国边疆史地研究》2007 年第 3 期），王建朗《大国意识与大国作为抗战后期的中国国际角色定位与外交努力》（《历史研究》2008 年第 6 期），任天豪「中華民國對琉球歸屬問題的態度及其意義（1948-1952）—以"外交部檔案"爲中心的探討」）（『興大歷史學報』第 22 期　2010 年

2月),左双文《二战后期的中美关系与战后国际秩序的重建》(《近代史研究》2013年第6期所収),张海鹏・李国强《马关条约与钓鱼岛问题》(2013年5月8日《人民日報》)その他がある.

第8章

中国における権威主義体制を確立する手段としての「人民代表会議」制度

杜 崎 群 傑

は じ め に

　本研究は筆者によって得られたこれまでの成果と議会制度に関する分析の視角に基づき，1940年代末の中国の政治体制の特質を明らかにするものである．

　中華民国期の政治体制を研究している金子肇は，「一国の統治形態を論ずる場合」，「その分析の核心は，何よりも三権分立の態様，とりわけ立法権と執行権の関係如何という点にある」とした[1]．

　筆者もこれまで一次資料を利用し，中華人民共和国（以下，中国）成立前後の中国共産党（以下，共産党）主導の代議機関たる「人民代表会議」と，これを中核として構築される「立法－行政－司法」および「立法－人民政府－党」の関係を検討することにより，その政治構造について実証的に研究してきた．

　この一連の研究には省レベルの代議機関と見なされていた1948年の華北臨時人民代表大会，市レベルでは1949年の石家庄市人民代表大会，および同年の中央政府レベルの中国人民政治協商会議および同会議で採択された臨

時憲法と見なされていた共同綱領が含まれる[2]．

　筆者はこれらを対象として分析した結果，当時の政治体制は，選挙を権威主義的支配の手段としてのみ用いていたという意味で，「覇権型権威主義」(Hegemonic Authoritarianism)[3] や「選挙権威主義」(Electoral Authoritarianism)[4] に限りなく近いものであったのではないかという仮説に至った．

　本研究では共産党が選挙と議会を掌握する上での手段（①選挙委員会・選挙資格審査の掌握の有無，②差額選挙か等額選挙，③地域代表制か職能代表制，④直接選挙か間接選挙，⑤二院制か一院制，⑥一元代表制か二元代表制，⑦直接参政か諮問機関か）を提示した上で，一連の研究成果を比較分析し[5]，共産党が当時の「人民代表会議」制度にどのような機能を持たせようとしていたのか，また結果としてどのような政治体制が完成していったのかを総合的に検討する．また同時に，その歴史的淵源と共産党内の議論の特質をも明らかにするために，党結成以来の共産党の代議機関に関する議論を分析していく．

　そして最後に，本研究ではこれらの議論を踏まえた上で，「人民代表会議」制度が最終的に，共産党にとっての正統性の獲得，および中国における「選挙権威主義」もしくは「覇権型権威主義」体制の成立にとっての重要な手段となっていったことを確認するとともに，そこに見られる当時の共産党の権力の「強靭性」と「脆弱性」を明らかにする．それはまさしく権威主義体制における議会の役割そのものをも検証することに他ならない．

　なお，先行研究については，共産党の根拠地時期における代議機関に関する個別の研究はあるものの，本研究のように総合的に検証したものは少ない[6]．味岡徹，福島正夫，何俊志，張希坡，アンドリュー・ネイサンの研究においても[7]，共産党がどのような手段を用いて権力の掌握に努めたのか，共産党が根拠地などでの経験を経て，意図的に職能代表制などソ連の経験を取り入れていった可能性については検証が不十分である．

1. 分析の視角——近年の権威主義体制研究と立法機関分析の7つの要素

　1989年は民主化研究にとっても重要な年であった．この年，中国では「天安門事件」があり，またドイツではベルリンの壁が崩壊した[8]．フランシス・フクヤマは当時のことを振り返り，「それは信じられない瞬間であった」と述べている[9]．

　しかし，この1989年から25年以上経った現在でも，一部の権威主義体制は頑強に持続しているように見える．さらに，かつて民主化された（と思われていた）国々においても，みかけは「民主的」な制度を持ちながら，実体としては権威主義体制と見なすべき体制が指摘されている．そこで近年は，どのような要因により権威主義体制は長期化するのかを検討するために，この体制そのものを理解するべきであるといった主張がなされている[10]．

　こうした中，従来の概念，すなわち全体主義・権威主義・民主主義の3種類では捉えられない新たな形態として，権威主義と民主主義両方の要素を兼ね備えた体制を，「選挙権威主義」，「覇権型権威主義」，「競合型権威主義」，「ハイブリッド体制」などの概念でとらえようとする研究がなされている[11]．

　このうち例えば「覇権型権威主義」とは統治システムの一部として定期的な選挙が開催されるが，その選挙は実際には競争的ではない状態を指すとされる[12]．また「選挙権威主義」とは支配者が国内外の正統性を維持するための政治的自由化の一環として複数政党制を形式的に容認する一方，票の改竄や候補者への脅迫など，選挙の運用面では決して民主化したとは言えない状況を指すとされる[13]．

　こうした体制を有する国家においては，議会や選挙がむしろ，権威主義体制の持続に貢献しているものとして，重要な検証対象となっている[14]．

　しかし，筆者の見たところ比較政治研究においても，議会を経て権威主義

体制がどのように構築されるのか，その具体的な実現手段については，あまり明確化されていない．ここで必要とされるのは，粕谷祐子が指摘するように，実証的な事例研究に基づいて一般理論化を目指す作業であろう[15]．

この点筆者は博士論文において，共産党が国家建設に当たり人民代表会議を通して，どのような手段を用いて権力を掌握しようとしたのかを見た．この博士論文では「指導」という概念を用い，それを確立するための5つの手段によって検討を加えた．すなわち，(1)「人民代表会議」の招集・開催権の掌握，(2) 党員代表（議会における投票数）の過半数以上の確保，(3)「人民代表会議」指導幹部の中での優位性の確保（国家と党の上層部の人事的融合と一体化），(4) 重要決議・法案の起草権・決議権の掌握，(5)「人民代表会議」機関における党グループの設置である[16]．

しかし筆者も，(2)を達成するのにどのような手段が取られていたのか，その議会制度上の要因とは何かについては十分に検証することができていなかった．人民代表会議も大会も議会である以上，形式的であれ投票数の多寡がものを言う．であるとするならば，(3)と(4)は，(2)があるからこそ達成可能となろう．

では実際にはどのような手段が考えられるのか．筆者はこれまでの研究成果から，共産党政権下における議会制度を分析する上では，以下の7つの点が視角（手段）となるのではないかと考えている．すなわち，①選挙委員会と選挙資格審査の掌握の有無，②差額選挙か等額選挙か，③地域代表制か職能代表制か[17]，④直接選挙か間接選挙か，⑤二院制か一院制か[18]，⑥一元代表制か二元代表制か[19]，⑦直接参政か諮問機関か[20]，である．

ではそれぞれの具体的な内容と定義はいかなるものか．

①の選挙委員会と選挙資格審査の掌握の有無とは，文字通り選挙の前段階において，その準備や実際の選挙活動を，ある主体が支配しているのかどうかを意味する．共産党政権下の議会の選挙委員会委員の大多数は通常，共産党員が占めてきた．また，ほとんどの選挙法には選挙権・被選挙権を有する者の資格についての規定があった．これは，資格の要件の決定と実際の資格

審査を共産党が掌握することを意味する．

　②差額選挙か等額選挙かについて．差額選挙とは立候補者数が定数より多い選挙，等額選挙とは候補と当選者が同数であり，信任投票のみの選挙を指す[21]．従って，ある政権者が自らの意向通りに代表者を決定したいのならば，等額選挙の方が有利となる．

　③地域代表制か職能代表制かについて．地域代表制とは地域を単位とした選挙区から，職能代表制とは職業別団体から，それぞれ代表を選出し議会に送る制度のことを指す．アレンド・レイプハルトは代議政治について多数決型 vs コンセンサス型の類型から論じ，このうち後者が職能代表制に近く，コーポラティズムとつながるとし，またコーポラティズムには権威主義型もあることを示唆した[22]．同様に，フィリップ・シュミッターとゲルハルト・レームプルッフは権威主義国における国家コーポラティズムの存在を指摘している[23]．レイプハルトが言うように，職能代表制に近い民主制度も存在するため，必ずしも職能代表制＝非民主的とは言えない．しかし，ある政権者に近い団体でかため，逆に意に沿わない団体を排除した場合，より職能代表制が政権者にとっては有利となる．職能代表制は権威主義体制構築にとっても有効手段なのである．

　一方，地域代表制についても①と②，前述の（5）の党グループの活躍を組み合わせれば，こちらも政権の意向に従わせるのは可能ではある．しかし，職能代表制に比べて煩雑であり，制御が難しいことは間違いない．

　いずれの場合においても，前提として①のように，どのようなグループ・階層が選挙権を有し，また逆に剥奪されたかは重要な要素となる．さらに，世界的に見て職能代表制議会は一般的に諮問機関にとどまる傾向があるということもここで指摘しておく必要があろう[24]．

　④直接選挙か間接選挙（特に重層的間接民主．これを共産党は「複選」と呼んでいた）かについて．直接選挙とは文字通り，有権者が直接候補者に投票し，代表を選出する制度である．他方，ここでいう間接選挙とはいわゆる米国の選挙人制度とは異なる．特に中国の場合，地方末端の代表は直接投票し選出

するが，行政レベルのひとつ上の代表は，そのひとつ下の行政レベルの代表の中から選出される．こうして中央政府レベルにいたるまでには何層にもわたって間接選挙が実施されることとなる．むろん，本来的には直接選挙の方が民意を反映させやすい．であるがゆえに，共産党も正当化するかのように，自らの制度こそが「直接民主」に近いと度々謳っているのであろう．しかし，そこにおける「民主」とは，通常我々の考えるものとは内容が異なる．

いずれにせよ，間接民主により，いわば複数のフィルターを通すことになり，結果的に上層になるにつれ，意向通りの代表を送り込むことが可能となる．

さらに，前述の（3）と関連して，共産党の政権下においては，議会は直接首長を選出するわけではなく，主席団・政府委員会といった間接的な組織への投票に限定されていた．こうした言わば常務委員会のような組織は議会閉会中の常設機関と位置付けられており，またここで首長を含めた行政の人事が話し合われた．これにより，議論をよりブラックボックス化させ，少人数の議論によって議会からの監視なしに日常の行政を運営でき，また共産党の意向を反映させやすかったとも言える．

以上は選挙制度に関わる問題であるが，以下にあげる4点は議会制度としての問題である．

⑤の二院制か一院制かについて．二院制とは日本の衆参両院のように，2つの議院によってそれぞれ議決がなされる制度，一院制とは，韓国のように1つの議院のみによって立法府が構成される制度である．これは本来的にはどちらがより民主的とは言えない．ただし，当初から議会を制御する意思を持っていたとすれば，一院制の方がより管理はしやすいとも考えられる．少なくとも共産党の政権下においては，1954年に全国人民代表大会が成立し，政治協商会議が諮問機関になるまでは，基本的に一院制が採用されていた[25]．

⑥の一元代表制か二元代表制かについて．一元代表制とは議院内閣制とほ

ぼ同義であり，議会代表を選出し，多数党から首長を選出する方法である．他方，二元代表制とは選挙者の直接選挙によって議会と行政の首長双方とも選出する方法である．これも本来的にはどちらが民主的とは言えない．ただし，二元代表制の場合，首長と議会との間で緊張関係がある．立法府と行政のトップを別々に直接選挙するよりは，もし立法府における人員掌握が可能であることが前提であれば，その中において行政のトップを決める方がより容易に権力を掌握できるとも言える．

⑦の直接参政か諮問機関かについて．直接参政とは議院における決議がそのまま政治に反映される状態，諮問機関とは議院における決議（意見）はあくまで参考意見とされる状態である．本来的には議会はそれ自体が立法府として政治に関与する存在である．しかし，かつて人民代表大会が「ラバースタンプ」，政治協商会議が「花瓶」と揶揄されていたことを考えれば，両機関はそれほど強い権力を期待されておらず，むしろ共産党の意向を反映させ，これを正当化することに重点が置かれていた[26]．

なお，本来であれば定期開催か否かについても検討する必要はある．定期開催の方が民主的であることが断言できるからである．ただし特に本研究が対象とする時期は，共産党にとっての政治情勢が不安定であったため，何をもって「定期開催」とすべきか判断が難しいため，ここでは分析の対象とはしない[27]．

共産党はこの①～⑦を駆使して議会や選挙結果を掌握していったと思われる．そこで，以下ではどのような議論を経て，こうした議会制度が構築されていったのか，結成以来の共産党内の議論を歴史的に見ていく．その上で，筆者のこれまでの研究と関連させ，共産党政権における政治体制の特質を見ていく．

2. 中国共産党による立法機関・職能代表制に関する議論の系譜

　共産党政権下における，職能代表制など議会制度に関する考え方の論拠および淵源は社会主義理論に求められそうである．特に理論面について中国に影響を与えたのはG・D・Hコールの「ギルド社会主義」に関する議論である[28]．この「ギルド社会主義」は社会主義理論である「サンディカリズム」[29]の影響を受け，自治権をもつ職能別に組織された労働組合・消費組合・協会などの団体（ギルド）による多元的機能集団を基礎に再編成された，ナショナル・コミューンによる現存の階級国家の克服を主張したものである．ここで注目しておきたいのは，両概念はともに一般的な西洋の議会制民主主義へのアンチテーゼとして，もっと言えばブルジョア民主主義への批判を根拠として芽生えたものであるということである．こうした西洋的な議会制民主主義に対して一線を引くという姿勢は，共産党内においてはこの後も一貫することになる．

　その後，「ギルド社会主義」は森川裕貫の研究にあるように，章士釗によって中国で紹介され，その際，「軍」という職業単位が追加された[30]．なお，後の共産党政権下においてもこの「軍」という単位は代議機関の職能代表の単位として一貫して盛り込まれることとなる．

　後述するように，共産党はギルド社会主義を当初は否定していたが，国民会議の開催を構想する段階から，職能代表制として肯定へ転ずることになる[31]．これには2つの可能性が考えられる．すなわち，共産党は西洋民主主義に代わる真の「民主」を目指していたか，あるいは彼らにとって職能代表制の方がより都合がよかったかということである．

　実践的影響については，ワイマール憲法下の経済会議，さらにはソ連憲法との親和性が強いようである[32]．特に後者については，ソヴィエト大会が

最高権力機関であること，大会閉会中は中央執行委員会が代わること，中央執行委員会から幹部会を選出すること，行政は人民委員会議が担当するが，中央執行委員会の下部組織であること，上級ソヴィエト権力機関の決定は絶対であることなどの規定や，選挙権を有するものとして農民，労働者，兵士，逆に有さないものとして不労所得で暮らしている者，革命前の警察・憲兵隊・秘密警察・旧ロシア皇族，精神病者，破廉恥罪によって有罪とされた者を挙げるなど，後の共産党の組織法・選挙法ときわめて類似する内容が含まれる．これらの規定は意図は別としても，権威主義体制確立に絶大な効果を発揮した．

　ではそもそも（中国）共産党にとって，選挙・議会とは何であったのか．共産党は一貫して議会の開催を重要視していくが，なにゆえ彼らはそれほどまでに議会もしくは選挙を必要としていたのであろうか．

　まず前提として，共産党は議会を国家建設（あるいは国民国家化）のための政府を組織する場と見なしていたようである．これは同党が1924年時点で「国民会議のみが，真に国民を代表することができ，憲法も制定することができるし，新政府を建設して中国を統一することができるのである」と述べていたこと[33]，1949年においても，政治協商会議という議会によって政府を組織するということを繰り返していたことからも分かる．

　ただし政府組織→国家建設のためには，「国民」からの支持の獲得が絶対的に必要となる．なぜならば「国民」を代表した政権のみが政府を組織することができると考えられ，また共産党もそのように主張していたからである．まさにこのような民意の獲得をアピールする場が議会であった（広義の目的）．

　しかし，同時に国家建設あるいは政府の組織のためには，共産党にとっては「革命」が必要になる．なぜならば彼らにとっては，日中戦争中は日本を，国共内戦中は国民政府を排除して初めてそれらが可能となるからである．実はここにも彼らにとっての議会を開催する意義があった．すなわち「革命」に勝利するために，共産党はリクルートと「動員」を必要としていたが，議会はこれらを達成するための経路としても存在していたからである

(狭義の目的)[34]．

そしてこのような議会開催による国民の同意の獲得と，その過程における動員・リクルートが，最終的には共産党権力の強化・安定にもつながっていったと推察される．

ではこうした方法はどのように構築されていったのか．以下，結成以来の共産党内の議論を見ていくが，1921～1949年までの共産党内における議会構想を整理・分析するために，以下の4期に時期区分する．第1期：国民会議提唱期（1921～1927年），第2期：国民党との決別，共産党の議会制議論の形成期（1928～1934年），第3期：反日闘争，議会制議論に関する相対的穏健期（1935～1945年），第4期：終戦後，議会制度議論の完成期（1946～1949年）．

第1期について．上述のように共産党は当初，ギルド社会主義を否定する立場であった[35]．しかし1923年7月に国民会議を提唱する時に，職能代表制を認める．このとき共産党が想定した職能団体は，商会，工会，農会，学生会などであった[36]．その後，瞿秋白は1926年2月に，国民会議に参加できる職能団体として「小商人」・「教育会」・「婦人団体」に加えて「軍」・「政府」代表も含めた[37]．他方，毛沢東は共産党の「敵」として，「軍閥・官僚・買弁階級・大地主・反動的知識階級」や「大ブルジョアジー」を挙げ，また「中産階級」，「右翼」も警戒対象とし，味方は「小ブルジョアジー，半プロレタリアート，プロレタリアート」であると主張していた[38]．

「上海特別市市民代表会議政府組織条例」は，こうした党内における議論を「条例」の形としてまとめたものであった．同条例では選挙権を持たない者の条件が初めて具体的に示された．すなわち，代表を選出できる団体として工場，手工業工会，店員工会，農民協会，商会，兵営，学校，学生会，自由職業団体（例えば新聞記者連合会，律師公会，医師公会，会計師公開，教職員連合会）とする一方，代表を選出できない団体として学術団体，慈善団体，紅十字会，教育研究団体，宗教団体，同郷会などの非職業団体，選挙権を持たない者として中華民国籍を持たない者，帝国主義あるいは軍閥に奉仕したこ

第 8 章　中国における権威主義体制を確立する手段としての「人民代表会議」制度　275

とがある者，国民政府に刑事上の宣告を受けて公民権を剥奪され未だ復権していない者，かつて反革命の主張をした者，洋奴，工賊，土豪劣紳，貪官汚吏，学閥，土販（アヘン商人）が挙げられていた．この中には，後まで継続的に使われ，曖昧であるがゆえに，選挙権の剥奪者が無制限に拡大しかねない，「反革命」や「公民権」を剥奪された者という要件が加わっていた[39]．

その後，上海クーデターを経て，共産党と中国国民党が分裂するに至り，共産党は議会制度構想についても路線の修正を迫られることになる．そこで，第2期においては共産党は自らの支配地域において独自の構想を打ち出していく．

まず，1928年7月の決議では，「ソヴィエトの正式名称」を「労農兵代表者会議」とした上で代表の大多数が「労働者と貧民」から構成され，共産党はその際「ソヴィエトの思想上の指導者」とされた[40]．

1929年6月には，「民主集中制」概念が登場し，ここからトップダウン式の「民主」の道が開かれた[41]．1930年9月には選挙権・被選挙権を剥奪されるものとして，「反革命分子」・「精神病患者」・「公民権を剥奪されている者」などが挙げられた．これらの要件はソ連憲法にも含まれ，かつ1940年代末にも登場するものである．こうした要件には，選挙権の有無に関して共産党の意思が働く可能性があった．さらに，同資料では代表の人数・割合を事前に確定することが明言されている．ただし，その具体的方法についてはこの時期の資料からは読み取ることができない[42]．

1933年8月の段階に至ると，選挙権剥奪者はより拡大され，「国民党政府」を含んだ「反動政府」と，「反動分子」，さらにはその家族すらも対象となった．また選挙民登録・代表資格については事前に審査が行われることとされた．ここでも代表の構成比率は基本的に共産党が指定しているが，特に「紅軍代表」は中央政府レベルの代表ですら同団体の中から直接選出することが可能とされた．また，下の行政クラスの代表から上の行政クラスの代表が選出されることが規定され，ここからボトムアップ式の重層的間接民主が採用されることになる[43]．

1933年12月の「中華ソヴィエト共和国地方ソヴィエト暫行組織法（草案）」においては，各行政クラスの全体代表者会議によって構成されるソヴィエトが「最高政権機関」とされ，さらにここで選出される「主席団」が代表者会議閉会期間中の「最高政権機関」であるとした．その上で，上級の命令には「絶対服従」とされ，選挙民の意見を伝達することも可能ではあるが，あくまで重きは上級の意思を「伝達」することにあるとされた[44]．こうした方針もあってか，主席団には共産党の主要人物が多く選出された[45]．

ただし，その後の国内・国際情勢の中で共産党は「抗日民族統一戦線」を提唱するに至り，議会制度構想についても相対的に穏健な路線を選択していくことになる（第3期）．特に西安事件を経て第2次国共合作が可能になってからは，そうした方針がより強調されていく．

すなわち，共産党は1935年12月の時点ですでに，「反日・反帝国奴に共鳴」する「革命的知識分子」ならば選挙権・被選挙権を有することができるとして，その範囲を拡大していた[46]．「西安事件」後の1937年5月には林伯渠[47]がこの時期の「各級議会議員の直接選挙は，ソヴィエトの多層的，ピラミッド型の選挙とは異なっている」と発言し，重層的間接民主に距離を置くような表現も見られる[48]．さらに林伯渠は1939年1月には少数ではあるが地主・商人・富農をも選出議員として想定するかのような発言も行っていた．ただし，この時の林伯渠の発言の中においては，「民主集中制」，「少数は多数に服従」，「下級は上級に服従」という表現も見られ，1937年段階とは微妙に違った言い回しをしている[49]．

ただし，選挙に参加できる範囲は，その後も相対的に穏健路線ととらえられる発言や規定が続く．例えば陝甘寧辺区参議会の選挙条例では，「選挙と被選挙に参与できない者」として「売国行為」のあったもの・「有罪判決」を受けたもの・「精神病者」としており，これ以外の例えば国民党員や「反革命」の人物は参与できるとも取れる要件となった[50]．

そして1940年8月には，「三三制」が提唱されることとなる[51]．「三三制」とは，共産党員が3分の1，その他の各党各派・無党無派が3分の2を占め

るものと想定された．しかも共産党の部分については，3分の1よりも「少なくてもよい」とされ，残りの3分の2の部分についても，国民党中間派・左派，民族ブルジョアジー，少数の右派代表，進歩的地主の「参加を許しても」よいとされ，「買弁・大ブルジョアジーおよび封建的大地主の専制主義を除去するだけにとどめ」，「漢奸を除いたすべての資本家・地主の人権，参政権，財産権および言論・集会・結社の自由をも保証」するとまで明言していた[52]．毛沢東もこの時期，「反共でない小ブルジョアジー・進歩的地方有力者の代表を参加させるべきであり，反共でない国民党員の参加をゆるさなければならない」と指摘しており，後と比べてかなりゆるい要件が考えられていた[53]．さらにこのような「三三制」は，各地方で徹底するよう指示が出されていた[54]．

後の「三三制」が共産党，党外左派，中間派でそれぞれ3分の1ずつ占めると考えられ，また実際の選挙結果ではほぼ3分の2が共産党と，共産党に近い人物が選出されたことを考えれば，相対的ではあるがこの時期の共産党の方針がいかに柔軟であるかが理解できる．

ただし，この第3期において実際の選挙結果が「三三制」を反映させていたのかどうかは別の問題であった．例えば謝覚哉[55]は1942年1月の段階で，「三三制」を徹底させるべく，なぜこの制度が必要かを説明したが[56]，こうした発言自体が1940年の共産党の指示から2年を経てもいまだに「三三制」が徹底されていない実態を浮き彫りにしている．これを受けてか豫鄂辺区における「施政綱領」では，共産党員が3分の1を超えた場合は，「自発的辞退」すら促している[57]．

なお，実際に開催されることはなかったが，共産党は1945年にも中国解放区人民代表会議を開催すべく，いくつかの決議を行った．この中で特に周恩来[58]はむしろ地域代表を主として，団体代表はこれを補填するものとして取り扱っているのは注目に値する[59]．また，代表の資格要件としては「抗戦に功労があり」，「大衆の間に信望があり，社会的には名声があり」，「闘争の経歴があり」，「工作経験のある」「代表的人物」としており，これまでの

要件と性質を異にしている[60]．ただし，「三三制」の原則に基づき，重層的間接選挙を採用するという点については継続されている．

その後，終戦，国民党との政治協商会議，内戦を経て共産党による「人民代表会議」制度とこれによる政権構築へと舞台は移っていくことになる（第4期）．なお，この第4期の具体的内容については，すでに別稿にて論じているため詳細は割愛するが，当初こそ共産党は1945年までの相対的な穏健路線を引き継いではいたが，中国国民党との決別が決定的となり，また内戦における勝利が明確化するにつれて，自らの権力の強化を志向するようになった[61]．そして最終的に完成した議会制度は従来言われてきたものよりも権威主義的傾向が強くなった．

では，こうした一連の共産党政権下における立法機関構想の特質についてどのようなことが言えるのか，以下はこの点についてみていく．

3．7つの手段に見る中国共産党政権下における立法機関構想の特質

本節では1.にて提示した権威主義確立のための7つの手段と，これまでの筆者の研究，さらには本論の2.における検証を踏まえた上で，1940年代末を中心とした共産党の立法機関構想の特質を見ていきたい．

まず，①選挙委員会と選挙資格審査の掌握について．根拠地時期については選挙委員会のメンバーが具体的にどのような人物で構成されたのかは不明であるが，少なくとも1940年代末の選挙に当たっては，党員によって独占されていた．これは同時期の資格審査を共産党が掌握していたことを意味する．資格要件については，共産党はその時々の方針に応じて，必ず自らが設定していた．選挙権を有する階級や範囲は時期によって多少の変動はあったものの，基本的には選挙資格の要件の中には，共産党が自らの敵対者となる層を最初から排除する論理が働いていた．

②差額選挙か等額選挙かについて．1945年以前は具体的な数字は不明であるが，人数配分が事前に確定していたことを踏まえれば，基本的に等額選挙であり，差額であったとしても，制限されたものであったと考えられる．少なくとも1945年以降については，石家荘においてわずかばかりの差額選挙を行った以外は，ほぼ全地域・行政レベルで等額選挙であった．中央政府レベルの中国人民政治協商会議（以下，人民政協）に至っては選挙すら実施された形跡がない．

なお，投票方法については，この時期多くの共産党政権地域では，挙手による投票という方法が採用されていたようである．これは「反革命」のレッテルを貼られる恐怖から，多くの投票者の前で公然と反対票を投じることが困難であることを意味する．さらに，①のように当初から敵対者は選挙から排除されており，比較的狭い範囲における投票であったため，結果として高い投票率や得票率（70〜90％）となる傾向にあった．こうした数字がどこまで正確かは知る術はないが，投票に際しては有形無形の圧力があったとも考えられ，高い投票率（得票率も含めて）は必ずしも正確な民意を反映していたとは限らない．

③の地域代表制か職能代表制かについては，1940年代中期までほぼ一貫して職能代表制が主流であった．1940年代末については，中央政府レベルの人民政協が主として職能代表制であり，ごく一部地域代表もいたが，地域代表は党員の代表のみで占められていた．華北・石家荘については両方の代表を含む折衷型であった．ただし，その際も党グループなどを最大限活用して投票や選挙結果の掌握に努めていった．

④の直接選挙か間接選挙かについても，一貫して重層的間接選挙（「複選」）が主流であった．ただし，1945年以降では石家庄・華北の事例について言えば，市レベル・省レベルの代表を直接選挙するという，後には見られない画期的な試みもあった．これはまだ政権を打ち立てられていない時期の特例であったとも考えられる．なお，人民政協は上述のように職能代表が主であったため，間接選挙による代表はごくわずかであった．

⑤の二院制か一院制か，⑥の一元代表制か二元代表制かについては，基本的には一院制の一元代表制が採用されていた．このため，少なくとも上院と下院，首長と議会との間に緊張関係は存在しないことになる．1954年に人民代表大会が開催された後は，政治協商会議と併設され，表面的には二院制に見えなくもないが，ただし政治協商会議は現在まで一貫して諮問機関であることは注意を払う必要がある．

⑦直接参政か諮問機関かについては，一般的な職能代表制議会は諮問機関にとどまる傾向にあるとされるが，この時期の中国に関しては判別が難しい．なぜならば，組織法では一貫して人民代表会議・人民代表大会は各行政クラスにおける「最高権力機関」と位置付けられていたからである．ただし，1949年の石家荘市を事例にあげるならば，特に政治的領域において，共産党の意向に反する意見を述べ，それを採択させることは事実上不可能であった．その際暗躍したのが党グループである．しかも，もともと議会における共産党員の人数上の優勢もあったため，採決に持ち込まれても共産党の意向通りに否決することも可能であった．

さて，こうした1949年までの共産党政権下における議会制度と，国民政府政権下と現代中国のそれとを対比した場合，以下のような興味深い示唆が得られる．

すなわち，第1に，現代中国においても完全なる差額選挙はまだ採用されるに至っていないが[62]，かつて批判された1947年の国民大会選挙では様々な問題があったものの，差額選挙が採用されていた．

第2に，上述のように華北や石家荘の代表大会・会議では地域代表制と職能代表制の折衷型であったため，「五五憲草」や1947年の国民大会選挙に近いが，人民政協は職能代表制を採用していたことから，中華民国期の国民会議・国民参政会に接近していた．ちなみに，現代の人民代表大会は形式的ではあるが地域代表制を採用している[63]．

第3に，1940年代末の華北・石家荘などの地方議会は曲がりなりにも直接選挙を行っており，後には見られない画期的な試みがあった．しかし，中

央政府レベルの人民政協は職能代表内をのぞけば，ほぼ選挙は行われず，したがって各職能集団の構成のみに気を配ればよかった．事実，人民政協においては，投票権は各団体毎に1票と規定されていた[64]．

第4に，国民政府政権下においては，立法院・国民大会に対して曲がりなりにも直接政治に介入する権限を与え，また基本的には二院制を採用していたが[65]，共産党の政権下においては，むしろ立法府の権限は制限され，かつ完全なる一院制となった．

共産党は根拠地における経験などを経て以上のような独自色を出すようになり，これがある一面では政治体制の「強靭性」へとつながっていったと考えられる．

お わ り に

本研究は共産党の立法・議会構想の特質を，その淵源から分析してきた．その際，特に「はじめに」で提示した7つの議会制度を掌握する上での手段もしくは分析の視角をもとに考察を加えた．

この結果，共産党政権下における議会制度構想は，理論・思想面では主にギルド社会主義，実践面では主にソ連憲法の影響を受けていた可能性が高いことがわかった．ギルド社会主義については，共産党は当初は否定する立場であったが，後に職能代表制として採用され，一時期は地域代表制を明確に否定さえしていた．

そして，共産党が成立した1921年から1949年まで，以下の点でほぼ一貫していた．すなわち，ブルジョア民主主義批判，西欧の民主主義へのアンチテーゼに基づく議会制度にこだわっており，ゆえに職能代表制を主とし，資格要件は共産党が設定し，同時に資格審査も掌握していた．また下級は上級に絶対的に服従しなければならず，重層的な間接選挙も相まって集権化に絶大な効果を発揮していた．そこにおいて立法機関は最高権力機関と位置付け

られ，閉会中は各級代議機関で選出される代表団が代替することになっていた．したがって行政機関はその下位にあり，かつどちらの機関においても共産党の意志が優先された．

一方，選挙権を有する者については環境に応じて柔軟に対応しており，時期によっては地主・ブルジョアジー・国民党員も参加可能であった．ただし全体的には「反革命」者やすでに公民権を剥奪されたもの，精神病者が選挙権を有しないのは一貫していた．共産党は特に正統性・動員がより必要な時，比較的緩やかな選挙制度を採用し，広い範囲に選挙権を付与する傾向があった．

これは共産党の中では議会が広義には政府組織→国家建設，狭義には革命のための動員とリクルートの経路と考えられていたためであろう．

少なくとも①〜⑦が結果的に共産党の権威主義体制成立に有利に働いていたことはほぼ疑いがない．これに加えて本研究の1.で紹介した権力の掌握のための手段である（1）〜（5）によって共産党は権力を掌握していったと考えられる．したがって，当時すでに後の完全なる権力掌握のための装置は完成していたとも言える．そしてこうした制度が共産党にとっての「強靭性」にもつながっていったと思われる．

ただし，共産党が当時完全なる強さをすでに持っていたのか，全く弱さがなかったのかについては別途検討する必要がある[66]．

これには，当時共産党が置かれていた政治情況も踏まえておく必要がある．すなわち，当時共産党が内戦を経て政権獲得に成功した理由の1つとして国民党への痛烈な批判と，大衆の国民政府への失望が挙げられるということである．この点，民主党派も共産党を支持していた理由として，他でもない共産党が政治協商会議と，連合政府構築の主張を継続していたことと，将来的な直接選挙への期待があったという事情があった．

また経済政策の失敗に対する圧迫感も当時の共産党指導部にはあった．毛沢東・劉少奇が当時自らを「李自成」にたとえていたことはその典型であろう．さらに1949年の7期2中全会以来，共産党は農村から都市重視へと転

換していた[67]．こうしたことから，民主党派を政権の中に取り込み，経済を安定させる必要があり，共産党も民主党派への配慮をせざるを得ない事情があった．

したがって共産党は，孫文以来の革命の伝統を引き継ぐ意思を示しつつ，国民党への痛烈な批判（Deletigimation）[68]を行う一方で，穏健的経済・政治政策を執行せざるを得なかった．これは，ある程度集権的な国家の建設を志向していたにもかかわらず，一気に独裁に走れば，民意の離反，すなわち「正統性」の喪失を招くというジレンマを共産党が抱えていたことを示している．すなわち，共産党は自らの統治に対して，グラムシ的なヘゲモニーを必要とせざるを得なかったのである[69]．

その上で，あえて現代まで通底する問題をここであげるとするならば，議会制度については不完全な二院制の一元代表制を採用し続けており，選挙資格基準や審査は依然として共産党が掌握している．人民政協は職能代表制であり，現在に至るまで諮問機関としての位置づけは変わっていない．また人民代表大会については，重層的間接民主，形式的地域代表制，制限的差額選挙のままである．ただし，人民代表大会については各行政クラスの「最高権力機関」であるが故の可能性もあり，また加茂具樹の研究にあるように，政協委員と「共演」して動くという事例も見られるようになっている[70]．

いずれにせよ，当時設計された立法府を中心とした「立法－行政－司法」と「立法－政府－党」の関係は現在に至るまでほぼ変更されないまま残存している．こうした政治体制の特質は，1920年代に萌芽し，様々な議論を経て構築されていったものである．

ただし，1940年代末の人民代表会議制度から，1950年代の人民代表大会制度への転換過程において，どのような議論があり，またその際政治体制はどのように変化していったのかについては，別に検証する必要がある．これについては，一次資料に基づく実証的論考を予定しており，今後の検討課題とする．

1) 金子肇（2001）「戦後の憲政実施と立法院改革」姫田光義編『戦後中国国民政府史の研究—1945-1949年』東京：中央大学出版部，133頁．
2) 華北臨時人民代表大会については，拙稿（2011）「中華人民共和国成立前夜における華北臨時人民代表大会の研究—中国共産党の地方における統治の正統性確立過程」『中国研究月報』（第65巻第8号），石家荘市人民代表大会については拙稿（2011）「中国共産党の市レベルにおける統治の正統性調達過程—1949年開催の第1期石家荘市人民代表大会を中心に」『中国研究論叢』（第11号），中国人民政治協商会議については拙稿（2010a）「建国期の中国人民政治協商会議における中国共産党の指導権」『アジア研究』（第56巻第4号），共同綱領については拙稿（2010b）「中国人民政治協商会議共同綱領の再検討—周恩来起草の草稿との比較を中心に」『現代中国』（第84号）を参照．
3) Marc Morje Howard & Philip G. Roessler(2006), "Liberalizing Electoral Outcomes in Competitive Authoritarian Regimes", *American Journal of Political Science*, Vol.50(2).
4) Andreas Schedler(2006), "The Logic of Electoral Authoritarianism," Andreas Schedler eds., *Electoral Authoritarianism: The Dynamics of Unfree Competition*, Colorado：Lynne Rinner Publishers. 今井真士（2013）「権威主義体制下の単一政党優位と選挙前連合の形成」『国際政治』（第172号）．ただし，以下でも論じるようにこの「選挙権威主義」は比較政治においては民主主義の定着から分析されるものではある．しかし，選挙をあくまで支配の手段とするという点においては本研究が取り扱う中国政治においても極めて示唆的である．
5) 例えば，ロバート・パットナムの研究では1カ国のサブ・ナショナルな単位（州）を比較検討している．したがって本研究のようにあえて同国・同時代における行政レベル間比較にも一定の意味があると考えられる．Robert D. Putnam (1993), *Making Democracy Work: Civic Traditions in Modern Italy*, Princeton, New Jersey：Princeton University Press（邦訳：河田潤一訳（2001）『哲学する民主主義—伝統と改革の市民的構造』東京：NTT出版）．
6) 例えば石井明（1972）「中国解放区人民代表会議について」『アジア研究』（19巻3号），今井駿（1978）「辺区政権と地主階級」野沢豊・田中正俊編『抗日戦争』（講座中国近現代史第6巻），東京：東京大学出版会，蜂屋亮子（1981）「中華蘇維埃共和国憲法と中華蘇維埃共和国憲法大綱」『アジア研究』（28巻1号），井上久士（1987）「辺区（抗日根拠地）の形成と展開」池田誠編『抗日戦争と中国民衆』京都：法律文化社，西村成雄（1993）「中国抗日根拠地—危機と社会空間の再調整」大江志乃夫編『抵抗と屈従』（岩波講座近代日本と植民地6）東京：岩波書店，など．ただし，特に日本人研究者による，根拠地の代表会議が動員にとってメリットがあったという指摘は，後述との関連で大いに参考となる．
7) Andrew J. Nathan(1986), "Political rights in Chinese constitutions," in Randle Edwards, Louis Henkin, Andrew J. Nathan, *Human rights in contemporary*

China, New York：Columbia University Press（邦訳：斉藤惠彦・興梠一郎訳『中国の人権―その歴史と思想と現実と』東京：有信堂，1990 年）．福島正夫（1965）『中国の人民民主政権』東京：東京大学出版会，味岡徹（2010）「共産党根拠地の憲政事業」中央大学人文科学研究所編『中華民国の模索と苦境― 1928 〜 1949』東京：中央大学出版部，張希坡（2009）『人民代表大会制度創建史』北京：中共党史出版社，何俊志（2011）『従蘇維埃到人民代表大会制―中国共産党関於現代代議制的構想与実践』上海：復旦大学出版社．

8) かつてサミュエル・ハンチントンは，冷戦終結後の世界的な民主化の広がりを「第 3 の波」としてその要因を考察した．Samuel P. Huntington（1991），*The Third Wave: Democratization in the Late Twentieth Century*, Norman: University of Oklahoma（初版 1968）（邦訳：坪郷実・藪野祐三・中道寿一訳『第三の波― 20 世紀後半の民主化』三嶺書房，1995 年）．

9) Francis Fukuyama（2014），"At the 'End of History' Still Stands Democracy: Twenty-five Years after Tiananmen Square and the Berlin Wall's Fall, Liberal Democracy Still Has No Real Competitors", *The Wall Street Journal*, June 6, 2014. なお，こうしたフランシス・フクヤマの主張については，Francis Fukuyama（1992），*The End of History and the Last Man*, New York：International Creative Management,（邦訳：渡部昇一訳『歴史の終わり』上・下，東京：三笠書房，2005 年）に詳しい．

10) Tomas Carothers（2002），"The End of Transition Paradigm," *Journal od Democracy*, Vol. 13, No.1, pp.5-21.

11) 今井　前掲論文，Andreas Schedler, *op.cit.* なお，これらの研究の分析対象は主に旧共産圏，東南アジア，中東，アフリカの国々が含まれている．

12) Marc Morje Howard & Philip G. Roessler, *op.cit.* なお，この論文では選挙そのものが存在しないとして，中国を「閉鎖的権威主義」（Closed Authoritarianism）に位置付けているが，現代中国においても極めて限定的ながらも選挙自体は存在することと，少なくとも本研究が対象とする時期においては，上級の行政レベルにも選挙自体は存在するが，競争的選挙とは必ずしも言えないことから，「覇権型権威主義」とした．

13) 今井　前掲論文，Andreas Schedler, *op.cit.*

14) 久保慶一（2013）「特集　権威主義体制における議会と選挙の役割」『アジア経済』（第 54 巻第 4 号）．

15) 粕谷祐子（2014）『比較政治学』京都：ミネルヴァ書房，15 頁．

16) このような「指導」の実現手段については，加茂具樹（2006）『現代中国政治と人民代表大会―人代の機能改革と「領導・被領導」関係の変化』東京：慶應義塾大学出版会，25-69 頁に示唆を得た．

17) 中国における職能代表制の議論については後述する．

18) これに関する議論については，以下を参照．国立国会図書館（2003）「二院制

をめぐる論点」*ISSUE BRIEF*, No.429.
〈http://www.ndl.go.jp/jp/diet/publication/issue/0429.pdf#search='%E4%BA%8C%E9%99%A2%E5%88%B6+%E4%B8%80%E9%99%A2%E5%88%B6'〉（2014 年 7 月 30 日アクセス）

19） 大森弥（2002）『新版　分権改革と地方議会』ぎょうせい，87‒110 頁，「分権時代の地方議会改革―改革派首長からの提言」
〈http://www.tkfd.or.jp/files/doc/2008-4.pdf#search='%E4%B8%80%E5%85%83%E4%BB%A3%E8%A1%A8%E5%88%B6+%E4%BA%8C%E5%85%83%E4%BB%A3%E8%A1%A8%E5%88%B6'〉（2014 年 8 月 1 日アクセス）．

20） このうち，①・②・④・⑦についてはこれまでの主に筆者の議会史研究によって得られたものである．

21） 加茂（2006）前掲書，41 頁．ただし，加茂具樹によれば差額であっても立候補者数が制限されている．

22） Arend Lijphart（1999），*Patterns of Democracy: Government Forms and Performance in Thirty-Six Countries*, London,：Yale University Press（邦訳：粕谷祐子（2005）『民主主義対民主主義―多数決型とコンセンサス型の 36 ヶ国比較研究』東京：勁草書房）．

23） Philippe C. Schmitter & Gerhard Lehmbruch eds.（1979），*Trends toward Corporatist Intermediation*, London：SAGE Publications（邦訳：山口定監訳（1984）『現代コーポラティズム―団体統合主義の政治とその理論』東京：木鐸社．

24） 秋庭隆編（1986）『日本大百科全書 12』東京：小学館，224 頁．なお 2015 年に，中国共産党中央は「社会主義協商民主の建設を強めることに関する意見」というものを発した．この「意見」の中では，政策決定に専門家を加え，様々な意見を述べさせる仕組みを強化するとされている．むろんその実効性に関して疑問は残るが，「協商民主」が現在の共産党にも着目されているという意味で，今後の動向が注目される．「中共中央印発『関於加強社会主義協商民主建設的意見』」『人民日報』2015 年 2 月 10 日，「試される中国式民主制度―「協商民主」習指導部が導入へ」『朝日新聞』2015 年 3 月 10 日．

25） ただし，現在まで続く人民代表大会・政治協商会議を，二院制と見なすことができるかどうかは別途議論が必要であろう．

26） ただし例えば加茂具樹（2013）「現代中国における民意機関の政治的役割―代理者，諌言者，代表者．そして共演．」『アジア経済』（第 54 巻第 4 号）によれば，こうした考え方には近年変化が見られるとしている．

27） 何　前掲書，319 頁．

28） G.D.H.Cole（1920），*Social Theory*, London：Methuen & Co.Ltd, 押村高・谷喬夫（2006）『藤原保信著作集― 20 世紀の政治理論』東京：新評論，2006 年．

29） 労働組合主義．組合を唯一の階級的組織とみなして，政党や選挙，議会などの政治運動を排斥し，搾取のない自由な新しい社会体制を実現するという思想．渡

邊静夫編（1986）『日本大百科全書10』東京：小学館，393頁.
30) 森川裕貫（2011）「議会主義への失望から職能代表制の希望へ―章士釗の『聯業救国論』（1921年）」『中国研究月報』（第65巻第4号）.
31) 共産党における職能代表制議論の萌芽と国民会議については以下の研究を参照．野沢豊（1964）「中国における統一戦線の形成過程―第1次国共合作と国民会議」『思想』（第477号），金子肇（1985）「1920年代前半における各省「法団」勢力と北京政府」横山英編『中国の近代化と地方政治』東京：勁草書房，金子肇（1987）「上海資本家階級と国民党統治（1927-29）―馮少山追放の政治史的意義」『史学研究』（第176号），横山英（1992）「国民革命期における中国共産党の政治的統合構想」横山英・曽田三郎編『中国の近代化と政治的統合』広島：渓水社，柳鏞泰（2002）「国民会議召集論の形成と展開―職能代表制の模索」『近きに在りて』（第41号），孫宏雲（2007）「孫中山的民権思想与職業代表制」『広東社会科学』（2007年第1期），孫宏雲（2008）「平民政権与職業代表制―鄧演達関於中国革命与政権的構想」『中国政法大学学報』（第4期），魏文享（2011）「職業団体与職業代表制下的"民意"建構―以1931年国民会議為中心」『近代史研究』（2011年第3期）.
32) 「ロシア社会主義連邦ソビエト共和国憲法（基本法）」ノーボスチ通信社編（稲子恒夫訳）（1978）『新ソ連憲法・資料集』東京：ありえす書房，50-78頁.
33) 「中共中央時局についての主張（第二次）（1923年7月）」日本国際問題研究所中国部会編（1970-75）『中国共産党史資料集』（第1巻），東京：勁草書房，275-279頁（本資料集は，以下『党史資料集』第〇巻と略記）.
34) 事実，例えば前注6の井上久士の研究にあるように，根拠地において議会は動員のための手段にもなっていた．また，同様のことは時代は違えど，田原史起・鈴木隆の研究にも示されており，極めて示唆的である．現代の権威主義体制においても，自らの政権を持続させるために，エリートとのパワーシェアリングや一般市民の懐柔が取られるとされている．田原史起（2004）『中国農村の権力構造―建国初期のエリート再編』東京：御茶の水書房，鈴木隆（2012）『中国共産党の支配と権力―党と新興の社会経済エリート』東京：慶應義塾大学出版会.
35) 「共産主義とギルド社会主義（1921年11月11日）」『党史資料集』第1巻，75-82頁.
36) 「中共中央時局についての主張（第二次）（1923年7月）」『党史資料集』第1巻，275-279頁.
37) 瞿秋白「国民は国民会議のためにたたかえ―張作霖・呉佩孚が連合して国民軍を攻めている政局と民衆（1926年2月10日）」『党史資料集』第2巻，147-145頁.
38) 毛沢東「中国社会各階級の分析（1926年2月1日）」『党史資料集』第2巻，103-112頁.
39) 「上海特別市市民代表会議政府組織条例（1927年4月6日）」『人民週刊』第49期.

40)「中共六全大会ソヴィエト政権組織問題についての決議（1928年7月）」『党史資料集』第4巻，64-81頁．
41)「中共六期二中全会組織問題決議（1929年6月）」『党史資料集』第4巻，379-404頁．
42)「中国労農兵会議（ソヴィエト）第1回全国代表大会選挙条例（1930年9月12日）」『党史資料集』第5巻，78-81頁．
43)「中華ソヴィエト共和国臨時中央政府中央執行委員会ソヴィエト暫行選挙法，およびその実施についての決議（1933年8月9日）」『党史資料集』第6巻，355-364頁．
44)「中華ソヴィエト共和国地方ソヴィエト暫行組織法（草案）（1933年12月12日）」『党史資料集』第6巻，494-531頁．
45)「中華ソヴィエト共和国臨時中央政府中央執行委員会布告第1号—第2回全国ソヴィエト代表大会および中央執行委員会第1回会議の結果について（1934年2月3日）」『党史資料集』第7巻，137-139頁．
46)「中共中央政治局会議（瓦窰堡会議）当面の政治情勢と党の任務についての決議（1935年12月25日）」『党史資料集』第8巻，24-41頁．
47) 共産党員．当時，陝甘寧辺区政府主席．後に中国共産党中央政治局委員，中央人民政府秘書長，全国人民代表大会常務委員会副委員長などを歴任．馬洪武・王徳宝・孫其明編（1988）『中国革命史辞典』北京：檔案出版社，832頁．
48) 林伯渠「ソヴィエトから民主共和制度へ（1937年5月31日）」『党史資料集』第8巻，427-434頁．
49) 林伯渠「（第1期第1回陝甘寧辺区参議会）陝甘寧辺区政府の工作報告（1939年1月）」『党史資料集』第9巻，410-446頁．
50)「第1期第1回陝甘寧辺区参議会 陝甘寧辺区選挙条例（1939年1月）」『党史資料集』第9巻，453-454頁．
51)「中共中央北方分局 晋察冀辺区の当面の施政綱領（1940年8月13日）」『党史資料集』第10巻，287-291頁．
52)「中共中央書記処 蘇北の政権ならびに民意機関の樹立についての指示（1940年12月11日）」『党史資料集』第10巻，341-342頁．
53) 毛沢東「政策を論ず（1940年12月25日）」『党史資料集』第10巻，349-356頁．
54) 例えば，「〔中国共産党陝甘寧〕辺区中央局「三三制」の選挙運動を徹底的に実施することについて各級党委員会に与える指示（1941年1月30日）」『党史資料集』第10巻，372-380頁など．
55) 共産党員．当時，陝甘寧辺区中央局副書記兼辺区政府秘書長，および陝甘寧辺区参議会副議長．後に中国共産党中央法制委員会副主任，華北人民政府委員兼司法部長，最高人民法院院長，全国政治協商会議副主席などを歴任．馬・王・孫前掲書，932頁．
56) 謝覚哉「三三制の理論と実際（1942年1月）」『党史資料集』第11巻，13-25頁．

57)「豫鄂辺区第 1 期第 1 回人民代表大会豫鄂辺区施政綱領（1942 年 3 月 22 日）」『党史資料集』第 11 巻，85-90 頁．
58) 共産党員．当時，中国共産党中央政治局委員，書記処書記．後に中国人民解放軍総参謀長，中央人民政府総理，国務院総理，外交部長，中国共産党中央副主席，全国政治協商会議副主席などを歴任．馬・王・孫　前掲書，848 頁．
59) 周恩来「「中国解放区人民代表会議選挙事項についての決議」草案についての説明（1945 年 7 月 13 日）」『党史資料集』第 12 巻，443-450 頁．
60)「中国解放区人民代表会議準備会全体会議　中国解放区人民代表会議選挙事項についての決議草案（1945 年 7 月 13 日）」『党史資料集』第 12 巻，440-442 頁．
61) 拙稿 前掲論文（2010a）．
62) 加茂（2006）前掲書，中岡まり（2011）「中国地方人民代表大会選挙における「民主化」と限界―自薦候補と共産党のコントロール」『アジア研究』（第 57 巻第 2 号）．
63) 毛里和子（2004）『現代中国政治』名古屋：名古屋大学出版会，109 頁．
64) 詳細は拙稿（2011a）前掲論文で論じたが，そうであるがゆえに，民主党派は人民政協を臨時的なものとするよう要求していたとも考えられる．
65) 金子（2001）前掲論文．
66) この点，筆者と同地域の基層社会を検討している河野正の研究は，同時期に共産党の権力が地方末端まで浸透しているのかを見る上では極めて示唆的である．河野正（2011）「1950 年代河北省農村の『村意識』とその変容」『アジア研究』第 57 巻第 4 号．
67)「中国共産党 7 期 2 中全会における毛沢東主席の報告」日本国際問題研究所中国部会編（1964）『新中国資料集成』（第 2 巻），日本国際問題研究所，432-443 頁．なお，共産党による農村から都市への移行については，小林弘二（1974）『中国革命と都市の解放―新中国初期の政治過程』東京：有斐閣に詳しい．
68) David Beetham, *The Legitimation of Power*, New York：Palgrave, 1991.
69) グラムシのヘゲモニー論については，片桐薫『グラムシ・セレクション』東京：平凡社，2001 年，278-287 頁および，松田博『グラムシを読む―現代社会像への接近』京都：法律文化社，1988 年，1-34 頁を参照．
70) 加茂具樹によれば，近年の人民代表大会代表は「代理者」，「諫言者」，「代表者」を演じることがあり，またその際，政治協商会議委員と共演して提案を行うことがあるという．加茂（2013）前掲論文．この他，近年の共産党における「党内民主」の議論については江田憲治（2010）「中国共産党の『党内民主』―その『現状』と『過去』」石川禎浩編『中国社会主義文化の研究』京都：京都大学人文科学研究所，415-431 頁に詳しい．

第 9 章

近年の中国における日本外交研究

李　廷　江

は じ め に

　本章は，近年の中国における日本外交研究について論ずる．本章は2つの部分で構成される．第1節では，中国で最も権威ある日本研究雑誌『日本学刊』（1990年以前は『日本問題』）を取り上げ，その1985～2005年の20年間に発表された日本外交研究に関する論稿を分析し，その変化や特徴を論じる[1]．ついで，第2節では，上記の考察と筆者のこれまでの研究と経験を踏まえ，中国の日本外交研究と日中関係の変化との関連性について論じたい．

1. 中国の日本外交研究の特徴

　筆者は中国「改革開放」の初期に中国社会科学院が全国的な公募を行った際に実習研究員に採用され，中国社会科学院世界政治研究所の日本政治チームに所属し，その後，新設の日本研究所に異動し，創立期の同研究所研究員の一員として中国の日本研究メンバーに加わるという経歴を持つことができ

た．その後，1982年に日本に留学し，日本で教職につき，今日まで30年近くの間，海外の大学に拠点を置きながらも祖国中国の日本研究の進歩と発展を願い続けてきた．このほか，1990年から現在に至るまで中国社会科学院日本研究基金（1990～）と清華大学日本研究センターの企画と設立にも関わってきた．ここで近年の中国の日本外交研究を振り返り，これを検討する機会を得て，その責任の大きさと力不足を感じる次第である．本章が『日本学刊』を分析の対象に選んだ理由は，同誌の学術的価値を考えたほか，30数年間一日の如く努力を重ね，中国における日本研究の発展のために青春の歳月を捧げ，日々努力してきた新旧の友人への敬意を表したいからである．ともあれ，長年にわたって海外で研究を進めてきたため，必ずしも中国国内のすべての状況を把握しきれていない面もあるだろう．本章の整理と検討に不備があれば，識者のご教示を賜れば幸いである．

　これまでの中国の日本外交研究の歩みを振り返れば，中国の研究者の日本外交に対する認識が深まり，研究レベルも向上してきたことを伺うことができる．『日本学刊』の前身は中国社会科学院日本研究所発行の『日本問題』であり，1985年に創刊された[2]．1990年の中華日本学会設立後，『日本問題』は中華日本学会との共同出版の『日本学刊』に変わるとともに，中国の日本研究を代表する学術誌と位置づけられるようになった．1985～2005年の20年間に両誌に掲載された日本外交（日中関係を含む）に関する論稿は，合計240篇である．本章では，この20年間を10年ごとに区切り，1985～95年を第1期，1996～2005年を第2期として整理・分析を行う．論文の掲載数から見れば，第2期の10年間には計132篇の論文が発表され，第1期の106篇よりも大幅に増加しただけでなく，テーマ選択の範囲や内容にも変化が見られた．

　さらに本章では第1期を1985～1990年の第1段階（前半），1991～1995年の第2段階（後半）と2つに区分する．第1段階は中国の日本外交研究の発足段階である．この5年間では，1987年の第5期に日中国交回復15周年を記念する論文13篇を含む40篇の論文が掲載された．特集以外の27篇の

中には，孫平化による池田勇人を偲ぶ短篇も含まれていた．

　このように見ると，日本外交を論じた論文は 30 篇近くあり，主に日米関係や日中関係，日露関係，日欧関係，そして南シナ海諸島の主権問題に関するものであるが，日本とアジア・オセアニア地域，日中関係とアジア・オセアニア地域の安全と平和などに関する論文もあった．1985 年に掲載された 2 篇の論文は，1980 年代の日米関係の行方と日中関係の歴史と展望についてであり，いずれも 4000 字未満の分量の短いものであった．1 篇は，日米両国の政治的・軍事的な密接な協力から論じ，日米間で国益に基づく激しい経済摩擦があっても，両国の関係は根本的には変わらないとの結論を提示している．もう 1 篇は，日中両国における交流の悠久なる歴史を振り返り，日本軍国主義が侵略戦争を行った際に日中両国民に多大な災難をもたらしたことを深く認識し，歴史の悲劇を 2 度と繰り返さないことが，日中両国が共に努力する方向だと強調している[3]．また，孫平化は自らの実体験に基づき，日中関係の最も困難な時期，池田内閣は日中関係を「半官半民」の新段階に押し上げたのであり，戦後日中関係の歴史の流れのなかでその影響力は無視できず，これをしっかりと受け止めるべきであると指摘している[4]．

　1986 年に掲載された 7 篇の論文では，日中外交が様々な角度から論じられた．このうち 2 篇の論文は日本の対外戦略及び総合安全保障に関するものであり，他の 5 篇は日米関係や日露関係，アジア・オセアニア地域における日本の影響力と立場，日中関係とアジアの安全と発展，21 世紀に向かう日中関係に関するものであった．宦郷は日中関係とアジアの安全と発展を論ずる中で，21 世紀の到来を迎えるにあたり，日中両国は次の 3 点について共通認識を持つべきだと論じた．すなわち，第 1 に，温故知新の再認識である．歴史が証明するように「和は双方を利し，戦は双方を害う」のであり，日中関係において中国側は「共同声明及び平和友好条約が，日中両国が確立した相互信頼関係の基礎となる」ことを信じている．第 2 に，相互に理解を深めることに努め，日中関係の発展を長い目で観察し，互いに尊重し，異なる意見や相反する意見を交流させるべきであり，日中両国の学者・政治家は

とりわけ率直に忠告する友となるべきである．第3に，両国は共にアジアの平和に貢献すべきである[5]．

　1987年は日中国交正常化15周年であった．そのため，この年掲載の論文17篇のうち12篇は日中国交正常化に関するものであり，それ以外の5篇は，1986年の日本外交や国家戦略，あるいは日露関係に関するものであった[6]．その中で，10名近い日中外交の当事者たちは日中国交正常化前後の平坦でない歴史を振り返り，日中共同声明や条約の原則を厳守することによってのみ，日中友好は世代を超えて実現するという点について，みな一致して強調した．宦郷をはじめ，張香山や孫平化，蕭向前及び趙安博ら中国の外交関係者たちは，その論文のなかで，教科書問題や靖国神社参拝問題，光華寮訴訟問題などのように，日本社会には日中共同声明と日中平和友好条約に反する重大な問題が存在する，と再三指摘した．

　1988年に掲載された6篇の論文には，米露関係，日中関係，南シナ海諸島主権問題に関する論文が各1篇あり，その他は日本の国家戦略や21世紀の日本の政治についてのものであった．赫赤の「条約精神を貫き，日中友好を発展させよ――日中友好条約締結10周年を記念する」は，5つの観点から「日中平和友好条約」で確認された各項目の原則及び条約の執行過程を改めて確認し，条約の精神を守ることが日中関係の発展における基本であることを強調した[7]．1989年第1期には，「日本の東アジア経済圏構想についての初歩的分析」，第6期には「ブッシュ登場後，摩擦の激化した日米関係」という論文を掲載した．1990年に掲載された6篇の論文では，日米関係や日本の対ヨーロッパ政策，対中政策，90年代の日本外交の新しい動向などが扱われている．

　この6年間に掲載された論文を見れば，1985～1990年の『日本問題』誌は，まだ全国的な学術誌ではなく，同誌執筆者の所属機関は，中国社会科学院と日本研究所のほかは，国内数カ所の著名な国際問題研究機構，例えば，中国国際問題研究所や現代国際関係研究所，上海国際問題研究所などに限られていたことがわかる．当時の中国の国内的な条件に鑑みれば，これらの研

究機関は外国語資料の利用において有利な立場にあり，また，長期・短期の海外視察や研修の機会があり，論文の資料面や研究視角などいずれにおいても特別な利点があったといえる．

1991年まで，中国で発行されていた日本研究の専門誌は7種にすぎなかったので[8]，『日本問題』に掲載された論文の全国的な学術的影響力を低く見ることはできない．唯一，不足していたのは執筆者の幅である．6年間で2篇以上の論文を発表した執筆者は7～8名程度にすぎず，このうち張碧清は4篇，周季華，銭学明が各3篇を発表している．専門家が少数であったことには，よい点，悪い点が相半ばするだろう．いずれの研究者も現状の調査・分析に精通し，問題意識が鋭敏である上に内外の情勢変化や諸要素の持つ役割を重視してはいたが，論理的な観点からの考察と歴史的要因への考慮の面では不満が残るものであった．このほか，1985年5月に『日本問題』編集部が発表した投稿要領では，学術論文の投稿は1万字以内と定められており，上述の諸論文は分量的な面で物足りなさがあった[9]．

第2段階は1991～95年であり，この時期には計56篇の論文が掲載された．1991年に掲載された17篇の中には，日中関係や日本の中東外交，日露関係，湾岸戦争と日本，米国の対日戦略，日米学者による1980年代の日本の戦略思想の流派に関する研究論文が含まれている．その他の論文では，主に日本の台頭や日本の国際新秩序構想，日本の国際化などの問題が論じられた．張香山の「中日関係の諸問題」と郭煥圭（在カナダ）の「国際思想史から21世紀の世界と日本を見る」の2論文は，視角と資料に新味があり，深く考えさせられるものであった．また，何倩の「90年代の日本外交の展望」は，日本の外交が複雑な国際情勢と他国の利益を配慮せず，ひたすら「三級体制」を求めつづければ，予測不可能な結果を招くだろうと論じている[10]．

1992年は日中国交正常化20周年であった．この年に掲載された18篇の論文のうち，12篇が日中関係について書かれたものであった．そのほかの6篇は日米関係や日韓外交，日台関係と日本の国際新秩序などについてであった．何方の大作「国際情勢と中日関係」は高度な観点から立論しており，も

し米中関係の緩和と中国の国連における立場の回復がなければ日中国交正常化はさらに大きく遅れただろうが，逆に日中関係の発展が国際情勢の緩和を促し，米中関係の回復と改善を推し進めることにもなった，と論ずる．さらに何論文は，日中関係を論じるならば世界的な視野が必須であり，国際環境から離れて日中関係だけを別に見てはならないと論じる[11]．そのため，何方は，(1) 過渡期の国際情勢発展の基本的動向，(2) 湾岸戦争とソ連の変容が世界的な勢力配置や国際情勢に与えた影響，(3) 過渡期において世界新秩序をうち立てる闘いが持つ特別な意義，(4) 世界経済発展の動向とアジア太平洋地域の経済協力の問題，(5) アジア太平洋地域の情勢と日中米露の4か国関係の5つの観点から，日中関係の性質と発展を理解するべきであると論じた（ただ，残念ながら，紙幅の制限のために，後ろの2つの問題について充分に論じられていない）．さらに，何論文は，日中の友好協力関係を新しい段階に進めるためには，相互理解を促進し，意見の違いに対処し，交流と協力範囲を拡大する国際的な連携を強め，世界に貢献すべきであるとも指摘している[12]．

　これらの分析と提案は今日でも重要な意義を持っている．日米関係と日本の対韓外交の論文も一定の新味があった．鄭必堅は，日中関係は歴史的な新たなチャンスが到来したという命題を提起し，その根拠を5つあげた．(1) 経済関係の新たなチャンス，(2) 政治関係の新たなチャンス，(3) 多文化協力の新たなチャンス，(4) 長期にわたり形成された民間交流の新たなチャンス，(5) 両国関係の歴史より得る正反両方面の経験と教訓，である[13]．

　1993年に掲載された7篇の論文のうち，3篇は日中関係を論じたものであった．そのほかの2篇は日本の国連外交に関するものであり，他の2篇は，ソ連解体後の日本外交の動きとアジア太平洋地域の国際環境ならびに安全保障に関する論文であった．1990年代に入ると，中国の学者が日本外交を論じる際には，日米，日中，日露など重要な2か国関係や多国間関係のほかに，日本の大国化やその発展のゆくえが研究の焦点となった．1980年代以降，日本は経済発展に伴い，積極的にアジア太平洋地域や国連における活

動を展開した．これに対して魯義は論文「日本の国連政策とその活動」において，日本はすでに 80 年代以降，国際国家として国際社会でより大きな責任を担うことで，さまざまな手段を用いて国連における地位を獲得し，発言権を拡大させようとしているが，それは日本の国際的地位を高め，政治大国に向かうための重要なステップなのだ，と指摘した[14]．また，張碧清は，国連改革の流れから見れば，日本は基本的に常任理事国の条件を備えているが，その目標が達成できるか否かは，5 常任理事国の態度によると指摘し，5 常任理事国の一致した支持をえるためには，日本は非常に苦労して，多大なる活動をしなければならないだろうと付言した[15]．

1994 年の『日本学刊』には日本外交に関する論文が 7 篇掲載された．1 篇は 21 世紀の日中関係，1 篇は日露間の領土問題を論じ，他の 5 篇は冷戦後の日本外交や日本の環境外交，55 年体制下の日本外交，日本の対中政策，日本外交の特徴など異なる視点から日本の外交を考察していた[16]．姚文礼は，冷戦終結後の現在，日本は対外政策を調整しており，その将来の対外政策の動向を理解するためには冷戦期の日本外交の変容を改めて分析する必要があると論じた[17]．また，林暁光は，近年，日本政府が国際協力によって環境保護を強化し，積極的に環境外交を推し進めるのは，日本が国際社会での影響力を増し，積極的に国際問題の解決に関与し，リーダーシップを発揮しようとし，外交戦略の総合性・多元性・全方位性を重視する大国外交を取っていることの一環であるとする[18]．

楊運忠は，日中関係における客観的条件の変化や日本の対中外交政策の基本的な枠組みと内容を分析したうえで，日本の対中政策がすでに政治外交を強化する新たな段階に入っており，1990 年代の努力を経て，日中両国は 21 世紀における友好協力関係を築くための基礎と条件を備えていると論じた．そして，その際にポイントとなるのは，共通点を求めつつ相違点を留保し，両国関係が不当に帯びてしまった政治的色彩と，両国関係における後ろ向きの心理的要素をいかに克服することができるかということであると述べている[19]．劉文は，55 年体制と日本外交の関係を検討し，55 年体制が存続した

38年間の日本外交の特徴として，(1) 外交と安全保障の問題が自民・社会両党間の激しい論争の焦点となった，(2) 外交と安全保障に関わる論争が政界編成という変化を引き起こした，(3) 外交問題の解決と外務大臣の起用は権力闘争の色彩を帯びた，(4) 政府の外交と民間外交は異なる役割を果たした，と4点を指摘した[20]．また，赫赤は，1980年代の日本外交を考察し，つぎのような3点の特徴を論じた．(1) 日米同盟を堅持し，積極的に自主性を発揮した．(2) アジアに立脚して世界に羽ばたいた．(3) 多様な手法で経済面から政治大国の実現に向けて条件を切り開いた[21]．

1995年には日台関係，日本の対ベトナム外交，アジア太平洋外交，国連外交，安全保障戦略に関する論文各1篇のほか，日中関係に関する論文2篇を含め，計7篇が掲載された．このほか，「謝罪外交」と「失言外交」に関する短篇もそれぞれ1篇あった．なかでも殷燕軍は数多くの文献史料を使用し，吉田書簡が日台（日華）条約の基本的枠組みを確立し，このため日中間に20年におよぶ不正常な状態を引き起こし，戦後の東アジア国際関係に重大な変化をもたらしたと論じた[22]．また，金熙徳は，日本による対中ODA政策の調整の持つ政治的・経済的意味を分析し，日中関係はまさに新たな位置づけが必要な時期に入っている，と指摘した[23]．

第2段階は，まさに日本外交研究の成熟期であった．その特徴のひとつは，対日外交分析の多元化や研究視野の拡大，そして参考文献表記の規範化であった．これらの特徴と研究誌の名称の変更には一定の関連性がある．1990年春，北京で中華日本学会が設立された．同学会は，1949年の新中国成立後に設けられた初の全国的な日本研究の学術団体であった．また，中国社会科学院日本研究所の『日本問題』は，発展の必要に応えて『日本学刊』に変更し，中国社会科学院日本研究所と中華日本学会による共同編集となった．そして隔月の発行となり，各号分量も12万字前後となり，内容面においても厚みを増した．1990年9月，『日本問題』編集部は同誌名称変更のお知らせにおいて，『日本学刊』は中国の日本研究の総合的な学術誌であり，全国の日本研究者に学術交流の場を提供するという点を強調しており，これ

と同時に内容的に学術性と理論性を高め，内容を広げ，テーマ別に学術討論を行うことを明らかにした[24]．誌名変更後，ほぼ全ての論文に注がつき，論文の分量が増えるなど，学術性の重視が明確に表れた．これと同時に，少数の専門家の一存で掲載の可否が決まる状況も改善され，また執筆者の限定性も改善された．例えば第2段階の執筆者の所属機関を確認すると，その変化の状況がうかがえる．すでに紹介した数カ所の研究機関以外に，外交学院や中国政法大学，済南陸軍学院，北京大学歴史系，北京大学政治系，吉林大学，南開大学，中国社会科学院台湾研究所，世界歴史研究所などの機関が新たに加わっており，全国的刊行物としての学術的権威を体現し，中国における日本外交研究の水準を代表する存在となった．

また，第2期（1996～2005年）は，日本外交研究の発展期と言うことができる．その前半，第1段階（1996～2000年）と後半，第2段階（2001～05年）の論文掲載数はほぼ同じで，合計133篇であった．第2期前半の焦点は日中関係であった．1997年の日中国交正常化25周年記念以降，1998年の日中平和友好条約締結20周年記念，同年11月の江沢民主席の日本訪問が続き，1999年には江沢民主席訪日についての評論のほか，21世紀を迎える日中関係も注目された．そのため，日中関係に関する論文が大きな割合を占めたのである．

この前半時期の日中関係研究でまず挙げるべきは，日中国交回復と平和友好条約交渉に直接携わった張香山が書いた「日中国交正常化への道」（1997年第5期），「日中国交回復交渉の回想」（1998年第1期），「日中平和友好条約締結の経緯について」（1998年第4期）の3篇である．また，1998年には何方が「日中関係の第三の千年を築く」を発表し[25]，日本の国分良成も1972年体制とその変化，また日中協力関係の発展，構築などの諸問題に分析を加えた[26]．また，高増傑は日中平和友好条約締結20周年に際して，中国の日本研究を振り返り，より深く日本を理解することこそ情勢発展の必要に応えるものであり，日中関係の良き発展を進めることができると強調した[27]．日本語通訳としても著名な劉徳有も「21世紀の日中関係に関する思

考」(1997年第5期)や「中華人民共和国建国50周年に寄せて」(1999年第5期),「21世紀の日中関係について考える」(2000年第6期)など,この時期に3篇の論文を発表している.蔣立峰は「江沢民主席訪日の重大な意義」(1999年第1期)のなかで,歴史と現実的な観点から5日間の江沢民主席の訪日を高く評価した.また,武寅も「日中関係をめぐるいくつかの思考」(1998年第5期)で,日中関係の発展の基礎を固める必要について,重要な指摘をしている.

このほか,蕭向前は,戦後日中国交正常化の証人として,香港返還という視点からアジアと日中関係を論じた[28].1997年の日中国交正常化25周年記念に際しては,1990年に『日中関係　1945–1990』(東京大学出版会)を著した東京大学の田中明彦教授が,国際関係の視野から日中関係について楽観的な回顧と予測を行っている[29].高海寛と孫樹林は,日中友好条約20周年を記念して,平和で友好的な日中関係を拓くとともに,両国の理解と日中友好条約の締結に貢献した周恩来を忘れてはならないと論じた[30].また,安成日の「佐藤栄作政権前後の対中政策の変化について」は,日中国交正常化を考えるにあたってその歴史的背景を提示した[31].このほか,中江要介や王昇,顧春太はマクロ的観点から分析を行った[32].また,范耀江の論文は,日本の対中政策における台湾要因を分析し,周啓乾は明治期の日本の対中貿易について考察し,中国のこの分野における研究上の空白を埋めた.李清津の論文は,日中関係を考える際には大戦略家としての鄧小平の共同開発思想や尖閣問題に関する談話や論文を理解し,日中関係の争議となる問題に対処しなければならないと指摘した[33].また,殷燕軍の論文は,冷戦後の日本の世論,学界における国際認識や中国観に触れている[34].2000年の『日本学刊』は,後に論争の的となる「対日新思考」を提起する時殷弘が執筆した21世紀の日本の選択と運命に関する論文と,金熙徳や呉勝,孫承が執筆した論文を掲載している[35].

だが,1996年から2000年までの時期,日中関係の研究に比べて,日本外交などその他のテーマに関する研究は不足の感がある.1996年には4篇の

論文が掲載された．まず日本のアジア太平洋外交を論じたものがあり，日米関係と日台関係を扱ったものが2篇，そして，対朝外交，西ヨーロッパ外交と日本外交の方向転換に関するものがあった[36]．1997年には張茜の「日台条約を論ず」や王公龍の「90年代における日本の対ASEAN外交政策」，梁雲祥の「冷戦後の日本外交の政策決定システムの変化及びその特徴と原因について」，侯文夫の「米比交渉とサンフランシスコ対日平和条約における役務賠償問題」があった．

1998年には，日中関係以外のテーマについては，劉世龍の日米関係，金熙徳の日露関係，楊雲忠の「日本周辺の軍事外交」と英順の「日朝関係正常化過程とその展望」の4篇しか掲載されなかった．1999年から2000年までの2年間に発表された烏蘭図雅の「戦後日本の対モンゴル外交の発展変化について」と趙階埼の「新時期の日本の対朝政策についての検討」の2篇の論文は，この時期の日中関係一色の研究や単調無味の外交研究の分野に多少なりともいろどりを添えたと言える．

では，第2期後半の研究状況を見てみよう．2001年から2005年までの5年間はやはり依然として日中関係が研究の主流であった．これにはふたつの理由が考えられる．まず2002年が日中国交正常化30周年，2003年が日中友好条約締結25周年だったこと．次に，小泉内閣成立後の歴史問題をめぐる日中関係の悪化．そのため，この5年間に日中関係に関する論文が30篇ほど発表され，掲載論文総数の半分を占めることとなった．この時期の日中関係の分析は主に以下4点に集中している．（1）日中関係の「政冷経熱」の分析，（2）日本の強硬勢力の対中関係への影響，（3）日本側のマイナス要因，例えば，国防族，右翼及び台湾問題，そして日中間の政治的な膠着状態をいかに打破するかについての議論などである．主な論文としては，金熙徳の「日中関係の政冷経熱現象の探究と分析」（2004年第5期）や張伯玉の「日本の対中強硬路線試論」（2005年第2期），桐声の「日本右翼勢力とその日本の内外政策に対する影響」（2005年第6期），呉寄南の「日本の新国防族の台頭とその影響」（2003年第5期），「日中関係の膠着状況を打破するためのいくつ

かの思考」(2005年第2期) などがある．この5年間，日中両国の政府，指導者，民間の間で歴史問題における不協和，東シナ海主権問題での論争激化，そしてマスコミと民間における相互不信の増大は，日本外交研究に新たな課題を与えるものだった．とはいえ，一概にこのようなプレッシャーは悪いものだと決めつけることは適当ではない．このプレッシャーを原動力とし，学者たちは様々な視点から日中関係の現象の背景にある本質の探求が求められているのである．

　経済問題は日中間で重要な問題であり，民間での理解と交流は，相互の利益を保障する基礎であり，地域の安全は21世紀において日中両国が共通認識を持つべき，共に努力すべき課題である．同時に日中関係を考える際には両国の内部要因も無視できない．兪新天の論文「日中国内政治の外交政策への影響」(2001第6期) は，分析視角や結論に斬新さが感じられる．馮昭奎は，日中の経済関係は中国の工業化と密接な関連性があるとする[37]．日中関係における経済的要因は，馮昭奎の日中関係研究が特に重視する独自の視点である．また，地域的安全保障の問題について数名の学者がきわめて有益な見解を提示している．例えば，徐万勝の「安全保障と戦後日本の政党政治」(2001年第1期) や孫承の「日本の地域安全協力の思想と実践」(2004年第2期)，江新風の「日本の安全保障戦略が直面する全面的な調整」(2004年第6期)，白如風の「日本の地域外交戦略の調整に関する若干の問題について」(2004年第6期)，姚文礼の「21世紀初期の日本の安全保障戦略調整の謬論」(2003年第6期) などがある．

　また，台湾問題と日中関係との内的関連を研究するにあたって，問題の多様性と複雑性に注目する研究者たちも現れた．武寅の「日本は台湾問題に関する誓約を遵守すべきである」(2002年第4期) や張進山の「日本政界の台湾派の動きとその日中関係への影響」(2001年第2期)，張耀武の「冷戦後の日米安保体制と台湾問題」(2001年第6期)，桐声の「中国東海の釣魚島──排他的経済水域と大陸棚問題の法的分析」(2003年第6期)，李中邦の「日本の大陸棚調査と台湾地区政治情勢の釣魚島主権問題への影響」(2003年第6期)，

孫伶伶の「国際法の視角からの釣魚島主権問題分析（2004年第2期），呉万虹の「日台関係の新たな動向」（2005年第2期），李広民の「日米同盟の台湾関連条項の起源」（2005年第6期）などの論文は，いずれも新たな見解を提示した．

　第2期後半では，上記のような研究のほか，少数ではあるが，日本外交の政策決定過程，日露関係，戦後日本の外交政策決定過程における政党の位置づけと役割，有事立法の政治力学，日本の対中国交正常化の決定の政治力学などの問題も論じられた[38]．この他，何人かの頻繁に論文を発表する専門家が，日米関係，日中関係及び国際システムと日本の同盟政策などの問題を分析したが，その詳細は省略する．全体として，第2期後半は前半と比べて研究水準の向上などの喜ぶべき進展がみられた．あえて改善点を挙げるのならば，2点を指摘できよう．第1は，まだ評論タイプのものが分析的な論文より多く，マクロ的な議論がミクロ的な分析より多く，そして事例研究が理論研究より多いということであり，日中関係だけに絞った研究が外交全体に関する研究よりも多いということである．第2は，なおテーマの重複，内容の類似，一時的な流行追随を感じられることである．もちろん，このような問題はゆっくりとひとつ克服されていくべきものである．

2. 中国の日本外交研究と日中関係の変容

　第1節では，中国の日本外交研究の特徴について検討した．この20年来，執筆者は130名近く，新しく優秀な研究者が続々と誕生しているが，論文は日中関係をテーマとするものが常に中心となっている[39]．これは中国の日本外交研究の第1の特徴である．このほかに，日本外交の現状分析に重点を置く傾向は，研究の学術的気風を弱め，ミクロ的なテーマや詳細な実証研究の推進を妨げただけでなく，新たな研究者や若手研究者の日中関係研究への熱意に影響を及ぼし，またテーマ選択にあたって，より大きく新しいものを

求める傾向をもたらした．これが中国の日本外交研究の第2の特徴である．

中国の日本研究は，現実に奉仕すべきこと，その研究成果は国の外交政策に影響を与えるべきものであることが常に強調されている．このため，いかにして政府の政策に役立てるかが中国の日本研究の主要な目標であり，またそのメイン・モチーフである．現在の中国では，この理念は学界の常識であるということができよう．

だが，中国の日本外交研究の場合，直接的な政府への政策提言を過度に追及するような研究の位置づけの結果，日本外交研究のテーマの選択範囲と思考の柔軟性が制限されてしまったことが，事実から証明できる．この意味から言えば，1998年11月の江沢民訪日から2008年5月の胡錦濤訪日までの10年近くの間に，どうして日中関係を論じる論文が一挙にたくさん現れたかの背景を理解することは難しくなく，またなぜ日本外交研究が専門でない学者たちが先を争って日中関係についての政策提言をしたのかについても，同様に理解できる．筆者自身も，何人かの日本研究の先輩達から，中国の日本研究はただ日中関係だけを研究するのではなく，日本社会の本質的な動きを把握し，日本外交の全体的な戦略を研究すべきだという戒めの言葉をいただいた．さらにある者はこう自嘲して言った．「日中関係は千変万化で，ただ指導部に従うしかない．今日は情勢絶好，明日は天下大乱，「政冷経熱」になったり，「代々友好」となったりで，話しのつじつまをつけられず，気まずいことになってしまう．学問は科学なのであり，政策に奉仕するにしても，政策に追従してはならない」．この言葉は意味深い．ここから分かるように，今日，科学に対する社会の期待は大きく，学者も自らへの要求が高い．また同時に，上に述べた情況は，中国の日本外交研究が世俗的な現状分析と科学的分析の狭間で動揺するというジレンマにあることを反映している．

もう1つの特徴は，執筆者のグループの特性にある．まず，執筆者のグループそのものはかなりの広がりがあるが，継続的に論文を発表している者は比較的少ない．20年間の約240篇の論文の執筆者は140名にのぼるが（連

名も含む），このうち2篇発表した者は16名，3〜9篇の者は16名，10篇以上は2名（中国社会科学院日本研究所研究員劉世龍は13篇，金熙徳は11篇）となっている．以上の34名の執筆者の内訳を整理すると，外交官5名，中国社会科学院日本研究所歴代の所長・副所長8名，同研究所研究員6名，外交部国際問題研究所研究員1名，現代国際関係研究所（現代国際関係研究院）研究員1名，上海国際問題研究所研究員1名，日本人学者2名，このほか，北京の研究機構や大学所属の研究者がいる．他方，1篇を発表しただけの者が100名前後にものぼっている．次に，主要な執筆者たちの専門ならびに勤務との関係から，現代・現在の日本外交の動向，あるいは日中関係の現状についての論述が比較的多かった．例えば「21世紀に向かう日中関係」とか「日本の対外戦略略論」等のタイトルは，過度に政治的整理や政策提言に偏っている印象を与える．実証的な研究論文においても，総論，概論，試論などのタイトルを用いるものがあり，学術性，専門性に欠くように見える．

　20年間の掲載論文を検証するに，『日本学刊』の日本外交研究の学術的な特徴の第3は，「四多四少」とまとめることができる．すなわち，(1) 大まかなテーマが多く，オリジナルの論述が少ない[40]．(2) マクロの分析が多く，ミクロの分析が少ない．また，(3) 政策提言が多く，理論的な分析が少ない．そして，(4) 著名な学者の論文が多く，若い学者の論稿が少ないこと，である．マクロ的な論文として，1985〜95年掲載の106篇の論文のタイトルを例示しよう．よくあるキーワードは，論，略論，簡論，発展，新発展，発展の傾向，新たなステップ，新段階，新たな進歩，新たな機縁，新秩序，動向，新動向，現状，現段階，働き，過去と未来，展望，経験と教訓などである．このように見ると，たとえ文章の内容がよかったとしても，毎号の目次を見ると，いつも似たような，古くさく硬直的な印象をうけ，新鮮さに欠けるので，ぜひ読みたいという読者の知的衝動を呼び起こすのは難しいだろう．時にはタイトルだけ見ると2つの論文がどう違うのかほとんどわからないということや，逆にタイトルは違うが内容はほぼ同じということもある．日本外交研究の論文執筆者について，ベテランと若い世代との比率がアンバ

ランスである理由の第1は，中国の日本外交研究者の陣容が，まだ発展・成長期にあるため，他の分野と比べて明らかに人員不足であることである．第2の原因としては，現段階では中国の研究環境や資料的条件が研究者のニーズと相当かけ離れていることがある．もちろん，その他の要因もあるだろう．

　では，なぜ「政策提言が多く，理論的分析が少ない」のか．その理由は，研究者の人員構成と関連があるほか，2つあげることができる．一つは研究者の問題意識であり，現代の学界では政策提言を名誉あるものとする雰囲気があるからである．実際，社会科学研究者は，誰もが自身の研究成果が政策を導き，社会に貢献することを願うだろう．社会に役立つテーマを描いて，誰が実証や理論に多大な時間を費やすだろうか．従って，これは研究者の社会的責任の物象化の現れなのである．次に，政策提言と比べ，実証研究や理論的探究の論文の執筆は非常に力のいる作業であり，さらに実証研究や理論的探究の論文は努力なしには執筆できないものである．特に若い研究者にとって，10年間冷や飯を食う覚悟が入り，また研究活動に関連する雑用や体力仕事をもこなさなければならない．また，政策提言の論文とは異なり，実証研究や理論探究の論文の執筆には「厚く積みて薄く発す」という，着実で基礎重視の科学的態度が求められる．今後，日本外交に関する実証研究や理論探究をより深めることができるかどうかは，直接的に本分野の研究の発展に影響を与えるだろう（もちろん，上記の特徴は『日本学刊』の性格ともかかわっており，学会誌としては総合的な考慮も必要であろう．だが，たとえそうであっても，論文の内容とバランスをもう少し調整すれば，雑誌全体を活性化するだけでなく，日本外交研究の深化と向上を促すことができ，読者も本分野の研究の全体的情況を把握しやすくなるだろう．また，現在のレイアウトでは論文の字数が制限されているが，今後は全体のボリュームを適宜調整することで，より長い実証的研究論文を掲載しやすくできるだろう）．

　2000〜05年の6年間，『日本学刊』は計78篇の日本外交を検討する論文を掲載した．その半数以上は日中関係及び関連する多国間関係に関する論

述である．それ以外は，日本の安全戦略，地域協力と東アジア協力，対外政策，日露関係，日米関係などに関するものが多く，日本の東南アジア，国連，欧州連合，中東，韓国及び朝鮮半島への外交に関する論文は少なかった．日本外交の全体的な戦略を把握してこそ，特定地域に対する日本の外交政策を正確，客観的に考察することができる．これまで掲載された論文の執筆者には日本外交に精通する者が少なくなく，日中関係の分析についても，日本の外交政策の論考においても，読者の見聞を新たにし，心底から悦服させることができるものであった．この点は，引き続き努力してほしいと考えている．この点から言うと，この6年間『日本学刊』掲載の日本外交関連の研究は，内容的にはいずれも現実性がきわめて強いにも関わらず，タイトルがあまりに似通っているため，読者に新鮮な印象を与えられない結果となっている．テーマも特定のものに集中しすぎであり，これは，現実重視の編集方針によるものか，あるいは学術シンポジウムの論文をまとめて掲載したことなどによるのだろうが，新たな視角による研究の開拓が期待されるところである．

いかに新たな資料を発掘できるかは，歴史学の重要な課題である．だが，日本外交研究においても同様に資料の使用方法と研究の視角に注意する必要がある．通常，よい論文には視角の新鮮さが求められる．この点は，雑誌編集部にも期待するところがあるが，それ以上に研究者に対して期待する．究極的には，中国の日本外交研究の水準の向上は，まず研究者の問題だからだ．内容面では，資料の発見に努めるべきことのほか，また現状分析と基礎研究との関係を適切にしなければならない．すぐれた現状分析は歴史の深い理解に基づく．また，すぐれた歴史学者は同様に移り変わる時代の動きを捉えることができる．ここで強調したいのは，基礎研究はより重要なレベルにおいて，現実にとって鑑となる役割と価値を持つということである．

近年の喜ばしい4つの変化を挙げよう．第1は多元化である．実証分析の論文が明らかに増え，理論的探究も始まっている．第2は国際化であり，海外の学者の論文掲載が増えているばかりか，従来のように一部の著名な学者

に偏るのではなく，外国の若手研究者の論文も掲載されるようになってきている．第3に学術化であり，2000年以前と比べて，最近は指導者の論文や非学術的論稿が減り，学術的規範化がより進んできている．第4は若年化であり，海外留学の優秀な若手研究者が頭角をあらわしてきており，日本外交研究の分野に多くの後継人材がいることが示さている．

以上，中国の日本外交研究の動向について，大まかに歴史的輪郭を描いてみた．『日本学刊』の掲載論文は中国の日本外交研究の成果のすべてではないが，中国の研究水準を代表するものだとは言え，そこから我々はなお意義ある啓発と学びを得ることができる．

20年来の中国の日本外交研究は，改革開放や新世紀の到来が交差する日中関係の変化の産物である．この分野の発展と変化は，日中両国の社会及び日中関係の発展や変化が反映されており，また，研究者の心理的変化と切っても切れない関連をもっている．以下では，まず中国の日本外交研究に影響を及ぼす客観的，主観的問題を論じ，その最も明らかな特徴を摘出したい．

中国の知識人にとって，日本研究は常に「救国・改革・啓蒙」と関わるものだった．近代中国の日本研究はアヘン戦争後に始まり，1894～95年の日清戦争，1898年の戊戌維新，20世紀初頭の清末新政，そして1911年の辛亥革命を経てきた．1915年に日本が出した対華21か条要求は，中国知識人が日本から離れ，欧米に救国の道を求めるきっかけとなった．これは周知の事実である．新中国の日本研究は，中国社会の変化及び日中関係と並行しつつ行われており，改革開放時代の日本研究にも盛衰の波があり，現在は日本研究の新たな盛り上がりを迎えたようである．

日本研究において重要なのは，第1に日本の達成した成果と課題に注目することであり，第2に日中の交流関係を重視することである．研究とは事実を明らかにし，合理的に説明することである．中国の日本研究史を検討するにあたって，金熙徳は張香山のつぎの言葉に注目した．すなわち，「明治維新後，中国人は日本に留学したが，日本そのものを学ぼうとはせず，日本の西洋模倣の能力を学び，日本を通じて西洋を学ぼうとしたのだ」．「解放後，

わが国の日本研究においても誤りが発生した．例えば50年代には日本の戦後改革の成果を低く評価し，60年代半ばには日本人民の「4つの敵」論を出し〔「ソ連現代修正主義，アメリカ帝国主義，（日本共産党）宮本顕治修正主義集団，佐藤栄作反動内閣」を指す．引用者注〕，70年代初めには日本軍国主義がすでに復活したとの主張を出した」というものである．金熙徳は，中国の日本研究の歴史には貴重な経験と教訓が含まれており，真剣に総括する必要があるとまとめている．中国の日本研究の2つの世代を代表する張香山と金熙徳の問題意識には，深いリアリティが存在する．

では，なぜ中国の知識人は，近代から今日にまで160年もの長きにわたり，3世紀を経ても日本研究において，同じ過ちを繰り返すのだろうか．まして日本という国家は，常に中国の内部発展と対外的和平において重要な国のひとつであり，歴史的にも今日的にも，これは非常に重要な問題であることに変わりはない．いかに現実を直視し，歴史を総括し，中国の日本研究を推し進めるか，そのためにはこの問題を詳しく論証し，議論することが必要である．この点を明らかにするためには，日本研究者の心情と中国の日本研究をめぐる客観的環境から実証的に考察する必要があり，別稿にて改めて分析したいと考える．ここでは，本章で議論してきた日本外交研究の諸問題について，いくつかの考えを述べておきたい．

研究者の心情を検討するには，まず，研究者の生きてきた時代に目を配る必要がある．中国の日本研究者は，およそ4つの年齢層で構成されてきた．まず，張香山や趙安博，蕭向前，呉学文，劉徳有などの第1世代である．次は，文化大革命前から日本研究を始めた第2世代，さらに80年代前後に研究機関に入った第3世代となり，その後，新世紀に入る時期に成長してきた若手の第4世代である．手許の資料によれば，第1世代の学者たちは戦後日中関係に関する通史や自伝的著書を相当の数にのぼり，出している．ただ，学術的な日本研究書を発表したのは，多くが第3世代と第4世代の学者である．この相違は，表面的に見れば重点の違いだけであるようだが，実はその背景には，彼らの日本研究の経歴上の違いによる，興味関心と心情の相違が

表現されている．第 1 世代の学者たちは，歴史の過程を叙述する中で，日中関係正常化や相互信頼関係の確立において，いかに先人の多大な努力と犠牲があったかを後の世代に伝えようとしてきた．これに対して，第 3・第 4 世代の研究は，日本の外交や外交制度，外交人事，外交類型と思想などに関する学術的な分析である．例えば，呉学文の『風雨のなかで——私の体験した中日関係』[41]，蕭向前の『中日の永遠の友好のために努力奮闘せん』[42]，劉徳有の『時は流れて』[43] などの書名には，第 1 世代の研究者の主観的な感情を濃厚に感じ取ることができる．

実際，戦後の両国関係と中国の日本外交研究の過程を振り返れば，研究者間に世代格差があることがよく分かる．異なる時代に育った研究者の心情の相違は，本分野の発展と変化の原動力になるものであった．戦後の日中関係に直接携わった人々とは異なり，他の世代の研究者の多くはアカデミックな経歴を有しており，時間がたつとともに中国内外で専門的訓練を受けた若い学者が増えてきた．中国の日本外交研究者の知識構造と心情の違いは，彼らの明確な特徴を作りだしており，読者は彼らの論文からも相互の相違——老練さと専門性，相互の思想的特徴の痕跡と長短——を読みとることができよう．まさにそれゆえに，中国の日本外交研究の全体的流れは専門化の道を進んでおり，これまでの「日本外交研究＝日中関係研究」というパターンからますます離れているのである．言うまでもなく，研究者の心情は様々であり，心情についての議論には避けがたい問題が残されている．いったい，彼らのいかなる心情がその研究テーマの選定を限定づけたのか，彼らの研究に影響を与えたのかについては，詳しく分析する必要がある．ここでは，世代と心情という観点から考察したにすぎない．

研究者の心情という問題に直接的に関連するのは，日本外交研究をめぐる客観的な環境の問題ならびに研究者の生き方の問題である．中国の日本外交研究者の生活環境は，基本的には中国の政治社会の枠組で作られているが，一部の人たちは戦前や改革開放後に留学して，海外で教育・訓練を受けた．第 1 世代の研究者が 1930～40 年代に体験したことのほか，1960 年代

から21世紀初めまでの間，中国国内で起きた文化大革命及びそれ以後の時代の激動，そして中国から海外へという環境の変化が中国の知識人の文化生活と心理に与えた衝撃の大きさについては，よく知られている．このほか，日中関係に関わる社会環境の変化，日中両国の国力の変化，とりわけ中国の日本研究そのものの変化，そして日本研究をめぐる客観的環境の変化という問題も探求が必要である．中国の日本研究は，学術研究の一分野として，当然，中国の学術的風気，思想潮流，時代的環境の影響を受けるものだが，実際には上記の諸要因のうち，一体どれが日本外交の研究に最大の影響を与えているのかを指摘するのは難しい．ただ，馬立誠の「対日新思考」や「孫歌現象」，2度にわたる「日中歴史共同研究プロジェクト」，そして「王敏現象」なども，巨大な影響力を持つ，文化的生態環境の重要なものとして考えられるかもしれない．

おわりに

　結びにあたり，筆者は中国の日本外交研究がすでに新たな段階に入り，喜ぶべき，楽観すべき発展をとげたと考える．それだけでなく，中国の日本外交研究は日本研究全体と同様，これまでのいかなる時期よりもよく発展できること，そして中国社会の変化の持続と日中関係の好循環もまた，必ずやその進歩を積極的に推し進めるだろう，と確信している[44]．

1) 「1978年の改革開放以降，中国では計57種の日本研究雑誌が創刊された．そのうち，全国的な中文中核雑誌7種である．『日本学刊』と東北師範大学外国問題研究所が1980年に創刊した『日本学論壇』は，ランキングでそれぞれ第7位と第10位であった」．林昶（2001）『中国的日本研究雑誌史』北京：世界知識出版社，118-124頁．
2) 1985年5月，中国社会科学院日本研究所『日本問題』編集部は，同誌投稿募集の記事を載せ，「本誌は，わが国学界の日本の経済，政治，文化，芸術，教育，科学技術，社会思想，生活などの歴史と現状，展望に関わる学術成果を主な掲載

対象とし，学術討論の場を提供する」と記した．同誌は当初，学術論文等の12のカテゴリーが設けられ，特に投稿者の注意事項（計5項）において，論文は1万字以内で，参考資料は出所を明記すること，とされた．

3) 張碧清（1985）「八十年代的日美関係」（『日本問題』第1期）36-39頁，田桓（1985）「略論中日関係的過去和未来」（同第4期）41-44頁．
4) 孫平化（1985）「池田勇人与中日関係」（『日本問題』第3期）5-6頁．
5) 宦郷（1986）「中日関係与亜洲的安全和発展」（『日本問題』第2期）1-4頁．
6) 周季華（1987）「転換期的日本国家戦略」（『日本問題』第1期），銭学明（1987）「日美蘇関係中的日本」（同第2期），同（1987）「1986年日本外交的新発展」（同第3期），徐之先（1987）「日蘇関係的新動向及発展趨勢」（同第3期）．
7) 赫赤（1988）「貫徹『条約』精神 発展中日友好—紀念『中日和平友好条約』簽訂10周年」（『日本問題』第5期），1-5頁．
8) 7種の雑誌とは，『日本学刊』，『現代日本』，『現代日本経済』，『日本問題研究』，『日本研究』，『日本的科学与技術』，『日語学習研究』である．詳しくは，「1991年我国国内専業介紹日本研究期刊介紹」（『日本問題』第6期）参照．
9) 「『日本問題』征稿啓事」（『日本問題』1985年第2期）．
10) 何倩（1991）「90年代的日本外交展望」（『日本学刊』第2期），77頁．
11) 何方（1992）「国際形勢和中日関係」（『日本学刊』第1期），1-5頁．
12) 同上．
13) 鄭必堅（1992）「関於中日関係的歴史新機遇」（『日本学刊』第6期），3-4頁．
14) 魯義（1993）「日本的聯合国対策与活動」（『日本学刊』第3期），73頁．
15) 張碧清（1993）「日本争当聯合国安理会常任理事国的活動及前景—兼談聯合国的改革」（『日本学刊』第3期，25頁．
16) 姚文礼（1994）「簡論冷戦期間日本対外政策調整」（『日本学刊』第1期），林暁光（1994）「日本政府的環境外交」（同第1期），楊運忠（1994）「日本対華政策進入新階段」（同第2期），劉映春（1994）「"55年体制"下的日本外交」（同第2期），赫赤（1994）「80年代日本外交的若干特点」（同第4期）．
17) 姚文礼，前掲論文，1頁．
18) 林暁光前掲論文，19頁．
19) 楊運忠前掲論文，93-94頁．
20) 劉映春前掲論文，73-78頁．
21) 赫赤「80年代日本外交的若干特点」31頁．
22) 殷燕軍（1995）「戦後日台関係框架制定過程—吉田書簡再考」（『日本学刊』第2期）．
23) 金熙徳（1995）「日本対華ODA政策的演変和中日関係」（『日本学刊』第2期）32頁．
24) 「『日本問題』編輯部・『日本学刊』籌備組（1990）「関於『日本問題』更名『日本学刊』啓事」を参考にした．（『日本問題』第2期）126頁．

25) 何方（1998）「構築中日関係的第三個千年」（『日本学刊』第 4 期）．
26) 国分良成（1997）「"1972 年体制" 的変化与発展協調関係之路」（『日本学刊』第 5 期）．
27) 高増傑（1998）「日本研究的回顧与展望―写在紀念『中日和平友好条約』簽訂 20 周年之際」（『日本学刊』第 4 期）．
28) 蕭向前（1997）「従香港回帰看亜洲形勢和中日関係的発展」（『日本学刊』第 5 期）．
29) 田中明彦（1997）「日中関係的回顧与展望」（『日本学刊』第 5 期）．
30) 孫樹林（1998）「飲水不忘掘井人―周恩来与『中日和平友好条約』」（『日本学刊』4 期），高海寬「開創和平友好的中日関係的新紀元―写在中日和平友好条約簽訂 20 周年之際」（同前）．
31) 安成日（1998）「論佐藤栄作上台前後的対華政策演変」（『日本学刊』第 2 期）．
32) 中江要介（1999）「展望未来的中日関係」，王升（1999）「世紀之交：中日関係的回顧与展望」，顧春太（1999）「新形勢下中日関係探析」．いずれも『日本学刊』第 2 期収録．
33) 李清津（1999）「鄧小平『共同開発』思想与釣魚島問題」（『日本学刊』第 3 期）．
34) 殷燕軍（1999）「冷戦後日本輿論界学術界対国際形勢和中国的認識」（『日本学刊』第 5 期）．
35) 時殷弘（2000）「和平拡張・軍事征服・商業福利―20 世紀日本的選択和命運」，金熙徳（2000）「『中日伙伴関係』的背景，実質及趨勢」，呉勝（2000）「冷戦後中美日三角関係中的日美関係」，孫承（2000）「日本対外戦略和対華戦略簡析」，いずれも『日本学刊』第 2 期所載．
36) 1996 年第 1 期の下記 3 論文は，いずれも日本の大国外交について論じる．曹雲華「日本的大戦略：地区主義還是双辺主義」，趙光鋭「日本正在『回帰』亜洲」，池元吉・田中景「試析日本亜太戦略中的幾個問題」．なお，孫承「日本在亜太地区的国際作用」（第 4 期），劉世龍「当前日美安保体制的 3 個特点」（第 4 期），周季華「日美安保体制的強化与東亜的安全」（第 4 期），楊運忠「日台関係進入重視政治交往的新階段」（第 3 期），金熙徳「90 年代日本与西欧関係的基本特点」（第 2 期），姚文礼「転型期的日本外交―評大平，鈴木，中曽根内閣外交」（第 4 期）なども重要である．
37) 馮昭奎（2003）「中日経済関係与中国工業化」（『日本学刊』第 4 期）．
38) 呉勝（2001）「冷戦後日本外交決策過程的新変化」（第 1 期），林暁光「世紀之交的日俄関係」同上，張勇（2004）「日本対華復交決策的政治力学」（第 2 期），高洪（2003）「日本『有事立法』中的政治力学管窺」（第 4 期），郭定平（2003）「論戦後日本政党在外交決策過程中的地位和作用」（第 2 期）．
39) 統計によれば，20 年間に『日本学刊』に掲載された日中関係に関する論文は 76 篇あり，日本外交研究総数の 3 分の 1 弱を占める．
40) 日中関係，中米関係，中露関係など，2 国関係のテーマが多い．例えば 1985

年から 1986 年まで発表された 10 篇のタイトルはつぎの通りである．「80 年代的日美関係」，「日本対外戦略的発展」，「略論中日関係的過去和未来」，「面向 21 世紀的中日関係」，「池田勇人与中日関係」，「中日関係与亜洲的安全和発展」，「日本綜合安全保障戦略初探」，「日美関係的現状与展望」「戈爾巴喬夫執政以来的日蘇関係」，「日本在亜太地区的作用与地位」である．この現象は，20 年後の 2005 年にも変わらず，2005 年の掲載論文 9 篇のタイトルは下記の通りであった．「失衡的 2004 年日本外交」，「試析日本対華強硬政策」，「対突破中日関係僵局的幾点思考」，「日台関係的新走向」，「浅析日本新聞媒体中的厭華情緒」，「国際体系与日本対外結盟」，「中日関係与東亜合作」，「日美同盟与再定義后的日美同盟比較」，「美日同盟渉台条款溯源」である．

41) 呉学文（2002）『風雨陰晴―我所経歴的中日関係』北京：世界知識出版社．
42) 蕭向前（1994）『為中日世代友好努力奮闘』江蘇人民出版社，1994 年（邦訳『永遠の隣国として―中日国交回復の記録　為中日世代友好努力奮闘』サイマル出版会，1997 年）．
43) 劉徳有（1999）『時光之旅』北京：商務印書館（邦訳『時は流れて―日中関係秘史五十年』燎原書店，2002 年）．
44) 本章は，李廷江主編（2014）『清華日本研究』第 1 輯（社会科学文献出版社）所載の中国語論文を日本語化し，書き改めたものである．

第 10 章

東アジア国際社会と葛藤の力学
―― ポスト冷戦期の日韓関係と日本社会 ――

張　寅　性

はじめに ―― 東アジアの協力と葛藤

　ポスト冷戦やグローバル化に入ってから東アジア[1]では，地域の協力や統合を求める声が高じた．ヒト，モノ，情報の域内移動が増え，国家間関係が深まるなかで，地域形成や地域主義への願望が高まり，東アジアを一つの地域として想像して共同体の創成までを講じる東アジア論も出回った．東アジア論は東アジアの国家や社会の繁栄と発展を望む欲求から生まれた，地域の再構成や制度の創出に関する構想である．低レベルの経済協力から高レベルの共同体まで，その形成が想像され，または企画された．規範（制度）の創成や地域アイデンティティの形成をめぐる関心も高まった．
　だが，想像力や願望から浮上した東アジア論や共同体構想は，もはや，動力を失ったように見える．国家間の葛藤が浮き彫りになり，ナショナリズムが高まるなかで，東アジア論の勢いは弱まり，東アジアの表象も薄まったようだ．東アジアの「現実」を見逃させた錯視が消え去ったようにも見える．地域主義への願望や意志が経済的欲望から出される限り，また国益を求めるエゴイズムが優先する限り，その願望や意志の実現が遠ざかり，国家間の緊

張や葛藤が生じるのは，必至であろう．そもそも協力連帯の東アジア論（構想）は国益を優先する国家の政策（実態）に対する規制力をもっていない．日・中・韓の三国では国益中心の保守的外交政策を強め，それを支える自国中心的思考が強固であると言わざるをえない．中国では大国化に応じて伝統的天下秩序の現代的復活を図るような「天下主義」「新天下主義」などを打ち出す発想も現れ[2]，日本では日本的価値を掲げて自国史の再構成を試みる右派的知識人が活躍している．韓国では，割りと東アジアへの想像力を抱きながらも，「北東アジアの経済中心」「北東アジア均衡子」などの言葉にうかがえるように，地域中心になりたがる傾向が見られる[3]．こうしたなかで，日韓関係や日中関係が悪化し，域内の政治的緊張や葛藤が高まっている．

東アジアでは，地域構想の失墜と域内国際関係の葛藤という現実から東アジア国際関係に関する新たな省察が求められている．東アジアでは，グローバル経済体制のもとで超国家的な経済現象が見られているものの，政治・軍事レベルではやっと主権国家システムが成り立ちはじめたように見られる．ポスト冷戦期の東アジア諸国は，未曾有の主権平等や相互認定に基づく国際関係を形成中である．政治・軍事的対立は，こうした新たな国際関係の形成の副産物と見ることもできよう．葛藤の噴出は，冷戦体制のもとで形成された東アジア国際関係の慣習がもはや正常ではないことをうかがわせる．独島（竹島），歴史教科書，従軍慰安婦などの歴史問題をめぐる葛藤の日常化は，東アジア国際関係のパラダイム転換が行われつつあることを示唆する．真の主権国家システムの形成を考える際に，葛藤は平等性に向かう指向，相互性と認定性を誘発する触媒と見ることもできるだろう．いまや域内葛藤を異常ではなく正常とする観点も必要ではないだろうか．協力への展望は，葛藤を想定してこそ，もっとリアリティーをもつだろう．

本稿では，日本の保守派の日韓関係へのかかわり方に焦点を合わせて，東アジア問題と日韓葛藤について考える．域内葛藤は，近代日本の膨張的対外政策に根をもつ歴史の記憶をめぐる闘いであり，日韓関係は，歴史の記憶と未来のビジョンとが錯綜し，葛藤と協力とが交錯する一つの典型である．本

稿では，ポスト冷戦とグローバル化の脈絡で出来上がった東アジア主権国家システムの成立を新たな社会的関係（social relations）の形成として捉え，国際領域における社会的関係を重視する国際社会（international society）の観点から日韓関係の葛藤について考察する．また，東アジア国際社会と対立的な日韓関係にかかわる日本の国家と社会のあり方についても検討する．

1.「歴史のはじまり」

(1) 秩序変動と「歴史のはじまり」

東アジア諸国は，19世紀半ばの開港以降主権国家システムに編入されたが，間もなく日本が築き上げた帝国-植民地体制下に置かれることになり，主権国家システムの正常な成立を見ることができなかった[4]．さらに米・ソの権力が強く働く冷戦システムのもとで主権の不完全さと不平等さを余儀なくされた．だが，ポスト冷戦やグローバル化の脈絡において域外大国の規制力が弱まり，経済発展で域内国家の自立性が高まるなかで，東アジア諸国は，相互作用を高めつつあり，東アジア国際関係はようやく主権国家システムに相応しい有り様を見せはじめた．域内の経済発展や経済的グローバル化が域内経済協力を促す動因として働くなかで，東アジア地域は世界経済の核心地域として浮かび上がっている．

東アジアにおける主権国家システムの成立は，「歴史の始まり」と呼んでもよい．「歴史の始まり」は，ポスト冷戦の構造変動とグローバル化の経済的自由主義をモメンタムとして東アジア地域が新たなあり方を見せはじめたことを意味する．冷戦の終結は，アメリカでは自由主義の勝利を指し示す「歴史の終わり」（フランシス・フクヤマ）と受け取られたが，東アジアにとっては国際関係のパラダイムが転換する「歴史の始まり」であった．「歴史の始まり」は，19世紀のヨーロッパ諸国が主権争いを繰り広げるなかでヨーロッパの国際関係や国際社会を作り上げ，今日の欧州連合の土台を築いたこ

とを連想させる．

　しかるに，19世紀のヨーロッパ国際社会にも見られたように，「歴史の始まり」は秩序変動を伴い，その変動の過程では葛藤や協力をめぐる緊張感が生じるのが常である．その協力と葛藤こそヨーロッパ主権国家システムを形成する動因でもあった．東アジア地域における協力と葛藤の錯綜は，新しい秩序づくりの過程で避けられないものであるかも知れない．協力は葛藤の現実のうえで成り立つからだ．ポスト冷戦やグローバル化の脈絡の東アジア地域で，葛藤は歴史の記憶をめぐる闘争，すなわち歴史問題として，なお協力は利益争いを緩め，経済的利益を高めようとする経済問題として想定される．葛藤と協力は不協和音の二重奏をなしている．

　東アジア共同体は，葛藤の解消と利益の極大化を同時に達成するための構想として講じられたものだ．しかし，歴史問題が政治化し対立が日常化するなかで，共同体構想は域内葛藤の現実を看過した論理的飛躍であることが判明した．むしろ，協力体や共同体を構想する東アジア論の出現は，欧州連合のような政治的統合への道程を示すよりも，東アジア地域における主権国家システムの形成への道程が始まったことを意味する，という見方もできるだろう．ここで，域内葛藤が現れるのは不思議でもない．主権国家システムの作動に伴う利益争いだけではなく，歴史の記憶をめぐる葛藤が高まったのは，東アジア地域の特殊性があるからだ．東アジアにおける「歴史の始まり」は，冷戦期に封じ込められていた日本による戦争と植民地支配の記憶が呼び出されたことに発する．歴史の記憶が蘇り，記憶の再構成をめぐる確執や葛藤が続いている東アジア地域にとって，「蘇る20年」は，相互性と平等性に基づく真の国際関係を形成するための陣痛の時間であるかも知れない．東アジア地域で主権国家システムが働きはじめたという現実は，当分のあいだ国民国家が強固な役割を担うであろうこと，国民国家という場を超えた共同体構想は容易には実現しないであろうことを意味する．だとすると，省察の方向は，協力と二重奏を奏でつつその発展を妨げる葛藤の実態へと向けられるべきであろう．

(2) 三つの構図の力学

　歴史の記憶をめぐる葛藤が働く「歴史の始まり」は，ポスト冷戦とグローバル化の動力が東アジアの秩序変動を促したことに由来する．葛藤と協力の有り様を知るためには，東アジアの秩序変動に関わる構造的力学を捉える必要がある．東アジア域内関係における葛藤と協力の力学は，三つの構図の相関的作用と関連する．19世紀半ばの開港以来，東アジア国際関係は，域外大国（英・露，米・ソ）が利益（権力）追求のための戦略を東アジア域内に投射し，域内国家（日・韓・中）が国際システムの規範に応じながら域外勢力に対応し，域内関係を営むという様相を見せた．グローバル，リージョナル，ナショナルという三つの構図の相関的な働き合いは，葛藤と協力の有り様に影響する構造的変数であってきた．

　東アジアのリージョナルな構図は，グローバルな構図とナショナルな構図の相関的作用によって生み出されるか想像される．リージョナリズム，グローバリズム，ナショナリズムは互いに結びつきながら各々の構図を規定する理念なり動力として働く．リージョナルな構図は，グローバルとナショナルな勢力関係によって成立し，リージョナリズムはそうした勢力関係を敏感に捉えたときに現れる．リージョナルな構図は，地理的近接性に基づく域内相互作用を通じて自発的に成立するものではない．それは，グローバルな構図が東アジアに課されたときに，グローバルな勢力を意識したナショナルな勢力がそれに対応する過程で想像されるものだ．グローバルな構図が想定されなかったり強すぎる場合，あるいはナショナルな構図が弱すぎるか強すぎる場合，リージョナルな構図は容易には想像されず，リージョナリズムの必要性も感じられない．リージョナリズムは，弱いナショナル勢力がナショナリズムだけではグローバル勢力やグローバリズムに対応しえないとき，連帯や協力を通じてそれに共同で対応し，自国の生存発展を模索するための意志として表現される．リージョナリズムは，現実の緊密な相互作用を表す実体的な理念ではなく，ナショナルな勢力を高めるための道具的な理念である．ポスト冷戦期の東アジア地域主義（協力体論，共同体論）も，域内の連帯や協

力の実態を示すものというよりも，グローバル化やグローバリズムに対抗するために講じられたものだといえる．

　冷戦体制下ではグローバルな構図が東アジアを圧倒し，それに対応するナショナリズムのみが現れた．東アジア地域は，グローバルな構図を形成する域外大国（米・ソ）によって理念的なグローバリズムが強いられ，二国間同盟を通じて戦略的に定められた他律的かつ分節化した空間であって，域内国家が自律的に地域を作る余地はなかった．しかるに，ポスト冷戦やグローバル化は，グローバルな構図とナショナルな構図の変動を促した．ソ連の崩壊によってグローバルな構図の戦略的性格が弱まるなかで，経済的自由主義を標ぼうするグローバリズムが成立した．なお，冷戦の拘束力が緩和されると同時に，域内諸国が経済発展を成し遂げたことで，ナショナルな構図が強い意味をもつようになった．グローバルな構図とナショナルな構図が結びつくなかで，リージョナルな構図が浮上しグローバリズムやナショナリズムの相関的作用が高まるとともに，地域を想像するリージョナリズムが出現したのだ．東アジアでは分節化した二国間関係が複合的な関係へと転換し，多国間関係の形成が模索されている．経済的相互依存や文化交流が深まり，域外大国との二国間関係が相対化されるとともに，自律的な社会的関係が形成しつつある．東アジアは，域外大国や他地域によってアイデンティティが認められる受動的な地域から自主的に地域アイデンティティを模索する能動的な地域へと変貌しつつある．

　ポスト冷戦は東アジアの構造的（空間的）変動だけでなく，冷戦体制によって抑えられていた歴史の記憶を呼び出すことで，時間軸の変動をも引き起こした．この時になって歴史問題をめぐる葛藤が始まった．またグローバル化は，自由貿易による経済発展の機会を与える一方で，経済的不安を生みだし，ナショナリズムをも触発している．とくに日本は，経済的グローバリズムに適切に対応することができず，ナショナル・レベルで高まる不安感とナショナリズムが東アジアの地域形成を妨げているばかりか，歴史問題の政治化による域内葛藤の深化を来たしてもいる．

2.「社会」と葛藤

(1) 葛藤または「ネジレ」

　ポスト冷戦期の東アジアの秩序変動は，国内と国際の二つのレベルで新たな社会の形成を求めている．1990年代以降，東アジア地域では国内社会に変動が起こり，これを受けて国家−社会関係が変わりはじめた．韓国では経済発展と民主化が進み，日本では経済の低迷とともに社会の保守化が進んだ．中国では改革開放と経済発展による社会変動が進んでいる．東アジアの三国では各々，民主社会（韓国），開放社会（中国），保守社会（日本）へと進む社会の再編が見られている．韓国の民主化は脱権威主義を促進し，中国の改革開放は社会の変化をもたらし，日本の保守化はポスト戦後体制に向って国家意識を高めている．社会の変容とともに，社会と国家のかかわり方も変貌している．

　東アジアの国際領域においても社会的関係の形成の動きが見られる．協力と葛藤という相反する力学によって生まれたものだ．東アジアでは，一方で経済発展と経済的相互依存が深まるなかで域内協力が増え，またそれへの要求が強まっている．しかし他方で，脱理念や脱中心の世界政治が広がり，地球大の自由主義経済に組み込まれるにつれて，諸国の利己的欲求が高まり，自国の利益を極めるための競争も高まっている．しかも，冷戦体制によって抑えられていた歴史の記憶が呼び起こされ，歴史問題が域内国際関係を定める争点として政治化するにつれ，葛藤も深まっている．

　域内葛藤は，東アジア国際関係が名分と実態のあいだに「ねじれ」[5]を抱えていることを意味する．利益競争，歴史の記憶，国力の偏差による権力の不均衡などによって招かれたねじれだ．利益争いは公正なルールに基づくならば合理的思考と行動を招くだろうが，国家の介入によってその公正性を阻まれることも少なくない．歴史の記憶は，合理的な競争を阻害するねじれの

大きな要因である．歴史教科書問題，靖国問題，領土問題，従軍慰安婦問題など歴史の記憶をめぐる争点が国家間や社会勢力間に争いを誘っている．権力の不均衡が長期間持続したことも，ねじれを招いた要因だ．東アジアに見られるねじれは，東アジアの構造変動（空間軸）と，構造変動の順路を妨げる歴史の記憶（時間軸）とがずれることによって生じたものといえる．

ねじれが葛藤として顕在化したのは，域内権力の不均衡がバランスに向けて動き出したことを示唆する．冷戦体制下では，中心国家と同盟国の間での権力の格差や体制イデオロギーが働き，域内の矛盾や葛藤は封印されていた．「権力の偏重」（福沢諭吉）は，専制政治（国内社会）と帝国主義（国際社会）を招いた歴史的事例に見るように，社会の矛盾と葛藤を隠蔽する．「権力の偏重」から「権力の均衡」へと動き出そうとするとき，社会の矛盾や葛藤が浮き彫りにされる．グローバル・レベルとリージョナル・レベルにおける勢力構図や勢力関係の変動を意味する秩序変動は，隠蔽された矛盾と葛藤を露わにするだろう．

(2) 東アジアと「国際社会」

東アジアの秩序変動と矛盾葛藤の表出は絡み合っている．域外大国の政治的理念と軍事的競争によって分節され域内相互作用が容易でなかった冷戦体制下の東アジアでは，二国間関係の変容と多国間関係の新たな形成が模索され地域秩序が再編されていく過程で，域内諸国がエゴイズムを現し利益競争を展開し，それによって域内国際関係の構造的矛盾と域内国家間の葛藤が表面化している．このことは域内の新たな社会的関係の出現を意味する．新たな社会的関係が模索され，それを望む意志が働いていることを意味する．葛藤は，規制的理念や規範が整っていない限り，必ずしも非常のものではない．それは，諸主体が対等さを目指す欲求や，権力の不均衡を直そうとする意志を持ったとき，現れてくる．葛藤は相互性（reciprocity）と対等性（equality）を確保しようとする意志表明でもある．「社会」は，その意志が競い合うときに，初めて姿を現す．

今日の東アジア地域を省察するには，19世紀開港期の東アジア国際関係からも示唆を得られる．西力東漸はグローバル，リージョナル，ナショナルな勢力構図の相関的変化を触発し，東アジアに秩序変動を引き起こした．開港と維新の秩序変動期において近代的主権概念を備えはじめた域内諸国は，自由貿易と国際法に対応する相互作用の新たな社会的関係の形成を求められ，交易と外交を通じて国家間関係の新たな枠組みを作り上げていった．当時の知識人たちは，「人間交際」（福沢諭吉）や「仲間連中」「会社」（中村正直）などといった訳語を用い，ついに「社会」という訳語を作り出すなかで[6]，人々が互いに働き合う社会の出現を感じ取っていた．福沢にとって「人間交際」は「大人と大人の仲間」「他人と他人の附合」であり[7]，人々の間に成り立つ社会的交換関係を想定するものであった．専制的上下関係をもたらす「権力の偏重」「権力不均衡」は力の平均に基づく社会秩序に取り替えられるべきであった[8]．相互性と平等性に基づいた社会が想定されたのである．「個人」「自由」「権利」「義務」などの概念も，個人の誕生だけではなく，社会的交換関係に基づいた平等な相互的人間関係を想定する「社会」の登場と関連する．

万国が交際する国際社会も想像された．「国際社会」という言葉は大分遅れて登場するが[9]，国際社会の秩序に関する思惟はすでに開港期から見られた．村落共同体の平和的秩序に準えて国際社会を互助の社会と見なした見解もあったが[10]，国際社会を国々の競争する闘争的秩序としてみる見解が普通であった．福沢は「外国交際」の相互性や平等性を認めていなかった．利益争いの知恵を要する貿易は，人民の智見を開き文学技芸を旺盛にするものだが，国際的なレベルでは日本の「余光を外に放たるもの」「国の光を放つの徴候」と見なされた[11]．実際，天皇制国家は万国闘争的な秩序において国家の生存と発展を模索する戦略的思考によって成立したといえる．東アジアの国際関係は，権力（利益）関係が変動し秩序規範が変化するにつれ，国内的・国際的な葛藤をはらんだ脈絡へと移行し，「社会」を新たに作ろうとする動きが出てきた．その一方で，「個人」「自由」「権利」「主権」「平等」

などの概念群をもって近代的な国内・国際社会を構築しようとする構想が生まれた．互助的な社会であろうと，葛藤的な社会であろうと，相互性と平等性が前提とされた．

　利益を求めながら一定の規範をもつ社会的関係が形成されるとき，国内・国際的レベルの秩序は成り立ちうる．利益競争に基づいた社会的関係が安定化するには，国益の調整メカニズムや規範が必要となるが，そこに達するまでに葛藤の発生は常である．利益の確保や欲望の実現は貿易を通じてできるのだが，合意された規範や規則が整う以前の，個別的文化や国家の干渉が強いあいだは，物品交易と国家交際において開放性，相互性，平等性は完全には得られない．近代東アジアにおいては帝国主義が国家間の相互性と平等性の成立を妨げ，自由な交易と平等な交際が行われる国際社会は実現しなかった[12]．

　ポスト冷戦とグローバル化の脈絡で表面化した利益競争や歴史闘争に見られる葛藤は，主権国家システムが働きはじめたとともに，東アジアの主権体がより実質的な平等に基づいて互いに働き合いはじめたことを意味する．東アジア地域レベルにおける新たな「社会」の形成，すなわち東アジア「国際社会」の出現を言い表す．「歴史の始まり」は，東アジア国際社会の形成が始まったことを意味する．葛藤は協力とともに社会的関係を生みだす条件であり，国際社会を構築するための陣痛であるといえる．

3. ネジレの力学――東アジア国際社会と日本

(1)「主体」と「歴史」

　「歴史の始まり」は，冷戦の終結によって日本の植民地支配や太平洋戦争をめぐる記憶が復活し，歴史問題が政治化することを意味する．まず，歴史問題は東アジア問題として政治化した．韓国と中国は，主権体として成長し，冷戦体制の封印が解かれることを機に，抑えられていた歴史の記憶を語

りはじめた．日韓間，日中間ではすでに 1980 年代中曽根政権のときに教科書問題が起き，日本の戦争責任と植民地支配に対する記憶が争点化され，教科書紛争が巻き起こったが，歴史問題の政治化までには至らなかった．だが，ポスト冷戦期に入ってから植民地支配，戦争責任，領土，従軍慰安婦などをめぐって歴史問題が政治化した．日本政府の従軍慰安婦強制動員を認めて謝った河野談話（1993 年）と日本の戦争犯罪を謝罪した村山談話（1995 年）は，歴史問題の政治化に対する回答であったといえる．日本の進歩的知識人たちは，歴史問題を東アジア問題として捉え，その解決を地域の新たな構成や域内協力のための前提とする．保守的知識人たちは，歴史問題を日本問題として捉えて，戦後体制で持ちつづけた進歩主義的歴史観の修正を試み，戦後体制の解体を図っている．

　加藤典洋が『敗戦後論』(1995 年) をめぐって高橋哲哉と行った論争は，保守的知識人と進歩的知識人が歴史の記憶を召喚するに際し，日本と東アジアというトポスを違う観点から捉えたことを示す．保守的知識人の加藤は，太平洋戦争の犠牲となった 300 万人の自国民に対する「哀悼」を先行すべきだと訴え，これに対し進歩的知識人の高橋は，戦争の犠牲となった 2000 万人のアジア人にまず「謝罪」すべきだと打ち返した．アジアの要求に「応答（response）する能力（ability）」としての責任（responsibility）を実践することで，和解と共存を模索すべきだと主張した[13]．この論争はポスト冷戦の脈絡における主体と責任倫理の問題を示す．加藤が「哀悼」の問題を提起したのは，日本の戦後体制に潜んである「ねじれ」を解消するためであった．リベラル保守の加藤は，戦後体制が米国の強制した平和憲法と民主主義で作られた他律的なものであり，戦後日本に名分と実際の間のねじれを来たしたと見，国民が自律的に平和憲法を改めて選択する手続きを取ることで，そのねじれを解消すべきだと言った．加藤は戦後体制で生じた日本社会のねじれに着目し，そのねじれを解消することで，自律的な主体の回復を図ったのである．他方，進歩的知識人の高橋は，平和憲法と民主主義の価値を信じて，普遍的価値に基づいた論理的正当性を打ち出し，アジアを媒介に日本の責任意

識を覚めさせ，日本のねじれを無くそうとしたといえる．両者は，ねじれの所在と主体の探し方は異なったものの，ともにポスト冷戦期の秩序変動における主体性問題を提起したのだ．

　加藤-高橋論争は，ポスト冷戦が進むなかで歴史問題と主体問題を考える知的雰囲気が現れたことを示す．それは，敗戦直後，民主化や冷戦体制の形成による秩序変動の過程で民主主義的思考に基づく主体性問題が出現したこととも通じる[14]．この論争は，冷戦の終結や歴史問題の争点化とあいまって日本社会の抱えたねじれが覚醒され，それまで客体化されてきた東アジアとのかかわり方を見直す視点が開いたことを言い表す．しかし，加藤-高橋論争で示された柔軟な思考は，日本的価値を重視し，近代日本の対外行動を肯定する修正主義的歴史観を持ち出す保守的見解や運動に圧倒されることになる．

　今のところ，言論闘争や右翼運動に深く関わる保守右翼は，進歩派やリベラル保守とは異なって，過去への謝罪やねじれを論理的，理念的に全面否定することによって主体性を模索している．彼らにとって歴史問題は，戦後体制下で進歩派が築き上げた歴史観を「自虐史観」と否定し，自負心を呼び起こす歴史の再叙述を意味するものであった．藤岡勝信や西尾幹二らは，「自由主義史観研究会」や「新しい歴史教科書をつくる会」を結成し，自由主義史観と歴史修正主義を標ぼうしながら近代日本の歴史を肯定する歴史教科書の発刊とその採択運動を展開するなど，日本社会の保守的再編を図っている．他方，西部邁や佐伯啓思らの保守的理論家たちは，日本が経済大国となり高度大衆社会に進入した1980年代から，戦後体制と戦後民主主義を批判しはじめたが，冷戦が終わってからは戦後体制下で成立した民主主義と進歩的歴史観を全面否定し，国家意識（ナショナル・アイデンティティ）と愛国心を高めようとする国家論を積極的に展開した．また闘争的な著述活動をも並行し，「戦う保守」として活躍している[15]．

　保守右派の戦後体制解体論は，冷戦期の保守的見解を時間的に受け継いだだけではなく，ポスト冷戦とグローバル化の脈絡に対する空間的対応として

現れたものである．彼らは，韓国や中国の経済発展と国際的地位の向上と，域内貿易の増大とともに出現した東アジア国際社会に対面しなければならなくなった．こうした状況で，「戦後体制の終結」を訴えるのは，冷戦体制下で見送られてきた真の「戦後の始まり」を意味する．「時間（歴史）の修正」と「空間（関係）の修正」は連動するものだ．歴史修正主義者たちは，変容した空間に浮かび上がった他者を認めることにためらいを感じる一方で，自国史を手放しで肯定することによって，自己の時間のなかで主体性を模索することに熱中している．保守的知識人や右派活動家にとって，戦後体制は日本史という時間のなかから消すべき非正常な現象である．主体性は国家意識と愛国心の復活を通じて，国家を共同体的生活の場として想定する方向で求められる．保守的知識人の佐伯啓思は，グローバル化に対応する機能的国家を想定しつつも，日本の歴史的時間のなかで形成された文化共同体としての国家に個人を帰属させる[16]．「戦う保守」の言論活動や「つくる会」の教科書運動は，日本の精神と文化が蓄積されている歴史的時間のなかでアイデンティティを模索する政治的行為だともいえる．

(2) 「歴史の修正」と「ねじれ」

日本の保守的政治家や活動家たちは自国中心的ナショナリズムを強く打ち出して日韓関係のねじれを解消しようという姿勢を見せる．安倍政権は河野談話や村山談話を継承すると言いながらも，歴史問題に関する保守右派的見解を堅持し，従軍慰安婦問題や領土問題などをめぐって韓国，中国との摩擦も辞さない姿勢を取っている．従軍慰安婦強制連行に日本国家が関与した事実を否定し，これを国際社会に広報する政策も取ってきた[17]．「日本維新の会」「ネット右翼」「在特会」など右翼勢力の反韓活動や嫌韓書の氾濫に見られる排他的ナショナリズムも安倍政権の総保守化政策と呼応しているように見える．こうした総保守化は，長期的な経済低迷で生じた日本人の社会的不満や孤立感にたよる側面がなくもないだろうが，東アジアの国際関係を捉える慣習的な思考によるところも大きいだろう．中国脅威論や反韓論，嫌韓論

で表出された反感は，日本の優越的地位や優越感に関する記憶と結びついているものでもある．保守の戦いと右翼の怒りは，保守右翼（さらに日本社会）の心理や行動が，東アジア地域レベルにおいて，過去と関連する歴史的時間と，過去によって規律される東アジア空間に縛られていることを意味する．

こうした心理や行動の特殊性は，歴史の記憶が世界問題として政治化するときに，浮き彫りになる．日本は，東アジアの歴史問題と関連してグローバルな国際社会の普遍的基準や判断を受け入れるよりも，日本の立場や日本の考える「客観的事実」を国際社会に打ち込もうとしている．ねじれはここにも見られる．2014年8月国連人種差別撤廃委員会は，嫌韓団体の発言や行動は人種差別であり，これを禁止する法と刑事処罰の規定が必要だ，と日本政府に勧告したが，日本政府の対応策は未だに出されていない．安倍政権は，米国の自治団体が進めた従軍慰安婦追悼碑の建立を阻止しようとし，日本国家による従軍慰安婦募集への関与や強制連行を否定し，国際社会に自分の主張を訴える広報活動を広げている．米国の歴史教科書から慰安婦に関する記述を削除するよう出版社に要請し，反発を招いたこともある．安倍政権は，国際社会の普遍的人権よりも自国の歴史や威信，国益を優先する政策を取っているように見える．東アジア・レベルでは，右派的歴史観をもって自国の利益と威信を高めようとするなかで韓国，中国との拮抗が続いている．

ところが，グローバル・レベルで人類の普遍的価値に目を逸らし，主観的歴史観を打ち出したとき，日本と世界のあいだでもねじれが生じるしかないだろう．従軍慰安婦問題がグローバル・レベルで政治化すること，すなわち，従軍慰安婦問題の争点化や葛藤化は，安倍首相の意図に反して，人類の普遍的価値と日本の個別的な見解との格差を露呈し，日本の観点や行為の特殊性を暴露することになるだろう．特殊性のイメージは，保守右翼に限らず，日本の国家と社会にも及ぶはずである．歴史問題がグローバル・レベルで争点化し政治化するほど，日本の不正義が浮き彫りになるだろう．

安倍政権の政策では，歴史の保守的，右派的な時間観念（記憶）が空間観念（関係）の変化を抑えている．東アジア国際関係のねじれは，歴史的時間

が現在の空間を定め，歴史的時間が相異なる歴史観によって固定されていることに由来する．過去の記憶が現在の関係を規定しているのだ．加害者と被害者は記憶が異なるが，記憶の相違は自国中心的な歴史観に固執する限り，修正されるはずがない．自国の歴史観念に頼る限り，東アジア国際関係の健全な運用は困難にならざるをえないだろう．冷戦期の日韓関係は，グローバルな冷戦体制の従属要素であったゆえに，歴史問題を棚上げしたまま，両国の必要に合わせて営むことができた．しかし，ポスト冷戦期の東アジア国際関係は，もはや世界政治に従属するものではなく，かえって世界政治に強く影響する動因として働いている．それは，一国の観点からではなく，平等性と相互性に基づいた地域国際社会の観点から構成されるものでなければならない．日韓関係の葛藤は，「空間の修正」，すなわち東アジア国際社会の新たな形成を想定する観点から捉えなければならない．

4．葛藤の日韓関係と日本社会

(1)「**協力**」**という仮構とその再構築**

　安倍政権の成立以降，日韓関係では葛藤が日常化しており，日本社会では反韓感情が高潮している．東アジアの地域秩序が変動しているなかで，社会の共同性を確保するために敵を設けて排他的態度を示す保守右派の戦闘的習性が復活したようにも見える．個別的利益を優先する現実主義的観点と経済的な国益に執着する習性とが，ポスト冷戦やグローバル化の脈絡で顕著になったせいでもあるだろう．それは，歴史的必然性というよりも秩序変動期によくみられる不安感の表現であるともいえる．

　日韓関係を動かす力学は歴史的で構造的である．日韓葛藤の原因は，国家指導者の政治的行為に求められることが多い．李明博大統領の独島（竹島）訪問と朴槿恵大統領の歴史問題の争点化が日韓関係の悪化を招き，日本側の反韓感情を煽ったとする見方が多い．日韓関係の専門家である小此木政夫

は，韓国大統領の独島訪問を慰安婦問題への抗議として捉え，「歴史問題と領土問題を一体化する」行為として受け止めている．国家指導者の行動が日本の国民感情に悪影響を及ぼし，それによる相互不信が歴史論争の高レベル化をもたらしたとも語っている[18]．韓国側でも，類似した考え方も見られるが，安倍首相の歴史観や右派的政策にその根本的な原因があるとする見方がより一般的である．しかし，政治指導者の行動や政策よりも，それを引き起こした歴史的かつ構造的な問題に留意しなければならない．

　独島問題や従軍慰安婦問題が葛藤の高レベル化を招いたという事実は，逆説的に，日韓関係の脆弱さをうかがわせる．韓流にはまった世代が若い世代よりも反韓感情を強く示したという事実からも，日韓協力の弱さが読み取れる．日韓関係を定めてきた「協力」という言葉や「日韓協力論」という言説には虚構の側面が見られる．民間交流の拡大，歴史問題と経済問題の分離，ナショナリズムの克服などは日韓協力論でよく言う常套語だ．経済的相互依存，自由民主主義や市場経済体制の共有，産業構造の類似さなどを日韓協力の根拠とする見解も[19]，同じである．葛藤への省察を欠いた協力論である．

　冷戦期の日韓協力は，米国のグローバル戦略と同盟に応えるかたちで成立し，米国の東アジア戦略と相関的であった．日韓国交正常化は日韓両国の必要によるところもあったが，冷戦期米国の東アジア戦略を受けて成立したものであり，冷戦期の日韓協力は両国の力の格差によって日本の優位と優越感を前提にして営まれていた．ところが，ポスト冷戦やグローバル化の脈絡では，複数の二国間協力関係から多国間協力関係へ，非自発的協力から自発的協力へと，国際関係や協力のパラダイムが転換しつつある．このことは，日韓協力のパラダイムも転換を求められていることを意味する．

　協力パラダイムの転換は，習性化した現実主義的国際観念を乗り越えたとき，可能となるだろう．日本側の日韓協力論は，通常，中国の大国化への憂慮から日米同盟の強化を通じて中国封鎖（中国包囲）を図る中国排除論的思考をベースにしている．中国との経済的，安保的関係までを包括する域内協力を想定しなければならない韓国にとって，このような日韓協力論は実行性

に欠けたものだと言わざるをえない．歴史の記憶をめぐる争いも協力パラダイムの転換を妨げる．歴史問題が葛藤の種になっている現状を考えると，規範論の次元で歴史問題を解こうという議論も，空しいものにならざるをえない．安倍首相は，「客観的事実に基づく正しい歴史認識」を形成し，日本の対応が国際社会で正当な評価を受けるように努めていく[20]，と言っている．朴槿恵大統領は，歴史問題に対する「正しい認識」と慰安婦問題の解決なしには日韓関係の改善は望み難い，という認識を示している[21]．「客観的事実」「正しい歴史認識」の意味合いは，両者間で異なっている．このような相違は，知識人や市民の間でもよく見られるのだ．懸案の領土問題や従軍慰安婦問題が歴史問題として受け取られつづける限り，記憶の問題が解けずに存続する限り，ねじれや葛藤に対面しない協力論は，脆弱さをはらむしかないだろう．

　協力は葛藤を見極めるうえで語らなければならない．日韓関係における協力と葛藤は，循環的時間のなかで繰り返される変奏ではなく，連続的時間のうえに進歩する二重奏であるかも知れない．構造化した葛藤という低音のうえに協力のメロディーが流されていくとでもいえる．ここで，歴史的かつ構造化されている葛藤を正常のものと受け止めなければならず，それに対面し，それを緩めていく方向で考えなければならない．この際に協力は，葛藤を減らすための妥協になる．協力という目標は，葛藤の現実から見い出さなければならない．ここには，利益争いと相互認定の問題が関わっている．

(2) 国際社会，主体，認定闘争

　東アジア地域において，世界規模での冷戦の終結と地域規模での経済発展とが主権国家システムの形成を働きかけ，域内主権体の相互作用を高める地域国際社会が出現したことは，東アジア諸国がようやく近代的関係性をもちはじめたことを意味する．ポスト冷戦期の東アジア地域を考えるさい，「歴史の始まり」だけでなく，「近代の始まり」についても語らなければならない．「近代の始まり」は，東アジア諸国が相互性（互恵性）と平等性（対等性）

を想定する関係に入ったことを意味する．

1880年代日本のある論者は，西力東漸に対応するためには相互コミュニケーションを高めるべきなのに，アジア諸国は争いさえしないような疎遠な関係にある，と嘆いたことがある[22]．争いもコミュニケーションの一つだと言っているのだ．域内の争い，つまり，域内葛藤は，一家の兄弟喧嘩を意味する「鬩墻」という言葉で表現された[23]．「鬩墻」は慣れ親しんだ家族の文化や兄弟の愛情に基づく葛藤のことを指し示す．ただ，ポスト冷戦やグローバル化の脈絡において葛藤は，不慣れな新しいものをつくる過程で現れるものであり，その新しさは自由主義的グローバリズムを受け入れる開放性と合理性に即したものでなければならない．

東アジアの域内葛藤は日・中・韓が対等な相互作用を志向していることの表現である．歴史の記憶をめぐる葛藤は，域内国家の社会的関係の新たな調整を意味する．葛藤は社会的関係において現れる利益競争と認定闘争の表現である．近代的な社会的関係は相互性と平等性を求める．その相互性と平等性への願望は，「認定」(recognition) を得るための戦い，すなわち認定闘争 (struggle for recognition) を伴う．李明博，朴槿恵両大統領の認識と行動は，パーソナリティによる私的行為というよりも，新たな社会的関係の形成に向かう歴史的な流れのなかで示された，相互性と平等性を求める認定闘争の表現として見ることもできる．認定闘争は自分の存在を相手に認めてもらえること，自分の言うものを相手に聞いてもらえることをめざす．利益競争や認定闘争の過程で生じる葛藤は，絶えず協力の必要性を自覚させ，葛藤の現実と協力の理想との間を往来するなかで，共通のアイデンティティや利益を生み出し，共有の規範や制度を作る，ということが考えられる．

こういう観点からすると，日韓葛藤を解消する道として持ち出される「歴史認識の共有」という方法は，そもそも虚妄のものかも知れない．むしろ歴史への共感（共通感覚）は葛藤をはらんだ社会的関係のなかで作られうる，という発想が必要ではなかろうか．相手との共感は，相互的で平等な社会的関係をめざすなかで，公共性を想定し構築していくなかで，生まれてくるだ

ろう．共同体構想に見られるような，当為論の論理構成による共感またはアイデンティティの形成は，今の東アジア国際社会の実像を考えれば，先行するべきものではない．それは，域内主体の認定闘争とその構想との弁証法的展開において浮かび上がってくるだろう．認定闘争の社会的過程では，寛容と自律の精神が必要であることは，言うまでもない．

(3) 日本の国家と社会

　国家間の協力と葛藤は，国際領域の社会的関係だけではなく，一国における国家-社会関係とも関連する．主体は国際社会のあり方に影響されるが，国家の性格が国際社会のあり方を左右することもある．国家間の社会的関係――協調的か葛藤的か――を定める国内的条件として国家-社会関係のあり方――一元的か多元的か――も注目する必要がある．また東アジア国際社会の規範（制度，規則）が十分整っていない限りでは，社会が国家の性質を変える可能性も模索しなければならない．

　韓国の場合，民主化で社会領域の急速な成長を達成し，国家-社会関係を変えてきた．社会が国家に対する対抗力を強め，市民社会が成長するにつれて，反日ナショナリズムもかなり軽減した．一方で日本は，ポスト冷戦やグローバル化の脈絡においても国家-社会関係があまり変化しないどころか，むしろ進歩勢力の衰退とともに共同体国家を想定する国家意識を高めようとする保守的傾向が強まり，社会が国家に包摂される様子を見せている．国家に縛られた人々の国民的思考や一国主義が膨らんでいる．保守右翼は「強い国家」と「愛国心」を打ち出し，安倍ナショナリズムもこれに呼応している．

　日本の市民社会は，戦後民主主義のもとで成長したとはいえ，国家から自律的領域を確保したとは言いがたい．戦後民主主義が米国から与えられたせいか，社会領域は国家の保護のもとにあってきたといっても過言ではない．社会は非政治的領域でのみ自律的であるだけで，政治的領域では国家に従属しているようにも見える．ポスト冷戦期においては進歩陣営が崩壊するなかで，共同体国家をめざす「戦う保守」「憤怒する右翼」が政治的発言や行動

を通じて社会領域を圧倒している．安倍政権はこうした社会的雰囲気に便乗するか，それを率いる形で，自衛力を行使できる強力な国家を取り戻そうとしている．

少数の保守右翼と多数の市民を区別し，保守右翼と異なる市民との連携協力や民間交流を強化しなければならないという見解もある．こうした見解は，国家の性質を変えられる連帯協力でなければ，日韓関係の虚構的協力を引き延ばすに止まる可能性が高い．社会が国家に自律的に従うような国家‒社会関係がつづく限り，歴史教科書採択運動における保守右翼と保守政権の連携に見るように，政権の社会領域への干渉が容易に許されてしまうからだ．市民レベルの交流協力が国家の政治的意図によって分断されることは，いつでも起こりうるのだ．

平和な社会秩序が最高の美徳とされる国家‒社会共同体のイメージは，日韓関係においても意味がある．1980年代後半，経済大国化した日本の閉鎖的市場を開放するために日本バッシングが繰り広げられたとき，欧米の修正主義者は国家‒社会複合体としての日本を「日本システム」と表現した．こうしたイメージは，ポスト冷戦や「失われた20年」の経済低迷にもかかわらず，社会領域が国家を変えられない，しかも戦後体制を支えてきた「アメリカ」民主主義を大々的に批判する保守派の声が優勢な状況では，ある程度有効性をもつだろう．3・11大震災においても国家に沈黙する「憤怒しない日本人」の姿がうかがえる．国家や共同体に同調し沈黙する市民社会の断面がうかがえる．反対しない黙従は共犯といわざるをえない．

葛藤は望ましいことではないが，隠されている矛盾を露呈させ，気づかなかった問題を見つけさせるという点では，必要悪であるかも知れない．日韓の葛藤は，もちろん韓国の国家や社会に隠されている問題を自覚させもするが，日本の国家と社会のあり方，国家‒社会関係の性質を露わにする契機でもありうる．歴史の記憶をめぐる争いは，日本の市民社会にとって東アジアの国際関係を東アジア的かつ世界的な視線で見つめ直させるものとなるだろう．歴史問題は，東アジア諸国との認定闘争を誘うだけでなく，日本の市民

がそうした視線をもつかを判断するものさしとしても働く．日韓の葛藤と歴史問題は「戦う保守」と保守政権の総保守化をさらに速めるだろうが，他方で日本の市民に国家を超える普遍的な視点を持たせるモメンタムにもなりうるはずだ．この意味で，日韓の葛藤は，日韓問題だけでなく，東アジア問題や世界問題として成り立つ．

おわりに――葛藤と記憶の空間学

　1990年代以降歴史の記憶をめぐる争いが政治化するなかで，日韓協力は国際体制の性格と発展の優劣とによって成り立ったものであることが明らかになった．また，葛藤も断続的，一時的なものではなく構造化していることも判明している．冷戦体制では，東アジアの域内国際関係を保留させたまま，国民国家の発展と形成のために協力関係が作られたとすれば，ポスト冷戦やグローバル化の脈絡では，国民国家の発展と形成に触発されて域内国際関係が動き出し，葛藤が現れた．これは，協力と葛藤の社会的関係の営まれる国際社会が東アジア地域レベルで動き始めたことを意味する．

　規範的共同体構想や作為的な東アジア表象は，東アジア国際社会の現実を制御する規制力をもっていない．主権国家システムに基づく国際社会の成立に際して，東アジアの国際関係は国民国家パラダイムに依拠せざるをえないだろう．市民，企業などの非国家主体の協力が増えつつあるとはいえ，帝国体制や冷戦体制の歴史的遺産が取り除かれない限り，歴史問題に始まる葛藤や，それに触発されたナショナリズムが一挙に消え去ることは考えられない．葛藤は必ずしも無用なものではなく，社会の進歩を仕掛けるものでもある．

　日韓の葛藤は，両国関係の歴史に由来するゆえに記憶の時間学という観点から照明されることが多い．しかし，歴史的事実が両国の政治的観点によって定められる限り，その客観的究明が政治的判断を変えることは容易ではない．ここで，記憶の空間学という観点も考えられる．歴史問題をめぐる葛藤

は，歴史の記憶を呼び出し，歴史のなかで生まれたため歴史を介せずには解消され難い，日韓関係のねじれを呼び覚ます触媒とすることもできるだろう．忘却も治癒策になりうるが，忘れられないトラウマがあり続ける限り，ねじれの抜本的な治療は記憶の再現を介してのみ可能である．再演＝再現（representation）を介して記憶を呼び出し解釈することによって，観客は共感が得られるのだ．現前の舞台で葛藤を表出して加害と被害の実態を現したとき，傷痕は癒すことができる．葛藤は記憶の再現過程で伴われるものであり，共感を促す触媒になりうる．

1) 「東アジア」は，通常東北アジアと東南アジアを合わせる地域を指すが，国家や人によってその地理的範囲や表象は様々である．本稿では，日本・中国・韓国からなる東北アジアを指し示すものとして使う．
2) Zhang, Feng(2009), "Rethinking the 'Tribute System': Broadening the Conceptual Horizon of Historical East Asian Politics", *Chinese Journal of International Politics*, Vol.2; Zhao, Tingyang(2006), "Rethinking Empire from a Chinese Concept 'All-under-Heaven'(Tian-xia)", *Social Identities*, Vol.12, No.1.
3) これについては，Jang, In-Sung(2008), "Remapping East Asia as an International Society: The Discourses on East Asia and Asian Identity in Contemporary Korea," Mori, Kazuko and Hirano, Kenichiro eds., *A New East Asia: Toward a Regional Community*(Honolulu: University of Hawaii Press) を参照されたい．
4) 浜下武志は，日本帝国が成立する一連の過程を東アジアにおける帝国の中心が中国から日本にとってかわる過程として捉えている．浜下武志（1990）『近代中国の国際的契機―朝貢貿易システムと近代外交』東京：東京大学出版会．
5) 「ネジレ」は加藤典洋の用例から示唆を受けたものだ．加藤は，米国によって築き上げられた日本の戦後体制と日本社会の現実との間に潜んであるネジレの解消を戦後体制を乗り越えるための課題として考えていた．これについては後述する．
6) 近代日本における「社会」概念の翻訳と形成については，柳父章（1982）『翻訳語成立事情』東京：岩波書店．
7) 福沢諭吉（1959）『学問のすすめ』『福沢諭吉全集』第3巻，東京：岩波書店，97頁．
8) 福沢諭吉（1959）『文明論之概略』『福沢諭吉全集』第4巻，東京：岩波書店，第5章．
9) 平野健一郎（2013）「概念の文化触変―『〈国際〉社会』という日本語の登場と変遷」平野健一郎他編『国際文化関係史研究』東京：東京大学出版会．

10) たとえば，兪吉濬（1895）『西遊見聞』東京：交詢社，88-89頁．中村正直も同様の国際社会観を示した．
11) 福沢，前掲『文明論之概略』，191頁．
12) 帝国日本がグローバルな勢力構図に対抗してナショナルな勢力の膨張を試み，それを介して地域を勢力圏に包摂しようと試みた1920年代初頭においても「社会の発見」が見られた．
13) 加藤典洋（1997）『敗戦後論』東京：講談社．高橋哲哉（1999）『戦後責任論』東京：講談社．
14) 戦後日本の知識人の主体性論争については，Koschmann, J. Victor (1996), *Revolution and Subjectivity in Postwar Japan* (Chicago: University of Chicago Press).
15) 西部邁や佐伯啓思の保守主義については，張寅性（2010）「現代日本の保守主義と『国家』表象」張寅性編『戦後日本の保守と表象』ソウル：ソウル大学校出版文化院（韓国語）；張寅性（2014）「高度大衆社会日本と保守主義」『日本思想』26集，ソウル：韓国日本思想史学会（韓国語）を参照されたい．
16) 佐伯啓思（2001）『国家についての考察』東京：飛鳥新社，27-29頁．
17) 安倍政権は，河野談話の検証を行っており，また，朝日新聞が日本国家の軍慰安婦強制連行に関する吉田清二の証言に誤りがあると認めるや，その誤報を受けて慰安婦の強制連行だけでなく軍慰安婦制度の強制性までを否定する論理として利用した．日本軍慰安婦を「性奴隷」と規定して謝罪賠償を勧告した1996年の国連報告書の一部撤回を求める外交活動も行ったりした．
18) 小此木政夫（2015）「岐路に立つ日韓関係―新たな共生戦略を考える」一松記念事業会編『東北亜国際政治秩序，どこへ行くか』ソウル：プルンヨクサ（韓国語），12-15頁．
19) 前掲論文，23-25頁．小此木は「双子国家」と表現している．
20) 安倍晋三総理大臣の国会答弁，衆議院予算委員会，2014年10月3日．連合ニュース（韓国），2014年10月3日付の報道による．
21) 朴槿恵大統領は2013年大統領就任以降，3・1節慶祝辞などの公式スピーチでこの趣旨の発言を繰り返している．
22) 渡邊洪基演説（1880）『興亜公報』第1輯，東京：興亜会，7-11頁．ヨーロッパ国際社会における域内葛藤は「交通の親密さ」に基づくコミュニケーションの兆しとされるが，アジアでは「地理の不便」によって交通が疎遠であるため域内葛藤さえ容易にみられないと指摘している．
23) たとえば，草間時福「東洋連衡論」（1879）が挙げられる．芝原拓自ほか編（1988）『対外観』東京：岩波書店，265-268頁．

あとがき

　本書は，中央大学政策文化総合研究所の研究プロジェクト「21世紀の東アジア―日・中・韓を中心に―」の共同研究をまとめたものである．本チームはもともと，李廷江研究員が主査として組織したが，その在外研究にともない，土田が主査を引き継いだ．研究組織は，学内から研究員11名，学外から客員研究員9名，そして準研究員（大学院生）3名が加わり，合計23名であり，このうち中国居住者が5名，韓国居住者が1名，日本国内メンバーのうち4名は留学生または海外から日本に留学後，定住した研究者という，国際的な構成であった．

　本チームでは，チームメンバーが報告する研究会のほか，随時，ゲスト・スピーカーをお招きして公開研究会を行ってきた．以下に，本書執筆者以外で，本プロジェクトの研究会において報告や司会・コメント等を担当して下さった方々のお名前をあげて，謝意を表したい．（所属先は当時．敬称略）．

〔中国大陸〕

王孫禹（清華大学），史志欽（同），謝維和（同），丁夏（同），馮峰（同），王行虎（未来亜洲研究会），王宗瑜（四川外国語大学），汪朝光（中国社会科学院近代史研究所），楊棟梁（南開大学），劉建平（中国傳媒大学），林昶（中国社会科学院日本研究所）

〔台湾〕

閣鉄麟（政治大学），寇建文（同），丁樹範（同），蔡萬助（国防大学），沈湘湘（高等政策研究協会），曹義修（中国文化大学）

〔韓国〕

韓相震（ソウル大学）

〔日本・学外〕

浅野豊美（中京大学），王雪萍（東京大学），笠原十九司（都留文科大学），田嶋信雄（成城大学），光田剛（成蹊大学），毛里和子（早稲田大学），李恩民（桜美林大学），李暁東（島根県立大学），劉岸偉（東京工業大学），劉傑（早稲田大学），劉建輝（国際日本文化研究センター），劉迪（杏林大学）

〔学内〕

佐藤信行（中央大学副学長），折田正樹（研究員），酒井正三郎（同），佐藤元英（同），滝田賢治（同），星野智（同），森茂岳雄（同），飯嶋佑美（中央大学大学院）

　これらの研究活動・研究者交流のほか，李廷江研究員のイニシアティブで，2012年7月20日には「青年交流会：日中関係の現状と打開策」を開催し，清華大学学生約10名と本学学生約20名の間で意見交換と交流を行った．また，2013年2月1日には，本学学生による「東アジア学生グローバルセミナー訪中団」の報告会を，続いて2014年1月15日には「中央大学学生訪中団」報告会を行った．

　以上のような本プロジェクトの活動推進に関しては，歴代の事務長である新橋雅敏，伊原千秋，三ヶ原宗典の各氏をはじめとする中央大学研究所合同事務室の方々の多大なるご支援を賜った．とりわけ，政策文化総合研究所担当の百瀬友江さんには，きめ細かな配慮と効率的な仕事ぶりで日頃の研究活動をささえて頂いた．また，本書編集にあたっては，中央大学出版部の髙橋和子さんに，多大なるご尽力を頂いた．

　以上の方々のお心遣いとご支援に，心からお礼申し上げる．

2015年12月10日

土 田 哲 夫

執筆者・訳者紹介（執筆順）

張　　啓　　雄（ちゃん　ちぃ　しょん）　中央研究院近代史研究所研究員

花　井　み　わ（はな　い　　　　）　早稲田大学兼任講師

上別府　正　信（かみべっぷ　まさ　のぶ）　客員研究員・ソウル女子大学校人文大学助教授

馮　　　　　青（ふう　　　　せい）　元客員研究員・中央大学兼任講師

原　　正　　人（はら　　まさ　　と）　研究員・中央大学法学部准教授

子　安　加余子（こ　やす　か　よ　こ）　研究員・中央大学経済学部准教授

土　田　哲　夫（つち　だ　あき　お）　研究員・中央大学経済学部教授

齋　藤　道　彦（さい　とう　みち　ひこ）　元客員研究員・中央大学名誉教授

杜　崎　群　傑（もり　さき　ぐん　けつ）　研究員・中央大学経済学部助教

李　　廷　　江（り　　てい　　こう）　研究員・中央大学法学部教授

張　　寅　　性（じゃん　いん　そん）　ソウル大学校政治外交学部教授

近現代東アジアの文化と政治
中央大学政策文化総合研究所研究叢書19

2015 年 12 月 15 日　初版第 1 刷発行

編著者　土　田　哲　夫
発行者　中　央　大　学　出　版　部
　　　代表者　神　﨑　茂　治

〒192-0393　東京都八王子市東中野 742-1
発行所　中　央　大　学　出　版　部
http://www2.chuo-u.ac.jp/up/
電話 042(674)2351　FAX 042(674)2354

© 2015　　　　　　　　　　　　　ニシキ印刷／三栄社
ISBN978-4-8057-1418-8